亚洲风险与危机管理协会(AARCM)
Asia Association of Risk and Crisis Management

企业风险管理师（CERM）资格考试教材

ERM Introduction in the Era of Big Data & AI
Guidelines for Enterprise Risk Management Technician

大数据·智能时代企业风险管理入门
企业风险管理员指南

CERM 教材编写委员会　编著

中国财经出版传媒集团
中国财政经济出版社

图书在版编目（CIP）数据

大数据·智能时代企业风险管理入门：企业风险管理员指南 / CERM 教材编写委员会编著.—北京：中国财政经济出版社，2018.5

企业风险管理师（CERM）资格考试教材

ISBN 978－7－5095－8182－7

Ⅰ.①企… Ⅱ.①C… Ⅲ.①企业管理－风险管理－资格考试－自学参考资料 Ⅳ.①F272.35

中国版本图书馆 CIP 数据核字（2018）第 068776 号

责任编辑：郁东敏　　　　　　责任校对：杨瑞琦
封面设计：秦聪聪

中国财政经济出版社 出版

URL：http://www.cfeph.cn

E－mail：cfeph @ cfeph.cn

（版权所有　翻印必究）

社址：北京市海淀区阜成路甲 28 号　邮政编码：100142

营销中心电话：010－88191537　北京财经书店电话：64033436　84041336

中煤（北京）印务有限公司印刷　各地新华书店经销

787×1092 毫米　16 开　18.75 印张　354 000 字

2018 年 5 月第 1 版　2018 年 5 月北京第 1 次印刷

定价：58.00 元

ISBN 978－7－5095－8182－7

（图书出现印装问题，本社负责调换）

本社质量投诉电话：010－88190744

打击盗版举报热线：010－88191661　QQ：2242791300

《企业风险管理员指南》编写说明

《企业风险管理员指南》是为配合亚洲风险与危机管理协会（AARCM）颁布的企业风险管理员（ERMT）职业资格认证考试而编制的学习辅导材料。该书也可作为企业以全面风险管理（ERM）的理念考核员工在风险管理方面应知应会的基准参考资料，还可作为有志于从事风险管理事业的广大读者的入门读物。

该书的编写遵从 AARCM 颁布的全球首版《企业风险管理人员职业标准》的原则，融合了企业风险管理员职业资格认证的知识体系框架，参照了就风险管理领域国际上最新颁布的标准、指引、研究成果和最佳企业实践。该书根据风险管理员在企业中可能承担的工作任务和主要的岗位职责，描述了此类专业人员应知应会的基本专业知识和操作技能概貌。该书的主要内容包括：风险、企业风险以及企业全面风险管理的基本概念和基础知识，风险管理岗位与职责，企业经营风险管理的思维与实践，信息与风险信息管理，风险管理基本方法和技术，沟通与风险沟通以及企业危机管理等基本知识和常识。

企业风险管理员职业资格证书是亚洲风险与危机管理协会颁发的"企业风险管理师"（CERM）系列职业资格证书中的入门初级资格证书。CERM 系列证书于 2005 年 12 月得到中华人民共和国人力资源和社会保障部（原劳动和社会保障部）的注册批准。注册号为：劳引字〔2005〕002 号。而引入中国十几年来，人们见证了 ERM 实践逐步落地和深化发展，经历了 2007 全球金融危机冲击波的洗礼，也从自己的身边逐渐认识和切实感悟到了"风险管理新职业的魅力、首席风险官（CRO）百万年薪的诱惑，以及智能时代就业趋势利好"，于是"学习风险管理，从风险管理员开始"的热情已呈现高涨态势。

该书适宜的学习群体是风险管理入门级企业员工或学生。无论学员是"学理或学文"，无论是"具有还是没有工作经验"，无论是"从事服务业还是制造业"，相信，本书会给每一位读者带来"有关风险管理认知和生存谋略的人生第一课"。例如，本书告诫每个学员"要成为企业好公民，中国好公民，世界好公民，合规履责，遵纪守法"。事实上，十几年的经历已证明：持"企业风险管理员"或 CERM 资格的人士极易获得世界性"良民"认可，在国际上留学录取或就业机会显著提高。

以 ERM 新时代为背景，为吻合亚洲特别是中国读者对风险管理理论与实践的学习需求，AARCM 在 2006 年出版了本书的第一版。在 2017 年 CERM 教材体系整体升级优化的背景下，2017 版《大数据·智能时代企业风险管理入门——企业风险管理员指南》即本书也实施了"与时俱进，大刀阔斧"的更新。

　　本书由 CERM 教材编写委员会负责组织，由本书编写组执行编写。本书编写组主任为黄丽虹，副主任为黄长全。编审组主要成员包括（以姓氏拼音为序）：郭宇、黄长全、黄丽虹、张应语、张学政、王彧。本书协调秘书陈飞，责任编辑曾珏、张冬梅。

　　在此，CERM 项目对各个机构、各方专业人士以及 CERM 学员们对本教材体系的建设所给予的关心和支持表示感谢！

黄丽虹
CERM 教材编写委员会主任
2017 年 12 月

CERM 教材体系编写总体说明

亚洲风险与危机管理协会（AARCM），于 2004 年在全球首次颁布了《企业风险管理人员职业标准》，同时配套发布了《注册企业风险管理师考试大纲》，此考试大纲也是全球第一套考核企业风险管理专业人员注册企业风险管理师（CERM）ERM 知识和技能的考试纲要，标志着 AARCM 在全球范畴内"以首次界定 ERM 知识和技能体系框架的专业地位，而成为全球 ERM 人才考核标准建设的领跑者"。时至 2017 年，COSO 国际组织大刀阔斧地调整了其 2004 年颁布的 COSO－ERM"企业风险管理框架"，并将其 2017 版本关注焦点显著调向了十几年前 CERM 项目体系就已经定位的"战略、治理、决策、绩效"导向的风险管理方向，并且将 COSO－ERM:2017 标准名称也修改为"企业风险管理—整合战略与绩效"。紧随其后，ISO31000"风险管理原则与实施指南"在 2017 年也公布了修订版（DIS 版，改名为"风险管理指南"），而且其调整方向也是朝着与 2017COSO－ERM 标准相一致的"领导力和价值最大化"方向迈进。显然，这两个标准的 2017 版本方向的调整向业界传递了如下信息，即：不能为企业战略和绩效带来价值的风险管理定位原本就是一种错译，推动价值导向的企业风险管理才是企业家/股东的初衷和目的，组织/主体层面的 ERM 是需要强劲领导力来推动的。COSO 组织以及 ISO 组织"放弃旧版技术/控制论导向 ERM 标准方向，转向 2017 领导力/战略/决策/绩效导向 ERM 标准方向"的做法，引发了疑问：谁才是全球第一个从标准的角度推动战略/决策/绩效导向 ERM 的组织机构？谁才是当代企业风险管理研究与教育领域的全球领跑者？毋庸置疑，作为全球首家从技能标准角度推动战略/决策/绩效导向 ERM 的组织，作为当代企业风险管理研究与教育领域全球领跑者，凭着在 ERM 领域所取得的数十项全球创新成果，AARCM 被奉为全球三大企业风险管理研究组织之一已当之无愧。AARCM 是华人领军的 ERM 研究组织，全球第一位企业首席风险官詹姆斯·林（生于中国广州）担任名誉会长。

AARCM 之 CERM 职业资格项目于 2005 年 12 月得到中华人民共和国劳动和社会保障部的注册批复（劳引字〔2005〕002 号）而引入中国，标志着 CERM 项目在中国的合法运行地位。十几年来，CERM 项目考核认证了全球第一批首席风险官

(CRO)，考核认证了中国企业第一批风险管理负责人，如今遍布在中华大地的万名注册企业风险管理师们正为企业的健康和可持续发展保驾护航。

在 CERM 项目于国内运行十几年后的今天，AARCM 根据各相关方面对 CERM 项目持续改进的积极建议，根据 COSO 和 ISO 有关 ERM 标准的最新发展动向，决定对 CERM 项目体系实施一次大刀阔斧地优化调整，从而推出 2017 版本的 CERM 的教材体系。2017 版本 CERM 教材优化调整的原则如下：

- 持续奉行 CERM 项目配套的《企业风险管理人员职业标准》，以及持续奉行《注册企业风险师考试大纲》原则。

- 通过 CERM 教材体系，融入和公布 CERM 项目近十年来的多项具有世界级引领水平的研究成果，破解企业风险管理领域的某些困惑，打通企业风险管理学与企业管理学之间的衔接通道。

- 融合企业全面风险管理国际导向性标准 COSO－ERM:2017 与 ISO31000:2018 的里程碑精神。大体布局而言，有关组织/主体的战略、目标、绩效和总体控制层面，CERM 教材体系侧重于选择 COSO－ERM:2017 标准体系（包括其旗下的内部控制标准）作为支撑；在操作、合规和专项风险管理层面，ISO31000 领军的标准系列为企业实施操作层面的多类风险管理提出了系列的和配套的指导原则。

- 提高企业风险管理师（CERM）项目在实操方面的落地深度。

- 提升 CERM 项目与中国国情和文化的结合力度（中国版）。

新版 CERM（2017 版）教材体系，通过发布细化的和系列的有关 ERM 技能要求配套教材的方式，提升了原《企业风险管理人员职业标准》和《注册企业风险管理考试大纲》的解读力度。以下为 2017CERM 新版教材体系清单：

(1)《企业风险管理人员职业标准》(2017 版本)

(2)《注册企业风险师考试大纲要点解析》(知识体系/技能体系框架)

(3)《ERM 管控模式设计与实施指南》(CERM)

(4)《企业内部控制设计与实施指南》(CERM)

(5)《企业风险缓释工具》(CERM)

(6)《企业关键/重大专项风险管理指南》(CERM)

(7)《企业风险管理应用技术与方法》(CERM)

(8)《企业风险管理策略学》(CSERM)

(9)《企业风险经理指南》(CAERM)

(10)《企业风险管理员指南》(ERMT)

(11)《企业风险管理案例集》(CSERM，在 AARCM 上千个 ERM 案例库中选编)

上述 CERM 教材体系清单正是为 CERM 职业资格证书项目四个级别配套开发的教材清单，其中包括：企业风险管理员（ERMT）、企业风险经理/助理企业风险管理师（CAERM）、企业风险管理师（CERM）和高级企业风险管理师（CSERM）。有关 CERM 项目及其四个级别证书更多的信息，详见人社部国家职业资格网站 http://www.osta.org.cn，以及人社部公示的 CERM 项目工作网 http://cerm.osta.org.cn。

  本教材系列中有关技能/实操部分内容的开发和编写任务由亚洲风险与危机管理研究院承担，由 CERM 教材编写委员会组织与认定，由亚洲风险与危机管理协会审核与认定。CERM 项目系列教材编写总顾问为黎建强，总策划、主编为黄丽虹。

  本教材体系的研究和编写曾得到了香港城市大学景顺长城风险分析与人工智能研究中心、谐同神州（北京）风险管理顾问中心、环亚协同（北京）风险管理技术有限公司等多个机构的协作支持，在此谨表感谢！

CERM 教材编写委员会主任

黄丽虹

2017 年 12 月

目录

第 1 章　企业风险管理基础　1
1.1　引言　1
1.2　风险与风险管理相关概念　1
1.2.1　风险相关概念　1
1.2.2　风险管理相关概念　4
1.2.3　风险与企业风险分类　8
1.2.4　风险管理过程概述　11
1.3　企业风险管理概述　19
1.3.1　企业风险管理发展史　19
1.3.2　企业全面风险管理概念　25
1.3.3　企业"管理风险"与"风险管理"目标　29
1.3.4　企业风险管理方针和原则　32
1.3.5　企业风险管理使命与特点　33
1.4　企业目标、绩效与风险管理的关系　35
1.4.1　企业战略目标的概念　35
1.4.2　企业经营目标的概念　36
1.4.3　企业运营目标的概念　37
1.4.4　企业报告目标的概念　38
1.4.5　企业合规目标的概念　38
1.4.6　基于风险管理流程的目标管理　39
1.4.7　基于风险管理流程的绩效管理　40

第 2 章　企业风险管理框架与逻辑　42
2.1　引言　42
2.2　风险管理与管理风险框架　43
2.2.1　企业风险管理框架　43
2.2.2　企业管理风险框架　44
2.3　企业风险管理思维　46

2.4 企业风险管理能力 ... 62
2.4.1 策略与政策 ... 63
2.4.2 过程与实践 ... 64
2.4.3 人员与责任 ... 67
2.4.4 报告与沟通 ... 69
2.4.5 技术与方法 ... 71
2.4.6 数据与系统 ... 73
2.5 企业风险管理策略学 ... 76
2.5.1 专项风险应对策略 ... 76
2.5.2 企业风险管理整体策略 ... 79

第3章 风险管理岗责与授权 ... 81
3.1 引言 ... 81
3.2 企业风险管理岗位 ... 82
3.2.1 首席风险官/风险总监 ... 83
3.2.2 风险经理 ... 85
3.2.3 风险责任人 ... 87
3.2.4 员工"管理风险"的职责 ... 89
3.3 《企业风险管理人员职业标准》 ... 89
3.3.1 CERM标准——基础知识 ... 90
3.3.2 CERM标准——专业技能 ... 91
3.4 企业风险管理员 ... 97
3.4.1 企业风险管理员的知识与技能 ... 97
3.4.2 企业风险管理员岗位 ... 99
3.4.3 企业风险管理员常态工作 ... 100
3.5 企业/员工合规责任和义务 ... 103
3.5.1 合规义务与承诺 ... 104
3.5.2 合规职能与相关方面的职责 ... 106
3.6 企业风险管理授权 ... 108
3.7 风险管理从业人员的职业道德 ... 109

第4章 企业经营风险管理思维与实践 ... 111
4.1 引言 ... 111
4.2 企业经营管理相关理念与活动 ... 111

4.2.1　经营管理的基本概念　　111
　　　4.2.2　企业经营管理环境与组织架构　　112
　　　4.2.3　企业目标与风险管理的关系　　117
　4.3　企业主要的经营风险类别　　122
　　　4.3.1　营商风险　　122
　　　4.3.2　运营风险　　126
　　　4.3.3　决策信息风险　　129
　　　4.3.4　财务风险　　130
　　　4.3.5　人力资源风险　　132
　　　4.3.6　法律与合规风险　　134
　4.4　企业经营风险管控概述　　136
　　　4.4.1　企业经营风险管理过程　　137
　　　4.4.2　企业经营管理——销售业务风险控制（示例）　　138

第5章　风险管理技术与方法　　146
　5.1　引言　　146
　5.2　风险管理方法的类别　　146
　　　5.2.1　研究对象的计量尺度　　146
　　　5.2.2　定性方法　　148
　　　5.2.3　半定量方法　　148
　　　5.2.4　定量方法　　149
　5.3　常用的风险管理技术与方法　　149
　　　5.3.1　风险图绘制　　149
　　　5.3.2　风险管理问卷设计　　152
　　　5.3.3　头脑风暴法　　154
　　　5.3.4　访谈法　　156
　　　5.3.5　影响和频率计分卡　　159
　　　5.3.6　风险驱动因素图　　161
　　　5.3.7　检查表法　　162
　　　5.3.8　SWOT分析法　　164
　　　5.3.9　流程图法　　165

第6章　信息与风险信息管理　　170
　6.1　引言　　170

6.2 信息系统与数据库 ... 171
6.2.1 信息 ... 171
6.2.2 信息系统 ... 172
6.2.3 信息网络 ... 173
6.2.4 数据库与数据仓库 ... 174

6.3 信息处理的内容和原则 ... 177
6.3.1 信息处理的内容 ... 177
6.3.2 信息处理的原则 ... 177

6.4 信息采集 ... 178
6.4.1 信息采集的原则 ... 178
6.4.2 信息采集的方法 ... 179
6.4.3 从何处获得信息 ... 179
6.4.4 风险信息的特性与采集 ... 180

6.5 信息分类 ... 181
6.5.1 信息分类方法 ... 181
6.5.2 信息检索 ... 182

6.6 信息编辑与信息统计 ... 183
6.6.1 信息编辑 ... 183
6.6.2 信息数据统计 ... 184
6.6.3 日常信息统计的工作方法 ... 184

6.7 信息存储与信息传输 ... 185

6.8 信息传播 ... 186
6.8.1 信息传播的渠道 ... 186
6.8.2 信息传播的有效性 ... 187
6.8.3 几种典型的信息传播方式 ... 188
6.8.4 信息反馈 ... 188

6.9 信息管理的相关国际标准 ... 189
6.9.1 IT规划（ITIL） ... 189
6.9.2 信息安全（ISO17799） ... 189
6.9.3 IT审计（COBIT） ... 191

6.10 信息应用 ... 192
6.10.1 信息与决策 ... 192
6.10.2 决策支持系统 ... 193
6.10.3 信息与预测/预警 ... 193

6.10.4 信息系统推动的"信息应用" 194
6.11 21世纪企业风险信息管理 194
　　6.11.1 ERM框架下的数据与ERP系统 195
　　6.11.2 风险管理信息系统 196
　　6.11.3 ERP发展历程所支撑的"ERM信息系统" 200
6.12 大数据时代"ERM信息系统"建设的推荐意见 202

第7章 沟通与风险信息沟通 204

7.1 引言 204
7.2 沟通的意义和作用 205
7.3 沟通的原则 206
　　7.3.1 准确性原则 206
　　7.3.2 完整性原则 206
　　7.3.3 及时性原则 207
　　7.3.4 非正式组织的策略性运用原则 207
7.4 沟通的形式 207
　　7.4.1 按沟通流向划分 207
　　7.4.2 按形式正式与否划分 207
　　7.4.3 按内外部划分 208
7.5 沟通的障碍 208
　　7.5.1 主观障碍与客观障碍 208
　　7.5.2 沟通障碍产生的主要原因 209
7.6 风险信息沟通的界定 211
7.7 明确风险沟通的意图和目标 211
7.8 管理视角的风险沟通影响要素 213
7.9 内部沟通和外部沟通 214
7.10 风险信息沟通基本策略 216
　　7.10.1 了解利益相关方需求 216
　　7.10.2 制定计划和预案 216
　　7.10.3 加强内外部协作 216
　　7.10.4 加强信息管理 217
7.11 风险沟通管理 217
　　7.11.1 制定风险沟通计划 217
　　7.11.2 促进沟通效果和避免沟通障碍 218

  7.12 企业内部常用的沟通方法   219
  7.13 企业风险管理员与风险沟通   220
    7.13.1 风险管理员在风险沟通中应遵循的原则 220
    7.13.2 风险管理员提升沟通能力的实用技能 220

第8章 企业危机管理基本常识 222

  8.1 引言   222
  8.2 危机和危机管理的相关概念   222
    8.2.1 危机 223
    8.2.2 危机管理 226
  8.3 企业风险管理员在危机管理中的作用   230
    8.3.1 通过危机案例揭示风险管理员的作用 230
    8.3.2 企业风险管理员在危机管理中的作用 233
  8.4 企业危机管理的目标和原则   234
    8.4.1 企业危机管理的目标 234
    8.4.2 企业危机事件处置总体原则 235
  8.5 企业危机的预防   237
    8.5.1 危机管理组织保障 237
    8.5.2 企业风险评估与危机预防 238
    8.5.3 制定企业危机应急预案 238
    8.5.4 建立企业风险预测和预警体系 239
  8.6 企业危机的处理   244
    8.6.1 识别危机与报告危机 244
    8.6.2 明确危机管理领导小组 245
    8.6.3 启动应急预案 245
    8.6.4 认真分析危机产生的真正原因 245
    8.6.5 向社会公布危机真相和承担责任 245
    8.6.6 危机管理资源调配 246
    8.6.7 确定策略，消除危机影响 246
  8.7 企业危机的善后   247
  8.8 危机变商机   247

第9章 企业风险管理实践（示例） 249

  9.1 引言   249

9.2　GHRS保险公司案例研究　　249
　　　　9.2.1　公司的"风险管理思维"　　250
　　　　9.2.2　公司的"战略风控"　　252
　　　　9.2.3　公司风险管理能力建设　　254
　　　　9.2.4　风险偏好、风险责任、风险沟通与风险文化　　262
　　　　9.2.5　履行合规责任与"偿二代"监管　　264
　　　　9.2.6　企业风险管理"整合战略与绩效"　　265

附录一　企业风险管理员思考题　　267

附录二　亚洲风险与危机管理协会全球学术引领地位概述　　274

参考文献　　284

第1章 企业风险管理基础

1.1 引言

企业风险管理员学习风险管理的知识和技能，应该从了解风险管理基本概念开始。企业全面风险管理（Enterprise Risk Management，ERM）理论和实践，经过约30年的发展与完善。2017—2018年，COSO-ERM:2017和ISO31000:2018标准发布，象征着该理论与实践进入了一个历史发展的成熟阶段。如今，在全球企业范畴内，"ERM是什么，ERM能做什么"等问题已经变得十分清晰以及越来越有共识。例如，"风险""风险管理""企业风险管理"等基本概念，在全球逐渐达到了统一，而这种统一基本上是一种基于"COSO-ERM:2017和ISO31000:2018"框架和概念的统一。在这种背景下，《企业风险管理员指南》也随着CERM项目教材体系2017版的修订而实施了更新。

本章将概要介绍风险、风险管理以及企业全面风险管理的基本概念，介绍风险分类与风险管理过程等基本概念。

1.2 风险与风险管理相关概念

1.2.1 风险相关概念

（1）风险基本概念

ISO/IEC Risk-Guide 73:2009以及ISO31000:2018曾经给出了泛风险定义，即：风险是不确定性对目标的影响。

COSO-ERM:2017给出了企业风险定义：风险是事项发生并影响战略和经营目标实现的可能性。

对于风险的定义，两个标准分别从三个维度对风险进行了描述：第一是不确定性（活动）；第二是目标，ISO 就此给出了广义的表述，而 COSO‐ERM 给出了更为细化聚焦的范围（战略和经营）；第三是影响。

（2）风险的特性与风险严重性

关联性：风险具有主观性也有客观性，风险往往不是孤立的；

不确定性：风险主体及风险环境的特质，造成风险具有不确定性；

迭代性：风险的影响伴随时间将出现周期性或间歇性波动；

差异性：同一风险在生命周期内对不同组织的影响程度是不同的；

聚集性：风险具有时间段性，风险的发生往往具有条件性；

多元性：风险发生的结果不仅仅具有负面特质（威胁），也具有正面特质（机遇）。

描述风险一般需要体现几大要素特征，即风险因素、风险事件、风险损益、风险可能性/频率，其中风险损益和可能性这两类指标用以描述风险严重性。一般情况下，描述风险则采用核心三要素方式，即：风险因素、风险事件、风险损失"三要素"。

（3）方差与标准差

概率论中方差用来度量随机变量和其数学期望（即均值）之间的偏离度。统计中的方差（样本方差）是每一个样本值的平均数之差的平方值的平均数。标准差（均方差）是方差的算术平方根，反映一个数据集的离散程度。

20 世纪 50 年代，马科维茨用资产方差来定义风险。资产组合理论，包括后来独步金融工程领域的布莱克—斯科尔斯期权定价公式都是建立在这个逻辑基础之上。

（4）置信水平与置信区间

置信水平与置信区间往往用以描述风险的不确定性。

置信水平，是指总体参数值落在样本统计值某个正负区间内的概率。

置信区间，是指在某个置信水平下，样本统计值与总体参数值的误差范围。在统计学中，一个概率样本的置值区间是对这个样本的某个总体参数的区间估计。也可以通俗理解，置信区间是一个随机区间，它能以足够大的概率套住我们感兴趣的参数。

（5）风险暴露/风险敞口

风险暴露，也称风险敞口，是指未加保护的风险，或者某事项若发生企业会遭受可能损失的最大额度。

风险暴露/风险敞口的称谓习惯最早源自于金融行业，是金融行业多年来针对某些专项风险可能引发潜在损失的描述。例如信用风险敞口，是指因债务人的违约行为所导致的可能承受风险的信贷业务余额。

（6）头寸与长短头寸

头寸是一种市场约定，承诺买卖合约的最初部位，买进合约者是多头，处于盼涨部位；卖出合约为空头，处于盼跌部位。头寸是指投资者拥有或借用的资金数量。

在某些金融场景中，长/短头寸也是从某种资金角度对风险的描述。当金融机构购入某资产时，就拥有了长头寸；相反，如果金融机构向另一方售出某资产，并约定在未来某日交割，就获取了短头寸，金融机构同样会面临风险。风险的规避可以通过金融交易实现，这一交易可以通过获取额外的短头寸来抵消长头寸，也可以是通过获取额外的长头寸来抵消短头寸。

在金融领域，"头寸"与"长短头寸"的概念经常出现。由于非金融企业也会使用到衍生工具等产品，或者说也会选用某些恰当的金融产品实施风险对冲，因此，非金融企业中的专业风险管理者也应该掌握"头寸与长短头寸"的概念。

(7) 风险价值

风险价值（在险价值，VaR），是指在一定置信水平或置信度（通常为99%、97.5%或95%）下和一定持有期（例如1年）内，某一目标事项（例如某一投资组合）在未来风险要素的波动下所面临的最大损失额。例如在金融行业，对投资组合VaR值的描述是：在正常的市场条件下和给定的时间段内，因未来资产价格波动所可能导致的最大损失额（该投资组合发生VaR值损失的概率仅为给定的概率水平/置信水平）。风险价值出自于（也常常被应用于）金融行业针对市场风险的度量。

(8) 风险等级

根据ISO/IEC Risk – Guide 73（2009），风险等级是指一个风险或组合风险的大小尺度，以其结果和可能性来表达。

对此，ISO31000中术语及定义是这样规定的，如果用R来表示风险等级，用L来表示发生的可能性，用C来表示后果，则风险等级R的一般表达式可写为：$R = R(L, C)$。

(9) 主观风险与客观风险

格林和道尔夫曼等将风险分为主观风险和客观风险。客观风险是指不以人的意志为转移的客观存在的风险，例如自然灾害、意外事故。主观风险是指由于精神状态和心理状态所产生的风险。当风险在客观上不能准确判断时，人们凭经验或估计对风险做出主观判断。显然，人的心态和观念的差异会影响风险估计的主观结果。

(10) 风险利益相关者

根据ISO/IEC Risk – Guide 73（2009）以及ISO31000:2018，风险利益相关者是指可以影响风险、受到风险影响或自认为受到风险影响的任何个人、团体或组织。

(11) 风险处置

风险处置是选择及实施风险应对措施的过程。

(12) 风险控制

根据ISO31000:2018，风险控制是指维持或修正风险的措施。

(13) 剩余风险

剩余风险是指风险处置后仍然存在的风险。

1.2.2　风险管理相关概念

(1) 风险管理

根据 ISO/IEC Risk – Guide 73(2009)以及 ISO31000:2018，风险管理是指导和控制组织/企业风险的各类协调活动。

(2) 风险管理框架

根据 ISO/IEC Risk – Guide 73(2009)，风险管理框架是贯穿于整个组织的有关设计、实施、监控、检查和持续改进风险管理工作的基础和组织安排。

(3) 管理风险框架

管理风险框架，也称管理风险要素。ISO/IEC Risk – Guide 73(2009)从企业管理者（一道风险防线）的角度来描述如何"管理风险"的框架。该标准所描述的管理风险框架的内容包括：了解组织及其环境，制定风险管理的政策，明确风险管理的责任，将风险管理流程融入企业各项活动之中，为风险管理配置资源，建立内部沟通和报告机制，建立外部沟通和报告机制。

(4) 风险管理政策

根据 ISO/IEC Risk – Guide 73(2009)，风险管理政策是组织就风险管理总的目的和方向而作出的陈述。

企业的风险管理政策可以视为一类特殊的制度，或者说制度是政策的表现方式之一。由于企业管理分等级，因此，企业风险管理政策也会分等级。通常，基层的政策需要吸纳和吻合高层的政策。风险管理政策与人力资源政策通常可以一体化。总之，企业的风险管理政策也需要"分布在三道风险防线（见后文相关定义）"上的员工来执行。

(5) 风险偏好

风险偏好（Risk Appetite），又称风险容量或风险胃口。根据 COSO – ERM:2017，风险偏好是指组织在追求战略和业务目标过程中愿意承受的风险量。

(6) 风险容限

风险容限（Risk Capacity），是指企业在实现战略和经营目标过程中所能够吸收的最大风险量度。

(7) 风险容忍度

风险容忍度（Risk Tolerance），亦称风险承受度。根据 COSO – ERM:2017，风险容忍度是指可接受的绩效变动区间（Accepted Variation in Performance）。这一定义令风险容忍度在企业范畴内的含义更为明确和可度量，有助于企业在给定的绩效目标下，计算/划定可以承受的风险边界。

企业风险容忍度与其风险偏好直接相关。企业针对每个具有目标实现/业绩实现要求的事项，都应该设定清晰的风险容忍度界限。

（8）风险清单

风险清单（Risk Inventory），是将有可能对企业产生影响的所有风险进行列表。

（9）风险绩效曲线

根据 COSO – ERM:2017，风险绩效曲线是站在企业特定的管理层级（或者站在企业经营的特定视角）来考虑风险类别、风险严重性、风险关联性等要素，进而考虑这些因素如何对该层面实现战略/经营目标的绩效产生影响。

（10）风险管理计划

根据 ISO/IEC Risk – Guide 73（2009），风险管理计划是风险管理框架中的组成部分，其明确了实施风险管理的途径、管理内容和资源等方案。

（11）风险责任人

根据 ISO/IEC Risk – Guide 73（2009），风险责任人是指对管理某一风险具有责任和权利的个人或实体。

（12）风险管理过程

根据 ISO/IEC Risk – Guide 73（2009），风险管理过程是指将管理政策、程序和实务系统性地应用于沟通与协商、建立环境以及识别、分析、评价、治理、监测与评审风险等各项活动中。

（13）风险评估

根据 ISO/IEC Risk – Guide 73（2009），风险评估是指风险识别、风险分析及风险评价的全过程。其中：

风险识别是指发现、辨识和表述风险的过程；

风险分析是指理解风险特征和确定风险等级的过程；

风险评价是指将风险分析结果与风险准则相比较，以决定风险（或其大小）是否是可接受的或可容忍的过程。

（14）风险准则

根据 ISO/IEC Risk – Guide 73（2009），风险准则是评价风险重要性所对照的依据。

（15）风险应对

风险应对，又称风险治理或风险处置。根据 ISO/IEC Risk – Guide 73（2009），风险应对是指改变风险的过程。

（16）风险控制与内部控制

根据 ISO/IEC Risk – Guide 73（2009），风险控制是指正在改变风险的措施。

根据 COSO – ERM:2017，内部控制是指董事会、管理层以及其他人士试图保障企业运营目标、报告目标、合规目标实现而实施的一个过程。

（17）风险应对策略

风险应对策略通常是指依据风险评估结果，制定应对风险的基本策略。从ISO31000针对风险应对策略描述中提炼和归纳出四类风险应对策略，包括：风险规避、风险接受、风险分担和风险改善（包括控制）。实践中，在制定和选择风险应对策略的环节中往往既需要从决策/主体层衡量风险应对策略，也同时要从单项风险层考虑风险应对策略。

（18）合规与合规承诺

根据ISO19600：2014，合规是"企业/组织应履行其合规的所有义务"；合规承诺是"企业/组织选定拟遵循的要求"。CERM项目进一步解读合规的另一层意义是：合规要求企业各个业务单元、各部门、每个员工应"合规行事"。

（19）风险指标、流程与制度

风险指标、流程与制度，是企业风险管理解决方案的重要组成部分，是企业内部合规要素内容三类视角的表述方式，也是企业内部控制活动的重要组成部分。

风险指标是根据组织的风险偏好，人为设定的界定风险和风险等级的指标，也代表着针对某一风险领域变化情况可实施监控的指标。风险指标的设定通常考虑"相关性、敏感性、可测性和实用性"等要素。另外，企业风险容忍度指标也属于风险指标中的特殊指标。

在企业中，流程是指业务/事项进行的次序或顺序布置和安排，或者是指完成一个完整业务行为的过程，流程通常必备"输入与输出"。

制度一般指要求大家共同遵守的办事规程或行为准则。

（20）风险拨备与经济资本

风险拨备与经济资本是从"资本"准备的角度，策划风险应对的一种逻辑和措施。风险拨备是计提的企业资产损失准备金，用来对冲剩余风险中的预期损失，是风险应对的一项重要手段。也就是对企业经营中可能已经构成的风险和损失作出（资金）准备，通常是直接冲减净资产，反映企业承担的风险与成本，更真实地凸显企业的经营水平和资产质量。

经济资本（又称"风险资本"），是指在一定的置信度和期限下，为了覆盖和抵御企业非预期损失所需要持有的资本金数额，是企业需要抵补风险（多指不可控风险）所要求拥有的资本。

（21）风险管理哲学

风险管理哲学（或称企业的风险价值观）是企业在制定和执行战略目标时，对于如何理解风险和如何反映风险的基本思维和共同信念。风险管理哲学是企业文化不可或缺的组成部分，影响企业风险文化的风格，影响企业承担风险和抓住机遇的潜力，也影响企业的决策风格，更会影响企业应对风险的总体策略选择。

(22) 共同的风险沟通语言

建立共同的风险沟通语言，是 ERM 时代所特有的企业沟通文化建设的新行为指南，包括内部风险沟通和外部风险沟通。例如在企业内部："共同的风险责任"把员工的风险/利益和业务单位/部门的以及企业的风险/利益联系在一起。在风险/利益的共同语言下，整个企业的沟通变得相对容易，员工之间的相互支持和相互协作增加了默契，增进了员工在风险意识下责任心的提升。其结果有利于变被动风险管理为主动风险管理，并将风险语言融入企业风险文化之中。又如，在企业外部：企业管理层与企业利益相关者进行有效风险沟通，能增加企业对利益相关者期望与忧虑的理解，更能增加风险利益相关者对企业风险行为的理解。

(23) 固有风险与剩余风险

固有风险是指企业在没有采取任何措施来改变整体（或某一种或某种组合）风险可能性或影响程度的情况下，企业所面对的整体（或单一或某种组合）风险。

剩余风险是指经风险治理后仍然存留的风险（依 ISO/IEC Risk – Guide 73:2009 释义）。

(24) 风险预测与风险预警

风险预测是企业通过某些技术或方法，在风险来临之前，能够最大程度地预感或预知该风险来临的可能性、大小、时间期限和形态，以便尽早或预先采取正确应对措施或活动。风险预测往往针对不可控风险设置监测活动。

风险预警（又称为危机预警），是指企业能在风险事件来临之时，从预先设定的预警系统的报警信号中得以识别，并进行快速反应。显然，危机预警的目的是为了提高企业对风险的准确识别能力与快速危机反应能力。另外，风险与危机的关系也能从危机预警的级别设置中体现出来。当预警处于低警戒信号状态时，企业是面临风险状态；当预警处于高警戒信号状态时，企业是面临危机。

(25) 风险报告

风险报告是一种机制或制度安排，是重要风险信息在限定时间内沿特定方向进行的正式书面传递。风险报告是企业内部控制三大目标之一，是企业六大风险管理能力组成之一。

风险报告分为企业内部风险报告和企业外部风险报告。通常风险报告有多种类型和表达方式，例如风险预警报告、风险评估报告、风险监测报告、内控状况披露报告、风险检查报告、风险审计报告等。风险报告往往是风险责任代表人（例如从个人/部门/企业责任角度划分）按照制度或者按照企业/监管/法律等指令面向企业利益相关方面的报告。风险报告机制的确立旨在支持风险问责和鼓励明晰风险所有权，风险报告的报告者应对报告内容的真实性、准确性、可靠性、有效性和完整性负责,并应在所出具的风险报告上施以责任签字。

(26)危机和企业危机管理

危机是指具有严重威胁、不确定性和有危机感的情境(罗森塔尔和皮内伯格,1991)。危机一定是一种风险,但风险不一定转化为危机。

企业的危机管理,是为减小企业及其利益相关者在潜在危机事件中的损失,以及为保障企业安全与商务可持续性,企业以风险评估为依据而对危机实施科学的预防、应对和处理的方法和过程(AARCM,2006)。亚洲风险与危机管理协会(AARCM)给出的定义明确地把风险评估列为企业危机管理和系统设计的基本依据,将危机管理的概念与风险管理的概念直接联系起来,从而将危机管理的概念向风险管理的深度推进了一步。

企业危机管理是企业风险管理学科的子系统。企业风险管理学中的预警、商务可持续计划和风险变机遇的概念与企业危机管理所倡导的危机预警、商务持续预案和危机变商机三类概念是完全一致的。

(27)其他风险管理相关概念

请参考 COSO – ERM(2017)、ISO31000:2018、ISO/IEC Risk – Guide 73(2009)。

1.2.3 风险与企业风险分类

风险分类已有较长历史,不同研究范畴和不同时代产生了对风险的多种分类视角,各种分类方法各具逻辑性和互补性。在为风险进行分类的应用实践中,首先要清晰界定所研究目标的风险范畴(例如界定研究的目标是泛风险、公共风险、企业风险、项目风险、活动风险、个体风险等),在既定目标基础上建立合理的风险分类框架。需要特别强调的是,实施恰当的风险分类,是进行风险识别和系统性风险评估的基本前提。

(1)风险分类

广义风险(或泛风险)概念一般包括公共、企业和个体(个人和家庭)等广义范畴。泛意义上的风险分类常常按照性质、行为、环境、原因等逻辑进行分类。

①个体风险、企业风险和公共风险。

依照风险承担的主体不同,将风险分为个体风险企业风险、企业风险和公共风险。个体风险是指个人或家庭风险,企业风险是指营利组织面临的风险,公共风险是指社会公众以及公共组织面临的风险。

②基本风险和特定风险。

基本风险是自然、社会、经济或政治等风险的组合风险。基本风险的形成一般需要一定的时间积累,往往呈现出人类或个体难以控制或不可控制的特性。在传统泛风险研究中，往往将基本风险归为典型纯粹风险，基本风险的爆发也往往意味着某些相关区域大范围损失的产生。

特定风险是指与特定的社会个体有因果关系的风险，如恐怖袭击、偷盗、法律诉讼等。特定风险多数属于纯风险。

③财产风险、人身风险和责任风险。

按照风险的损失形态划分，风险可分为财产风险、人身风险和责任风险。这三类风险的划分也是保险业对保险产品进行分类的重要基础。

④自然风险、社会风险、经济风险、政治风险和技术风险。

自然风险是指由于自然和物理现象等实质性风险因素所形成的风险。

社会风险是指由于个人行为的反常或团体不可预料的行为所形成的风险。

经济风险是指在商品生产和流通中，由于社会需求、市场竞争、宏观调控和经济周期变动等外部经济环境的变化所形成的风险。

政治风险是指因政局的变换、政治动乱、战争、种族或宗教冲突等政治因素所形成的风险。

技术风险是指在科学技术发展过程中所导致的某些副作用。

⑤纯粹风险与投机风险。

纯粹风险是指那些只有损失而无获利可能性的风险。

投机性风险是指那些既有损失又有获利可能性的风险。

（2）企业风险分类

多年以来，很多专家学者或行业标准指引都试图给企业风险进行合理分类，如有的学者从经营风险、行为风险和管理风险三大角度来划分；有的学者从战略、财务、运营、声誉、雇员、信息技术、环境、健康及安全、管制等角度来划分。然而，无论怎样划分，都难以完全避免划分框架本身局限性所带来的风险概念重叠现象。另外，由于企业具有行业特征，适用于某个行业的合理风险划分框架对另外一个行业可能就有失偏移。因此，在选用风险分类框架的问题上没有绝然的对与错之分，但有合理与否的选择性框架逻辑。总之，以行业为风险分类基调，标准化行业的风险分类规则，应成为今后风险分类的发展趋势。

2000年以后在全球最为通用、最为流行的几类企业风险划分框架列示如下：

①战略风险、操作风险、财务风险和声誉风险。战略、操作、财务和声誉风险四种分类是ISO31000（2005征求意见）版本呈现的分类框架。

②战略风险、操作风险、财务风险和危害性风险。2002年，英国颁布了AIRMIC/ALARM/IRM风险管理标准，该标准以现代企业管理理念为基本出发点，以清晰界定企业战略和操作运营层面的功能特点为前提，提出了战略风险、操作风险、财务风险和危害性风险四大板块，该分类方法又称"驱动因素分类法"。

四大板块的分类框架体现了所有行业企业所携带的主要层面风险的共性特点，适用于对所有行业的风险分类。英国标准2002颁布后，全球企业特别是欧盟和英联邦国家的企业较为普遍地开始采用这一框架为企业风险进行分类。

③环境风险、过程风险和信息风险。企业全面风险管理的理念和实践在20世纪90年代产生并发展之后，寻求与之相匹配的企业风险分类方法便提上了议事日程，并且要求新的分类方法要充分体现"企业共同的风险语言"的特征需求。阿瑟·安德森公司为此提出了以环境、过程和信息这三大导致企业发展和经营不确定性的源头风险作为风险识别框架的基础，由此，产生了著名的"BRM商务风险模型"（Business Risk Model）。

④信用风险、市场风险和操作风险。将信用风险、市场风险和操作风险视为源头风险而对企业风险进一步详细分类是近年来银行业的公认做法。显而易见，信用风险、市场风险和操作风险也是银行业面临的三大关键性风险，规管银行业著名的巴塞尔协议对监管和计量这三种风险均给予了清晰的框架。因此，这类风险分类框架已在银行业称为"最佳实践"。特别需要注意的是：信用风险、市场风险和操作风险的分类框架不适用于除具有明显信贷业务之外的其他一般行业，也不适用于保险或基金等金融行业。然而，财务公司、小贷公司、网络贷款公司等金融企业均可参照此框架进行风险分类。

⑤战略风险、财务风险、市场风险、运营风险和法律风险。这一分类方法最早出自国资委发布的《中央企业风险管理指引》。这是一种通则性分类方法，也是多数中国企业常选用的分类方法。当企业呈现出鲜明的行业特色时，采用行业专则分类比采用通则分类更为恰当。

⑥CERM-风险分类模型。一直以来，在CERM教材体系中，就企业风险分类模型或多或少地进行了探讨或介绍。例如，"安达信模型-BRM""安永模型""中国国资委分类模型"等，都可视为逻辑参考。因为，这些分类逻辑并非企业通用的"圣经"。事实上，任何一种风险分类逻辑都存在其"合理性与不合理性"，也总有一款比较适合"本企业状况"（基本上都需要在选定的框架基础上进行修改，从而产生本企业风险框架）。一般来讲，依照行业重大风险特质来生成"XXXX行业风险分类框架"比较合理，这也便于行业实践的对标。

出于提炼跨行业专项风险管理规律的需要，并对前人工作经验进行总结，为了体现COSO-ERM:2016（征求意见版，后2017正式版本发布）的新精神，CERM项目在2016年决定产生一种配合CERM教材体系的独立风险分类框架，即"CERM-风险分类模型"框架。具体而言，CERM模型旨在"破解"企业风险分类规律（例如可控/不可控风险），融合"BRM三大风险分类模型"，融合"国资委五大风险分类模型"，融合COSO-ERM:2017对人力资源治理环境强化的特色，融合COSO-

ERM:2017倡导的"ERM影响决策和推动价值创造"新理念。由此,最终生成了"CERM-风险分类模型"。

"CERM-风险分类模型"包含的一级风险分类包括:战略/环境风险、营商风险、运营风险、决策信息风险、财务风险、人力资源风险、法律/合规风险。需要特别提示的是,"CERM-风险分类模型"框架仅作为教学参考演示用途和实践应用参考,并不作为CERM学员考试的标准答案。

⑦其他分类方法。西方某些企业往往也选用例如BSI、HM、戴氏或库伯分类模型等进行风险分类。本教材体系采用的ISO31000标准与COSO-ERM框架均未对企业风险分类给出指引,推论这些标准大概倾向于尊重行业分类惯例。

1.2.4 风险管理过程概述

ISO31000:2009"风险管理原则与实施指南"阐述了实施"风险管理过程/流程"框架。在客观上,此过程框架一经发布就标志着"此前全球多个组织就此过程给出定义时代的结束"。也就是说,ISO31000的发布标志着全球性各个组织(包括公共和企业)就实施"风险管理过程"所达成的认识统一和操作统一。

在实践中,"风险管理过程"的实施是一项非常独特的技术。企业开展风险管理实践的本质就是要将"风险管理过程植入企业每一项活动之中"。由于ISO31000被赋予了"ISO风险管理族系标准"的统领地位,因此ISO31000就担当了以其"定义、方法论、过程等"来统一"ISO风险管理族系标准"语言的地位。十分显著的情形是:自ISO31000:2009发布后,ISO/IEC标准体系(包括新标准制定和旧有标准更新在内),在这些新标准的"风险管理过程框架"设定方面,都体现了ISO31000的规范轮廓和方向。例如2013年修改的"管理项目风险"标准、2014年颁布的"合规管理体系"标准、2015年修改的"质量管理体系"标准等。

风险管理过程是企业管理和企业决策不可分割的一部分,"风险管理过程框架"适用于企业内部也适用于企业外部,"风险管理过程框架"适合于任何具有目标管理逻辑的事项:公共组织层、企业主体层、战略层、企业业务操作层(例如产品/服务/资产/研发)、个体/家庭层、项目、节目、专项风险等各种各样的活动。ISO31000:2009陈述的"风险管理过程框架"包括了五个要素,即:沟通与协商、确定环境、风险评估、风险应对、监督与评审(见图1-1)。后期颁布的ISO31000:2018增加了一个"记录与报告"要素,从而使原五要素变为六要素(见图1-2。其实如果比对,ISO31000:2009的原流程中本身就含有"记录与报告"工作环节,只不过没有作为一个单独要素被列出来)。

图1-1 风险管理过程框架(ISO31000:2009)就是ISO31000:2009所阐述的"风险管理过程/流程"框架。相比较,图1-2展示的是ISO31000的更新版,即

ISO31000:2018"风险管理指南"。

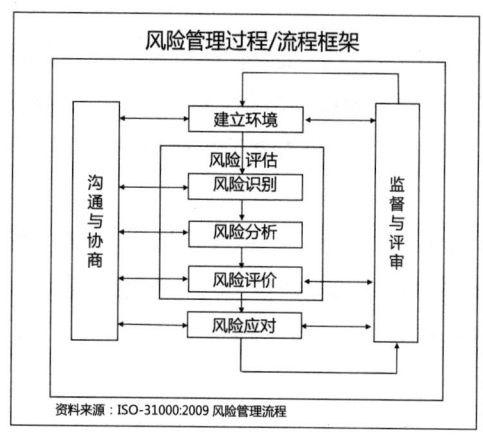

图1-1 风险管理过程(ISO31000:2009)　　图1-2 风险管理过程(ISO31000:2018)

按照ISO31000:2018"风险管理过程/流程"六个流程节点框架,参照COSO-ERM:2017相关逻辑,就"风险管理过程/流程"概述如下:

(1) 沟通与协商

与内部、外部利益相关者的沟通和协商贯穿于风险管理的每个阶段,因此沟通和协商的计划应该提前制定。内容包括风险本身、风险成因、风险后果(如果可以预料)和对待风险的措施。开展有效的内/外部沟通和协商,确保风险管理流程实施责任明确,确保风险管理实施责任人和利益相关者理解决策制定的基础和需要采取行动(特殊行动)的原因。

明确风险管理沟通责任和成立协调小组是有效实施沟通的管理途径,协调小组的目标为:

- 协助确认适宜的风险管理环境信息;
- 确保利益相关者的利益可以被理解和考虑在内;
- 确保风险得到充分识别;
- 将不同领域的专业知识融入风险分析;
- 在定义风险准则和评价风险时,确保各方意见已被充分考虑;
- 确保风险治理计划能够得到认可和支持;
- 风险管理过程实施期间,加强风险管理流程适当的变更管理;
- 制定恰当的内外沟通和协商的计划。

利益相关方往往基于他们对风险的感知而做出判断,因而沟通和协商就显得非常重要。风险感知会随着利益相关方的价值观、需求、假设、概念和关注点的不同而改变。利益相关方的意见对组织的决策有重要影响,因而利益相关方的风险感知应被识别、记录，并在决策过程中给予考虑。总之，沟通和协商应促进真实、相关、准确和易于理解的信息交流，将保密和个人诚信因素考虑在内。

（2）确认风险管理范围、环境、准则

实施风险管理过程，首先应明确以下三个问题：一是在多大的范畴内？二是在怎样的管理层面？三是针对何种具体目标？

第一，定义范围。由于风险管理过程可以分别在战略、操作、项目、活动等层面实施，因此，风险管理过程实施者究竟想实施一种怎样的风险管理过程，该过程的范畴、相关目标以及这种风险管理过程活动对企业目标的总体影响等因素，都需要被界定清楚。

这一阶段需要作出一种计划（或规划），例如：

- 拟达到的目的和拟产出的决策；
- 各个流程环节中的产出结果预期；
- 实践、地点、包括什么/不包括什么；
- 考虑风险评估的工具和技术，确定评价风险、评估绩效和有效性的方式；
- 需要的资源、界定责任、需要保留的记录/考虑可追溯性；
- 考虑与其他项目、过程或活动的关联性等。

第二，确认外部环境和内部环境。在建立风险管理环境时，企业需明确表达其目标，设定管理风险的内部和外部参数①，确认内部、外部环境对组织风险管理的范畴的影响，并确定风险准则，尤其是要考虑环境对组织风险管理系统的关联性影响。

外部环境是指组织实现其目标的外围环境。在确定风险准则时，应充分考虑企业外部利益相关者的目标和所关注的事宜。理解外部环境非常重要。外部环境是以企业的广阔背景为基础，并强调了特定法律法规要求的具体细节、利益相关方的感知，以及考虑了其他与风险管理过程范围相关的要素。这些外部环境信息要素主要包括：

- 社会、文化、政治、法律、法规、金融、技术、经济、自然环境和竞争环境（无论涉及国际的，还是国内的、区域的或地方性的）；
- 组织目标实现的关键驱动因素和发展趋势；
- 组织与外部利益相关者的关系、感知与价值观。

内部环境信息是实现企业目标的内在环境。风险管理过程应与企业的价值观、文化、流程及组织结构相一致。内部环境是组织内影响企业管理风险方式的任何事情。确定内部环境、基本思路和考虑的问题，例如包括：

---

① 这些参数与风险管理框架设计时考虑的参数相似，与特定风险管理过程的范围相关。

- 风险管理是在组织实现目标的环境中进行，是依托组织内部环境作为风险管理基础；
- 总体上，一个局部项目的目标与准则、过程或活动应与组织内部整体环境及组织整体目标相一致；
- 某些组织未能识别实现其战略、项目或经营目标的机会，并且这一情形仍在影响着组织的承诺、信誉、信任和价值。

了解内部环境是非常必要的，包括：

- 公司治理、组织结构、角色和责任分配；
- 政策、目标以及实现组织政策及目标的战略；
- 能力，如对资源和知识的理解（如资本、时间、人员、流程、系统和技术）；
- 内部利益相关方的关系，他们的感知和价值观与组织的匹配度；
- 企业文化；
- 信息系统、信息流和决策过程（包括正式和非正式）；
- 企业标准、指引、采纳的模式；
- 企业契约关系的形式和相互关系。

第三，定义风险准则。对照组织目标，企业应该清晰界定准备承担和不想承担的风险类型和数量。与此同时，企业应该定义风险的判断准则，以便于评价风险。准则应该反映组织的价值、目标和资源。来自法律、监管以及相关组织的要求，来自利益相关者的要求，都应涵盖在风险准则之中。风险标准在制定风险管理流程并持续检查的过程中应与组织风险管理原则和政策保持一致，与组织风险管理框架保持一致，与"所实施的定制化风险管理活动"本身的目的保持一致。

确定风险准则时，应考虑的因素有：

- "影响目标（有形/无形）和结果"不确定性的特质和类型；
- 如何衡量风险，如何定义风险影响（正面/负面）以及风险可能性；
- 可能性（或后果）的时间因素（包括考虑时间变化和时限）；
- 措施的前后连贯性；
- 如何确定风险等级水平；
- 利益相关者的观点；
- 如何确定可接受或可容忍的风险水平，组织抗风险的能力极限；
- 是否考虑多种风险的组合情形，如果需要，则需考虑如何组合和怎样实施组合；
- 相关的法律规则要求，社会责任义务。

总之，在风险管理过程环节，涉及几个决策点，往往需要配套制定相应的决策准则。通常包括：严重性度量准则（可能性/后果）、重要性排序准则、方案选择准则、剩余风险可接受水平准则等。

(3) 风险评估

风险评估是指风险识别、风险分析及风险评价的全过程。风险评估是一项系统的、反复的与协作性的活动,这些活动需要体现利益相关方的观点,必要时需要借助调查研究的支持。

第一,风险识别。风险识别是组织/企业发现、认识、描述风险的一个过程,企业应识别风险来源、影响范围、事件及其起因和潜在后果。首先,根据那些可能创造、加深、妨碍、降低、加速或延迟目标实现的事件列出一个全面的风险清单。重要的是要查出那些与追逐机会无关联的风险(例如非预期纯风险)。与此同时,也可能会发现企业潜在的机会。总之,实施综合识别非常重要,因为一个在此阶段没有被界定的风险,就难以进一步安排在下一步实施风险分析了。

风险识别应包括无论风险源是否在企业的控制下(无论风险源或风险原因是否明显),风险都应被识别出来。风险识别包括对特定后果连锁反应的考量,包括串联效应和积累效应。纵使风险源或风险原因不明显,也应在更宽泛的范围内来衡量其后果。在识别可能的风险事件时,必须考虑可能的原因和可能的后果情景。总之,所有重要的原因和后果都应该加以考虑与衡量。也就是说,风险识别活动应包括针对"可控风险和不可控风险"的全面识别,包括对有形和无形风险后果的识别。

企业应采用适合于其目标、能力以及适合于其所面临风险的风险识别工具和技术。识别风险时掌握相关及最新资讯是非常重要的,还应充分了解相关地点的背景信息(并且应是最新信息),具有适当专业知识的人员参与风险识别,相关岗位(例如一线业务/管理岗位)人员也同时参加识别。

在实施风险识别时,应注意的识别环节和元素,例如:

- 有形和无形的风险源;
- 风险诱因和风险事件;
- 威胁和机会;
- 脆弱性和风险容量(极限);
- 内部和外部环境的变化;
- 新风险产生的信号(指标);
- 资源/资产的价值与属性;
- 风险后果以及风险对目标的影响;
- 知识的局限性和信息的可靠性;
- 时间关联因素(例如时间区间、时限)
- 基线、假设和实施"风险评估"活动的信仰。

第二,风险分析。风险分析是理解风险特征和确定风险等级的过程,是为了增进对风险（在特定时间和地点）了解的程度。风险分析通常考虑的要素包括：不确定性来源、后果、可能性、风险事件、可能的情景、风险控制是否存在以及"是否有效存在"。例如，分析一个风险事件，则应考虑可能导致的多个后果，并可能影响到多个目标；再如，确定不同风险间的相互依存关系的存在可能性及其起源。

通常基于风险分析的目的来决定实施风险分析的"深度/全面性、定量或定性，或者定性定量组合"等方案。显然，该方案也会受到信息质量/资源充分性的限制。通常，风险分析结果会受到观点差异、偏见以及对风险判断观念差异的主观影响，还会受到假设、意外以及技术限定的影响。总之，风险分析为风险评价提供了输入信息，并同时为下一步是否需要安排追踪、实施应对以及采用何种适宜策略与方法等提供输入信息和选择依据。其实，这些选择本身也涉及不同类型和不同程度的风险。

风险分析结果和它们的可能性可以从一个或一系列事件的模拟结果中确定，或者从试验研究中推理，或者根据现有的数据（历史的数据）分析产生。在某些情况下，为了陈述不同的时间、地点、组别或情况，则需要一个以上的数值或描述。"选择用以表达可能性和结果的方法，以及确定基于这两个特征要素而生成的风险等级水平时"应该反映或体现相应的"风险类型、可得信息和风险评估输出目的"这几类条件。对于某些要素，例如专家意见分歧、不确定性、可得性、质量、数量、持续的相关信息或模型的局限等，应加以说明和强调。对某些呈现高度不确定性的事件若很难采用定量化的方法，则采用综合分析技术也是一种较好的选择。

风险分析应考虑风险等级与决策者的信心，以及其对先决条件和假设条件的敏感性，就此应与决策者/利益相关者有效沟通。总之，这些采用的方法都应该与风险准则一致。

在风险分析活动中应考虑的思维逻辑和工作程序包括：
- 风险事件的可能性和影响后果；
- 风险影响的本质和量级；
- 风险复杂性和关联性；
- 时间关联因素和波动性；
- 现有控制的存在和"控制有效性"；
- 风险分析的敏感性和置信度。

第三，风险评价。风险评价是将风险分析结果与风险准则相比较，以确定风险（或其后果程度）是否是可接受的或可容忍的过程。风险评价是基于风险分析的结果而实施的，目的是为了支持后续的决策，需要面对的问题有：哪些风险需要应对？哪些额外的措施需要采取？应对风险的重要性排序是怎样的？

决策应该考虑更大风险关联范围内的环境，以及内外部利益相关者就风险评价结果的反应。风险评价的结果应该被记录、被沟通以及被恰当的管理层批准。

通常,风险评价结果需要明确以下内容:
- 建议不需要安排进一步的工作;
- 需要生成风险应对选择方案;
- 需要安排进一步的风险分析,以便对风险进行更为深入的了解;
- 维持现有的控制;
- 对照风险准则,分析风险应对的迫切性,评价风险重要性排序;
- 必要时,从新评估"目标"。

(4)风险应对

风险应对包括选择和实施一个或多个方案,以改良风险特征。通常,风险应对涉及一种循环性过程:
- 形成和选择风险应对的方案;
- 计划和执行风险应对;
- 评估风险应对的有效性;
- 决定剩余风险是否能够被接受;
- 如果不可以接受则须采用进一步应对措施。

第一,风险应对选择。选择最恰当的风险应对方式包括:成本、收益以及实施效果不利因素之间的平衡。风险应对策略并不是在所有的情况下都相互排斥或所有情况下均适合。其方案选项包括:
- 通过不启动或不再持续招致风险的活动,以规避风险;
- 承担或强化风险,以追逐机会;
- 移除风险源;
- 改变可能性;
- 改变影响后果;
- 与另外机构或各方分担风险(例如包括合同与保险手段);
- 以正规的决议来保留风险。

风险应对的选择,其实并不仅仅是出于经济利益考虑,还应考虑组织的义务、公益事业、利益相关方期望等。风险应对策略的选择应该与组织的目标、风险准则、风险资源支持水平相一致。

在选择风险应对方案时,企业应考虑利益相关者的价值观、感知以及采用适当的沟通方式。

凡是风险应对方案所影响到的组织内其他区域或利益相关方,上述因素都应在决策中体现。尽管有效性似乎等同,但对不同的利益相关者而言,往往在"接受某些风险应对方案喜好"之间存在差异。

如果存在暂时找不到恰当风险应对方法的情形，或者存在风险应对不足以"改良风险"的情形，则需要将这种情形记录下来。决策者和利益相关者应了解"实施风险应对措施之后的剩余风险状况"。应就剩余风险状况建立文案，对剩余风险的变化安排监督、评价或者安排进一步的风险应对活动。

风险应对本身还可能引起二次风险，这些风险需要被评估、应对、监测及评审。这些二次风险应纳入相同的应对计划，且两者之间的关系应得到识别和维护。

第二准备和实施风险应对计划。制定和实施风险应对计划的目的在于"对所选择的应对方案如何实施进行详尽陈述，以及安排文件化处理"。风险应对计划中应清晰地展示实施风险应对的顺序/程序，照此风险应对的活动得以被有序执行。管理层通过沟通，令相关人员就此安排有所了解。通常，管理层对照此计划，来安排实施对"风险应对执行进展状况"的监督。

风险应对计划应与组织管理过程相整合，相关负责人员应与利益相关者进行充分沟通。

风险应对计划提供的信息应包含如下内容：
- 选择某种应对方案的原因，包括期望获得的效益；
- 批准计划和实施计划的责任人；
- 提议的行动；
- 资源需求，包括紧急状况下的资源需求；
- 绩效的度量方法；
- 限制条件；
- 报告和监督要求；
- 行动持续时间（开始和完成）。

(5) 监督和评审

管理层实施"监督和评审"是为了保障与促进风险管理过程设计、执行以及产出质量和效率，以助于"识别变化和识别新风险"，以助于"吸取教训，持续提升"。监督和评审应列为风险管理过程计划的一部分，通常是一种规律性的检查或监督工作，这些工作可以是周期性的或是临时性的。与此同时，应清晰确定监督和评审的责任。

监督和评审存在于风险管理过程的所有环节/阶段，监督和评审工作内容包括：计划、收集和分析信息、记录结果和提供反馈意见等。

监督和评审结果应被并入组织的绩效管理、绩效考核和管理报告活动中。

(6) 记录与报告

风险管理过程及其结果应该通过恰当的机制"被文件化和被报告"。组织就风险管理过程提出"记录和报告"要求，其目的是：

- 在组织范畴中沟通风险管理活动和产出；
- 为决策提供信息；
- 优化风险管理活动；
- 辅助与利益相关者（内部/外部）的联络和沟通，包括那些对实施风险管理活动负有责任的利益相关者。

总而言之，有关于"创新、保留以及处理文件化的信息"的决策应被记录下来，但应注意信息的敏感性，以及内外部环境。

报告是公司治理的组成部分，报告可增进与"利益相关方、高端管理层、董事会各委员会"等之间的沟通，促进他们的"尽责"。有关于报告管理逻辑，包括：
- 考虑不同利益相关者，以及他们对报告的特殊需要和要求；
- 报告的成本、频率和时间跨度；
- 报告的方法；
- 报告"与组织目标和决策相关的信息"。

1.3 企业风险管理概述

如果仅从研究和实施针对操作层面的风险管理开始计算，在全球范围内企业风险管理实践堪称已经历经了近一个世纪的时间。时至20世纪末，与信息时代并肩而来的另一个奇迹，就是企业全面风险管理（Enterprise Risk Management，ERM）的理论和实践。COSO-ERM:2017给出的ERM概念，代表了新时期企业界对企业风险管理发展境界的新认识，即"进一步确认风险管理创造价值"，以及"企业风险管理—整合战略与绩效"。

事实上，在21世纪到来之际，特别是在COSO-ERM:2017发布之后，但凡言及企业风险管理，其实都是全面风险管理的寓意，指的都是企业全面风险管理（ERM）。

1.3.1 企业风险管理发展史

20世纪下半叶，企业全面风险管理理念随着信息时代同步到来。2017版本CERM教材体系将ERM的发展史分为三个阶段，即："初始期""术法期"和"道法期"（见图1-3）。

在ERM初期，全球各个组织纷纷出台了系列定位ERM框架的标准。2017版本CERM教材体系所划定的ERM发展三阶段就是按照这些标准的发展进程来界定的。

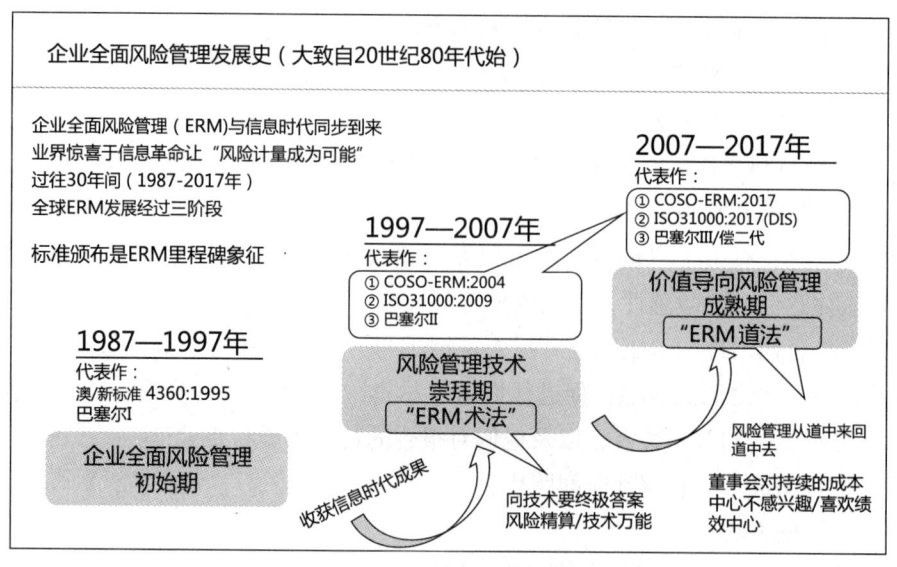

图1-3 ERM的发展史

第一个时段（1987—1997年），ERM初始期。在全球范围内，ERM理论框架的前期研究始于此阶段，某些体现ERM配套技术的研究也始于此阶段。与此同时，某些体现ERM理论精神的局域性专业框架的颁布同样始于此阶段。其中包括：首版巴塞尔协议Ⅰ（1988），以及首版"COSO-内部控制框架（1992）"。其实，这两个框架与ERM理念相关联，但其本身并不是ERM框架。前者是一种体现监管意图的"合规"框架，框架从整体/核心资本约束的角度，规范银行业风险管理；后者是从企业主动控制可管理/可控风险角度发布的专业指引。由于企业仍然存在不可控风险，因此还需要从整体角度对企业风险实施管控的综合策略。显然，这两类框架的出台为推动后期引入ERM标准、推动"合规与控制"局域理念、策略和框架方面奠定了基础。

另外，在这个时期，还产生了一个在名称和形态上与ERM最为相仿的一个标准，这就是1995年诞生的"AS/NZS4360标准（澳大利亚/新西兰）"，这一标准往往被业界称之为全球第一个描述ERM框架的标准。来自于澳/新地区的主流为纯风险管理背景的专家们参与制定了这一标准，"该标准从基调上来讲是一种管理负面风险的框架标准"。

第二个时段（1997—2007年），"术法期、风控技术崇拜狂热期"。在这一时期，一是从银行业监管立场出发的巴塞尔协议吸收了信息/数据时代的技术成果，强化了针对银行业市场风险和操作风险的监管要求，终于在2004年推出了体现针对"银行业经营风险类的风险计量统一要求"的"巴塞尔协议Ⅱ"。在这一时期，保险界的"偿二代"研究也开始呈现雏形；二是AS/NZS4360标准（澳大利亚/新西兰）标准也一再推出1999/2004更新版本；三是英国于2002年出台了AIRMIC/ALARM/

IRM标准；四是著名的美国反虚假财务报告委员会下属的发起人委员会（COSO组织），于2004年出台《企业风险管理—整合框架》（COSO-ERM）。然而COSO组织出台的这一ERM框架显著嵌入了其早先发布的"COSO—内部控制框架"技术层级的影子；五是ISO/IEC组织于2005年推出了"风险管理原则与实施指南"框架（征求意见稿，此版本基本上全文采纳了AS/NZS4360:2004）。

随着COSO-ERM:2004（终稿）与ISO31000（2005/2007征求意见）国际导向性标准的颁布，一些国家/地区也在此期间颁布了逻辑相似的标准。例如，2005年中国香港发布了《内部控制与风险管理—基本框架》；2005年日本出台了《风险新时代的内部控制》；2006年中国国资委颁布了《中央企业全面风险管理指引》，英国标准协会出台了BS 31100:2008《风险管理实施准则》。随后，中国内地出台了G/BT24353《风险管理原则与实施指南》和《企业内部控制基本规范》等有关实施ERM框架的相关指导原则。在这一时段出台的标准作品基本上都是跟随ISO31000（征求意见稿）或者COSO-ERM:2004/COSO:1992—内部控制框架发展步伐而产生的"地区跟进型/补充型"ERM框架落地实施指导性原则。

在这一时期，描述ERM框架的理论、实践和标准导向，开始显著体现"风险/机遇"管理双面性的理论，以ISO31000为代表的"管理风险"的技术标准轮廓（其实主要管理负面风险）开始显现突出的专业引领价值。与此同时，西方银行/企业界也逐渐呈现出"突出风险计量/风控技术"作用和价值的倾向，或者出现"凡事喜欢向风险管理技术要答案"的逻辑，这种逻辑既出现在学术界也同时出现在银行界/企业界。特别是在金融界，以崇拜"巴塞尔协议Ⅱ"为象征的"风险管理技术崇拜"十分突出（风险精算、技术万能论、似乎向风险管理技术索要终极答案），此时，就连不少西方金融企业的董事会在这种"风险管理先进技术"崇拜潮中也似乎迷失了方向，此浪潮下还产生了"以巴塞尔协议Ⅱ为驱动，以风险精算为水平象征"的金融风险管理师。然而，2008年的金融危机还是"无法阻止"的发生了。

第三个时段（2007—2017年），ERM成熟期。标志着ERM成熟的三大规则/标准体系即巴塞尔协议Ⅲ、COSO-ERM:2017、ISO31000:2017（DIS版本，2018年出台正式版本）。业界共计花费了大约10年的时间理清了ERM概念并完善了这些规则/标准体系，并不约而同地把"2008年金融危机"视为界定当代企业对风险管理认知的里程碑和分水岭。显然，在新的历史时期，所有关注银行/企业层面的风险管理标准如不考虑这场金融危机的影响，不体现"对这场危机对症下药"的管理新思维，这种标准本身就难以持续。升级旧规则/标准，势在必行！

第一，巴塞尔协议升级。业界的关注点仍聚焦在银行界。2008年金融危机并不是源自巴塞尔协议Ⅱ监管重点关注的可实施风险计量的"三大经营风险范畴"，而是发生在原则上归决策层主导的"战略/决策/治理，这些难以计量的风险范畴"。

显然，某些金融危机中的问题企业把这场危机归咎于"巴塞尔协议误导"，是有失公平的！监管设定监控行业风险框架与企业设定管理自身ERM框架，是两件事。然而，问题是：银行/企业或许根本就没有搞清楚，哪些是监管需要的与"现状风险指标报表"相关的工作内容？哪些是"风险指标报表之外"银行/企业自身必须发挥"前瞻性/主动性"管理好的风险？在金融危机发生之前，银行/企业一度出现重监管"风险指标报表要求的风险管理"、轻"非监管指标报表要求"的风险管理，也就是说"重数/轻道""重技术/轻道术"，从而注定了2008金融危机为这种逻辑错误买单的后果！显而易见，2008年金融危机导致银行/企业危机的痛点发生在"指标报表风险"之外，并且是难以监管的"战略/治理/决策"层面。所以，优化巴塞尔协议Ⅱ"在总体提法上的全面性"成为不可回避的行动选择。于是，2010年迎来了巴塞尔协议Ⅲ时代。相对照，优化"指导银行/企业个体实施ERM框架建设"的议题就留给了COSO或ISO等不属于强势监管地位的行业组织来进行规则统筹。

第二，COSO-ERM:2004标准升级。2008年金融危机促使西方学术界/企业界思考这场危机的来龙去脉并挖掘深层次原因。随之展开诸多相关议题，例如：风险管理究竟是技术，还是道术？银行/企业中谁才是风险管理的舵手？如何正确认识和定位风控职能的价值？如何理顺巴塞尔框架前期建设和长期维护关系？银行/企业管理风险的终极框架应该从何种角度设定？组织的内部控制与组织的风险管理边界如何划定？如果巴塞尔协议不是银行ERM框架，那么COSO-ERM标准未来为银行/企业界指明的ERM方向该是什么？显而易见，COSO-ERM:2017标准的升级就是在这一背景环境和"深度反思"的基础上产生的。今天，业界看到了COSO-ERM:2017标准，就看到了COSO-ERM:2017标准从"技术"升华成为"道术"华丽转身的背后故事！

事实上，COSO-ERM:2017在实现这次升级之前做了充分的前期铺垫工作。首先，将全面风险管理的概念/任务与内部控制的概念/任务进行了界定。数年来，标准运用与实践证明："COSO-内部控制框架"以及"COSO-ERM"两个标准一度存在"在概念上交叉模糊，分工混淆，两个标准其实都是内部控制逻辑"这一缺陷。在对此缺陷进行充分了解与分析的基础上，2010年COSO开始了针对其内部控制框架的优化工作，并在2013年颁布了COSO:2013"内部控制整合框架"。2013年又开始了针对COSO-ERM框架的修订工作，最终在2017年公布了"旨在弘扬风险管理道术的"COSO-ERM:2017版本标准。COSO-ERM:2017标准摒弃了旧标准将风险管理主基调定为"内部控制技术"的做法，颠覆性地修正了企业全面风险管理的框架和定义，最终将标准引向了"整合战略与绩效"的方向。（见图1-4和图1-5）。该标准修正和解决了诸多有关全面风险管理框架的历史性问题与矛盾，大踏步地推动了企业风险管理学与企业管理学的无缝对接。

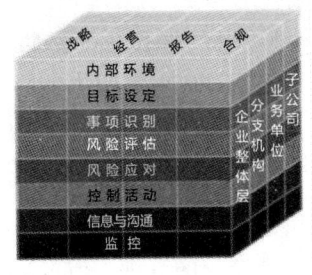

图1-4 COSO-ERM框架（2004）

图1-5 COSO-ERM框架（2017）

第三，ISO31000标准的升级。2008~2017年，国际标准化组织先后发布了两个关于"风险管理实践指引"的标准版本，即ISO31000的2009年标准和2017年。第一个版本标准起草于2005年，发布于2009年，中间横跨了2008年金融危机的爆发期。由于该版本标准仍然是一个以技术关注为主导的标准，或者说是一个以操作层负面风险为关注焦点的标准，故而对企业战略层面风险不够敏感，特别是对2008金融危机事件不够敏感，致使2009年（金融危机之后）所发布的ISO31000:2009"风险管理原则与实施指南"并未显著反射"从金融危机中悟出来的特殊真理"。当COSO-ERM率先更新为COSO-ERM:2017版本时，也引发了其后实施更新的ISO31000鲜明地向着"整合、领导力、价值"方向调整，于是在2017年2月ISO31000:2017"风险管理指南（DIS）"标准发布，2018年2月则出台了正式的更新版本（见图1-6）。

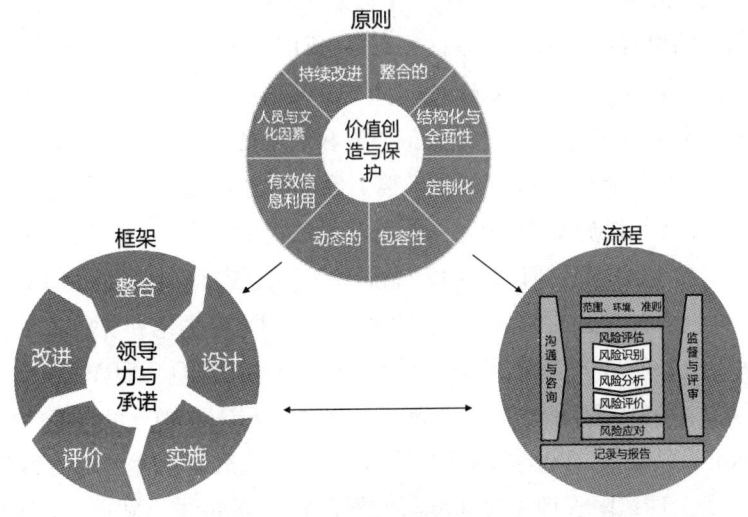

图1-6 ISO31000:2018

ISO31000:2018 的更新基调与 COSO-ERM:2017 的新基调保持一致,即"最终倡导价值实现"。另外,与 COSO-ERM 标准(该标准前后版本变化很大)不同,ISO31000:2018 在整体结构和逻辑上基本上与 ISO31000:2009 保持了一致性(虽说表达图形有所变化,框架并没有产生实质变化),但删减了 2009 年版本的一些非重点内容,所以新版本更加简单明了、重点突出。

总体而言,ISO31000:2018 与 COSO-ERM:2017 仍呈现出总体逻辑的一致性,并且都关注 ERM 领域的互补性。ISO31000:2018 侧重关注企业操作层面以及事项/项目层面的风险或称作"弱势最小化,风险负面性/纯风险"的管理;COSO-ERM:2017 更强化针对企业主体/组织/战略层面的总体组合风险管控,或称作"绩效最优化,风险正面性/投机性风险"的管理。

另外,独具意义的是:ISO31000 标准本身还担当着 ISO 风险管理"家族"标准的龙头统领地位(这也是 ISO31000 标准起草/颁布的初衷),即 ISO31000 标准统一了风险等相关概念,统一了风险管理原则等专业准则。事实上,ISO 体系出台风险管理关联标准已有数十个。2011—2017 年,ISO 体系发布了风险管理通用性标准(非行业专属标准),例如:ISO22301:2012 "业务连续性管理体系与要求"和 ISO19600:2014 "合规管理体系与指南"。另外,2009 年 ISO31000 标准颁布之后,所有修改版的 ISO 体系风险管理标准开始向 ISO31000 定义的基调靠拢,其中包括 ISO9001:2015 "质量管理体系要求"。

纵观上述 ERM 框架发展 30 年所经历的三个阶段,以及期间曾经发布的试图完整描述 ERM 框架的各类标准,2017 新版 "COSO-ERM:2017 标准以及 ISO31000:2018 标准"为里程碑,推动业界将"什么是 ERM 框架"推上新的认识高度,是 ERM 发展的新的里程碑。更新版本的 COSO-ERM:2017 标准,名称为"企业风险管理—整合战略与绩效"(Enterprise Risk Management - Integrated with Strategy and Performance),其从整体管理学领域分工要素和流程角度,定义了全面风险管理在企业"战略决策、目标管理、绩效实现"整个价值提升过程中所扮演的角色,鲜明地摒弃了以往国际各组织所推出的以"技术过程或控制论"为基调定义的 ERM 框架风格。总而言之,"COSO-ERM:2017 标准"一改传统标准惯例,将 ERM 的价值和作用推到了一个前所未有的新高度,由此也标志了 ERM 理论和实践真正步入成熟阶段。紧随其后的 ISO31000 标准的改版升级方向也与 COSO-ERM:2017 遥相呼应,在领导力等方面的内容还补充和丰富了 COSO-ERM:2017 的相关内容。另外,ISO31000 标准所阐述的"风险管理过程"框架始终代表着该标准的内容精髓。

表 1-1 是全球风险管理主要标准与监管政策发布路线,显示了在 ERM 发展的各阶段,全球各组织/政府监管所发布的在企业风险管理/内部控制领域具有影响力的主要标准/准则。

表1-1　　　　　　　全球风险管理主要标准与监管政策发布路线

时间	机构/国家	标准	内部控制相关	风险管理相关
1988年	BCBS	巴塞尔协议	合规-金融业风险	
1992年	COSO	内部控制—整合框架：1992版	内部控制	
1995年	澳大利亚	AS/NZS 4360:1995		企业风险管理
1999年	OECD	OECD公司治理准则		企业风险管理
2002年	美国	萨班斯法案	财务风险控制	
2002年	加拿大	风险管理：决策者指南—加拿大国家标准		企业风险管理
2002年	英国	AIRMIC/ALARM/IRM标准		企业风险管理
2004年	AARCM-中国香港地区	企业风险管理人员职业标准		企业风险管理
2004年	COSO	企业风险管理—整合框架		企业风险管理
2004年	BCBS	巴塞尔协议Ⅱ（新巴塞尔协议）	合规-金融业风险	
2006年	中国国资委	中央企业全面风险管理指引		企业风险管理
2007年	中国银监会	中国银行业实施新资本协议指导意见	合规-金融业风险	
2008年	中国财政部等五部委	企业内部控制基本规范	内部控制	
2009年	ISO	风险管理原则与指南，ISO—31000		风险管理
2010年	BCBS	巴塞尔协议Ⅲ	合规-金融业风险	
2013年	COSO	内部控制—整合框架，2013版	内部控制	
2014年	ISO	合规管理体系指南—ISO—19600	合规-内控	
2015年	中国保监会	保险公司偿付能力监管规则	合规-金融业风险	
2016年	中国银监会	银行业金融机构全面风险管理指引		企业风险管理
2017年	COSO	企业风险管理—整合战略与绩效		企业风险管理
2018年	ISO	风险管理指南（第二版），ISO 31000		风险管理

1.3.2 企业全面风险管理概念

在ERM概念产生之后的数十年间，全球有诸多专业组织就ERM给出过定义。然而，自COSO-ERM:2004和ISO31000:2009颁布后，全球也一度统一了ERM的概念。随着时间的推移，业界对COSO-ERM:2004标准种种非议日渐增多，也推动了COSO-ERM:2017标准（COSO-ERM更新版）的颁布。COSO-ERM:2017标准就企业全面风险管理定义进行了大刀阔斧的调整，从风险管理"道法"视角（一改以往的"术法"视角）对 ERM 进行了制高点水平的综述，对风险管理在保障企业目标实现和价值创造过程中所发挥的作用描述得也更加淋漓尽致。业界对新版 COSO – ERM:2017 标准的"企业全面风险管理"定义给出了高度评价。

COSO – ERM:2017（新版）对企业全面风险管理的定义如下：

组织的风险管理"文化、能力、实践"应与其战略制定和绩效执行相整合。凭借着这种整合管理，组织来创造、保护和实现其价值。

特别提示的是：考虑到 COSO – ERM:2017 是站在"合规、弱势最小化管理、不确定性管理、绩效最优化/价值最大化（即管理风险和利用风险）"较为系统和全面的风险管理使命角度来描述"企业全面风险管理"定义，而以往其他各标准多从"过程、活动、技术"或者是主要从"弱势最小化/管理负面风险"等视角对企业全面风险管理进行描述与解读，或者是从包罗万象的"泛风险管理 – 万金油"视角（例如 ISO31000）来描述"企业全面风险管理"的定义，因此，2017 版本 CERM 教材体系选择了 COSO – ERM:2017 标准给出的定义 CERM 教材体系在描述企业风险管理整体框架和相关要素时选用了 COSO – ERM:2017 标准的论述，在"风险管理原则框架"和"风险管理过程框架"方面则选择了 ISO31000 框架的论述。总之，COSO – ERM:2017 阐述的"企业风险管理框架"与 ISO31000 阐述的"风险管理框架"也是协调一致的，所不同的是 COSO – ERM:2017 标准细化了"企业风险管理"框架的内容，强化了"绩效/价值提升"导向的风险管理逻辑和方法论，为企业落地 ERM 提供了更为显著的可操作性。

另外，由于当今全球企业界已经进入了 ERM 时代，业界但凡提及"企业风险管理"，指的就是"企业全面风险管理"。

为加深对 ERM 概念的理解，基于 COSO – ERM:2017 管理逻辑，分别阐述 ERM 与企业管理学核心理念的整合，以及 ERM 如何通过"文化、能力、实践"与企业管理学主流活动实现整合。

（1）ERM 与企业管理学核心理念的整合

企业管理学研究的主要议题是如何实现股东价值最大化。为实现这一最终目的，企业经营者需要研究利益相关者的期望，需要选择正确的战略和设定正确的经营目标，通过发挥匹配的能力和实施目标实现过程以及有效管控达成目标。

①ERM 与价值。企业成功价值的实现是通过日常大大小小各类正确的决策来推动的。管理者通过正确配置各类资源创造利润和价值（包括财务价值和非财务价值），通过各种措施维护客户忠诚度保留价值，而企业价值创造本身就是一种"识别风险，认识与捕捉市场机会，在执行正确战略、实现市场机会的道路上与风险博弈输赢的产出结果"。所以，企业成功说明企业实现了价值（或者一定程度地实现价值），意味着企业防范了"价值实现过程"中的组合风险。

企业正确决策与企业价值实现是一种必然的因果关系。在 ERM 时代，影响企业正确决策的几类核心要素包括：决策层主导的风险偏好、企业资本实力决定的风险吸收能力、企业用于决策所依赖信息的及时性/准确性/正确性/确定性/充分性以及决策层表达的风险可接受性等（例如在实施战略/经营目标设定时）。因此，一个显著的事实是：COSO - ERM:2017 标准积极推荐了风险绩效曲线（Risk Profile）方法论，该方法论恰当地将上述决策核心要素整合到一个（或多个）决策场景中，这显然是 ERM 时代所带来的"创新式的和伟大的"企业管理学新决策方法论，指引企业通过采用科学决策方法论来推动决策成功率提升，再通过推动决策成功率的提升来推动价值最大化实现的目的。

②ERM 与企业使命、愿景与核心价值观。根据 COSO - ERM:2017 标准，企业使命解释了企业想完成什么、为何存在，以及解释企业存在的核心价值。企业愿景解释了随着时间的推移企业想达到什么，或者解释企业对未来状态的期盼是什么。企业以核心价值观来判断"什么是好和坏，什么是可接受和不可接受"。显然，这些判断、信仰、理念和准则决定了企业的行为方式。

事实上，在利益相关者主导的企业最原始的"使命、愿景和核心价值观"确立阶段，就已经体现了企业的风险偏好基调。接下来，在企业战略选择和设定、风险偏好明确、经营目标设定中，应保持与企业利益相关方的"使命、愿景和核心价值观"相一致。

③ERM 与战略。企业制定能够体现"使命、愿景和核心价值观"的战略依据不是 ERM，然而，基于 ERM 理念、能力和方法论的企业高效资源配置和有效/正确决策机制却可以令企业在战略选择和战略目标设定方面更具有前瞻性，更加合理与更为明智。如，ERM 的方法论可以协助提升用于战略决策的信息充分性和确定性，再如 COSO - ERM:2017 标准给出了风险绩效曲线（Risk Profile），可以辅助企业实施"基于风险/绩效权衡"的战略选择和战略目标的设定。

④ERM 与企业经营管理。企业经营管理所关注的核心内容通常包括治理结构、目标/绩效管理、内部控制等要素。

其一，ERM 与公司治理。通过公司治理，从而分配"执行战略目标和从事经营管理"的各类角色、权利和责任。这些角色通常涉及处在企业决策高端层级的利益相关者、董事会成员、管理层（包括各个层级的管理者）。

其二，ERM 与目标/绩效管理。通过设定经营目标和进一步分解经营目标，以及通过确认各个部门/单元/各个岗位绩效的任务，实施企业目标/绩效管理。ERM 与绩效管理直接的关联关系表现在，例如基于 ERM 理念的绩效尺度设定和度量，包括财务指标、操作风险指标尺度、合规度量尺度、项目管控要求尺度、市场扩充指标尺度、利益相关者价值预期等风险尺度/指标设定；再比如在企业日常绩效实现过程中植入风险管理过程"实现过程融合",以确保绩效达到/超出预期结果。

其三,ERM 与内部控制。企业内部控制概念显著有别于 ERM 概念。在经营管理过程中,企业通过将风险管理过程融入各个经营管理活动的过程之中,通过保障运营目标、合规目标、报告目标的实现,从而保障特定时期的经营目标以及更长周期的战略目标实现。内部控制机制是企业风险管理的组成部分,不可能完全取代 ERM 机制和作用。例如风险偏好、风险容忍度、战略选择、目标设定、公司治理高层结构、不可控风险应对等这些 ERM 所覆盖的要素通常并在企业内部控制的范畴之内;然而这些 ERM 要素却决定着内部控制的基调。

(2) 通过"文化、能力、实践"促进 ERM 与企业管理无缝整合

COSO-ERM:2017 给出的 ERM 定义是:组织的风险管理"文化、能力、实践"应与其战略制定和绩效执行相整合,凭借着这种整合管理,组织来创造、保护和实现其价值,即:ERM 与传统企业管理的整合点在于"文化、能力、实践"这几个方面。

①文化整合。COSO-ERM:2017 倡导"将风险意识和透明度植入企业文化"。这就需要实施相应的配套措施,例如采用论坛等多种多样的活动增强企业利益相关者和员工的风险意识,推动信息共享、决策科学、风险/机会识别等工作;鼓励员工"揭示问题和表达担心";明确和沟通实现战略/经营目标的风险管理责任;推动企业核心价值观、行为、决策与企业的绩效和薪酬机制挂钩;发展和分享企业经营的内外部环境;发展和分享企业价值驱动因素。

②能力整合。COSO-ERM:2017 主张将风险管理能力融入常态的企业管理之中。例如,在企业管理层常态的决策过程中采用"风险绩效曲线"方法论;企业聘用有经验和有专业能力的员工;企业可以接触到对支持决策有帮助的专业人员和专家,或者接触到对决策有支持作用的技术资源等;企业为提升风险管理能力和担当风险管理责任,应对技术、设施、系统、工具开发等给予必要的投资;供应商和承包商应参与和配置恰当的风险管理能力。

③实践整合。COSO-ERM:2017 强调 ERM 实践与企业管理实践相整合。体现这类整合的场景,例如:在制定企业战略时应采用 ERM 的方法论从而协助"战略选择"的实施;在实现企业目标/绩效的过程中主动管理风险(例如通过融入风险管理过程);策划系列恰当的活动,从而有规律地、持续地、主动地监督绩效实现结果和变化(例如每月召开绩效实现跟踪和研讨会议,CERM 教学体系中推荐的"一张表");管理层能够依据企业生变的速度和范畴采取恰当的应对决策。

(3) COSO-ERM:2017 概念推动企业全面风险管理升级

COSO-ERM:2017 将 ERM 定义为:"文化、能力、实践",这正代表着对业界 ERM 发展的新认识,即:在新时期,业界对 ERM 的理解远远不只是"合规与弱势

最小化管理（负面风险管理）"。相反，以 COSO – ERM：2017 为代表的业界新认识是：企业实施"合规和弱势最小化"管理是一种基本功，应知应会。风险对企业的挑战始终是"不确定性，变化中，以及如何防范以保障绩效最优化实现"（见图1 – 7）。董事会有理由相信企业管理层通常会做好（或者通过努力可以做好）"合规与弱势最小化管理"的工作，其特别关注/始终关注的 ERM 机制运行焦点就是"管理层如何奉行风险管理四类实践"（见图1 – 8）。

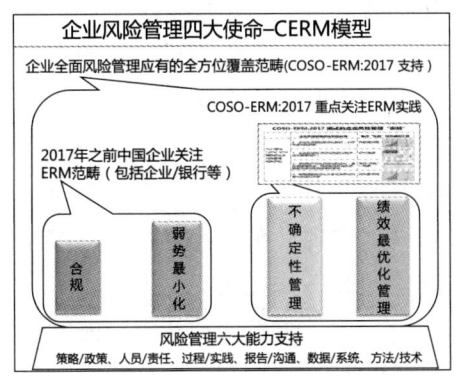

图1 – 7　企业风险管理
四大使命 – CERM 模型

图1 – 8　COSO – ERM：2017
企业风险管理"实践"

如今企业对 ERM 实践的认识已经超越了 ERM 框架本身的边界，而步入"企业管理学"领域。COSO – ERM：2017 标准的发布不仅更新和优化了 ERM 框架，更重要的是推动了"企业管理学"的时代性升级。无论是 ERM 的升级，还是企业管理学的升级，关注的焦点都是"如何在企业引入风险管理的四大实践"。这其实也回答了一个业界十分关注的问题：2017 年，这一企业风险管理分水岭，中国企业 ERM 的建设何去何从？如何在现有的基础上实施 ERM 优化？显然，此问题的答案是：朝着"企业风险管理四大实践"方向挺进！

1.3.3　企业"管理风险"与"风险管理"目标

在全球诸多组织发布的各类风险管理标准中，多数是"泛风险管理"的标准（例如 ISO31000），而专注描述企业层面风险管理的标准，主流代表就是 COSO – ERM。而恰恰在描述"目标管理、绩效管理、风险管理、目标/绩效实现保障"之间关系上，COSO – ERM：2004 与 COSO – ERM：2017 两个版本的标准变动较大。因此，简短回顾与解析如下：

按照第一版 COSO – ERM（2004）标准，企业风险管理的四大目标分别是：

战略目标——高层次的目标，战略目标与使命相关并支撑使命。由战略目标确定其他三个目标设定（其他目标被称为战略相关目标），并确定企业下属经营层次的分解目标，通过保障每个关联目标的实现，确保企业总体战略目标的实现。

经营目标——有效和高效率地利用企业资源。

报告目标——报告的可靠性（包括财务报告与非财务报告）。

合规目标——符合适用的法律和法规。

COSO-ERM:2017不再提"四大目标"的说法，在框架中仅仅分析了战略目标、经营目标与企业风险管理的关系。但这并不意味着报告目标与合规目标被剔除，新标准将报告目标和合规目标纳入经营目标之中，即COSO-ERM:2017中经营目标包括财务目标和非财务目标，其中财务目标主要是指"财务绩效目标"，而报告目标和合规目标属于两种非财务性质的经营目标，属于"非财务绩效目标"。事实上，完整的企业经营目标范畴应包括体现"财务或非财务指标"的运营目标、报告目标和合规目标。COSO-ERM:2017标准将经营目标的设定任务放到了自身框架中，对"运营目标、报告目标、合规目标"这三个目标设定实现、保障、管控和操作等方面的具体任务分拨给了COSO:2013"内部控制整合框架"来完成。

总之，COSO-ERM:2017倡导的实施企业全面风险管理框架和开展全面风险管理活动的总体目标是：保障企业战略和经营目标的实现。

围绕着企业战略和经营目标，企业风险管理应重点抓好两个阶段的工作：一是在战略和经营目标设定阶段，需要采用风险管理的思维/技术，以确认战略目标和经营目标设定与相应组合风险水平，以及与风险偏好/风险容忍度之间的平衡关系；二是在战略与经营目标的实施阶段，采用风险管理的框架/职责/技术/技能及风险有效识别和管理"战略/经营目标执行过程中的风险"（一道风险防线在二道风险防线指导下实施），并通过企业一道风险防线中"完成目标，管理风险"职责的同步履行，来保障企业战略与经营目标的实现。

在企业中不同的管理层级和管理职能（包括三道风险防线的管理层级）中，因其分担着不同的风险管理责任，其设定的相应风险管理工作目标也会不同。以下分别阐述企业一道风险防线与企业二道风险防线"管理风险和风险管理"的具体目标。

（1）企业一道风险防线"管理风险"目标

通常将企业业务/运营一线划分为"一道风险防线"，而一道风险防线工作任务的执行者也是"管理风险者"。企业一道风险防线"管理风险"的主要目标包括：

· 确保业务单元生产经营/绩效目标的实现；
· 确保业务过程的合规合法；
· 确保业务风险（特别是针对关键风险）管理的有效性；
· 确保业务记录和其他管理信息的及时、真实和完整；
· 确保履行风险报告责任。

(2) 企业二道风险防线的风险管理任务目标

处于企业风险管理的职能部门/岗位——"企业二道风险防线",其应有的风险管理视角通常更宽泛、多样和具体。就风险管理目标而言,通常会围绕"保障企业战略和经营目标实现"展开。有效且思路清晰的风险管理往往将风险管理目标细分为诸多具体任务目标(或称之为企业二道风险防线的总体工作任务)。这些具体任务目标包括:

- 清晰地将战略目标、经营及管理目标协助分解至各个下属机构和业务单元层,指导/协助分配好相应的授权与责任,找出各层级中影响其目标实现的关键成功要素,并施以恰当管理/控制;
- 提升企业全员风险管理意识,规范全员参与"管理风险",监督"一道风险防线"合规尽责,指导、训练、监督和检查"一道风险防线"管理风险的能力;
- 优化企业决策机制,建立并维护风险管理系统,优化企业资源配置,提升企业在有效管控风险基础上"抓机遇的能力",实现"管理风险,创造价值";
- 提高企业管理不确定性能力和应变能力,提升企业核心竞争力;
- 改善治理结构,优化组织架构,指导管理风险的过程;
- 建立、完善和改进内部控制机制,将风险管理无缝融入企业经营/业务管理的各个过程(经营/业务管理过程包括操作过程、管理过程和支持过程),保障经营/业务过程运行的质量、效率和成本控制;
- 按照目标、授权、责任和流程,明确风险报告的渠道、种类、内容、管理制度,保障"在正确的时间,将正确的报告,以充分的详尽度,递送给正确的人";
- 履行合规责任和社会责任,遵纪守法;
- 将风险控制在可接受的范围内;
- 提升企业生存和可持续发展的能力;
- 减小负面事项的发生频率与影响程度,提升识别威胁的能力;
- 增加正面事项的发生频率与影响,识别承担风险而为企业带来的机会;
- 提升对跨地区、跨组织且呈现多重复杂性风险的管理能力,尽可能增强风险的可控性;
- 保障收益,保护声誉,保障股东信心,保障财务报告真实可靠;
- 平衡风险与机会,努力推动成本与收益最优化,推动绩效最优化,推动价值最大化;
- 通过减少风险和增加服务,维护和拓展客户;
- 改进对重大突发风险事件的预防和应对能力,减少损失;
- 从风险事件和损失中吸取教训,总结经验;
- 建设和不断完善企业风险管理能力(例如包括六大基础能力),持续改进和提升。

(3) 企业第三道风险防线主体的风险管理任务目标

企业的第三道风险防线主体一般设定为企业的高层或审计团队/委员会，实施的是企业末端控制监督职责。核心工作职责如下：

- 从企业末端控制点出发，综合使用审计管理职能及工具，实施风险审计；
- 确认审计任务和范畴，设定审计框架，明确审计准则；
- 确认管理、流程及业务风险控制过程及结果；
- 确认组织的战略要求是否符合预期；
- 确认风险管理整体系统的有效性；
- 确认发现问题整改情况及验证关于风险应对控制措施的有效性；
- 特定事项/专项的审计以及其他。

1.3.4 企业风险管理方针和原则

（1）企业风险管理方针

风险管理方针应明确企业目标，以及对风险管理的承诺等内容。ISO31000 将风险管理的方针归结为七项：

一是组织管理风险的基本原则（包括风险偏好、风险管理理念等）；

二是关联组织目标/政策与风险管理政策；

三是风险管理的职责和责任；

四是处理利益冲突的方式；

五是对风险管理执行者提供必需的资源承诺；

六是测量和报告风险管理绩效的方式；

七是承诺定期评审和改进风险管理方针和框架，以及对环境变化的响应。

（2）企业风险管理原则

ISO31000:2009 "风险管理原则和实施指南"的核心内容之一就是定义及解读"风险管理原则"。ISO31000:2018 对前版实施了修正。显然，就企业类别这一组织应用场景而言，也遵循该标准的"风险管理原则"，例如在设定风险管理框架和实施风险管理过程时，企业都应遵循风险管理原则。

ISO31000:2018 "风险管理原则"的观点如下：

- 创造和保护价值，从而有助于实现目标，鼓励创新，提高绩效。
- 整合。风险管理不是独立于组织的活动和过程的独立活动而是组织活动的重要组成部分，组织中的每个人都有管理风险的责任，进而提高各个层次决策的科学性。
- 结构化和综合性。风险管理的综合性和结构化的方法有助于提高效率和一致性、可比性和可靠的结果。
- 定制化。风险管理框架和流程应该根据组织的外部和内部环境进行定制，并与其目标相关。

·包容性。适当和及时地令利益相关方介入，使他们的知识、见解和感知被考虑。提高人们对风险管理和决策制定的认识。

·动态性。随着组织内部和外部环境和事件的变化，风险也会产生、变更或消失，而风险管理就是对这些变化和事件进行及时预测、检测、确认和响应。

·有效信息利用。风险管理是基于历史和当前的信息以及未来的信息期望，并综合考虑与信息相关的限制和不确定因素。

·人与文化因素。在每个层面和阶段，人类行为和文化对风险管理的所有方面都有重大影响。

·持续改进。风险管理通过提高认识和基于持续学习和经验的开发能力提高组织绩效。这些活动支持组织学习和弹性。

图1-9是ISO31000:2018展示的风险管理原则及其各要素之间的相互关系。

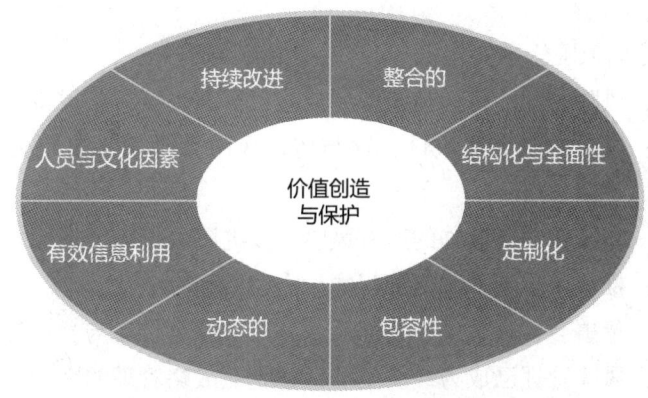

图1-9　ISO31000:2018风险管理原则

1.3.5　企业风险管理使命与特点

ERM时代开启后，企业风险管理的使命从以往关注操作层面的风险管理，升华为"既关注操作层面的损失与合规，也关注战略层面的决策、绩效和价值最大化"。企业风险管理呈现全面性、战略性、统一性、系统性和全员性的特点。

（1）企业全面风险管理使命

亚洲风险与危机管理协会名誉会长詹姆斯·林①（全球企业第一个首席风险官，

---

① 詹姆斯·林是COSO-ERM:2017标准的专家委员会成员之一。21世纪初，詹姆斯·林指导和影响了CERM项目体系的建设。十几年来，CERM体系始终倡导战略、目标与绩效导向的企业风险管理方向，这与最新发布的COSO-ERM:2017的方向是完全一致的。此客观事实也揭示了亚洲风险与危机管理协会在ERM管理框架和知识体系方面的全球引领地位。

全球企业全面风险管理时代的标志性人物），在数十年前就首先提出了企业全面风险管理三大使命的概念。CERM 项目在此基础上，根据亚洲企业的发展特点，将近年来地区性趋于强化的"合规管理职能"植入其中，形成了 CERM 项目主张的 ERM 框架四大使命，即：

- 合规管理；
- 弱势最小化管理；
- 不确定性管理；
- 绩效最优化。

这四大 ERM 使命全面而高度地总结了风险管理在企业生存和发展过程中具有的"防守与进攻"效用，及其所具有的"技术与管理"优势。显然，履行上述四大使命所依靠的"ERM 技术"与"ERM 管理"优势都是不可或缺的。总而言之，"合规管理、弱势最小化管理、不确定性管理、绩效最优化"四大使命为 ERM 的长期发展指明了努力方向。

（2）企业全面风险管理特点

- 一致性：风险管理的目标与企业的战略目标和发展策略保持一致。
- 两重性：风险与机会两重性，这与传统风险管理定义风险为负面概念有所不同。
- 广泛性：涉及企业所面临的所有风险（投机风险与纯风险）。
- 专业性：推进风险管理职能部门的设立，实施专业化管理。
- 全员化：董事会、高管层、各部门、各层次和全员参与，培育风险文化。
- 战略性：风险管理已成为经济全球化下企业战略管理的中心点。
- 系统性：影响目标实现的往往是系统性的组合风险，组合风险考虑了风险的系统性与相互关联性，而并不是风险的简单加总。
- 变化性：风险本身就是动态变化的，治理风险的措施也应随着风险的变化而相应变化。
- 独一性：企业风险管理的策略应量身打造。
- 透明性：企业风险管理信息应及时和充分地与企业的利益相关者和决策者沟通，使得治理风险的策略能得到其理解和支持。
- 前瞻性：从预测、预警、计划、预算、立规等角度体现全面风险管理的前瞻性管理特点。

1.4 企业目标、绩效与风险管理的关系

企业目标，是为确保组织战略落地，实现其宗旨所要达到的预期成果。企业目标是指引企业航向的灯塔，是激励企业员工不断前行的管理手段，是企业发展与追求的终极方向。没有目标的企业，是盲目发展的企业，也是没有希望的企业。

自从全球进入企业全面风险管理（ERM）时代以来，几乎所有经济管理类理论乃至标准都或多或少地陈述了企业目标与风险的关系。COSO–ERM:2017"企业风险管理—整合战略与绩效"与ISO31000:2009"风险管理原则与实施指南"也分别对"目标风险"给出了不同定义。

COSO–ERM:2017定义如下：组织的风险管理"文化、能力、实践"应与其战略制定和绩效执行相整合，凭借着这种整合管理，组织来创造、保护和实现其价值。

ISO31000:2009定义如下：风险是不确定性对目标的影响。

大千世界，人们对风险的感知和描述，既有客观性，也有主观性。风险感知的主观性，决定了描述风险需要对照选定的参照物，即"对照何种标的论及风险大小"。企业在实现目标过程，面临风险的大小是相对于"执行目标过程中所产生的目标偏离度大小"而言的。企业在目标实现执行过程中对"目标偏离度"的管理过程，就是风险管理过程。

企业一旦设定了目标（无论是战略和经营目标），也就意味着管理层承诺了目标实现依托的业绩。管理层在执行目标/实现业绩的整个期间，同步实施的有两件事：一是承揽业务并将风险管理流程融入业务流程；二是保障业务目标的实现能够落在可接受的绩效波动风险范围之内。

1.4.1 企业战略目标的概念

对于战略目标，COSO–ERM:2017标准中的英文表述是"Strategy Objectives"。企业战略目标可以描述为：在特定的时间内（例如在未来3～5年），企业生产经营活动取得的主要成果的方向性/总体性期望值。企业战略目标设定不是孤立的活动，而是与战略选择相配套的。企业选择了不同的战略，也就同时选择了与该战略相匹配的战略目标。或者说是，企业战略目标的设定是随着企业战略方向的确定而被确定的。也就是说，企业战略制定，包括战略方向的确定和战略目标的确定两方面。

制定企业战略和设定企业战略目标，需要考虑企业的使命、愿景和风险偏好。其中，使命是企业存在的理由，愿景目标则是一种清楚描述的目标；使命是永远的追求，愿景目标是5～30年的长期努力而实现。企业战略目标决定经营目标，经营

目标是企业设定的战略目标在未来短期内（例如在未来1年期间内）拟达到的具体目标。通常，企业实施绩效考核应包括针对长期战略目标实现贡献度的考核。

由于战略目标是企业使命和功能的具体化，一方面关系到支持企业生存发展的各个机构/部门都需要有目标；另一方面，目标设定还与企业个性化的战略选择相关。因此，企业的战略目标是多元化的，既包括经济目标又包括非经济目标，既包括定性目标又包括定量目标。尽管如此，企业需要制定战略目标的要素却是相同的，因为，企业生存和发展都取决于一些共同因素。

彼得·德鲁克在其《管理的实践》一书中提出了战略制定在八个关键领域的目标。

一是市场方面的目标：应表明公司希望达到的市场占有率；

二是技术改进和发展方面的目标：对改进和发展新产品，提供新型服务内容的认知及措施；

三是提高生产力方面的目标：有效衡量原材料的利用，最大限度提高产品的数量和质量；

四是物资和金融资源方面的目标：获得物质和金融资源的渠道及其有效利用；

五是利润方面的目标：用一个或几个经济指标表明希望达到的目的，如销售利润率等；

六是人力资源方面的目标：人力资源的获得、培训和发展，管理人员的培养及其个人才能的发挥；

七是职工积极性发挥方面的目标：对职工激励，报酬等措施；

八是社会责任方面的目标：公司对社会责任承担与社会道德的维护。

另外，企业的战略目标通常应呈现出宏观性、长期性、相对稳定性、全面性、可分性、可接受性、可检验性和挑战性。

1.4.2 企业经营目标的概念

对于经营目标，COSO-ERM:2017标准中的英文表述是"Business Objectives"。企业经营目标可以理解为：在一定时期内（例如在未来1年期间内），企业生产经营活动预期要达到的成果，其中包含经营与管理目标。企业经营目标是战略目标的具体体现，企业经营目标是价值评估的基础之一。企业经营目标可按部门或事业单元等进一步细分。企业经营业绩/经济目标通常用营业收入、新签合同、利润等目标来描述。企业全方位的经营目标设定包括财务和非财务目标的设定（即运营目标、报告目标、合规目标、社会责任目标、客户期望目标、效率目标、创新目标等内容）。通常，企业实施绩效考核，重点是针对基层短期经营目标实现承诺兑现度的考核（从管理高层级至低层级，依次减少对战略目标实现的考核比例）。企业通过制定和实施经营计划/预算来管理和监督经营目标的实现。

设定企业经营目标需要考虑整体性、客观性、稳定性、可接受的波动性、实现战略目标的终极性。企业经营目标，是在分析企业外部环境和内部环境基础上确定的企业各项经营活动的发展方向和奋斗目标，是企业经营思路的具体化。它使企业能够在一定的时期、一定的范围内适应环境趋势，使企业的经营活动保持连续性和稳定性。每个企业由于发展使命、愿景和价值观不同，从而企业经营目标的设定也不同。

例如，惠普的创始人之一比尔·休利特说过，惠普从来没有把利润最大化作为其经营目标，但也从来没有把利润放在所有考虑问题之外。惠普有七大目标：培养和发展忠诚的客户，合理利润（超过行业平均水平），行业领导地位（保持在第一、第二位，并形成规模），持续增长（有动力和潜力），员工发展，团队领导力提升和社会责任。这些目标如同齿轮一样紧紧咬合在一起，牵一发而动全局。

1.4.3 企业运营目标的概念

按照 COSO – ERM:2017 标准总体布局，"给运营目标一个定义"属于 COSO:2013 "内部控制整合框架"标准的关注范畴。对于运营目标，COSO:2013 "内部控制整合框架"标准中的英文表述是"Operation Objectives"。企业运营目标可以描述为：企业的基本使命和愿景、企业的风险偏好与价值观，以及企业的战略目标和经营目标的设定。这些因素共同决定了企业运营目标的特质。与此同时，企业所处的行业特点、企业经营模式以及企业绩效评估机制的设定等多种因素，会导致企业经营目标的多样化。通常，企业的经营目标可归类为财务指标类绩效目标和非财务指标类控制目标两大类。所谓非财务指标类控制目标其实包含了运营、报告、合规这三个控制目标。其中，公司层面的运营目标通常进一步分解为各个部门和各个单位的子运营目标。总之，企业试图通过对运营目标的有效/恰当管理，保障和提高企业战略目标/经营目标实现的效果/效力。通常，企业通过制定和实施运营计划，对运营过程施以监督，从而推动运营目标的实现。

按照 COSO:2013 "内部控制整合框架"的观点：运营目标可以提高财务指标性业绩、生产能力、生产效率、产品质量、环境保护、改革创新以及客户和员工的满意度。

另外，运营目标包括资产安全目标，即"预防和控制资产管理环节中的风险和损失，防止资产流失，避免浪费"。具体而言，资产安全目标包括防止授权下的无效经营、资产损失、员工舞弊、企业资产被盗等。

企业运营目标设定是为企业有效开展各项运营活动而明确拟达到的预期结果。运营管理就是对运营过程的计划、实施、检查和改进，是与产品生产和服务创造密切相关的各项管理工作的总称。在当今社会，不断发展的生产力使得大量生产要素转移到商业、交通运输、房地产、通讯、公共事业、金融和其他服务性行业和领域，传统的有形产品生产的概念已经不能反映和概括服务业所表现出来的生产形式。于是，有一种融合了跨行业的概念（例如融合制造业与服务业），将"生产与制造管理、操作管理与服务过程管理"等统称为"运营管理"的发展趋势。

1.4.4 企业报告目标的概念

按照 COSO – ERM:2017 标准总体布局，报告目标的定义是 COSO:2013"内部控制整合框架"标准的关注范畴。对于报告目标，COSO:2013"内部控制整合框架"标准中的英文表述是"Reporting Objectives"。企业报告目标可以描述为向报告使用者提供与财务状况、经营成果、现金流量、发展前景、风险管控水平状况、社会责任等有助于决策或判断的信息。企业报告分为内部报告和外部报告，既包含财务信息报告，也包含非财务信息报告。

通常，企业可能会设置四类"有关报告目标的细分目标"，包括：外部财务报告目标、外部非财务报告目标、内部财务报告目标、内部非财务报告目标。

企业内部报告的使用者通常是上线或各层上级部门；企业外部报告的使用者通常是外部利益相关者，例如监管方、债权人、权益方等。特种报告的出具需要得到被授权部门或人员审批。

通常，企业报告的出具者需要按照合规的指令来出具报告（尽可能结构化或标准化报告）。这些合规指令包括以下四种情形：

第一类（内容类）：规范报告事项、报告内容、报告格式（某些情况下需要统一格式）、报告人员签字负责；

第二类（渠道类）：规范报告线路和渠道；

第三类（时间类）：规范报告的时间和频率；

第四类（接触类）：规范报告的出具者、报告使用者、报告审批者的身份。

1.4.5 企业合规目标的概念

按照 COSO – ERM:2017 标准总体布局，合规目标的定义则是 COSO:2013"内部控制整合框架"标准的关注范畴。对于合规目标，COSO:2013"内部控制整合框架"标准中的英文表述是"Compliance Objectives"。企业合规目标，是指主动遵守企业经营活动相关的法律法规、监管规定、自律性组织的有关准则，以及企业的行为准则，避免法律制裁、监管处罚、行业处置等重大财务损失、声誉损失，保障战略目标的实现。通常，企业按照四个层面来设定合规管理的目标，包括：国际规则、国内监管规则、国内行业规则、企业内部规则。应当指出的是，在合规目标管理工作重心安排方面，国内外企业存在着较为显著的差异。国际企业已经建设了比较完善的内部控制和合规机制上，目前则强化针对外规合规目标的管理，而中国企业则仍然普遍侧重于内规的建设和完善。

企业实施合规目标管理，面临的是合规目标管理体系的建设问题，以及合规目标管理机制的常态检查、维护和报告问题。具体而言，包括：

一是合规目标管理机制的建设。在这一环节，ISO19600"合规管理体系"可以为企业设定合规目标指明方向。

二是合规目标的维护和检查。在这一环节，企业通常采用出具合规报告的方式来实施针对"合规目标"的常态管理，例如银行业出具的"巴塞尔"合规报告以及保险行业出具的"偿二代"报告，体现的正是这一逻辑。与此同时，企业内部合规执行的情况则采用内部合规监督和报告的方式实施管理。企业合规报告通常包括了以下几个主要内容：合规管理现状报告、合规报告期的违规事件披露和分析、合规管理评价、潜在合规风险防范和应对策略（包括相应的资源投入安排）。

1.4.6 基于风险管理流程的目标管理

在企业决策层实施了战略选择和明确了战略目标之后，接下来交接给经营管理层的工作内容有：其一，明确和共同探讨战略目标/经营目标实施的策略和具体任务；其二，决策层进一步向经营管理层确认经营目标，经营管理层对完成经营目标向决策层承诺，决策层向管理层授权；其三，经营管理层负责实施恰当的目标分解和组织实施达标/绩效实现的工作任务；其四，决策层周期性安排针对管理层达标/绩效的考核。

显而易见，企业通常由经营管理层实施上述逻辑的目标管理。其工作重心其实就是"实施经营目标管理"，这在传统管理学中简称为"目标管理"。目标管理是管理学中的一种方法论，或者说，企业目标管理是"以经营目标为导向，以人为中心，以成果/绩效为预期，驱使企业和个人取得最佳业绩的现代企业管理方法"。CERM 项目，依据各阶段所采用的方法论异同，把目标管理过程分为四个阶段：

第一，目标设定阶段。此阶段体现企业战略选择/战略目标设定的安排。在这个阶段，采用的方法论是企业风险管理的"风险绩效曲线"（Risk Profile）。其中，战略目标的设定因战略选择的确定而确定，经营目标的设定则应体现对战略目标的具体落实和执行。

第二，目标分解阶段。此阶段关联到"将总体战略目标具体化为年度经营目标，再进一步分解为业务目标的过程"，这一阶段采用的是全面预算工具。

第三，目标实现过程管理阶段。此过程关系到如何通过识别与管控战略/经营目标执行过程中的风险，从而保障经营目标/绩效目标的实现。在这一阶段，使用

"目标/风险一张表"工具，采用的方法是"风险管理流程"方法。事实上，目标管理过程在这一阶段的主要任务就是"目标实现/绩效实现"的融合与同步过程。

第四，目标/绩效评价与考核阶段。

由上所述目标管理四个阶段，体现出企业目标管理本身就是一种过程管理。该过程四个阶段中有两个阶段采用的"阶段性管理方法论"都是具有风险管理属性的方法论。即其一是"目标设定阶段"，其二"目标实现过程管理阶段"所采用的就是一种"风险管理流程方法"。毋庸置疑，在ERM时代，企业所实施的更为科学和先进的目标管理就是一种融合了"风险管理流程"的目标保障管理方法。

1.4.7 基于风险管理流程的绩效管理

绩效表现的是一种企业战略和经营目标实现的结果，绩效管理的含义是"如何通过主动和前瞻性的管理，令企业最终绩效产出达到预期目标"。这期间需要将"目标管理/风险管理的组合方法论"（COSO-ERM:2017倡导）整合到绩效实现管理过程中，从而有助于提升管理层对"借助于绩效管理手法来推动最终达标"的信心。通常，针对拟达到的绩效定额/目标，管理层通过设定、安排和度量相应的"活动、任务、职责"等，度量/考核绩效的实现状况。常见的绩效度量包括：财务指标度量（例如投资回报率、销售利润率等）、操作指标度量（例如效率、数量、质量、产能、员工流失率等）、合规/义务指标度量（例如违规处罚、违规率变化趋势）、项目/创新指标度量（例如创新要求）、增长率指标度量（例如国际市场占有率）、利益相关者指标度量（例如品牌、可持续、员工教育、社会责任）等。显然，上述指标既是绩效指标，也是企业经营管理者"不达标"的风险指标。

一般意义上的企业绩效管理是指"各级管理者和员工为了达到组织目标（企业战略目标和经营目标）共同参与绩效计划制定、绩效辅导沟通、绩效考核评价、绩效结果应用、绩效目标提升的持续循环过程"。

通常，企业实施绩效管理的目的在于：

一是提高决策层本身工作的规范化和计划性，做到目标层层分解，最终将绩效任务分配至岗位和员工，各级绩效目标明确。

二是改进/明晰管理层管理逻辑关系，减少单位/部门摩擦与推诿，提高组织运行效率，责任/时限/目标/内容明确，事事明晰。

三是让所有员工肩上都有担子，时时有事做，事事有目标。绩效管理是一个系统工程，通过目标分解，把关键绩效考核指标（KPI）分解到位是核心，这个线条有如编织篮子的竹藤，而层层分解的指标就是各个层级员工的具体工作。

四是疏通员工职业发展渠道，通过绩效测评，好的——"升，奖，委以重任"，差的——"降，罚，再培训，降低要求和薪酬，甚至淘汰"。总之，在期末绩效考核时,要将目标承诺、绩效成果、员工/部门奖罚制度挂钩。

五是长期推动"构建和谐企业文化",奖勤罚懒、优胜劣汰、警示在先、目标明确、心往一处想劲往一处使等。

企业目标管理是一种过程管理,企业绩效管理同样是一种过程管理,特别是在ERM时代"推动目标管理过程与风险管理过程融合,推动绩效管理过程与风险管理过程融合"大背景下,"融合了风险管理过程后的这两个过程其实是完全重合的"。所以,企业的经营目标也就是企业绩效定额指标(包括财务和非财务指标)。企业成功的目标管理一定会带来成功的绩效结果,这其中,成功的目标管理需要"有效的绩效风险管理中间过程"为后盾,成功的绩效管理也需要"有效的目标风险管理前置过程或主动追踪管理过程"作保障。企业管理者在"目标至绩效产出"的道路上,是依靠了相应的风险管理能力和实践(COSO-ERM:2017),或者说是依靠了有效的风险管理过程(ISO31000)的成功发挥,如期到达成功的绩效彼岸。

如果将绩效管理过程分解,也会产生与目标管理四个阶段过程完全重合的过程,即:绩效目标设定阶段、绩效分解/计划阶段、绩效实现过程管理阶段、绩效效果评价与考核阶段。其中两个阶段所采用的"阶段性管理方法论"都是风险管理属性的方法论:其一是"绩效设定阶段",该阶段采用的专用工具是"风险绩效曲线";其二是"绩效实现过程管理阶段",采用的也是一种"风险管理流程方法",该阶段所使用的工具是"目标/风险/绩效一张表",也称作是"CERM-绩效追踪模型"。这也就无怪于COSO-ERM:2017标准将其"企业风险管理框架"的第三个要素取名为"实施&绩效"。在ERM时代,企业所实施的更为科学和先进的绩效管理就是一种融合了"风险管理流程"的绩效保障管理方法。

第 2 章
企业风险管理框架与逻辑

2.1 引言

　　建立风险管理框架与逻辑，是风险管理从业人员必备的专业入门条件！是正确了解和掌握风险管理知识与技能的基础前提。归根结底，21 世纪日渐成熟的企业风险管理理论和实践，已经将业界带到了一个"讲整合/讲框架"的逻辑时代。

　　首先谈何为"风险管理框架"。但凡谈及框架，则必定义"范畴"，也就是确认"在何种范畴内谈框架"。显然，企业风险管理师关注的是"企业范畴内的风险管理框架"。过去 30 年全球各组织发布的诸多风险管理相关标准中，发布较早、认可度较高、针对企业管理范畴的框架标准当属 COSO 组织发布的"企业风险管理框架"。相对照，另一个知名度较高的、针对泛风险管理领域的 ISO31000"风险管理指南"框架，对企业风险管理实践也具有十分显著的指导作用。因此，本章分别选取 COSO－ERM：2017"企业风险管理－整合战略与绩效"框架，以及 ISO31000：2018"风险管理指南"框架，向读者介绍"风险管理框架"和"管理风险框架"。

　　其次谈何为"风险管理逻辑"。本章介绍的风险管理逻辑，主要包括企业风险管理的思维、能力、策略这些基础的专业逻辑内容。其一是建立体现共识的、与时俱进的风险管理思维体系。而什么是风险管理思维？其实，不同的时代，持不同的价值观，就此给出的答案也不尽相同。借助于本章，CERM 项目阐述了其提炼形成的一套独特、新颖和较为完整的"风险管理思维逻辑模型"。这一模型横跨金融和非金融行业边界，融合中外，贯通历史。其二是建立科学的风险管理能力识别/评价逻辑。COSO－ERM：2017 本身就将企业风险管理概念解读为"文化、能力和实践"。本章介绍的"政策/策略，过程实践，人员/责任，报告/沟通，方法/技术，数据/系统"体现的是"CERM－风险管理能力模型"的逻辑精髓。其三是建立体现风险管理整体谋略套路的"企业风险管理策略学"逻辑，即 CERM－策略模型。

　　总而言之，本章 CERM 项目明确了企业风险管理员在风险管理框架和逻辑方面应该掌握的、一定的基本概念。

2.2 风险管理与管理风险框架

30多年来，国际上不少专业组织都试图给企业全面风险管理（ERM）设立一种框架。2017年，COSO-ERM:2017"企业风险管理—整合战略与绩效"标准颁布后，以"消除困惑，理清和整合概念，统一认识，升华思维"的角度，将企业全面风险管理的框架进行了一次大刀阔斧地优化和改良。因此，无论是CERM项目还是企业界，也基本上会把COSO-ERM:2017给出的ERM框架视为实施"企业风险管理/企业全面风险管理"的主流框架。

虽然COSO-ERM:2017已被视为当今企业设定风险管理框架的主流选择，然而存在的几种困惑也浮出水面。概述起来，这些困惑包括：

(1) 企业设定ERM框架的必要性是什么？
(2) 什么是COSO-ERM:2017框架？
(3) COSO-ERM:2017颁布后，需要放弃或修正COSO-ERM:2004框架吗？
(4) COSO-ERM:2017时代开启后，应该如何看待ISO31000标准给出的框架？
(5) 如何量深度打造适合企业自身的全面风险管理框架？

显然，下文各节中的内容即是对上述问题的解答。

2.2.1 企业风险管理框架

COSO最早在1992年发布了COSO-内部控制框架（此标准在2013年进行了更新）。此标准实施了10余年之后（21世纪初），"安然事件"或"世通事件"等事件接连爆发。于是，业界发现，即便建立了完善的内部控制体系，仍然会出现企业倒闭、破产、经营失败或预期不达标等风险损失案例，所以COSO开始从更高的一个角度来思考企业的管理活动以及内部控制体系的局限性。内部控制体系（包括著名的"萨班斯法案"财务内控）确实对实现财务报告的可靠性和有效性提供了合理的保障，但是企业需要从整合风险管理的角度为企业创造价值并合理保障公司战略目标的实现。与此同时，一方面，政府显著强化了针对企业的监管力度（也示意着需要一种"政府与企业共同认同的专业框架"）；另一方面，社会各界就"强化公司治理和风险管理的呼声日日益强烈"，业界也明显感觉到对于一个"能提供风险管理关键原则，定义/规范风险管理相关概念和共同的语言，以及能够体现一个清晰的方向和指南的风险管理框架需求的迫切性"。正是在这一背景下，COSO出面策划和发布了COSO-ERM:2004"企业风险管理框架"标准。

COSO 对 ERM 框架的设计初衷（2004 年前后）和定位是正确的，但在起草 ERM 框架时做法是在 COSO 内部控制框架的基础上进行升级和扩充，这直接导致两个理论框架虽然愿景和目标各不相同，但内容的重合度非常高；导致了此后业界（或风险管理专业人员）就"内部控制与风险管理"概念界定不清或概念混淆的局面，由此引发了"为时十年企业界/学术界关于内部控制和风险管理之间关系的纷争，此纷争其实对企业实际开展风险管理工作已经造成了负面影响"。CERM 项目一度"在选用 ERM 框架时认为 COSO-ERM:2004 其实就是一个内部控制框架，对风险管理描述的层次过低/过窄"。CERM 项目为弥补 COSO-ERM:2004 标准的缺陷，曾经一度不得不给 CERM 学员推荐一种组合拼装模式框架，即"COSO-ERM:2004 + ISO31000"的框架建设理念。

COSO-ERM:2004 "企业风险管理框架"标准设计缺陷所导致的为期十年的专业/实践争议，对全球企业来说其实是一种损失（某种意义上来可说是一种不必要的损失，而这种标准导向的损失被更正得越早越好）。于是，COSO 大约于 2014 年开始着手对 ERM 框架进行升级换代。其阐述的原因是：由于过去十年间外部环境的复杂变化，利益相关方更加关心风险管理对企业价值的创造，尤其是在战略的制定和执行中风险管理价值的体现，以及增强风险管理和企业绩效之间的协同关系。

2017 年发布的新版 COSO-ERM:2017 不负众望，甚至把名称变为"企业风险管理—整合战略与绩效"。COSO-ERM:2017 新版标准，剥离了原本归属与 COSO-内部控制标准的内容（即剥离了与原内控标准重复的内容），给企业风险管理一个崭新的定义，即"风险管理是一种文化、能力和实践（而旧版中被定义为是一种过程）"。新标准用"五个方面，20 条原则"的方式概述了 COSO-ERM:2017 五要素（见图 2-1）。COSO-ERM 标准如此大刀阔斧的改革，曾经一度令业界感到难以适应（甚至产生对新标准抵触），然而一旦了解并领悟之后，则纷纷赞叹 COSO-ERM:2017 改革的勇气。

图 2-1 展示的是 COSO-ERM:2017 框架，包括"治理 & 文化、战略 & 目标设定、绩效实施、评议 & 修订、信息 & 沟通 & 报告"五大类要素，包括这五大类要素项下的 20 种原则。本书读者拟进一步解读和学习这五大类要素和 20 项原则，建议继续阅读 CERM 教材体系的其他相关书籍。

2.2.2 企业管理风险框架

业界熟知，ISO31000 "风险管理指南"标准同时提出了针对泛风险管理领域的几个关联框架（见图 2-2），包括："风险管理框架"（"管理风险框架"是其子框架）、"风险管理过程框架"和"风险管理原则框架"。相比较，COSO-ERM:2017 标准仅提出了"企业风险管理框架"（见本书 1.3 "企业风险管理概述"），而并没

第 2 章 企业风险管理框架与逻辑

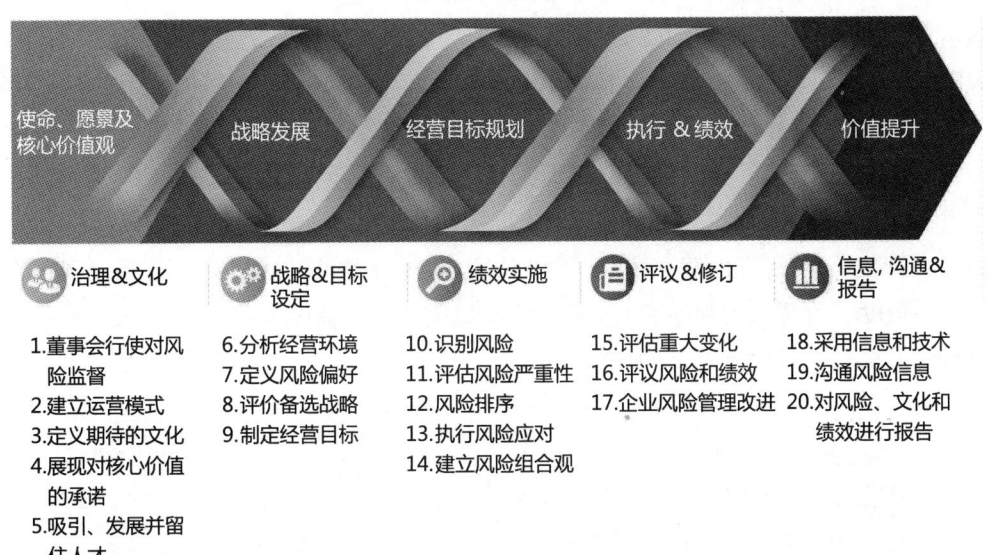

图 2-1 企业风险管理—整合战略与绩效五要素及其 20 个原则

有就"管理风险"和"风险管理过程"分别提出清晰且独立的框架。如果从组织风险管理的角度来对比 ISO-31000:2018 的"风险管理框架"与 COSO-ERM:2017 的"企业风险管理框架",CERM 项目认为这两个框架其实并不矛盾,而是协调一致的。

由于考虑到 CERM 项目在其教材体系的恰当章节中需要分别介绍这三个管理要求(因这三个管理要求被应用的场景不同)。面对这一议题,CERM 教材体系的选择是:

· 选定 COSO-ERM:2017"企业风险管理框架"为 CERM 教材体系所推荐的"企业风险管理框架"(前文中已经介绍了该框架),原因是 COSO-ERM:2017 描述的"企业风险管理框架"更具企业针对性/专一性,体现了组织战略整体性(相对照,ISO31000 描述"风险管理框架"的风格颇具通用性)。这一框架主要揭示"如何从董事会角度,从二道风险防线的设计角度,来设计和推动将风险管理'文化、能力、实践'融入企业'从选择战略、到设定目标、到完成绩效'等整个价值创造和提升的管理过程之中"。

· 选定 ISO31000"风险管理过程框架"作为企业经营管理各个事项/活动层面实施风险管理应遵循的"风险管理流程"(提示:CERM 教材体系相关书籍深度不一地介绍了"风险管理过程/流程",ERM 机制的主要技术含量的内容就发生在这一流程之中)。

· 选定 ISO31000"管理风险框架"作为企业"管理风险框架",在第一版

ISO31000:2009 中独立的画出了这个框架（如图 2-2 所示），然而 ISO31000:2018 版本未独立画出此框架（如图 2-3 所示），然而寓意却仍未变。在做法上，"管理风险框架"内容在 2018 版中被缩减为五要素（而在 2009 版被描述为七要素）。总之，这是一个用以规范"以 CEO 为代表的企业各级管理层（即一道风险防线）执行管理风险的框架"。换句话说，该框架用于规范一道风险防线"管理风险"的执行力，即指：业务一线在完成既定业绩目标的同时，需要执行"管理风险框架"，履行"管理风险/提升价值"责任。管理风险的执行者可以从"某一管理层级组合风险的角度（管理层级领导者）"来谈管理风险，也可能站在某一专项风险责任人的角度来执行"管理风险"的任务。

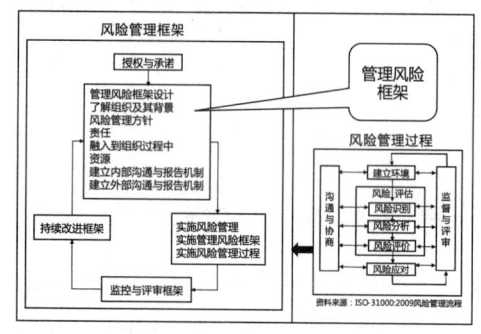

图 2-2　ISO31000:2009 管理风险框架　　　　图 2-3　ISO31000:2018 管理风险框架

以下是按照 ISO31000 "管理风险框架设计"，所提炼出的有关"管理风险要素"内容，其中包括：

- 了解组织及其环境；
- 各级管理者展示和表述就风险管理的承诺；
- 各级管理者应确认自身在风险管理中的"角色、授权、责任、义务"；
- 各级管理者应保障用于风险管理的资源配置；
- 建立恰当的内部沟通/报告和外部沟通/报告机制。

2.3　企业风险管理思维

21 世纪的企业管理，实质上是一种融合了创新与风险管理双重视角的综合体。企业管理者等级越高，其每日越是关注"风险管理"这个主题。即使是那些主抓业务的高级管理者（总经理/副总经理），在业绩目标设定/承诺之后，其每日超过 80% 的工作量或许也都是在实施"保障目标实现"的风险管理工作。用 COSO-ERM:2017 的逻辑来描述，高级管理者应该通过同步植入风险管理实践来实现对

"执行/绩效"的主动管理。毋庸置疑，企业高层管理者每日的工作都是在从事旨在保障目标实现的风险管理工作，或者企业管理者需要参与到"防火"与"救火"的各项工作中。

随着经济发展的全球化，企业竞争日益激烈，环境变化的不确定性加剧，这些因素均在警示当今企业管理者：如不采用与时代匹配的 ERM 思维模式，则难逃"一盘死棋"的厄运。企业高级管理层迫切需要用 ERM 框架来思维。"每个成功企业家都是风险管理专家。企业家的风险管理智慧决定了企业终究能走多远！"大数据网络时代，风险管理技术支撑着当代企业决策模式，支撑着企业快速诊断效力，支撑着企业核心竞争力（例如风险管理技术支持蚂蚁金服全球竞争优势）。ERM 技术正在改变"企业资源分配、战略调整和绩效考核的旧逻辑和旧方法"！

基于时代的发展（回顾历史和展望未来），CERM 教材体系整合了数十年来全球 ERM 发展史上的各种思维创新成果，汇聚成本书所阐述的"ERM 结构思维框架"。CERM 项目体系提炼形成的 ERM 结构性思维，也被称之为"CERM 风险思维"，这是 CERM 项目在全球创建的"ERM 知识与技能"体系框架的组成之一（2017 年 CERM 更新了这一体系）。这些思维，不仅被视为 CERM 学员 ERM 系统思维的基础，而且也是当今企业管理/决策层不可或缺的/必备的风险管理思维，因为"企业决策者的风险思维是永远不可能被其他人所取代，企业决策者的风险管理智慧决定了企业最终能走多远，企业家/股东是企业风险的最终买单者"。毋庸置疑，当今时代，成功是思维的成功，失败是思维的失败！

CERM 教材体系向 CERM 学员以及向企业界积极推荐的"企业风险思维模式"，也称之为"CERM - 风险思维框架"。本部分介绍的风险思维分为两大逻辑：一类逻辑是以"企业风险管理策略学"为归类逻辑的专业与系统性的风险思维；另一类是展示一种在 ERM 时代常态的企业普通管理者/员工应具有的风险管理思维（或者说至少是企业高管/决策层应具有的风险管理基础思维）。

（1）不确定性与可靠性思维

没有不确定性的概念，就不存在风险的概念，风险管理其实就是对不确定性的管理。理解不确定性在企业风险管理中的地位，从 ISO31000 与 COSO - ERM:2017 对风险的定义就可窥见一斑。ISO31000 中，风险是不确定性对目标的影响。COSO - ERM:2017 中，风险是事项发生并影响战略和经营目标实现的不确定性。

企业主动研究和实施的风险管理的目的：其一，减少决策信息的不确定性（或者说是为了提升决策信息的确定性）；其二，比较确切/置信度较大地了解风险特征（例如借助风险模型），如果企业不能改变风险特征（例如针对不可控风险），至少企业可以尽量做到预先布置好应对风险的正确措施，减少企业在风险发生时的损失。

在某些情况下，特别是在企业准备作出某些决策时，往往需要对决策信息的不确定性给出一种可靠性评估。例如评估中需要揭示：信息或数据来源，明确使用某种信息获取技术的假设，信息的置信区间，整体概率分布，阐述不确定性的来源，以及分析导致不确定性的要素等。

ERM管理机制中经常言及的"置信度""可靠性"和"发生概率"等均属于对风险不确定的描述。不确定性潜藏着对价值的破坏或增进，即同时代表风险与机会。企业风险管理是管理层能够有效处理不确定性及其由此带来的风险与机遇，从而提高组织创造价值的能力。

（2）企业全面风险管理的思维

20世纪下半叶产生了企业风险管理的概念（ERM），企业全面风险管理是相对于"企业分离式风险管理"概念而言的，是一种体现企业管理进化论和整合思维的概念。当今，只要提到企业风险管理，本身就意味着企业全面风险管理。ERM理论体系已经形成了数十年，如今（例如COSO-ERM:2017的颁布），在关于ERM理论和技术体系方面其实也没有产生什么显著的新逻辑或新要素。COSO-ERM:2017标准提出了ERM应该与战略/目标/绩效管理相结合，并且向公众展示了风险绩效曲线（Risk Profile），然而这些内容亦非是当代的"技术性创新"（此技术在20世纪末西方已流行）。COSO-ERM:2017标准的贡献主要是将这种技术进一步提炼/总结，将这些ERM技术手段/能力推入传统企业管理学的核心领域之中（主要包括决策/战略/目标/绩效管理/评价审计等领域），在充分利用企业既已形成的风险管理能力的基础上，推动企业产生新的价值增长点。例如，通过应用风险管理方法论（比如风险绩效曲线）对决策过程进行干涉/平衡，促进决策成功率的提升；通过对风险信息的技术处理，提升"决策信息的确定性/降低决策信息的不确定性"，最终服务于"风险管理，创造价值"的目标。正如COSO-ERM:2017所给出的ERM新版定义：企业/组织风险管理"文化、能力、实践"应与其战略制定和绩效执行相整合。凭借着这种整合管理，组织来创造、保护和实现其价值。

（3）企业风险管理—整合战略

COSO-ERM:2017将标准取名为企业风险管理—整合战略与绩效。自ERM理论诞生以来，业界就将ERM时代称之为战略风险管理时代。然而，在现实中中国企业实施ERM的早期十年中，企业基本上实施的是"合规风险管理"，这种情形在银行界更为突出。极少有企业实施真正意义上的"战略性风险管理"。COSO-ERM:2017标准的发布，为企业（特别为特定时期的中国企业）指明了方向。

"企业风险管理—整合战略与绩效"的含义体现在很多方面。其一，在企业实施战略选择时，可采用"风险绩效曲线"来寻找风险偏好/风险容限与不同战略选择条件下风险/绩效平衡关系，进而实施具有"风险/限度/收益"依据的战略选择；其二，根据业务层面的风险度量结果来配置企业战略资源；其三，分析环境变化可能招致风险组合的变化,以及应该采取迅速得当的应对措施。

(4) 企业风险管理—整合目标/绩效

多年来,几乎所有的风险管理标准或理论体系,都纷纷将企业实施风险管理的核心放在"实施风险管理过程以及开展风险管理的活动"方面。这引发了一系列概念的混淆(如风险管理与内部控制),造成企业风险管理实践被企业主边缘化。COSO－ERM:2017通过"风险绩效曲线"把战略、目标、绩效、绩效波动、组合风险、风险偏好、风险容限等几个要素关联在一起,阐述了风险偏好/风险容限对企业目标/绩效设定的平衡/制约关系。COSO－ERM:2017发布的"风险绩效曲线"方法适合于企业体现"目标设定和绩效定额"的各类决策管理环节,包括但不限于:企业战略选择、商业模式选择、战略/经营目标设定、绩效定额设定、风险应对方案选择等。显而易见,COSO－ERM:2017标准的发布,将ERM"能力和实践"融入企业管理学的核心与前沿。

(5) 企业风险管理与"大整合"概念

无论是COSO－ERM:2017还是ISO31000:2018"风险管理指南",都在极力推动ERM与"管理学"之间的整合。ISO31000:2018"风险管理指南"三大分支内容"原则、框架、过程"中有两大部分包含了"整合"的核心内容,即ISO31000:2018在"原则部分"将整合列为"九大原则之一";在"框架部分"将整合列为框架的"五大组分之一"。

其实,ISO31000:2009版本已谈及"整合"原则,ISO31000:2018在提法上进行强化和升级。归根结底,孤立的风险管理工作并无实际意义,按照国际标准化组织的建议,风险管理工作应该与组织的所有管理活动整合,成为任何管理经营活动的一部分,包括但不限于:战略和规划、公司治理、人力资源、合规、质量、健康与安全、业务连续性、危机管理与安全管理、组织抗风险能力、信息技术架构等。

(6) 目标实现偏差管理——管理"目标/绩效执行中的风险"

COSO－ERM:2017标准五要素之一就是"执行与绩效",即通过管理目标执行中的风险来保障绩效的实现。这一部分包含风险管理过程中的"风险识别、风险评估、制定风险应对策略、实施风险应对措施、组合风险观来控制和管理执行中的风险"。在实践中,企业如何实施这一步骤?这就是需要采用CERM教学体系中提倡的"目标/风险一张表"的做法。"管理目标/绩效执行中的风险"工作是由企业领导和员工,通过"承诺目标、实施/完成目标、管控目标执行过程中的风险"来完成的。

(7) 风险管理三道防线

作为某种惯例或实践,根据岗位线条职能与布局,业界常常把企业风险管理的岗位职责按照三大类归类划分,即所谓的风险管理三道防线:

企业业务单元一线被称为"一道风险防线",从业务单位的领导岗位到业务单位的普通执行者员工岗位均属于一道风险防线层。

企业风险管理专职职能部门称为二道风险防线。企业除了风险管理部之外的其他专项风险管理部门(审计部和监察部除外)也被划归为风险管理二道防线的范畴,包括法务部和质量部等,而企业的财务部和人力资源部等职能部门既担当"管理风险"一线角色,也担当"风险管理"二线角色。

审计部门往往被称作第三道风险防线。在我国,这道防线包括针对领导和决策层所实施的特殊风险管理监察使命的纪检或监察部门等。

少数情况下(学术或实践),还存在着企业风险四道或五道防线之说,即董事会处在第四道防线(决策防线),监事会处在第五道防线。

(8)策略风险管理与策略危机管理

策略风险管理是提倡在"事前"策略性地做足各项风险防范准备工作;策略危机管理的寓意是在"事先"充分准备,"事中"一方面按事先设定的规则办事,另一方面在"危机策略"逻辑指导下进行实时变通/正确出牌。总之,这些准备包括机制性的、要素性的、原则性的、规则性的和方法性的工作。

事实上,数十年来对于什么是一种"策略风险管理",在全球范畴内迄今也未见一种全面或体系性的"经传"。通常某些标准所描述的针对单一专项风险应对的策略,其实与"策略风险管理"的概念相距甚远。CERM 教材体系正是在此背景下开发了"企业风险管理策略学"(为高级 CSERM 学员提供教材)。这是全球第一本有关"策略风险管理"的书籍。CERM 教材体系的"企业风险管理策略学"包括约 8 个序列的近百种风险管理策略,如 ERM 下的思维结构、ERM 战略/方针序列、ERM 指导原则序列、ERM 配套体系序列、ERM 能力建设序列、ERM 风险应对基础策略、ERM 配套行动序列、ERM 支撑的管理提升序列。

(9)"实施风险管理过程"的思维

"将企业中任何一个业务、任何一个活动、任何一个具有目标实现要求(财务业绩目标要求/非财务目标要求)的事项都植入风险管理过程循环,将业务/活动/事项的过程与风险管理过程相融合。"这就是 ERM 机制最基本、最精髓的内容,也是企业风险管理六种基础实施能力之一。谈及 ERM,谈及风险管理,则必谈实施风险管理的过程。这个过程可以在大的范畴内实施(例如整体企业层面实施),也可以在一项小的活动范畴内实施。例如针对"举办某个培训班"这一活动,就可以策划和实施一种配套的风险管理过程(即在活动中置入识别、分析、评价和应对风险流程/过程),以确保"举办某个培训活动这一过程能够全面达到事先所设定的预期目标"。

ISO31000"风险管理指南"标准简要并权威地描述了"风险管理过程/流程"。

这一过程包括的环节有：建立环境、风险评估、风险应对、沟通与协商、监督与评价、记录与报告。CERM 教材体系中（某些书籍分册）大篇幅地介绍了这一过程的操作/技术要点。

(10) 合规履职与违规处罚

按照 ISO19600:2014"合规管理体系"指南所述的合规范畴/逻辑，企业应合乎外部监管的规则要求，履行合规义务。这是一种"由内对外，机构对监管"的合规逻辑。然而，在企业内部控制体系框架中所述的合规逻辑不仅仅是指企业需要合乎监管的要求，而且更多层面的是指在企业内部，即：下级对上级指令/规则的服从，否则一旦产生违规行为则可能招致企业政策方面的处罚。另外，"关于合规的定义与合规边界的界定"，合规基础较弱的东方企业与西方企业在理解上也存在着明显差异。但展望未来，从东方合规思维"过度发展至"西方合规思维将会是一种趋势。如今，中国"一带一路"正在大力宣传和倡导"合规"。

总而言之，合规体系建设和维护的关注焦点是"合规执行力保障"。在"内部控制与合规时代"，企业一道防线的基本工作使命就是要履行合规操作的使命。

(11) 控制论、内部控制与全盘控制力

自 1948 年诺伯特·维纳出版了著名的《控制论——关于在动物和机器中控制和通讯的科学》以来，控制论的思想和方法就渗透到几乎所有自然科学、社会科学以及经济管理领域。维纳把控制论看作是一门研究动态系统在变化的环境条件下如何保持平衡状态或稳定状态的科学。今天，无论在国家政府层面还是在企业层面或项目层面，控制论"强化控制"的逻辑一直主导着整个社会与经济的秩序。

企业内部控制理论受控制学理论的影响，该理论在 20 世纪 40 年代至 70 年代得以迅速发展。1992 年，COSO 组织出台了里程碑式的首版《企业内部控制—整合框架》，标志着企业内部控制管理领域理论与实践的成熟。2013 年，COSO 组织发布了 2013 版《企业内部控制整合框架》。这次版本保留了 1992 年 COSO-内控框架的整体逻辑和要素内容，并且在内容和分工上与 COSO-ERM:2017 进行了协调，从而为 COSO-ERM:2017 的出台奠定了基础。

"提升对企业全盘控制力"是企业在布局全球化发展过程中针对可能产生的局部或全盘性失控提出来的管理理念。通常，治理手段、任命/授权手段、信息手段、审计手段、合规手段等是提升企业全盘控制力的有效手段。

(12) 可控与不可控风险管理

企业通过实施恰当的管控措施就能够改变风险特征（可能性/严重程度）的风险，通常被称为"可控风险"。这种风险主要是操作层面的风险。企业针对某些风险无计可施，任凭做出怎样的尝试都无法改变风险特征的风险被称为"不可控风险"，例如战略、法律、灾难、经济等风险。

无论是国家、组织或者企业，在可控与不可控风险管理方面，其风险应对策略的选择逻辑通常都是十分相似的，即：尽可能控制局面，尽可能将不可控的风险转化为可控风险，从而进一步实施控制。例如企业通过购买上游供应链企业的做法，试图提升对企业运营风险的可控性；又如某些企业奉行"不做不可控的项目/业务，不当不可控的股东"，也体现对企业风险可控性管理的深层次风险管理的商务逻辑。

有统计数据表明，企业的损失约20%源自可控风险，80%源自不可控风险。可现实中，企业恰恰花费了80%的资源和时间都在做内部控制（如今已具备"内部控制"良好运营环境的西方企业多数认为，内部控制所做的事其实是一种"提升确定性管理的事"，然而企业常态的风险管理实际上更为关注的应该是针对不确定性"变化的管理"）。显而易见，掌握"可控与不可控风险管理理念与管理策略"对于风险管理专职从业者来说十分重要，了解了这一概念可以降低"犯低级专业性错误的可能性"。

（13）管理重要风险的思维

按照"二八"原则，往往是20%的重要风险导致企业80%的损失。企业实施风险评价环节的核心任务就是识别/分析企业层面（也包括各个管理层级）的重要风险，并且对风险按照"风险准则"进行重要性排序。在ERM时代，企业通过风险评估会形成"重要风险清单"。完备的重要风险清单通常会把重要风险的种类、影响的目标、相应的管控责任人、重要风险特征（可能性/后果）、重要风险的应对措施等信息都详尽地列入其中。另外，针对某些操作层面的重要风险，往往还需要在重要风险清单中标注其所影响的业务流程。总之，作为企业一道防线的员工，需要了解与自身岗位相关的重要风险（了解风险层级/等级），了解本身在重要风险管控制中的责任，合规履行管控风险的责任。

（14）风险预测、预警、预防和应对

企业针对关键/重大风险的管理应重点抓好风险预测、预警、预防和应对这四个关键环节。这四个环节又被称之为企业针对重要专项风险实施管理的"核心策略与精髓。"在特定的历史阶段，对于不同类别的（或某种特定风险）风险，由于这四个环节配套的技术成熟度不同或管理成本不同，企业对各环节的关注和投入也会不同。总之，按照风险的重要性和风险后果及成本，企业应优先做好对严重影响目标/业绩和社会责任形象的关键风险的事先防范和事中应对工作。[①]

（15）报告风险与风险报告

"识别风险与报告风险"是每一个企业员工的责任，及时而准确的"风险报告"

[①] CERM教材体系《企业关键/重大风险专项管理指南》一书中将就此内容给予更为细致的介绍。

能为企业赢得正确决策的时间，能够有效阻止"小事转化为大事，风险转化为危机"。企业应特别规范一线岗位（一道风险防线）报告风险的责任和义务，他们是管理风险的责任人。企业一线人员"识别风险与报告风险"的责任与义务应该以"从重奖励和从重处罚"的原则进行管理。与一线员工人人有责的"报告风险"相比，"风险报告"通常指的是一种管理层的责任与义务。

企业管理层通过制度化和规范化"报告风险和风险报告"的义务、责任、线路，敦促风险报告的职责履行，从而达到将"正确的报告，在正确的时间，按照正确的详细度，通过正确的渠道，传递给正确的人"的风险报告目标。企业风险报告机制通常分类为：内部/外部报告、周期性/非周期性报告、结构性/非结构性报告（例如包括例行报告/突发事件报告）、下级对上级报告、被鼓励的越级报告等。

（16）风险治理与文化

COSO－ERM:2017 五要素的第一个要素就是"治理与文化"，内容包括：实现董事会对风险的监督，建立治理和运作模式，建立恰当和健康的组织文化，建立恰当的人力资源政策吸引人/留人。风险治理和文化奠定了 ERM 的基础。其一，风险治理主导了组织的基本基调，强化了 ERM 的重要性和制高点，确立 ERM 的监管责任的分配；其二，文化表达了对组织价值观、行为准则和对风险的理解。通常，企业董事会在行使总体治理和对 ERM 机制建设方面发挥着独特的作用。总之，董事会通过针对组织结构的安排、授权和责任的安排、人力资源聘用/使用的安排，以及通过针对风险文化的基调设定，达致一种良好的企业风险治理/风险文化框架。

COSO－ERM:2017 五要素是从企业管理层的角度阐述治理与文化的安排。文化对于企业中的每一个员工，就是履行合规行事的规则，言行符合企业文化所倡导的精神与核心价值观。

（17）企业社会责任理念

21 世纪初的安然事件，引发了国际社会对企业社会责任的关注。首先在全球发布的道德规范标准是"SA8000"，至 2010 年 11 月国际标准化组织正式发布 ISO 26000《社会责任指南》，象征着全球企业对社会责任的解读上升到新高度，并且实现了口径统一。ISO26000 阐述了"七大原则"：负责制、透明度、道德行为、尊重权利相关方利益、遵守法律法规、遵守国际行为规范、尊重人权。ISO26000 阐述了七个核心主题，即：组织管理、人权、劳工实践、环境、公平运营、消费者问题、社区参与和发展。

以 ISO31000 为核心、专业、基础的 ERM 框架，显然会承接与协调 ISO26000 标准的原则，而 ERM 所涉及的企业社会责任范畴更为宽泛。ERM 框架（也是 CERM 项目）所倡导的社会责任范畴更为广泛，例如：

· ISO26000《社会责任指南》范畴；

- 企业违约失信，企业在道德上拟保持信用，而恶化的运营令其无法支付员工工资；
- ERM不佳，导致企业清盘、员工失业，在这种情况下企业把社会责任转给了政府。

上述这些内容均属于ERM框架下某种维度的"责任风险管理"，而这些内容并没有特别地被包括在ISO26000《社会责任指南》范畴中。

（18）风险管理的事先、事中与事后管理思维

ERM框架的核心理念是"事先"做足风险防范，其中包括通过"控制和非控制手段"和"预测、预警和预防机制"，对企业重大风险的前瞻性实施有效管理。

"事中"是指一种风险爆发的"问题状态"，甚至是"危机状态"。危机状态时，企业应首先报告危机和初步评估危机状况，同时启动预先制定的"危机管理计划和应急预案"等计划措施，从而实施风险应对。

"事后"实施危机恢复和事件调查，总结与改进，追踪危机中产生的商机。

总而言之，在ERM框架下，针对事项风险的"事先、事中与事后"三个管理阶段，企业都应预先准备一套比较科学的策略和有效的预案应对体系。

（19）风险、问题与危机管理

企业全面风险管理也是一种"企业问题"管理学。当企业问题没有被揭示时，就是一种潜在风险；当风险被轻度暴露时，就进入了"问题"阶段；当风险突发并且损失显著时，就进入了"危机"阶段。事实上，识别与处置"风险/问题/危机"这一个过程所遵循的正是企业风险管理的过程/流程。相比较而言，企业"风险、问题与危机管理"与企业"风险管理的事先、事中与事后思维"逻辑相似，然而两个逻辑/内容所发生的时间节点呈现不同特点。

在实施"风险管理过程"的思维与技术支撑下，势必会促使拥有这种专业思维和技能的人士"在界定风险问题起因，判断问题局势发展状况，以及在判断问题重要性等环节上，呈现敏锐/快速/准确的专业素质"，从而提升企业在"风险、问题和危机"方面的诊断速度与诊断质量水平。

（20）"变化、应变与变革"思维

企业运营环境的变化常常是不可控的，企业不得不及时地调整方向或实施应变，而实施前瞻性的主动应变或实施被动性的应变，其结果往往会大相径庭，甚至某些情况下可能会触及"生与死"。在ERM技术支持下，较准确地实施"事先"风险变化预测（针对某些风险的预测），变得越来越可行。显然，较高水平的风险变化预测可为企业赢得主动应变的先机，为企业持续发展带来更多的希望。某种情况下，当企业外部环境变化难以逆转时，会促成企业义无反顾地实施战略变革。总之，对这种迟早会发生的变革预见得越早，则企业准备得越充足，越具有获胜的把握！

(21) 风险、成本与收益管理思维

传统企业财务论及的成本往往是指会计成本，所匹配的业绩度量也是指会计利润指标。然而，ERM框架模式的出现，为全球企业带来了风险价值和风险成本计量的新时代，考虑了风险成本的EVA概念或者风险调整资本收益率概念植入企业业绩考核的新机制之中。事实上，是ERM的计量技术，建立和支撑了风险、风险成本与风险调整收益之间的关系，使企业股东们能够更真实地了解考虑了风险成本的真实收益。

(22) 商务可持续性思维

企业中多种风险因素都有可能导致特定层面的商务运营中断（例如银行柜员机无法取现），这种情况一旦出现，则往往意味着企业"信誉风险和危机损失"后果的产生。因此，任何准备制定应急预案的企业基本上都少不了会首先制定能够有效保障商务可持续的应急预案。不同的行业，引发商务中断风险的典型事件是不同的，例如停电对制造业的影响、天气对航空企业的影响、信息系统对金融行业的影响，都可能引发商务中断。

一般情况下，企业在危机目标管理设定时，商务可持续也一定会被列为重要的危机管理目标之一。2012年出台的ISO22301:2012"业务连续性管理体系"就此议题给出了权威性的描述。CERM教材体系《企业关键/重大专项风险管理指南》一书将就此内容将给予更为细致的介绍。

(23) 风险管理记录与证据

无论是在"风险管理"还是"管理风险"的环节中，记录过程和记录相关风险信息都是十分重要的。虽然风险信息系统为企业收集和保留风险信息提供了便利，而在系统之外要求留有员工岗位原始记录（特别是针对关键环节的关键记录）也往往具有特殊的意义，这也可以被认为是员工"合规操作"的必备组成部分。记录与数据是ERM管理机制十分看重的管理环节，其象征的意义往往是"不可复制的数据，更可靠、备份、证据存留、评价与决策依据等"。通常，企业一道风险防线对员工记录/风险管理记录的要求应该是非常清晰和严格的。

(24) 专项风险管理与组合风险管理

企业实施风险管理的最终目的就是通过将重要的专项风险（或者将多种专项风险的组合风险）控制在可接受水平内，从而追逐价值最大化。

所谓的专项风险，基本上是指呈现在某一企业管理层面的单一风险，例如市场风险、信用风险、质量风险、安全风险等。纯风险类的专项风险往往具有跨行业/跨管理层级的通用性，这就导致例如质量、安全标准等能够在跨行业/跨层级之间推行。投机风险类的专项风险管理，其主要关注的风险诱因元素大体上在跨行业之间也是相一致的，例如银行业市场风险应全面关注的诱因风险，包括客户风险、竞争对手风险、交易对手风险、汇率风险、利率风险、股票价格风险、商品价格风险等。其中，客户风险、竞争风险、交易对手风险是每个企业市场风险均携带的风险诱因元素。显然，银行业不应由于提交巴塞尔报告只需披露汇率/利率/股票价格/商品价格风险计量尺度而回避针对"客户、竞争和交易"等风险施以管理。

所谓组合风险，通常是站在某一个管理层面而探究"各种专项风险共同作用下对企业某一目标/绩效实现的影响"。COSO-ERM:2017标准的精髓就是引领企业界站在组合风险的角度来"审视战略选择、监督目标/绩效实现过程、监督变化以及策划应变"。COSO-ERM:2017标准中介绍的"风险绩效曲线"就是一种典型的综合风险管理工具。

（25）ERM共同语言

"建立共同的风险沟通语言"是ERM时代所特有的企业沟通文化建设的新行为指南。其中包括内部风险沟通和外部风险沟通。风险沟通的共同语言基础有：责任、义务、热心、协调、报告。

企业风险管理语言的建立应该从企业高层认识到什么是企业最关键性风险，且开始安排建立ERM机制开始。接下来，业务单位负责人进一步安排/落实细节，找出本业务单位的主要风险，最后每一位员工就本工作岗位相关的所有风险进行查找。这便是在同一框架下全员参加的企业风险整体层面的识别。员工不仅需要了解本岗位的风险与风险管理在整个企业层面的意义，也更了解自身岗位职责的重要意义，促进员工将自身岗位职责与企业目标的实现紧密相结合。企业不同的管理层、工作职能和岗位员工之间的共同语言就是要合规、保质保量、负责任或不超出风险限度地完成各自的工作职责和任务。企业全面风险管理的实施，促使在风险共同语言下，企业一个单位/部门的工作对另一个单位/部门工作的理解和支持。

（26）风险管理与企业可持续性发展的思维

可持续性发展是指在可预见的未来，企业呈现一种良性的/健康的发展状态。企业的可持续发展体现在一些经营管理指标上，例如：规模不断扩大、市场份额不断扩大、品牌知名度不断扩大、效率不断提升、社会责任形象受到公众认可等。

国际上已有不少组织在研究企业可持续发展，并且提出了一些相关的评价模型，例如：三位平衡的成长观模型、控制与动力平衡理论、矛盾管理理论等。其中"三位平衡的成长观模型"包括的要素有：规模增长、盈利与风险。显而易见，风险管理要素在企业可持续发展中占据了基石性的比重。换句话说，如果没有前瞻性的和有效的风险管理基础，企业就不可避免地面临"事件频发或危机重重"局面，这如何谈健康发展！又何谈可持续发展！

（27）"管理风险，管理机遇，创造价值"的理念

"管理风险，管理机遇，创造价值"是企业实施风险管理的另一类解读逻辑，

代表着风险管理能力/实践所促动的另一种管理提升。

风险是企业实现目标的不确定性,企业承担风险的结果有两种:机遇收益和损失成本。"管理风险,管理机遇,创造价值"境界表现在多个方面:

一是扩大收益。例如,企业在建立有效信用风险管理的基础上,出台更加激进的信用政策,在依据风险评估和信用追踪手段基础上,扩大信用额度,实现价值创造。

二是基于风险度量技术的经济资本概念,为信息化时代带来了资源调整、战略调整、业务调整的强劲支持依据,从而有效支持股东价值最大化目标实现。特别是对金融机构来讲,在20世纪末,经济资本概念和技术只是少数企业竞争获胜的秘密武器,而如今已成为全球金融界必备的技术(包括中国金融企业在内)。

三是COSO-ERM:2017标准详尽介绍了"风险绩效曲线"的使用方法和场景,这对企业决策管理、战略管理、目标/绩效管理等领域来说是新的观察分析的视角。此方法在未来的广泛使用将为企业管理学带来前所未有的突破性变革,也将为"管理风险,创造价值"的基本信念带来真正的推动。

四是绩效追踪。CERM教材体系提炼和介绍了"目标/风险/绩效一张表",这其实是某种类型的"风险清单"。企业以这张清单作为工具,来追踪目标/绩效实现过程中"绩效进程/风险变化"之间的关系,旨在及时和正确实施"风险应对和目标纠偏"。这一"绩效追踪活动"实质就是一种"管理风险,创造价值"的活动。

五是"危机变商机"。成功的策略危机管理,变不利为有利,变危机为商机。

(28)风险管理哲学

广义而言,哲学是有严密逻辑系统的宇宙观,它研究宇宙的性质、宇宙内万物演化的规律、人在宇宙中的位置等基本问题。风险管理哲学是指"研究宇宙内风险的性质、变化规律以及人的风险应对策略等"。事实上,自从有了人类,就有了风险管理哲学。

具体来说,企业风险管理哲学通常是指"企业决策层(例如企业实际控制人,或董事会,或股东会)所持有的风险管理哲学"。该哲学主导了企业的"风险管理信念、态度和风险判断准则"。当今,企业管理的发展已经进入ERM时代,显然ERM本身就是企业"风险管理哲学"的象征。通常,一种体现了ERM管理规则和观点的"风险管理哲学"所定义或解释的议题,例如:风险和风险管理的定义、风险价值观、风险偏好、责任/社会责任、风险文化以及唯物/唯心风险观等,既包括对"控制论""剩余价值""风险策略"等解释,也包括"风险管理技术和方法论"对ERM时代"企业风险管理哲学塑造"的影响元素的阐述。一句话,企业决策层所持有的风险管理哲学"是决定企业究竟能走多远的核心推动力!"

(29)内部控制与操作风险管理区别

内部控制是企业管理可控风险的主要措施或手段。2013版本"COSO－内部控制整合框架"的五要素包括：控制环境、风险评估、控制活动、信息与沟通、监督活动。与此同时，该标准清晰地陈述了内部控制的三大目标/四大管理层级。当今时代，特别是在2013版本"COSO－内部控制整合框架"颁布后，如何实施企业内部控制已经不再具有"二解"。

如何定义企业操作风险管理？企业操作风险管理在跨行业维度范畴内一直没有明确的或高度统一的定义。企业实施内部控制后，明显改良的就是企业操作风险管理，这就致使不少业界人士主观认为"企业内部控制就是操作风险管理"。最早就操作风险给出明确定义的，是银行、保险、证券等金融行业，特别是监管银行的"巴塞尔合规框架"与监管保险业的"偿二代合规框架"分别为各自行业操作风险管理设定了严格的定义、管控机制，甚至还引导了某种操作风险的度量实践，并进一步在操作风险的资本配置方面提出了明确指引。就金融行业而言，企业所开展的内部控制工作（按照COSO内控框架）与实施监管框架下操作风险管理的工作，这两项内容并不能完全重合。然而，其间却存在着显著的因果关系，即"内部控制优良，则操作风险管控一定会优秀；内部控制是手段/措施，操作风险管控水平是结果/目标"。

操作风险管理是指由于不完善或有问题的内部操作流程、人员、系统或外部事件而导致的直接或间接损失的风险。操作风险往往被企业视为一级风险，操作风险项下的成因风险（即二级风险）可能有成百上千个，常提及的质量、安全和环境等成因都属于不同类别的企业操作风险。另外，值得一提的是，内部控制是治理企业操作风险的核心工具，然而却不是唯一工具。例如，企业设备损失风险可以通过内部控制减少损失，也可以以购置设备保险的方式来实现事后财务补偿，减少风险损失。

（30）风险管理能力与抗风险能力建设

从简单的字面理解，人们很容易将"企业风险管理能力"与"企业抗风险能力"概念混为一谈。按照CERM教材体系公布的CERM-能力模型描述，企业风险管理能力关注ERM策略/政策、人才/责任、过程/实践（"过程或实践"中需植入风险管理流程）、ERM系统/数据、ERM方法/技术，包含六大能力和12个要素；而"企业抗风险能力"则主要关注客观上企业的资本、财务与盈利能力等指标所反映的企业抵御风险的综合能力（或称综合实力）。如果站在银行或保险等金融行业的角度而言，这种抗风险最基础的能力就是"资本抵御风险的能力"或者称作"自有资本实力"。例如，银行将其最核心指标称之为"资本充足率"，保险将其最核心指标称之为"偿付能力"。在CERM教材体系《企业风险管理策略学》所陈述的"风险准则"体系一节中，分别阐述了企业风险管理能力评价指标与抗风险能力评价指标各自的组成，由此能够十分清晰地发现这两种能力建设的组成差异。

(31) 企业风险管理实践

COSO – ERM:2017 给予 ERM 的定义是：组织的风险管理"文化、能力、实践"应与其战略制定和绩效执行相整合；凭借着这种整合管理，组织来创造、保护和实现其价值。与此同时，该标准对于"风险管理实践"给出的解释主要包括了四个方面：一是企业的战略制定须在考虑风险的基础上实施，例如采用该标准给出的"风险绩效曲线"；二是企业在绩效实现的过程中，应积极主动管理风险，例如采用该标准给出的 ERM 框架来实施主动的风险管理；三是企业开发和使用那些有助于监督绩效结果和组合风险变化的活动，例如采用 CERM – 绩效模型"目标/风险/绩效一张表"来支持绩效监督活动；四是管理层能对企业变化速度和范畴做出应对决策，例如采用"风险绩效曲线"来支持决策。显然，COSO – ERM:2017 的颁布，给了企业在界定"什么是风险管理实践"和"如何推动风险管理实践"等方面一个十分清晰的指引。CERM 教材体系将其视为"CERM 风险管理专业思维"的一个基础组成部分。

(32) 风险管理成熟度

从某种意义上来说，企业风险管理成熟度也可以被视为企业风险管理能力水平所达到的高度，即评价企业"风险管理成熟度"与"风险管理能力"所使用的评价准则大致趋同。企业可以把这两件事合为一体实施。当然，设定带有一定差异特征的两种评价标准可能更加合理（例如成熟度考核可能涉及的内容更多）。在实践中，多数情况下，企业依据风险管理成熟度的概念来比较、评价和考核下属机构的风险管理能力的建设和维护水平。国际某些组织或机构（如英国的 OGC – MOR 以及早年的安达信）就曾经提出过有关风险管理成熟度考核的参照逻辑，其中考核的条款包括：组织是否已经按周期实施风险识别与评估，ERM 框架是否可重复，首席执行官在推动 ERM 文化中的角色，全员参与风险管理的程度，下属机构是否把其特定的风险准则植入其自身的绩效考核机制标准，下属机构在 ERM 方面的创新，风险管理过程被植入业务/活动/事项项目中的百分比等。

(33) COSO"内部控制整合框架"与 COSO – ERM"企业风险管理框架"的区别

一直以来，有关企业全面风险管理与内部控制体系的异同，业界存在着争议。这与早期版本 1992"COSO – 内部控制整合框架"与 COSO – ERM:2004"企业风险管理框架"两个标准本身的设定天然存在的"概念重叠、任务划分不清晰"有直接的因果关系。

2010 年（发布在 2013 年）和 2014 年（发布在 2017 年），COSO 开始逐一实施了针对上述这两个标准的修改和优化工作，与此同时，还特别安排了这两个标准之间的角色与内容分工/平衡问题。最终，诞生了 2013 版本 "COSO – 内部控制整合框架" 以及 2017 版本 COSO – ERM "企业风险管理—整合战略与绩效" 两个新版标准。前者包含的企业内部控制五要素是：控制环境、风险评估、控制活动、信息与沟通、监督活动；后者包含的企业风险管理五要素是：治理/文化、战略和目标设定、绩效、评议/修订、信息/沟通/报告。比较而言，在 COSO 的统一协调下，这两个标准各自的五要素各具特色/系统，且在内容上没有大面积的重复，并且彼此之间存在相互协调性。前者更突出地强调企业针对可控风险（主要分布在操作系统）的管理逻辑和套路；后者更是从管理学的组合视角来推动 "管理学与风险管理学" 的对接，从而理顺企业风险管理是为企业价值最大化服务的作用和使命。前者采用规则逻辑 "试图降低风险的不确定性和同时提升管理的确定性"；后者重点关注组织 "针对变化" 的识别和响应，以及 "针对战略和绩效实现的保障机制建设"。显而易见，COSO – ERM "企业风险管理框架" 包纳或全面覆盖 COSO "内部控制整合框架"，或者说后者是前者的子系统。2013 版本 "COSO – 内部控制整合框架" 以及 2017 版本 COSO – ERM 的颁布，成为引领企业步入 "内部控制与 ERM 无争议时代" 的标志。

（34）"COSO – ERM" "ISO31000" "巴塞尔协议" "偿二代" 之间的关系

CERM 教材体系在不同分册的不同章节中分别概述了有关 COSO – ERM、ISO31000、银行巴塞尔协议以及保险 "偿二代" 这几类标准或规则。从标准的层级来讲，COSO – ERM、ISO31000 均属于全球性跨行业适用的著名风险管理规则标准（这两个标准的出台客观上覆盖或淘汰了全球其他组织发布的相关标准），而 "巴塞尔协议" 和 "偿二代" 属于仅适于银行业和保险业的监管规则。

分析这几个标准的特点或适用性，首先应清楚 "这几个标准是从哪个角度来倡导 ERM 的"，这需要研究 ERM 理念的诞生究竟是想解决企业的何种问题。显然，上述这四类标准或规则中，前两类标准（即 COSO – ERM 与 ISO31000）是为企业主动和自发地实施 "旨在保障价值最大化" 而提供的指引性标准，体现了管理学的 "系统性、全面性和前瞻性" 视角；后两类属于行业性监管准则（即 "巴塞尔协议" 和 "偿二代"），是基于监管对于 "如何合理监控行业风险，如何向监管/公众提供报告" 而设计的监管准则体系，这类准则主要体现的是监管指标的 "重点性和现状披露性"。然而，可悲的是仍然有不少金融企业把 "企业管理标准" 与 "监管准则" 错位使用。2008 年金融危机就已经反映了 "西方银行这种错位使用的严重后果"。基于这一逻辑，上述四类标准/准则之间的关系则宜按照 "前两个标准，后两个准则" 来分组探讨。

首先，有关 COSO – ERM 与 ISO31000 主要聚焦于两种观点：一个是采用风险管理能力来管理 "重大风险所引发的企业负面影响问题"；另一个是采用风险管理能力和通过风险管理实践来保障"目标达成，推动价值最大化"的夙愿。显然，ISO31000 与 COSO - ERM 都十分鲜明地分别回答了上述两个问题，即：ISO31000 标准（包括配套标准和方法）典型代表了第一种观点，而 COSO - ERM（包括 COSO - 内部控制等配套标准/技术）典型代表了第二种观点。虽然，ISO31000 与 COSO - ERM 都承认 ERM "以弱势最小化为关注要点，从而针对重大风险施以管控的使命"，以及"以绩效最优化针对目标/绩效/价值施以管理的使命"，然而从这两个标准文本的内容关注点来看，ISO31000 标准系列偏重以"术法"角度来阐述泛风险领域适用的"重大风险/纯风险管理逻辑"；COSO - ERM 标准系列则从"道法"角度来阐述专注企业范畴适用的、为保障价值最大化实现的体现企业目标达成组合层面风险管理技能和规则，COSO - ERM 标准焦点是"利用风险管理活动的成效"。另外：COSO - ERM：2017 引导的标准系列客观上处在企业战略/决策/治理/绩效实现的企业风险管理高端，而 ISO31000：2018 引导的 ISO 标准体系（配套数十个风险管理标准系列）多用于具体指导操作层面的风险管理规则（例如 ISO9000 质量管理体系等）。

总之，企业了解 ISO31000 与 COSO - ERM 各自特点后，可从中取舍。在实践中绝大多数企业选择了同时执行两个标准系列的做法。COSO - ERM：2017 标准系列与 ISO31000 风险管理"家族"标准系列各自呈现其关注点，彼此互补，共同筑造了企业风险管理领域庞大/协调的标准系列。

其次，有关于银行巴塞尔以及保险"偿二代"。这两个监管施以行业的强制性规则，或者说是一种从监管视角出发而设计的行业风险管理逻辑规则，是银行/保险企业不得不学习和掌握的"硬件术法"，而非支持企业生存以及价值最大化的"软件道法"。显然，在银行层面，巴塞尔监管规则永远不可能替代 ERM 框架的地位。然而，国内银行界部分人士受"巴塞尔监管理念导入为先"的影响，一度产生"仅接受巴塞尔不接受其他标准"的观点，甚至出现"巴塞尔学派与 COSO 学派"对立现象。然而深度推进股东价值最大化的 COSO - ERM：2017 标准的颁布，可能会给"股东普遍缺位"的中国银行业带来更大的不适应，但这种不适应无法阻止 COSO - ERM：2017 落地的未来趋势。事实上，银行监管层就"什么是监管框架""什么是 ERM 框架"的认识是十分清晰的，这也正是中国银监会在 COSO - ERM（2016 征求意见稿）发布 3 个月内迅速发布《银行业金融机构全面风险管理指引》的由来。与此同时，中国保监会针对保险行业 ERM 机制建设进行核查，以及在后期"偿二代"标准升级时，也迅速融入 COSO - ERM：2017 逻辑精神。

作为倡导全面风险管理 ERM 理念的 CERM 教材体系，以及作为引领企业风险管理人才素质教育（包括推动 CERM 学员执行力）的 CERM 教材体系，对以上几类标准/准则概念都能积极认同和吸纳（并保持教材体系随新标准颁布持续更新）。CERM 项目明确肯定了上述各具特色的标准和规则在特殊层面的适用性、先进性和不可或缺性。

2.4 企业风险管理能力

企业风险管理能力是支撑 ERM 机制建设的基础，是 ERM 机制建设的精华，是企业管控关键/重大风险管理能力的基础支撑，也是 21 世纪企业实现战略管理、目标管理和绩效管理等现代化管理升级的核心支撑基础。企业只有具备了强的"风险管理能力"，并且将这种能力融入企业管理的"骨髓"中，才打下了"保江山可持续/长治久安"的基础。

在步入 ERM 时代的第一个 10 年，中国企业虽然喊出"进行全面风险管理建设"的口号，但实践中有多少企业真正把方向定调为"价值最大/董事会主导"的全面风险管理（ERM）呢？真实的建设状况或建设动力是：在各方面监管合规逻辑指引下，咨询机构按监管框架出具解决方案，从而将企业风险管理机制建设到一个特定水准。总体而言，按照"科学与合理"规划扎实实施风险管理能力建设，似乎一直是缺位的。显而易见，在 COSO-ERM:2017 后时代，中国企业当务之急就是快速建设和完善自身的"风险管理能力"。

通常，企业按照各管理层级的"综合层面"和"关键/重大专项风险管控方面"，分别策划和建设相匹配的风险管理能力。然而，无论针对何种管理层级的综合层面，或针对何种关键/重大专项风险层面，企业分别策划风险管理能力所关注的六大能力（其中包括 12 个元素）基本上都是一致的（见图 2-4）。也就是说，ERM 时代，企业应当习惯于采用"六个不相容视角"来描述其某层面/某种转向风险管理能力。这六类风险管理能力包括：策略与政策、过程与实践、人员与责任、报告与沟通、技术与方法、数据与系统。

风险管理六大能力–CERM模型

主体/单元/项目综合层面	专项风险层面
策略/政策 人员/责任 过程/实践 报告/沟通 数据/系统 方法/技术	策略/政策 人员/责任 过程/实践 报告/沟通 数据/系统 方法/技术

备注：1. 此模型借鉴了早年安达信的基础思维，CERM 项目在后期进行了修正和优化。
2. 企业决策层及分布在三道风险防线中的人/岗位风险管理能力要素另设框架。

图 2-4　风险管理六大能力 – CERM 模型

2.4.1 策略与政策

"风险管理策略"和"风险管理政策"是两个不同概念。风险管理策略覆盖的是"针对人与事的管控谋略";风险管理政策则主要规范的是人的行为。相比较,似乎前者是一个大概念,而后者则是一个被包括在大概念中的小概念。

风险管理是一门充满智慧的策略学,人人皆知的"三十六计"体现的就是一种风险管理策略学。CERM 教材体系中的《企业风险管理策略学》描述了策划企业风险管理策略体系应覆盖的维度,并对其包含的内容给予了全面建议。

企业风险管理策略大体分三个层级:其一是覆盖主体/组织层级的,体现战略性/全面性/原则性的策略;其二是覆盖经营业务活动/事项/项目层级的,体现组合风险视角的策略;其三是覆盖关键/重要专项风险领域的,体现重点和精准关注视角的策略。事实上,企业实施 ERM 框架所制定的一切政策和所展开的一切活动,原则上都应该在 ERM 整体策略框架的统筹指导下进行。ERM 策略最终落地呈现的方式和形态,往往是:原则、政策、体系(例如合规体系、内控体系)、活动(例如落地 ERM 的活动)、程序、工具载体(例如签署合同)等。

为保障风险管理方针得以贯彻、风险管理策略得以执行,企业应出台系列配套的支持政策,或者说企业需要通过建设完善的"ERM 政策体系"来维护和提升 ERM 框架配套政策保障能力。从某种意义上来说,"ERM 政策体系"(包括了合规体系等)本身就是企业风险管理解决方案中的一个大类别。

ERM 政策,是指企业根据发展战略、风险偏好和实际情况,向公司及其下属管理各层级明确并推行的一系列 ERM 方针、措施和合规规定。一般分为限制性 ERM 政策和扶持/鼓励性 ERM 政策两大部分。也可以理解为:ERM 政策是一种在一定历史时期内,企业为达到战略/经营目标以及为达到配套支持的 ERM 目标,应遵循的行动原则、应完成的明确任务、应实行的工作方式、应持有的观念和准则,以及应采取的步骤和具体措施的标准化的政策集合。企业实施的流程、制度和规范(能做什么,不能做什么)被视为某些细化的合规规则。政策也往往具有主观性、立场性、时效性。

"ERM 政策体系"将分别围绕以下几个维度展开:

首先,围绕 ERM 策略框架(本教材体系描述的数十种 ERM 策略组分)来建设与完善主基调的"ERM 政策体系"(体现 COSO - ERM 框架和 ISO31000 风险管理方针框架的内涵)。

其次,围绕更多维度的管理逻辑来建设与完善(或完善补充性建设)ERM 政策体系。这些逻辑包括:

- ERM 框架配套保障措施逻辑所建设的 ERM 政策体系;

- 各级行政维度出台的系列 ERM 政策；
- 企业经营管理重大/关键风险管理领域所出台的系列 ERM 政策；
- 企业一道、二道、三道风险防线而设置的 ERM 政策（例如奖罚政策）；
- 事项的事先/事中/事后而出台的 ERM 政策；
- 人力资源"奖罚"与"合规"配套保障政策（这往往是 ERM 政策体系中的核心政策）。

可见，一个完善的 ERM 政策体系将会十分庞大，贯穿整个企业管理领域的"纵横维度"。毋庸置疑，只有建设完备的与配套的"ERM 政策体系"，才能保障一种优秀实践（特别是在新生事物的初期）能被切实地推动和落实。在此，必须提示的是：体系建设者需注意 ERM 政策体系的建设与企业其他政策体系的建设应协调一致。

2.4.2 过程与实践

（1）风险管理过程和业务过程的融合

数年来，诸多组织对风险管理过程都曾给出过描述，业界最终似乎就 ISO31000 所描述的"风险管理过程框架"在概念上达成了共识。2017 版本 CERM 教材体系所描述的风险管理过程，选用的就是 ISO31000:2018"风险管理指南"中阐述的"风险管理过程/流程"。该过程包括六个环节：建立环境、风险评估、风险应对、沟通与协商、监督与评价、记录与报告。将"风险管理过程融入每一项企业经营活动过程之中"，指的就是按照"目标/风险/绩效一张表"的风险管理流程次序，按照某一个事项的经营目标，透视/覆盖目标/绩效实现的整个过程，"识别/评估"出影响目标和绩效的"实现/执行过程中"的潜在风险，并且制定出应对这些风险的恰当方案，执行该方案从而保障目标实现。整体而言，一个具有优秀风险管理执行力的企业，一定是一个将"风险管理过程与企业经营活动过程"恰当融合从而有效保障目标/绩效实现的企业。

企业各个经营过程需要体现并且执行企业战略和政策，因为企业风险管理的活动与企业经营管理的活动是一体的且密不可分。或者说，企业所展开的各类风险控制活动也都是企业经营过程的完整组成部分。企业风险管理的活动不属于企业经营管理的附属或另类，而嵌入企业所有管理活动之中的风险管理是动态的和持续的。

一方面，通过建立企业风险管理机制，保障和提升企业经营管理层执行战略和实现使命的能力。企业风险管理机制就是为保障企业经营目标和控制目标实现而存在的，并且交织在企业各项经营管理活动之中；另一方面，企业还必须努力推动"将建立起来的风险管理机制深度植入企业日常经营管理各项活动之中"的系列整合活动，从而实现 ERM 架构中最核心的内容建设。只有通过建设完备的"将风险管理过程嵌入企业所有实践和过程的整合能力",才能基础性地推动和保障企业一道风险防线切实履行其"管理风险"的最终责任。事实上,正是由于"在这一风险管理过程嵌入企业所有实践和过程的整合能力"的建设和发挥,企业高级管理层的聚焦才会从前期关注"ERM 机制建设",转向长期与持续关注企业"管理风险水平建设与提升"这一核心和最终议题上来。

总之,企业不仅需要建立一种风险管理过程与机制,还应具备把风险管理过程整合植入企业经营业务框架之中的能力。如何理解这种整合过程,常见的例子如:①通过恰当的管理手法促使企业每个管理者围绕着其承担的工作能够实施(或参与实施)某种"风险评估",特别是应逐渐学会采用"风险绩效曲线"评价方法来协助其实施多类决策的选择;②推动企业各级经营管理者完成其责任范围内的"目标实现/风险排查"等任务。如何顺利实现这一"过程整合"预期目标,则需要企业二道风险防线通过设计系列行之有效的"整合手段与方法",甚至一些"整合催化剂",来推动实施。

以下简要概述部分"过程整合"思路、手段和方法:

第一,培育企业各级经营者以及特定风险责任人有关"经营过程与风险管理过程整合的思维方式"。培育所采用的方法包括:形成文本的"风险管理与经营过程整合指南"、辅导与培训、监督/评价、考核,最终推动"整合"参与者形成一种自觉自愿的新工作习惯。

第二,设计和规范"过程整合流程",特别是针对企业重要业务和重要活动,必须强制性实施"过程整合",最终快速将此"过程整合"设定为企业新制度。

第三,研发和使用恰当/有效的过程整合工具,必要时可策划一些有助于"过程整合"的活动。例如本教材倡导"目标/风险/绩效一张表"管理,可被视为是一种整合企业"目标实现重要活动与风险管理活动"典型的"过程整合"。

第四,企业倡导将"风险管理过程嵌入企业所有实践和过程的整合能力",应该采取或制定一些特殊的鼓励政策。

第五,尽最大可能为企业关键岗位上的风险责任人提供必要的设计合理的"过程整合实践操作性指导标准",甚至尽可能提供对标企业的做法,确保企业这类相关操作标准与企业的风险偏好和战略目标相一致。

另外,在企业"与经营过程整合指南"中,还可以列举一些重要业务或重要活动的"过程整合参考要素",从而引导参与整合人员的工作思路;也可针对企业某一任务的决策过程进行"过程整合"。企业决策者以及风险责任人应该同步考虑以下问题:

- 权衡投入、成本和收益之间的关系,评估业务过程潜在的风险(组合风险);
- 预期业务过程业绩产出(基于对质量、成本和进度的要求);

- 主要的活动和任务；
- 设定预期拟实现的经营目标/业绩目标（通常还一体化包括三个控制目标）；
- 有关部门之间的相互影响、风险关联性、信息与战略的沟通、报告的责任；
- 所需技能、所需特殊的资源；
- 应对意外的准备（包括保持业务连续）；
- 制定目标实现的保障措施/规则（包括制度、流程等）；
- 评价成功的依据/准则。

在考虑和评议上述问题时，建议借助于"风险绩效曲线－风险/绩效"来平衡和确认组合风险与预期业务业绩的关系。显然，以上要素较充分地描述了"某一目标实现重要活动与风险管理活动"两个过程的整合逻辑，帮助风险责任人从目标/风险/控制角度进一步理解所有人的行动，从而识别和定义其关注点，确保企业经营与风险管理过程能有效结合成为一体，达到"通过管控/纠偏过程风险，以保障最终业务目标实现"的目的。

需要提示的是：2017版本的CERM教材体系中，凡是谈及"风险管理过程/流程"概念，基本上推荐的实施框架就是ISO31000:2018标准中的六要素框架（2017版本指六要素，2009版本是五要素，其实总体内容是一样的）。

（2）风险管理"实践"

众所周知，风险管理实践源自于COSO－ERM:2017标准，此标准对风险管理实践的描述包括四大类内容：

- 企业战略制定需在考虑/权衡风险的基础上实施（如采用"风险绩效曲线"方法）；
- 企业在目标/绩效实现的过程中，凭借风险管理能力，采用企业风险管理框架，主动管理风险；
- 开发和使用那些有助于监督绩效结果和组合风险变化的活动（例如"目标/风险/绩效一张表"）；
- 管理层能对企业变化速度和范畴作出应对决策（例如采用"风险绩效曲线"方法）。

总而言之，"过程融入"和"实践奉行"体现了"活动支撑"的风险管理能力元素，这两个元素共同构成"CERM－风险管理能力模型"中的"过程/实践"这一大类能力。如果对照/比较上文分别描述的"过程"和"实践"元素，则会发现"过程"与"实践"元素所包含的内容有显著不同。显然，后者其实完全覆盖和包括了前者，或者说前者仅仅是后者四项内容中的第二项内容，前者关注操作层的"过程融合"，后者覆盖的管理维多包括"从战略到操作，从变化到应变，从决策到执行"等多重环节。因此，"全面奉行风险管理实践"比"仅仅推动过程融合"所牵涉到的工作内容要丰富得多和复杂得多。CERM学员若想了解有关"风险管理实践"的更多内容，推荐进一步阅读COSO – ERM:2017标准。

2.4.3　人员与责任

凡是谈及企业ERM能力建设，都会首当其冲地把"管理风险与风险管理"人才能力建设列为ERM能力建设不可或缺的核心组分。正如COSO标准所言（包括ERM标准和内部控制标准）："履行风险管理责任，需要寻找能够胜任的人才。"由于ERM能力建设关系到企业每一个人，人才能力建设成为企业能力的关键。如果从层次上进一步分类，可分为"管理风险"与"风险管理"两类人群。

"管理风险"是针对执行层而言的，"风险管理"是针对策略和职能指导层而言。企业执行层的全员（包括以CEO为代表的各级管理层及普通员工），都具有"管理风险"的责任要求，这些责任覆盖"事先、事中和事后"；董事会以及企业风险管理职能部门以及其他职能部门（第二道风险防线）具有"风险管理"独特的设计、指导与监督责任要求，而风险管理的责任更强调"事先"安排这一环节。依此逻辑推论：一个企业ERM机制设计先天落后（远不及对标企业），或者在内部控制机制运行方面明显存在先天缺陷，则可以基本认定此风险管理职能部门应对该体系设计缺陷负主要责任（例如某银行未设定每个账户每日网络支付最大限额，造成客户巨额损失，此缺陷应由银行风控部/管理层负责）。与此同时，也可以据此断定，目前处在企业风险管理岗位人员的能力不足（除非能解释企业风控能力不足是由于高层决策不当或企业资金约束等）。

按照企业"管理风险和风险管理"三道防线各自应履行的使命职责来培养与要求员工的风险管理知识与技能水平，这一逻辑是比较合理的。或者说，把三道风险防线与"事先、事中和事后"风险管理阶段结合起来，界定各阶段和各道风险防线的责任，此逻辑更为科学。

(1)"事先"风险防范能力

在一个已经具备ERM基础的企业中，如果"事先"风险防范没有做好，应考虑同时追究第二道风险防线（风险管理职能部门）和第一道风险防线（"管理风险"一线）相关人员的责任（由于第三道风险防线在此阶段责任不典型，暂搁置不谈）。

第一，"第二道风险防线"责任与匹配专业能力揭示。企业一旦产生问题，首先追究的往往是"第一道风险防线"责任人的责任，很多情况下第一道风险防线是难以免责的，除非证明企业在"第二道风险防线"或顶层设计等方面存在明显漏洞，且对风险事件存在因果关系。"第二道风险防线"能否免责，则要看其是否做到了或做好了以下几方面的"事先"防范风险工作：

一是风险/风险事件是否"事先"被风险评估出来？

二是风险解决方案是否制定出来（例如建设 ERM 机制、制定 ERM 策略系列等）？解决方案合理与否是否得到了验证？对标企业就相似问题所给出的解决方案是否研究学习了？

三是管理规则是否形成？形成的规则是否存在先天缺陷？这些缺陷是否被改进？规则能否有效运行？

四是专项（或整体/局域）风险责任人及其责任是否明确了？结果是否考核了？

五是贯彻规则，相关行动是否已安排了（即风险管理行动序列）。例如是否向"第一道风险防线"提供培训了？是否确认其掌握了核心要领？开过多少次风险沟通例会？是否进行了风险提示？

显而易见，"第二道风险防线"中的相关人对上述问题的回答，直接揭示了其专业能力水平高低（工作疏漏除外）。换个角度：恰恰是"第二道风险防线"员工需承担的岗位责任和任务，对其在风险管理专业能力的匹配度建设方面提出了独特的"胜任"要求。"第二道风险防线"就上述工作如果没做到位，一旦企业出现问题就会被问责。

第二，"第一道风险防线"责任与匹配能力揭示。"第一道风险防线"在"事先"就风险管理应具有的知识和应负的责任，概要来讲包括以下几点：

一是具备基本的风险敏感度和风险责任意识；

二是具备与岗位责任相关的必备知识和技能；

三是担当风险责任人的职责，对本岗位发生的风险负最终责任；

四是准确领会岗位相关的"合规"操作要领，严格执行规则，达到岗位操作标准要求；

五是按照规则及时报告风险；

六是业务过程负责人，按照岗位规则和工作规则要求，实施"将风险管理过程融入业务流程之中的责任"；

七是具备风险管理的基本职业道德。

企业界定风险事件的"事先"责任时，可以参照上述逻辑进行界定。实践证明，企业追究责任的关键点多是聚焦在"事先"这个阶段，而甄别"第一道风险防线"责任的关键点往往也是"评价其是否合规/违规操作的问题"。

总之，按照"第一道风险防线"上述责任要求，企业应针对其"第一道风险防线"的员工策划和实施恰当的培训（建议按照岗位层级来分别策划和实施培训）。通常的培训内容包括知识、技能、责任、方法、规则、标准和政策等。为"第一道风险防线"策划和安排风险管理方面专题的培训，在企业中事先培训一线员工，这是"第二道风险防线"应该做好的事情（建议风险管理部和人力资源部联手）。

（2）"事中"风险应对能力

所谓"事中",是指企业处在某种"风险爆发,急需救火"状态。在此状态下,企业"第一道风险防线"及其领导(为风险责任人)担当着"事中唱主角"角色,"第二道风险防线"担当着"事中指导和监督"角色。在"事中"究竟由谁担当危机处置的总指挥,要看"事先"相关管理规则的安排指令(往往起初是"事发"地域的一线领导)。事实上,企业针对"事中"风险应对能力的建设往往也是在"事先"阶段培育起来的。企业针对危机局面的应对能力,其一取决于"事先"安排好的机制,例如在"事中"及时启动"业务连续计划"和启动恰当的应急预案,凡是具有应急管理流程的事项应按照流程指导实施;其二取决于相关人员对危机状况的反应能力(包括危机中的沟通与紧急决策),为了事先有目标地培育了这一能力,可以策划针对相关人员的培训和操作演练。

企业对"事中"风险应对能力发挥的评价,往往看危机化解/控制的速度和效果,看有没有出现危机中产生新危机的情形,危机也验证了企业控制危机的能力和内部控制机制的运行有效性。

(3)"事后"风险响应和恢复能力

企业三道风险防线在"事后"均有充足的时间研讨和执行"危机处置"、运行改良和实施总结。"正确的总结,切实的整改"对企业可持续发展十分重要。虽然,企业风险管理的评价能力建设与"第三道风险防线所建设的风险审计能力"十分有关,然而,企业第一道和第二道风险防线的自查和自我总结提升能力也十分重要。

总体而言,本部分以"事先、事中与事后"三道风险防线各自所担当的风险管控责任为线索,概述了ERM岗位责任与"管理风险与风险管理人才能力建设"之间的目标引领关系。即:以ERM建设任务和责任来定调ERM能力建设匹配方向和尺度的本质,实质上揭示了企业开展"管理风险与风险管理人才能力建设"的定位目标。

"管理风险与风险管理"人才能力建设是一项庞大的系统工程。当企业明确了"管理风险与风险管理人才能力建设"目标和方向后,应就如何开展ERM的人才培训(包括长中短期)制定相应的培训规划和计划,这关系到企业的可持续发展和持久的竞争力。另外,ERM培训体系还呈现人员涉及宽泛(全员/各层级,包括针对企业决策层/管理层的培训)、各层级培训内容需求差异度大、ERM技术含量高等复杂性特点。为保障和落实"管理风险与风险管理人才能力建设",企业应建立"ERM人才训练培养体系"。本教材在"2.4企业风险管理能力"中,就策划企业不同层级和不同岗位的员工训练,给予了在内容和方向等方面的指导,以供参考。

2.4.4 报告与沟通

多年来,众多组织发布的风险管理框架几乎都把"报告/沟通"能力视为企业实施风险管理所必须培养的一种突出的能力。这种能力"看似简单",然而在企业日常运营操作运行中却往往"问题多多,甚至可能还会出大乱子"。

(1) 风险报告能力

泛意义上的企业报告往往是指所有的企业管理关联报告。报告是企业信息传递的手段,是解决企业经营管理信息不对称的重要方式。企业通过报告了解业绩进度,了解目标实现的状况,了解其他各方面的管理状况(包括风险管理状况)。由于报告的任务或目的不同,企业报告也多种多样,例如:业绩报告(包括关键绩效指标报告、财务业绩报告与非财务运营结果报告)、风险识别与评估报告(诱因分析)、方案分析报告、风险指标报告、特殊事项报告、审计报告、危机报告、意外事项报告(包括偏差报告)等。

众所周知,报告目标是 COSO-内部控制框架阐述的三大目标之一,足见此目标设定在风险管理过程中的特殊性、不可替代性和不可或缺性。通常企业设定的报告目标旨在实现:报告可靠、完整和准确,并且通过对"报告目标"实施管理,最终保障"把正确的报告,在正确的时间,传递给正确的人"。

如前所述,企业的报告目标通常分为内部报告和外部报告两类目标。一方面,企业以履行外部环境压力(例如监管方对呈交/披露报告的要求,外部社区、债权人或重要客户索要相关报告等)而实施的"报告目标管理"。这一情形下报告目标显然携带源自外部环境压力的独立外部报告目标准则。另一方面,企业的内部报告机制,事实上还存在着为支撑报告企业经营目标的实现,以及报告"运营和合规"控制目标的价值,企业报告目标分别对企业经营目标实现和"运营与合规"控制目标的实现发挥服务、协助和支持作用。由于企业报告目标实现是可控的,企业也往往将内部报告机制纳入企业内部控制体系(正如 COSO-内部控制框架所示)。

"外部与内部报告管理指导原则"的核心内容主张:企业应该制定一种能体现报告统一种类和统一格式要求,并且同时应编制对于报告制度和流程等提出要求的"企业报告管理指导手册"。"企业报告管理指导手册"的颁布与"报告目标实现保障能力建设"具有十分显著的因果关系。企业"报告目标实现保障能力"不仅与"企业报告管理指导手册"的设计思路有关,还与该机制是否能够按照预期有效地发挥作用有关(即与执行效果有关)。因此,企业应该为保障报告机制有效运行配套相应鼓励政策、监督检查政策,并配置考核与奖惩机制。另外,良好的企业风险责任文化环境也为"提升和维护企业报告目标实现保障能力"提供了优质土壤。

总而言之,企业报告机制建设代表着一种风险管理的特定能力维度,而这种能力所发挥的独特作用是企业其他方面能力所无法替代的。

(2) 沟通能力

沟通是企业一种重要的管理能力,或者说也是一种重要的风险管理能力。良好的沟通需要策划和疏导，甚至需要制定规则作为保障。"高效/有效管理"的沟通目标就是做到"在正确的时间，将正确的信息，沟通到正确的人"。纵观历史，"沟通缺陷"导致太多企业失败案例，触发了太多严重的危机事件。如何提高风险信息的沟通效率和效果，进而培育和提升沟通能力，必须提升到董事会层面予以高度关注，必须提到企业战略高度进行规划和落实。

在企业具体沟通管理中，有一类细化的沟通能力，即风险信息的沟通能力。如果沟通存在时间压力，或者存在沟通渠道阻碍等状况，风险信息沟通就更显得格外的重要。特别是在某些情形下，无效的沟通甚至可能酿成全盘皆输的局面。为优化企业风险信息沟通效果，企业可以通过提升"风险信息沟通管理"的规范化或结构化水平来推进就此方面的建设。例如，制定"企业沟通管理指引"就是这一概念下的其一配套解决方案，并且针对风险信息沟通可考虑进一步制定更为细化的"企业风险信息沟通指引"。另外，还可以针对一定的沟通场景（例如存在时间压力的情形），考虑事先配置具体的/恰当的沟通计划，或者考虑正对某些重要事项/项目的运行制定特殊的"XX项目沟通指引"等。

2.4.5 技术与方法

企业全面风险管理是企业管理学的一个重要分支学科，较全面地高度整合了企业管理学数十种学科和数十种方法论的精髓，例如，被ERM整合的管理学科包括：内部控制学、风险审计学、公司治理、危机管理、企业诊断学、决策管理学、信息管理学、沟通管理学、保险学、法学、衍生工具学、企业文化学、质量管理学、安全管理学、信用管理学等；被ERM整合的企业管理方法论包括：目标管理、计划管理、全面预算管理、合规管理、流程管理、制度管理、风险识别与评估技术、风险计量技术、绩效管理等方法论；被ERM整合的全球企业各类标准也近百个，其中以ISO31000为整合条线的ISO标准体系就多达数十个。

大数据时代，先进的信息系统和更丰富的信息储备，为强化ERM技术和方法的应用提供了优质的环境和土壤。一种更强烈的理念正在日益萌生，即：依托ERM技术方法建立企业竞争新优势和新格局，推动企业实现"管理风险，创造价值"。

那么，什么是ERM技术，什么又是ERM方法呢？其实，ERM技术与ERM方法之间并不存在一个严格的界限，CERM教材体系把导向性的ERM技术线条定义为"ERM技术"，把为服务于/支持于导向技术的工具定义为"ERM方法"。

（1）ERM技术

ERM技术按照"框架技术""特种管理技术""专项风险管理技术"逻辑分为三类组别。

第一，"框架技术"组别。这一技术组别包括的框架有：

- 企业全面风险管理框架（如COSO-ERM:2017、ISO31000:2018）；
- 企业内部控制框架（如COSO:2013-内部控制整合框架）；
- 企业合规框架（如ISO19600合规管理体系）；
- 企业风险管理策略-CERM框架（如CERM教材体系"企业风险管理策略学"）；
- 风险管理过程框架（如ISO31000:2018风险管理过程框架）。

第二，"用于风险管理的特种技术"。这一技术组别包括的技术类别有：

- 风险评估技术（基于ISO31010"风险管理 风险评估技术"中的风险识别、风险分析、风险评价这三个技术环节作为支持）；
- 控制论技术（控制论学科支持）；
- 决策技术（多种方法论支持，例如"风险/绩效图"支持、决策模型支持、决策流程支持）；
- 目标管理技术（四个环节，CERM教材体系的"目标/风险一张表"中介绍）；
- 战略选择技术（例如"风险/绩效图"支持）；
- 绩效管理技术（战略绩效设定技术"风险/绩效图"、绩效考核技术等）；
- 风险偏好主导的风险指标设定技术；
- 风险信息系统管理技术；
- 风险和问题诊断技术；
- 审核、评价、审计技术。

第三，"专项风险管理技术"组别。在专项风险管理技术中，又分为两类技术：一类是风险预防"体系性技术"；另一类专项风险管理的特种技术。

专项风险预防技术：ISO标准系列（包含了数十个标准），几乎清一色地主导了专项风险管理的预防体系技术，包括：

- ISO22301:2012"业务连续性管理体系要求"；
- ISO19600:2014"合规管理体系指南"；
- ISO9001:2015"质量管理体系要求"；
- ISO的其他标准。

专项风险管理其他技术：除了ISO专项风险预防体系之外的其他有关专项风险管理的技术，可归类为这一组别，例如：

- 专项风险评估技术（遵循ISO31010"风险管理 风险评估技术"流程框架）；
- 专项风险预测技术（适于特定专项风险）；
- 专项风险预警技术（适于特定专项风险）；

- 专项风险应急技术（适于特定专项风险）；
- 专项风险监测技术（适于特定专项风险）。

（2）ERM 方法

围绕上文企业全面风险管理技术，与之相配合且为这些 ERM 技术提供支持服务的 ERM 方法难以计数。在 CERM 教材体系中有文字介绍的 ERM 方法就达到上百种。例如，仅仅在风险评估技术过程/流程可能用到的方法就已达数十种。

例如，风险识别环节牵涉到的方法包括：损失事件识别法、目标风险识别法、调查问卷法、访谈法、头脑风暴法、德尔菲法、风险清单识别法/检查表法、讨论会法、流程分析法、故障树分析法、事件重要指标分析法、财务报表分析识别法、类比推断法、对照分析法、专项模型识别法等。

风险分析环节牵涉到的方法包括：VaR 模型测度方法、财务报表分析、事件树分析、决策树分析、敏感性分析、压力测试、SWOT 分析、PESTLE 分析等。

2.4.6 数据与系统

"数据与系统"基础支持能力建设目前已逐渐成为当今商务运营的主流思维和模式。COSO - ERM:2017 明确提出了当今大数据时代数据质量对 ERM 机制建设和未来企业战略发展的影响意义。"ERM 数据与系统支持能力建设"是在企业整体"数据和系统"的基础上派生出来的特有/专有能力，是企业整体"数据与系统"中最精华的数据价值挖掘和经营控制能力的展现。

信息时代，数据与系统往往被视为密不可分的一体。事实上，企业获得的与外部有关的数据（例如关于经济、政策、行业、竞争对手等数据）往往是通过针对外部环境的调查与研究来获得，甚至可以通过外部购买数据行为获取；企业获得有关运营状况的内部信息，其完备的企业资源计划（ERP）系统是最佳和最权威的数据提供途径之一。无论从怎样的渠道获得怎样的数据，企业储备和分析这些数据仍然需要功能良好的信息技术系统载体予以运行和支持。因此，以数据与系统一体化来评议"ERM 数据与系统支持能力建设"具有显著意义。然而，在具体探讨中，为体现各自概念的独特性，更宜将 ERM 数据管理能力建设与 ERM 信息系统支持能力建设分别进行探讨。

（1）ERM 数据管理能力建设

遵循数据管理的通则，ERM 数据管理所涉猎的领域包括：收集、储存和分析数据，最终将这些数据的分析结果用于：对发展的预测（预测商机、风险）和对决策提供数据信息支持依据。大数据时代，企业可以利用更多的信息技术工具/手段，通过网络或手机等多种渠道更及时、更丰富地收集到与目标相关的海量数据和信息，采用 ISO27001 或者 ISO2000 等专业技术，将这些数据（堪称是每个企业的数据资源）实施系统化管理以及灾备防护。面对如此丰富的数据资源，下一步思考：要点是如何开发其价值？开发什么价值？如何平衡成本与收益以及评估竞争者开发和利用数据的态度和能力？

在当今大数据时代，丰富的可得数据并没有改变数据的本质意义。数据对于企业的使用价值依然是支持"预测和决策"。诚然，更丰富的数据资源，如插上更科学的数据计算/分析工具的"翅膀"，毫无疑问会大大提升"预测和决策"的精准效果。设计数据管理能力，应从以下几个角度入手：

其一，从使用价值的角度（例如利用数据进行未来机遇/风险预测，以及决策支持）策划"数据管理目标"，围绕着"数据管理目标"策划数据管理能力建设的水平和尺度。另外，也可以考虑从数据与风险信息框架的角度，策划针对"数据的收集与管理"框架。

其二，策划信息收集渠道和途径。自信息时代始，信息量与信息传递手段一直保持了大体上的同步发展，互联网、E-mail、QQ、短信、微信等手段便利了各类信息的传递与收集，这其中也蕴藏着风险与机遇的信息。如今，企业应当仁不让地充分利用这些丰富的信息传递与收集手段，做好信息的收集和储备工作。另外，传统的信息收集渠道和工具也应同时兼备，例如，新闻媒体或研究报告等也被视为必备的信息来源渠道。

其三，用合规的逻辑来推进实施和监督数据管理过程，即规范数据管理的类别、内容、步骤和过程，细化数据管理的环节、流程与责任，标准化数据管理的方法和工具，制定有关于数据管理的制度、细则、规定和指引等。

其四，研究或积极采纳日益先进的数据储存、处理、分析技术或工具（包括数据库、信息识别系统、处理系统、信息过滤系统、决策支持软件和集成共享等），提升数据分析的精准度，增加更多的数据分析视角，支持预测和决策，支持企业竞争力的持续提升。

其五，基于大数据云计算的广泛应用，切合针对组织对数据机密性、应用性的考虑，实施业务连续性、系统恢复、灾备技术等应用 RTO&RPO 基础数据实施细化管理，确保组织连续性经营运作。

事实上，在企业中，有能力和能够生成清晰的数据使用目标、能够对企业数据管理进行策划和实施指导的归口管理职能部门绝不是信息技术运营部门，也不宜是其他部门，恰恰是风险管理职能部门。企业风险管理职能诞生后，从策划数据用途的角度反向推理"企业应配置的数据管理范畴和匹配的数据管理能力需求"。另外，这一逻辑也与公认的"ERM 不仅仅管理风险，还同时管理机遇"的思维完全相吻合。特别是在 ERM 管控模式下，企业数据与企业 ERM 数据实际上就变成了一回事，或者说当今企业数据管理能力事实上就是 ERM 数据管理能力。

(2) ERM 信息系统支持能力建设

广义上,"ERM 信息系统"与"风险管理信息系统"俨然被认为是同一件事。其实在企业不具备 ERP 环境时,选择单独配置信息孤岛式的风险管理信息系统。通常,企业不具备 ERP 环境分两种情况,其一是企业规模小,无需配置 ERP 就能运行;其二是企业规模大,总部以报表制管理各业务单位,在业务单位配制 ERP。也就是说,与业务运行相配套的"ERM-控制型-ERP 信息系统"常被植入业务单位层级,总部则从风险管理的角度出发,常常配置信息孤岛式的风险管理信息系统(例如发挥报表、报告以及统计功能)。在这种情况下,总部的风险管理信息系统仅能监控集团层级的风险(往往不包括针对操作风险监控,更多关注战略风险层级的监控),而操作层级的风险监控则主要交由业务单位的"ERM-控制型-ERP 信息系统"来完成。

当业务单一的企业(或集团的业务单位)配置了"控制和监督"功能的操作层面 ERP 系统时,与"ERM 信息系统"相匹配的更恰当的概念是"ERM-控制型-ERP 信息系统"[①]。在此环境下,企业控制风险的某些设置或功能(自动或非自动)事实上就被设置在了"ERM-控制型-ERP 信息系统"的前台上;在此环境下,通常所言及的"风险管理信息系统"更多是指"ERM-控制型-ERP 信息系统"的中台概念。在设计上,系统中台所承担的角色则包括:风险信息储备、信息查询、规则储备、数据处理与分析(模型分析)、某些系统或专项风险监测与预警、生成风险报告等。

在对六种 ERM 基础能力建设的描述中,"ERM 数据与系统支持能力建设"在大数据时代具有举足轻重的意义。事实上,谈"ERM 数据与系统支持能力"设计与建设,根本出发点还是应尽力从 ERP 设计逻辑的角度(而非信息孤岛角度)考虑,因为诸多企业内部控制行为是发生在业务过程中的(ERP 前台范围),而此过程 ERP 系统往往可以做到同步运营控制和信息追踪。因此,在当今大数据时代,企业建设信息系统的目的应从以往的"数据记录与储备",升级到"规则设定和过程控制",接着升级到"风险管理状况跟踪与分析"(例如模型分析),再达到"风险审计实施"这种前、中、后台一体化的 ERM 信息系统建设水平上来。事实上,在大数据时代,ERP 系统本身也会逐渐从最初的"服务于内部运营功能支持"发展至"内外部信息统筹,信息内外联动和监测,信息支持快速与精准决策"的轨道上来。

CERM 项目组建议:如今尚未建设 ERP 系统的企业(或者准备升级 ERP 系统的企业)应该按照 ERM 前、中、后台三位一体的思维统筹设计 ERP 信息系统。这样做不仅可体现设计理念的先进性,而且还能突出成本效益的优势。显而易见,不一

---

① 该系统含有前、中、后台。ERM 教材体系中其他书籍将有具体介绍。

样的"ERM 数据与系统"会带来不一样的企业控制逻辑、不一样的企业内部控制环境以及不一样的企业竞争力！在企业实施风险管理能力组成设计中，"ERM 数据与系统"的风险管理能力要素所发挥的独特价值和功能不可或缺。

2.5　企业风险管理策略学

传统上，谈及"风险管理策略"似乎指的是"规避风险、分担风险、改变风险、接受风险、利用风险"这几类风险应对策略。严格来讲，这些风险应对策略基本上指的是针对专项风险层面的应对策略（少用于针对组合风险应对），这种风险应对策略并非站在整体企业角度来阐述，也并非是一种对建设和维护 ERM 框架而实施的整体策略。CERM 项目在全球首次创建的《企业风险管理策略学》所解决的正是这种"站在整体企业角度，为企业科学及有效实施 ERM 框架而建设的系统性的风险管理策略"。

2.5.1　专项风险应对策略

CERM 教材体系，基于 ISO31000 与 COSO-ERM，对专项风险应对给予了指导建议，提炼和汇总出五类风险应对策略。

（1）风险规避策略

基于风险评估呈现的结果，企业实施风险应对策略选择的第一步往往就是在"排除或接受"某种（某类或某些）风险方面做出选择。与企业战略方向关联不大的新机遇，或者与企业新战略不吻合的旧业务，或者风险/回报率不佳的项目，或者企业凭现有条件还没有能力控制的风险，企业应尽力排除和规避。企业可以选择退出、出售、停止、禁止、限制、放弃、不接受或消除等具体战略选择措施实施"避免某些风险的原则"。例如，在战略风险层面，企业选择退出某一市场、关闭某条生产线、重组或分散投资等，在操作层面，企业选择停止使用技术尚不成熟且易造成安全隐患的某种运行方式等。

（2）风险减小策略

众所周知，企业为获利进行经营就不得不面对风险。在这一获利过程中，企业既要承担希望承担的风险，又要承担不希望承担的风险。对于希望承担的风险（常指投机性风险），往往通过利用、分担等措施实施恰当管理，对于不希望承担的风险（常指纯风险），通过规避、分担/转移、减小/限制等措施减小这些风险。企业针对可控风险，往往通过改变其风险特征的方式（例如改变风险发生频率或者改变其后果影响程度，即至少改变这两个参数之一）试图实施"减小或利用"的风险应对策略。

对于保留下来的但是并不希望承担的风险（包括纯风险和投机性风险），如果企业认为该风险的特征尚不能完全接受时，往往还会实施进一步的治理，例如增加控制，或者采用保险/衍生工具等非内控措施进行风险缓解。或者实施部分控制、部分分担和部分转移的综合策略，最终将风险改变/改善至可接受水平。在控制型风险改善机制下，实际上，企业仍处于承受某种程度风险剩余水平状态。这种情况下，企业必须为可能的风险失控或意外发生做好应急准备，包括制定商务可持续性计划（业务连续性计划管理）、意外计划和风险融资理财计划等。企业风险改善措施的表现形式或活动可以多种多样，例如包括风险分散、风险隔离、风险限制、权力分离/制衡、复核等。

消除/移走风险源也属于将风险发生可能性变为零的"内控改变风险特征的行为"，旨在减小风险，这种措施通常用于纯风险的应对，这与什么都没风险应对实施而直接选择退出的"风险规避"策略不同，是一种通过采取措施或活动而改变风险可能性的"改变性"策略。

（3）风险利用/追逐的策略

对于保留下来的且希望承担的、有利可图的投机性风险，企业往往需要实施改变/改善处理。这种改善处理的原则是：尽量增大获利的程度和频率。ERM 理论也将这种形式的改善称作为"利用/追逐风险"。概括起来，主要有如下几种模式：一是使用风险调整资本收益率等方法实施对投机性风险的评价（即考虑了风险要素的评级），进而加以策划改善。具体做法是，首先了解相关投机性风险的特征并同时了解相应的回报，在风险调整的基础上了解投机性风险较为确切真实的盈利能力水平；之后，通过调整相应风险控制水平和施以资本（经济资本）配置，达到调整企业经营/业务方向，从而支持企业向盈利能力更佳的方向倾斜资源的目的。二是企业已经有风险管理能力而实施管理的某些投机性风险，应加大对该风险的承担程度以增加盈利机会。与此同时，企业甚至可以考虑重新设计更具挑战性的经营模式和实施重组等。三是在进入新市场、并购联合和引进项目等方面，强化和融入了风险管理技术的支持，从而可期待改善企业在这些项目设计和选择方面的获胜能力。

总之，企业实施风险管理的目的并不是为了消灭风险。在商业竞技中，"消灭了风险，也意味着消灭了机遇"。就是说："商机较大，则与之匹配的风险隐患往往也会较大。"所以，企业在"确认有能力掌控面临风险的前提下，在确认具有足够能力来吸收相应风险损失的情况下（容忍剩余风险水平）"，也可以选择激进的风险追逐发展策略，从而追逐所期待的、更具有挑战性的业绩目标。

（4）风险分担策略

ISO31000 和 COSO – ERM：2017，均把企业与其他机构共同合作而承担风险的行为统称为"风险分担"。在实践中，往往针对企业不可控风险采用"分担"这一大类别策略。如果进一步分解，"风险分担"又具体表现为外包、转移、对冲等细分策略，这些策略均属于财务分担或财务补偿性策略。

风险外包分担策略是指：如果企业从运营能力上或从承担风险的程度上认为不宜独立承担某一新机遇，则可以考虑与合作伙伴分享/共担机会。这种机会共担的结果一般是：共享机会，共担成本，共担风险。例如成立合资公司、建立战略联盟或采用分包的形式联合完成项目等都属于"共担风险与机会"的情形。企业实施共担机会的做法一般是通过合约方式实现的，在合约中规范双方的业务范畴和利益分配原则，规范双方的责任义务和风险成本义务。企业如何在共享机会、共担成本和共担风险中获得有利地位，取决于在共享双方在合作中的地位，取决于合作协议中所陈述的利益、成本和风险权衡比例。例如，不少企业在与他方合作中，由于经验不足签订了许多很吃亏的协议条款，这其中主要的问题就发生在签订合约前事先不能够充分识别相关的成本和潜在的风险，或者对其中风险的影响程度不能够充分认识，以至于合同实施之后才发现显失公平。因此，企业想公平地分享机会，就要有可信赖的风险评估技术支持，尽可能事先全面洞察了解潜在风险。

风险转移分担：根据风险评估的结果，企业一般会考虑将发生概率不大但损失程度巨大的风险转移出去，以便以低的成本换取高的风险保障。企业一般考虑转移出去的风险多为纯风险（不可控风险，或者可控风险的控制成本可能太大），特别是对引发操作风险或市场风险等"灾难性"的二级风险（或三级风险），往往实施较大力度的转移。一般企业作出风险转移决策往往是在与其他风险管理工具进行"成本、风险、收益、机遇"对照或权衡基础上做出的。企业风险转移可以通过保险、合约或衍生品等工具进行风险转移。企业可以完全转移某种风险，也可以部分转移风险，或将风险转移的方式与其他风险管理的工具联合使用。如果企业采用部分转移风险的方式，则必须能够识别转移后剩余风险，并且对剩余风险管理作出合理安排。另外，企业实施风险转移策略也应同时建立必要的应急计划加以补充支持，以尽量减小可能的损失程度，并且这种做法也可以减少在保险转移方面的道德风险。

风险对冲分担策略的意义在于：企业运用风险对冲工具对某些特定风险进行反方向对冲。这也是企业常选用的风险应对策略，针对不可控风险（纯风险或投机风险）实施风险对冲策略。采用风险对冲策略的常见企业风险，包括：市场价格风险、经济周期风险和天气风险等。市场化的衍生工具或者非市场化的远期合约等，即为典型的风险对冲工具。目前，金融市场衍生产品的创新可谓"日新月异"。然而，衍生工具可以对冲风险，也会由于选用不当而带来"衍生工具风险"。

（5）风险保留策略

企业要经营就要面对各种各样的风险，零风险的收益存在的概率是非常低的。

企业发展一定伴随有相当数量的为实现企业战略而不可摆脱的固有风险，而具有策略风险管理的企业往往根据风险评估的结果有意把风险发生频率小和同时损失也小的风险承受下来。这些小风险通常被计为损失并反映在企业经营成本中。除此之外，企业还往往把尚不能找到其他合理办法管理的风险也承担下来，或者有时即使能找到其他方法管理风险，但那些方法管理风险的成本可能高过风险保留的成本。因而企业选择直接把这些风险承担下来。另外，企业还保留着一些尚不具有能力识别的风险。可见，每一个企业事实上都有意和无意间或在情愿与不情愿间保留了许多风险。据相关数据显示，即使是一个有效实施风险管理的企业，大约也会保留其所有风险数量的70%（或以上）。对于这些保留下来的风险，企业必须对其可能造成的损失有所准备。但这其中也要区别处置：

第一，对于那些有意识保留下来的风险频率小和损失小的风险，一般只需简单监视，确保其处于可接受的范围之内。除非其中某些风险发生，重复出现或者恶化突变，才会显示出对其治理措施的必要性。

第二，对于那些低损失但发生频率高的风险，企业一般有两种处理方式：一是通过控制频率的方法减小风险影响（例如强化监测或控制活动）；二是通过风险转移、保险转移或自保的方式解决。

第三，对企业经营不得不保留的某些固有的高损失额和高发生频率的风险（虽然这种风险数量一般不多），以及对于那些不得不暂时承担下来的某些中等风险度级别的风险，企业会选择控制或严格控制的方法管理风险，以减小损失的程度和频率（在两个维度实施减小风险的活动）；与此同时，还可以配套某些风险转移技术。这些控制型策略一般包括，预测、监测、预警、强化控制措施/活动、调整控制政策（例如通过调整信用政策来强化信用风险管理），以及在必要时采取加强级别/综合性的控制手段。另外，应制定相应的商务可持续计划（或称业务连续性计划），并考虑如下三点：一是资金面的预留资金（例如风险拨备和经济资本）或建立损失基金；二是活动面，调整政策或措施（例如调整信用政策或信用额度限定）；三是利用自保技术等。

第四，对于目前尚没有能力识别出来的风险，是企业不得不承担的。企业应制定意外计划或应急计划，并根据预测考虑进行损失融资活动（例如预防非预期损失的经济资本配置）。

2.5.2 企业风险管理整体策略

与上述专项风险应对策略相比，企业风险管理策略学聚焦的是"站在整体企业的角度，为企业科学和有效实施ERM框架建设系统性的风险管理策略"。显然，专项风险应对策略是企业风险管理策略学的重要组成部分。

前文简要介绍了 CERM 教材体系企业风险管理策略学中"企业风险管理框架""企业风险管理思维"和"企业风险管理能力"以及"专项风险应对策略",那么 CERM 项目主张的企业风险管理策略学全貌是什么呢?

在企业风险管理策略学中,设计和建设 ERM 框架需要考虑一系列策略,包括:

- 企业风险管理策略学综述(CERM-策略模型);
- 企业风险管理思维序列(CERM-思维模型);
- 企业全面风险管理框架(CERM-框架模型);
- ERM 战略/方针基础序列;
- ERM 指导原则序列;
- 企业风险管理能力建设序列(CERM-能力模型);
- ERM 配套子体系序列;
- 风险应对基础策略;
- ERM 框架配套行动序列;
- 风险管理实践与管理升级序列。

总之,企业风险管理策略学归纳和包含了为建设 ERM 框架所应具备的逻辑和思维、必备的知识与技能、必需的机制/体系,以及应该开展的各项活动等。事实上,在 CERM 项目,通过 CERM 教学体系(ERMT/CAERM/CERM/CSERM),分别对 ERM 策略体系给予了详细度不一/深浅度不一的介绍。综合起来,便构成和展示了 ERM 策略学完整的内容。[①]

---

① 如欲了解更多此方面的内容,请参阅 CERM 教学体系发布的《企业风险管理策略学》一书。

第3章
风险管理岗责与授权

3.1 引言

20世纪末,企业全面风险管理概念兴起。詹姆斯·林(亚洲风险与危机管理协会名誉会长)就任全球第一位首席风险官开始,首席风险官工作岗位和风险管理新职业就在历史上真正诞生了。典型的风险管理岗位职业通常是分布在企业的风险管理专职/兼职部门(公司层面或业务层面),即所谓的第二道风险防线上,该风险防线上的职能部门和相关岗位员工需要为"企业风险管理的职能和职责负责"。相应的,业务/运营一线员工、企业委任的"风险责任人"都处在企业业务的第一道风险防线上,担任着"管理风险"职责,也就是说他们需要为所承诺的"管理风险"的责任和义务负责。企业审计部门则是企业第三道风险防线。概而言之,企业第一道风险防线的员工负责"管理风险",第二道风险防线的员工负责"风险管理",第三道风险防线员工负责评价和监督"管理风险和风险管理"的质量和效果。

伴随着ERM理论和实践30余年的发展,如今无论从企业管理职能架构设定而言,还是从风险管理岗位人员设置而谈,全面风险管理的职能、职责和作用均已被证明是"不可或缺"的。例如如今首席风险官在企业(特别是金融企业)越来越多地拥有一票否决权。COSO-ERM:2017的颁布,表明企业风险管理人员不仅仅在以往的管理企业重大风险方面发挥作用,而是会进一步在管理企业目标实现和管理企业科学决策方面发挥越来越突出的作用,从而切实推动"风险管理创造价值"的实现。

企业就风险管理职能和风险管理岗位的配置包括两个方面的内容:一方面,关于管理职能配置,如今西方企业普遍配置了首席风险官职位以及风控/合规职能性部门,国内规模较大的企业(包括国有企业、上市公司、大型民企)基本上也设置了风险管理、内部控制部门或具备风险管理职能的兼职部门,金融机构(无论大小)设置风控岗位(例如大型国有银行按照员工总数的5%左右配置风控人员)的比例更高。另一方面,关于风险管理岗位及其层级配置,通常有首席风险官、风险总监、风险经理、风险管理员等。与此同时,在企业中归属于风险管理序列的岗位还包括内部控制、合规、质量/安全管理、法务管理岗位等。另外,分布在企业各职能管理岗位上的员工(例如人力资源部、财务部、信息管理部)也是处在第二道风险防线上。

当今瞬息万变的营商环境中,每一个企业,无论大小,都需要了解活着和生存的艺术,都需要风险管理,都需要能够把 ERM 理念付诸实践的具有专业知识和技能的人才队伍。如果说大型跨国企业往往需要成千上万人组成的风险管理队伍,那么在一个小企业中至少需要有一个人了解风险管理之道。互联网金融的高比例风控岗位配置令人瞩目,例如"蚂蚁金服和网商银行"配置的风险管理岗位员工占员工总人数的 1/4 ~ 1/3。显然,大数据时代所呈现的趋势是企业对风险管理岗位的需求急增。

企业风险管理岗位和风险管理职业的产生是顺应企业客观需求的产物,是 ERM 时代的产物,是信息化时代的产物。在企业各类的风险管理专业人员中,企业风险管理员是最基础的、具备风险管理综合知识和基本技能的初级专业人员,这一专业人员的存在为企业的风险管理承担起量大面广的专业资讯收集、传递和分析等工作,是企业推行全面风险管理所不可缺少的基本支持力量。本章一方面对风险管理相关岗位进行描述,使风险管理相关人员了解未来职业提升之路的前进阶梯;另一方面描述企业风险管理员的岗位、工作技能和应具有的知识体系,为企业风险管理的基础队伍建设提供指导信息。

3.2 企业风险管理岗位

广义上讲,企业中的每一个岗位都是风险岗位。每一个岗位在为企业创造价值或在支持企业创造价值的同时也可能因工作失误或不能达标而给企业带来风险损失。如某新员工因技术不娴熟而为企业生产了一些只能报废的次品;又如清洁工扫地导致路滑令员工跌伤产生损失。可见,企业中的每一个岗位或每一个人,无论职位高低,都与风险相关。

概括来讲,企业中的人员风险关联岗位可分为四类:第一类是业务过程执行人员,或称业务操作者。这类人员需要在操作过程的同时把与其岗位相关的风险控制在可接受水平。第二类是业务过程支持人员(企业职能部门)。如企业中的人力资源管理人员或信息系统支持人员等,如果这些人员对前线工作执行人员的支持不得力就会影响前线人员的工作,甚至产生相应负面风险。第三类是风险管理指导和监督人员。这类是指风险管理岗位专业人员(包括内部控制与合规等岗位),负责对整体层面、业务层面或过程操作层面的员工实施指导、检查和监督。第四类是审计评价人员，这类人员负责对上述三类人员可能产生的工作失误或可能的风险行为进行周期性的评价和监督。正如本章引言所言，第一类业务一线员工处在第一道风险防线上，第二类和第三类员工处在第二道风险防线上，第四类员工处在第三道风险防线上。

显而易见，本书提及的企业风险管理员岗位通常是指处在第二道风险防线上的上述第三类人员。由于"管理风险，人人有责"，因此处在企业一道风险防线上的员工学习企业风险管理员的知识和技能反而会对本岗位所担负的"管理风险"责任更有裨益。

在 ERM 框架下，通常企业是如何设置岗位或任命其各级风险管理人员呢？

例1：某些大型跨国公司或许将整体层级风险管理的最高负责人任命为首席风险官，将区域性风险管理负责人任命为风险总监，将业务层级风险管理负责人任命为风险经理，将在业务一线负责"风险数据采集或风险报告"等职责的风险管理人员任命为风险管理员。

例2：某些中等规模公司有时会将首席风险管理的岗位（或者最高风险管理职能部门的领导）授予风险总监称号，将业务层级风险管理负责人任命为风险经理。

例3：某些小企业，则可能直接委任风险经理来负责企业全面的风险管理工作，而并不独立设置高等级的 CRO 或风险总监岗位。

总之，在企业在设定了 CRO 岗位之后，是否还继续设置风险总监和风险经理等岗位，或者企业选择仅仅设定风险经理等，这些决策会因行业不同或因企业不同而不同。

3.2.1　首席风险官/风险总监

首席风险官（Chief Risk Officer，CRO）是负责主持或管理日常企业风险管理职能或职责的最高层长官，在某些企业首席风险官有时也被称为风险总监。通常，首席风险官（企业唯一岗位）通常设置在企业法人层级。在企业实施全面风险管理新的实践中，CRO 往往是这一变革中的核心人物之一。CRO 的存在有利于 ERM 基础结构的建设和实践的推动，有利于企业实施跨部门和跨业务的风险沟通，有利于企业的上下或平行关系的风险信息报告，有利于企业在实施全面风险管理方面的凝聚力、领导力和推动力。虽说由于历史发展的原因，不同企业设置 CRO 的方式不同，有专职的也有兼职的，然而实践证明具有专职 CRO 企业其 ERM 的推动或实施效果最为成功。特别是在企业开始步入 ERM 时期，CRO 帮助企业建立 ERM 的愿景和战略目标，协助企业做出在 ERM 基础建设等方面的决策和进一步按计划落实决策，为企业策划和建立起一套涵盖方法、技术、手段和工具的整体系统。CRO 爱岗尽职也会使企业很快在风险评估或监控关键性风险等方面起色显著。在企业度过了 ERM 的创始阶段后，CRO 的工作步入常规循环阶段。专栏 3-1 是某个国际企业设定的首席风险官的职责。

专栏 3-1　首席风险官工作描述

报告给

主席——董事会的风险委员会和 CEO

直接报告

全球风险领导者，小组风险专家（与风险事项有关的）

业务单元风险联络人，内部审计部门

职责

- 协助董事会、风险委员会和高级管理层履行其章程中规定的职责
- 按照公司的风险管理愿景，沟通和管理企业风险管理的建立和持续维持
- 确保业务单元首席执行官具有适当的风险管理权限以及董事会能进行有效监督
- 确认企业风险管理框架/过程正在每个业务单元发挥职能，确认业务一线正确履行"管理风险"的责任，例如能及时识别和有效管理所有重大风险
- 与风险委员会沟通有关企业风险管理的状况，与企业外部/内部保持良好的沟通
- 把企业风险管理模式推荐给 CEO 和业务单元领导，并协助将其融入他们的经营计划和持续报告
- 确保风险管理能力在所有业务单元和企业（包括新的收购和合资经营投资）的发展和维持
- 确保风险管理框架对企业战略/经营目标设定以及目标执行的保障作用，推动风险绩效曲线在企业重要决策中的采用
- 评议每个业务单元风险管理实施的效果，优化和推动成熟的风险管理实践和文化
- 将已经识别的风险和正在生成的风险及时向管理层和董事会汇报
- 推动"风险/目标一张表"在企业一线管理"目标执行中风险"中的作用
- 不断完善/维护企业风险管理框架、内部控制框架与合规体系

特定活动

- 开发报告主要风险的综合程序
- 定期视察业务单元并与高级主管会面，以鼓励把风险管理嵌入企业文化和日常活动中
- 建立一个标准的风险信息模型和自动化的程序，并确保可用于整个组织
- 保持对企业风险管理成本—收益的关注
- 确保员工受到风险管理教育。传递知识和信息，通常有助于有效地管理风险并帮助维持适当的风险文化
- 与业务单元领导合作，确保经营计划和预算包括风险识别和管理
- 与业务单元合作以确保监督和报告，以保证遵守组织的规则和报告最重大的风险
- 向风险委员会报告以下相关事项：
  - 企业风险管理的进展和实施
  - 已识别出的重大和重要风险敞口以及对组织的建议
  - 包括分析和建议在内的综合企业风险管理计划

就风险总监在一个大型企业中担任区域性/分公司风险管理负责人职责这种工作场景而言，其主要职责包括：

- 了解企业的风险管理框架和政策。
- 了解总部/本区域/本部门所承担的战略/经营目标（或分解目标），以及本岗位相应的风险管理职能。
- 了解被授权范畴的风险管理工作责任。
- 执行所规定的风险管理工作任务（例如包括风险管理政策、制度、流程和方案的设计/实施，组织风险评估，监控风险，监控合规履职，提供专业技能指导和培训等）。
- 向上级（例如首席风险官）报告工作和及时报告风险，撰写风险报告、事故报告、决策追踪报告等；向下级（例如风险经理）传达上级的政策精神和规则要求，对下级进行工作指导、检查和岗位绩效考评。
- 落实风险管理框架对企业战略/经营目标设定的支持活动。配合企业决策行动，实施风险绩效曲线 Risk Profile 技术评定工作。
- 掌握"目标/风险/绩效一张表"目标过程管理工具，揭示和报告由"一张表"所展示出的目标进展情况追踪报告。
- 记录、收集和更新工作责任相关的风险信息。
- 沟通和协调相关工作。
- 监督、评价、审核和诊断风险管理状况，参与/指导危机处理。

3.2.2 风险经理

什么是企业风险经理？风险经理分布在企业哪个管理层级？与首席风险官/风险总监相比较，风险经理在企业中存在和分布的区域较为宽泛。这就是说，从风险经理技能需求而言，企业风险管理三道防线都需要风险经理的存在和工作支持；从风险经理的分布数量分布而言，其量大面广的分布在企业业务一线，且每天支持着企业业务一线的工作。或许众多企业从成本/收益的角度来考虑，可能会安排那些在业务末端的业务经理同时兼任风险经理的职责工作。总之，无论风险经理是兼职或专职，其应该担当的风险管理岗位责任始终都应该是十分清晰的，也就是说风险经理的责任不会由于"兼职"特点而被豁免。

（1）风险经理在企业的任职

当今，除了某些 ERM 机制建设比较完备的行业或企业（例如金融行业），相当多的企业并没有给予风险经理明确的岗位头衔与授权。事实上，众多业务一线经理所从事的工作（或行使的工作职责）其中一部分内容就是风险经理的工作。无论企业有没有建立明确的 ERM 机制，或者是否实施 COSO - ERM 下的"目标/风险/绩效一张表"的管理方法，企业各个管理层级的风险和危机基本上还是由相应领导出面安排和处理的。这些领导在作出安排之后，某些工作的跟进和措施落地工作就由其助理或者由某个被指派的人员来接着执行，其实这些人员所扮演的角色也是某种风险经理的角色。

在现实中，由于行业、企业大小规模、企业三道防线委任企业风险经理的工作内容不同，因此，企业风险经理可担当的具体角色也存在着不同。总之，在企业三道风险防线上适于企业风险经理的岗位（或者提出应具有企业风险经理能力要求的岗位），例如：

- 企业一道风险防线委任的专职风险经理；
- 大型企业二道/三道风险防线岗位上的专职基础层员工；
- 中小企业风险管理负责人；
- 企业重大/关键风控岗位上的一线员工；
- 大型连锁企业的营业部部长/门店店长（可能兼职风险经理）；
- 高风险敏感度行业一道风险防线岗位员工（例如银行业信贷员）；
- 制造业一线风险管控责任人（例如车间主任、班组长，可能兼职风险经理）；
- 企业一线风险管控责任人助理（例如业务门领导/车间主任的助理）；
- 企业项目及项目风险管理负责人；
- 其他。

（2）企业风险经理的岗位责任

众所周知，目标实现的任务一定是由处在企业经营管理一线的员工完成的，与此同时，目标实现保障的任务（目标实现第三个阶段任务）也是由一道风险防线来负责完成的。而企业风险经理们，正是布局在企业一线上，担负着目标实现第三个阶段（即目标实现保障）的工作和责任，并为目标实现保障工作提供管理与技术支持的企业基础层级的风险管理技术人员。显而易见，COSO - ERM:2017 后时代，企业设置风险经理的布局直接关联到企业实施目标管理的科学性、先进性和有效性，直接关联到其时代性的"管理升级"规划。

由于企业风险无处不在以及企业风险管理的层级性、多样性和复杂性，这就意味着企业风险经理在企业管理分布上具有层级性、多样性和复杂性，也意味着企业风险经理在专业知识和技能上所应达到的深度、广度和宽度。与分布在企业各个管理层级上的专项风险管理经理相对照（例如质量管理经理、安全管理经理），企业风险经理的核心职能：一是负责（或参与）该管理层级目标实现的偏差管理，包括偏差评估、偏差追踪和偏差校正（即风险评估、风险追踪和风险校正），企业风险经理负责（或参与）本管理层级"目标/风险/绩效一张表"周期性的填写；二是负责针对本管理层面关键专项风险经理或关键风险责任人的工作协调（甚至包括一定程度的指导/监督）；三是担当本管理层级"ERM 小组"的领导（或指导）责任。与此同时，各级企业风险经理还要受到上线风险经理或风险总监的业务指导，以及受到本管理层级业务负责人的领导。

事实上，如果将上述企业风险经理的专业工作职能再进一步细分（以分布在业务一线的专职风险经理岗位为例），则相关工作内容为：

- 了解企业的风险管理框架和政策。
- 了解所履职部门/事业部/业务单元的风险管理目标。
- 了解被授权范畴的风险管理责任。
- 执行规定的风险管理工作任务（例如风险管理流程管理、组织风险评估、监控风险、监控合规履职、风险提示/预警、追踪决策、提供专业技能指导和培训等）。
- 按照规则，向上级报告各类相关工作。例如报告合规动向、报告风险征兆、报告风险评估结果、报告文化和员工动态等。
- 按程序填写/追踪/报告（或参与填写/追踪/报告）"目标/风险/绩效一张表"所展示出的信息内容。
- 指导（或参与）业务一线 ERM 小组的工作。
- 按照规则，检查/记录/核实本部门关键风险岗位的工作。
- 记录、收集和更新与工作责任相关的风险信息。
- 参与本业务单元针对岗位员工的"风险管理知识与技能"的策划和内容设计工作。例如，相关培训包括授权和岗位责任的培训、风险应对技能的培训、相关制度的培训、应急能力测试、危机应对演练等。
- 参与本部门的危机处理。内容包括"事先"确保必备的/正确的危机应急预案已经具备，"事先"对人员已经组织了（或敦促组织了）危机应对训练；"事中"监督应急预案的启动，"事中"报告（例如危机应对实施双报告制），"事中记录，事中评估，事中提示，事中沟通和协调"等工作。
- 按照规则，与各相关方进行沟通和协调相关工作。

3.2.3 风险责任人

风险管理责任承担者既可以是普通员工个体，也可以是业务单位的领导者。ISO31000 定义被赋予了"管理风险责任"的员工或实体都是风险责任人，而本书关注的只是个人岗位风险责任承担者。事实上，企业中每个岗位都存在风险，每个员工都承担风险。通常，企业只是对那些打算管理的风险（即风险清单中的风险）指派风险责任人，特别对那些比较重要的风险必须明确其管理人的责任与义务。

风险责任人是指企业岗位责任中已明确其具体负责某种层面、某类、某几类、某一过程/流程或过程中某个风险点的风险，该负责人就是风险责任人。有些企业可能会规定风险责任人对相应风险所产生的损失负责。

风险责任人的岗位分布常常有以下几种情形：

第一，负责企业某业务中某个流程的某个风险点的管理，由一个人、几个人或一个小组负责。

第二，负责企业某业务中某个过程/流程的负责人（或者是过程/流程总体负责人），该负责人为流程总体产出的效力、效率和目标实现结果保障负责。这也就是说，该负责人为业务管理范畴内的所有风险点（特别是关键风险点）的管理负责。

第三，负责企业某一业务（通常是企业某一业务或者是企业业务单元负责人），该负责人同时为业务目标实现和保障业务目标实现负责任。这也就是说，该负责人为业务管理范畴内的所有影响目标实现的事项负责。

第四，企业在第二道风险防线中委任某些特殊的"管理风险"的职能或岗位。例如，金融行业将信用风险管理的最高权力和最大职责委任给"信用风险管理部门"，制造业把安全生产管理的权限和责任委任给"安全管理部门"，这就意味着这些部门可能需要承担一定的管理风险的责任（取决于委任的权责程度），其结果是：一旦企业在这些方面发生危机事件，这些部门可能就要受到处罚（甚至是比较严重的处罚，取决于授权与责任的条款规则）。这些部门不仅需要担责任，也需要被授予匹配的权限而强化其管理的职能和力度。显然，这种情况属于"管理风险"的范畴，不是通常所说的泛意义上的和典型的"风险责任人"角色。

从上述分析可见，企业风险责任人负责管理的风险范畴可大可小，可点可面，可以是个人可以是机构（最终机构负责人需要承担管理风险的责任）。站在风险责任人立场，来阐述"管理风险的责任"如下：

- 根据岗位与承诺，风险责任人承担岗位相关的特种风险管理职能。这意味着一旦其岗位责任项下的特定风险出了问题，风险责任人应承担主要责任，且接受处罚。
- 风险责任人应"按照合规指令要求"来操作管理风险的工作。
- 风险责任人应"按照合规指令要求"向上级领导及时沟通和报告风险，例如包括报告业务过程中所发现的缺陷、隐患、不可行、无效与低效、差错、损失、事件、不合规行为等。
- 风险责任人应"按照合规指令要求"做好相关工作的记录。
- 风险责任人应接受企业必要的知识与技能培训，企业为风险责任人的上岗也必须提供恰当的训练。
- 风险责任人应具有较高的风险意识或风险警觉性。
- 风险责任人应具有良好的职业操守和道德准则。
- 风险责任人应接受企业必要的知识与技能培训，企业为风险责任人的上岗也必须提供恰当的训练。

- 风险责任人应积极参加 ERM 小组的活动。
- 按照"企业风险管理与绩效考核政策",风险责任人的工作效果会得到企业的肯定/否定或者奖励/处罚。

3.2.4 员工"管理风险"的职责

广义而言,企业每个员工都负有"管理某种或某些风险的责任",都是风险责任人。"管理风险,风险管理,人人有责",企业每一个岗位其实都是风险管理责任岗位。上文强调了企业针对重要的拟重点管理的风险指派"风险责任人"的做法。由于风险的易变性,企业尚存在无法识别的风险(受到认识限制或技术限制),显然企业针对非重要风险发展趋势的监控和损失监控往往也不能疏漏,因为"意外风险、突变风险"经常会发生在这些尚属于无法被识别的风险领域。总之,"规范每一个员工的风险管理责任"是 ERM 的核心任务。

业务一线/普通员工风险管理职责如下:

- 履行员工劳动协议所承诺的岗位职责,了解本人承担的"风险责任人"职责(如果被指令承担某类/某几类风险责任人角色);
- 执行业务岗位操作风险管理规则(合规),包括业务流程与制度/细则/指引等;
- 报告业务过程中所发现的缺陷、隐患、不可行、无效与低效、差错;
- 报告损失,报告风险事件;
- 记录风险和沟通风险;
- 积极参与工作岗位相关的风险识别与风险评估,找出影响部门/岗位目标实现的关键风险点,并进一步执行"管理风险点"的措施;
- 诚信、道德、正义、阳光、负责任;
- 监督和确保工作相关的合作方能做到合规,且能履行其职责;
- 报告所发现的对企业有损害的其他方面的不合法、不合规与不合道德的行为。

3.3 《企业风险管理人员职业标准》

"风险管理"相关资格项目从 20 世纪 70 年代兴起,然而这些资格证书不是关注保险领域的,就是关注纯风险操作领域的,即仅关注某一专项风险管理领域的。然而,企业经营者通常更关注"具有赚钱效应的"投机性风险;企业家/企业经营者厌恶纯风险，但却不得不花精力和资源将纯风险管控在可以接受的水平之内。企业经营者热切期待，"风险管理"专业人员有能力为董事长和CEO每日所真正焦虑的企业层面风险管控出主意想办法，并拿出解决方案。与此同时，企业董事长和CEO更希望通过风险管理的方法、技术和手段来"保障企业目标的实现"。

20世纪90年代中期以前上述风险管理人员的基本技能框架尚难以界定，因为在那时ERM理论和实践基本上还没有诞生，先前的各类标准的发展不可能超越ERM理论的发展。90年代末，开始出现在某种程度上体现ERM理念的风险管理人才培训，然而这种培训往往不成体系，并且培训目标不鲜明，更缺乏职业标准的指导。基于这一背景，2003年，亚洲风险与危机管理协会（AARCM）开始策划草拟CERM标准方案。当时，全球尚没有任何组织出台基于ERM理念的企业风险管理人员职业标准。

2004年AARCM颁布了基于ERM理论体系的全球第一个《企业风险管理人员职业标准》（简称"CERM职业标准"）。该标准在全球首次定位了ERM知识体系，定位了风险管理职业考核认证的标准框架，CERM职业标准考核认证了全球第一批企业首席风险官，以及考核认证了中国百强企业的第一批风险管理负责人。CERM项目被誉为是中国主流企业风险管理领导者接受专业训练的"黄埔军校"。

《企业风险管理人员职业标准》颁布十几年来，经过了2006年、2009年、2014年几次版本的更新，发展至近期的2017年版本。2017年《企业风险管理人员职业标准》（中文版），一方面在知识体系部分强化了中国规则及中国文化的融合与针对性；另一方面在专业技能领域配套了包含CERM独特研究成果的系列落地教材。

3.3.1 CERM标准——基础知识

如果将风险管理选择作为一种终生职业，企业风险管理从业人员应逐步地和持续地积累与建设一套完备的专业基础知识体系。CERM项目通过《注册企业风险管理师考试纲要解析》，较为细致和系统地为风险管理从业人员阐述了《企业风险管理人员职业标准》中所要求的专业"知识体系"。2017年CERM职业标准公布的企业风险管理专业"知识体系"，内容有：

- 企业全面风险管理基础知识；
- 风险管理法律法规及标准规范基础；
- 企业风险管理应用技术与量化基础；
- 企业内部控制基础；
- 风险信息管理；
- 保险与风险管理；
- 衍生工具与风险管理；

- 合同方式风险管理技术;
- 企业财务风险管理(宏观与微观);
- 企业操作风险管理;
- 公司治理;
- 企业危机管理;
- 变革与战略风险管理;
- 决策与风险管理;
- 风险评估;
- 企业风险管理审核。

CERM 项目建议,CERM 学员和企业风险管理领域从业者,应该不断学习和完善上述系列的风险管理人员必备的基础知识体系。《注册企业风险管理师考试纲要解析》仅仅是针对必备风险管理基础专业知识体系的概要性介绍,旨在推动 CERM 学员和企业风险管理领域从业者们在 ERM 专业方向不断提升自身竞争力。而更深入和更细致的知识内容需要 CERM 学员在大纲的框架下花费更多的时间来自我学习。与此同时,伴随着在工作实践中的认识和体会,加深对这些知识体系的理解。

3.3.2 CERM 标准——专业技能

《企业风险管理人员职业标准》分别按照四个等级专业人员的能力特征,描述和规范企业风险管理从业人员的专业能力,包括针对每一个职业等级专业能力的综述性描述。

(1) CERM 职业等级能力概述

第一,企业风险管理员(ERMT)。企业风险管理员应具备的专业能力:具有基础的企业风险管理思维,掌握基础的风险管理方法和工具,具备基础的专业协调能力、沟通能力和文字报告整理能力。在上级指导下,参与风险信息收集、整理和分析工作,以及某些风险评估、风险控制、风险监测、危机处理等专业方面的协助工作。

第二,助理企业风险管理师(CAERM)。助理企业风险管理师应具备的专业能力:具有企业风险管理的思维,掌握一定的风险管理方法和工具,具备一定的专业协调能力和沟通能力,能够整理或出具特定的风险报告。在上级指导下,参与风险信息管理,参与风险评估、风险控制、风险监测和危机处理等专业工作,参与风险管理解决方案的策划,具备一定的风险管理执行力。

第三,企业风险管理师(CERM)。企业风险管理师应具备的专业能力:具有企业风险管理的全面/整体思维,掌握系统性的风险管理方法和工具,具备良好的专业协调能力和风险沟通能力,能够出具或审核相关的风险报告;能够组织或指导风险评估、风险预警、风险控制、风险监测和危机处理等风险管理专业工作,组织或指导风险管理解决方案的策划,具备风险管理专业的策划、执行、指导和评价综合能力。

第四,高级企业风险管理师(CSERM)。高级企业风险管理师应具备的专业能力:具有企业风险管理的战略和整体思维,具有平衡企业风险、机遇和发展的能力;掌握系统性的风险管理方法和工具,具备良好的专业协调能力和沟通能力,能够审核重要的风险报告;能够全方位指导企业风险管理专业工作,能够审核或主持重大事项的风险决策,具备风险管理专业的综合指导和评价能力。

(2)CERM 标准级职业能力概述

CERM 针对岗位工作任务,针对工作任务对相应专业能力的要求,以及针对工作任务对相应专业知识的要求,分别给予匹配性的指导思路和框架。事实上,只有达标企业风险管理的标准级(即 CERM 级别)职业能力,CERM 学员才具备设计和操作企业风险管理常态工作内容的综合能力。表 3-1 以企业风险管理师级别为例,摘录 CERM 标准就此 CERM 级别专业人员所要求的"风险管理专业能力"的框架。

表 3-1　　企业风险管理师的工作任务及其应匹配的专业技能

职业功能	工作内容	技能要求	相关知识要求
风险信息管理	(一)风险信息统计和分析	能够实施特定目标的或重点的风险信息分析	风险信息分析方法
	(二)风险信息系统管理	1. 能够设计和改进风险管理信息系统的运行方案; 2. 能够指导信息系统的建设	1. 风险信息管理知识; 2. 风险管理信息系统知识
	(三)信息沟通和传递	1. 能够及时和正确地沟通/传递/报告风险信息; 2. 能够监督信息沟通和传递状况; 3. 能够定期撰写和提交信息沟通报告	沟通管理知识和技巧
风险评估	(一)风险评估的策划和组织	1. 能够策划风险评估活动; 2. 能够组织和实施"基础、量化/计量、组合"层面的风险评估	1. COSO-ERM 标准; 2. COSO-应用技术; 3. ISO31010 标准
	(二)风险识别	1. 能够识别对目标产生影响的风险源、事件、原因、潜在后果以及影响范围; 2. 能够出具风险识别清单	风险识别方法

续表1

职业功能	工作内容	技能要求	相关知识要求
风险评估	（三）风险分析	1. 能够评估现行控制措施； 2. 能够使用得当的定性和定量分析法实施后果分析和可能性分析； 3. 初步判断风险等级	风险分析方法
	（四）风险评价	1. 能够评价并确定风险等级； 2. 能够基于"准则"实施重大风险排序； 3. 能够提出未来行动建议，例如包括：某个风险是否需要应对，风险应对的优先次序，是否应开展某项应对活动，应该采取哪种途径，可能需要的资源等； 4. 能够权衡采取措施后的固有风险/剩余风险水平，权衡剩余风险是否可接受	风险评价方法
	（五）风险评估报告	能够出具风险评估报告	1. COSO-应用技术； 2. ISO31010标准
风险管理方案策划	（一）确定风险管理应用领域和范畴	1. 确定企业全面风险管理的总体应用领域，以及包括（但不限于）确定以下企业风险管理主要分体应用领域： （1）企业战略、决策与治理风险管理； （2）企业操作风险管理； （3）企业财务风险管理； （4）企业声誉风险管理。 2. 确定风险管理任务的应用范畴，包括整体、区域或局部	1. COSO-ERM标准； 2. ISO31000标准； 3. 行业性规则/标准框架
	（二）确定风险管理的实施框架、过程、环境和策略	1. 能够按照风险管理的应用领域，确定与目标实现相匹配的风险管理实施框架、实施过程和实施环境； 2. 能够提出/策划风险管理策略	1. COSO-ERM标准； 2. ISO31000标准； 3. 确定风险环境的知识
	（三）策划风险管理实施方案	1. 能够策划结构/体系/策略/整体导向解决方案，其中包括策划治理结构和内部控制体系； 2. 能够策划目标/事项导向解决方案； 3. 能够策划单一/专项风险解决方案，其中包括能够策划专项/重大风险的预警体系和应急预案； 4. 能够策划匹配的风险应对策略、方法和工具，其中包括策划控制活动系列	1. COSO-ERM标准； 2. ISO31000标准； 3. COSO-应用技术； 4. ISO31010标准； 5. 风险预警与应急知识与技术； 6. 企业内部控制的知识与技能

续表2

职业功能	工作内容	技能要求	相关知识要求
风险管理方案策划	（四）风险管理资源配置和预算	1. 能够提出风险管理的资源配置方案； 2. 能够估算风险管理成本及提出预算方案	1. 风险管理知识； 2. 成本与收益评价知识； 3. 预算知识
	（五）风险管理最优方案评价和选择	1. 能够评价各类解决方案； 2. 能够采用决策模型辅助决策； 3. 能够采取 Risk Profile 方法分析方案； 4. 能够选择最优解决方案	1. 最优决策选择知识； 2. 决策的量化技术知识； 3. Risk Profile 方法
	（六）制定框架、过程、方案和行动序列实施工作计划	1. 能够起草包括框架、过程、实施方案和行动序列在内的风险管理实施计划； 2. 能够确认风险管理计划的可操作性	1. 风险管理知识； 2. 规划/计划撰写技巧
风险管理职能履行	（一）组织实施风险管理计划	1. 能够组织实施风险管理计划； 2. 能够策划和组织围绕着风险管理计划实施的相关活动； 3. 能够实施计划变更	1. 风险管理知识； 2. 组织与协调方法； 3. 效率和进度管理方法
	（二）指导/监督一线部门/岗位开展管理风险的日常工作	1. 能够检查一线部门/岗位风控文案和合规操作水平； 2. 能够审阅一线部门/岗位的风险报告； 3. 能够组织针对一线部门/岗位风险管理状况实施指导或监督检查的其他活动； 4. 能够指导一线部门开展各项风险管理相关活动	1. 检查和监督方法； 2. 工作评价指南； 3. 沟通和协调方法
	（三）沟通、协商、联络相关方（内/外）	1. 能够使用风险沟通的共同语言和恰当方式，有效进行对内沟通和对外沟通； 2. 能够与各方利益相关者保持良好关系	沟通和协调方法
	（四）针对重大风险的风险监测、风险预警、风险提示、趋势预测	能够组织和指导对重要风险实施风险预警、风险监测和追踪、风险提示和风险趋势预测	1. 风险预警技术和方法； 2. 风险监测技术和方法； 3. 风险提示方法； 4. 趋势预测方法

第 3 章　风险管理岗责与授权

续表3

职业功能	工作内容	技能要求	相关知识要求
风险管理职能履行	（五）风险报告	1. 审阅一线提交的相关风险报告，监控一线风险报告线路和时效的正确性； 2. 能够撰写和向上级提交多种风险报告，包括：特定项目/新项目风险评估报告、风险状况报告、风险事件报告、风险披露报告、内部控制披露报告等； 3. 能够将基础风险管理过程的信息汇入"目标/风险一张表"，能够实施大数据下的"并表"与综合分析，并出具报告	1. 风险报告方法； 2. 目标/风险一张表； 3. Risk Profile 方法
	（六）审核风险相关性文件	能够从风险管理的角度审核各类重要的对外报告、报表、合同和其他法律文件	1. 风险管理知识； 2. 法律知识
	（七）实施风险管控-可控风险	1. 能够建立和维护企业内部控制体系； 2. 能够监督检查内控体系的运行状况； 3. 能够合理和有效开展针对可控风险的管理，以落实控制政策、控制活动和控制工具等为手段应对可控风险； 4. 能够实施企业内部控制体系运行有效性的自我评价； 5. 能够建设/维护用以支撑内部控制体系的"合规管理体系"	1. 《企业内部控制基本规范》及配套指引； 2. 《内部监控与风险管理的基本架构》； 3. COSO《内部控制整合框架》的相关知识； 4. ISO19600 "合规管理体系指南"
	（八）实施风险应对-不可控风险应对	1. 能够运用得当的金融财务工具应对不可控风险，包括保险和衍生工具等； 2. 能够运用得当的合同方式风险管理工具应对、转移或对冲某些不可控风险； 3. 能够提议和推动采用其他经济、法律、行政、技术、教育等风险管理政策，应对不可控风险	1. 风险理财知识； 2. 风险应对知识； 3. 管理学、经济学及法学等知识
	（九）危机事件处理	1. 能够指导/组织正确启动应急预案； 2. 能够正确和快速组织危机评估； 3. 能够策略实施内外部沟通及应对媒体； 4. 能够撰写危机事件调查报告和提出善后方案	1. 危机管理知识； 2. 国家应急法； 3. 业务连续性

续表4

职业功能	工作内容	技能要求	相关知识要求
风险管理职能履行	（十）决策支持	1. 能够提供具确定性与不确定性的决策信息依据； 2. 能够采用"Risk Profile"方法为组织各种重要决策提供建议/报告； 3. 能够追踪决策，并及时提供决策追踪报告； 4. 能够发表风险管理专业角度决策意见	1. 企业决策管理知识； 2. COSO-ERM标准； 3. Risk Profile方法
	（十一）企业风险管理状况诊断	1. 能够实施企业风险管理状况诊断和分析评价； 2. 能够实施企业特定领域风险管理状况诊断和分析评价； 3. 能够实施企业内部控制诊断和分析评价	企业诊断和评价知识
	（十二）培训和指导	1. 能够制定针对助理企业风险管理师和企业风险管理员的培训计划； 2. 能够制定针对各岗位/全员的风险管理培训方案； 3. 能够编写教案或教材； 4. 能够指导助理企业风险管理师、企业风险管理员和一线岗位人员	1. 风险管理专业知识； 2. 编写计划和教材知识； 3. 案例分析和实战演练技巧
评价、考核与改进	（一）评价一线部门/岗位合规状况	1. 能够撰写合规评价报告； 2. 能够针对合规状况提出奖励/处罚意见	合规评价知识
	（二）评价企业内部控制体系	1. 能够撰写企业内部控制充分性和有效性评价报告； 2. 能够提出相关改进建议	风控体系评价知识
	（三）评价企业风险管理框架、过程以及综合方案的实施效果	1. 能够评价企业风险管理框架、过程、策略、工具和方法等相关方案的适宜性； 2. 能够评价风险管理行动序列的落地状况； 3. 能够撰写企业风险管理方案实施效果评价报告	1. 风险管理框架、过程、策略、工具及方法论评价知识； 2. 风险管理方案实施效果评价知识
	（四）风险管理绩效考核	1. 能够提出风险管理绩效考核标准； 2. 能够执行实施风险管理的绩效考核	1. 风险管理知识； 2. 绩效考核知识
	（五）持续改进	能够制定持续改进的计划，并实施计划	1. COSO-ERM标准； 2. ISO31000标准

3.4 企业风险管理员

企业风险管理员（ERMT）处在 CERM 职业系列中的入门专业层级。然而，企业风险管理员层级的存在对企业实施深层次的全面风险管理具有十分重要的支撑意义。企业无论规模大小都对风险管理员有着广泛的需求。在典型的大型企业中，风险管理员的工作岗位主要分布在三至四个管理层面，在风险管理师或风险经理的指导下每日具体执行风险管理的任务。而在小企业中，风险管理员有可能被直接委任为专职/兼职风险经理或被委任为风险责任人等角色。

3.4.1 企业风险管理员的知识与技能

企业风险管理员在 ERM 体制中通常担任执行层的工作。为做好具有风险管理专业知识和技能特殊要求的"执行工作"（确切地说是一种"按照合规规则"的执行工作）。显然，企业风险管理员需要装备基础的和必备的"知识和技能"。

（1）企业风险管理员——基础知识

狭义上来说，企业风险管理员应具备风险管理专业基础知识。包括：理解风险、风险管理、企业风险管理的基本概念，了解企业风险管理的岗位与责任，了解企业经营与企业经营风险管理的基本概念与基本过程/流程，了解和掌握风险管理基础方法，了解信息与风险信息管理基础知识，了解沟通协调、风险报告、危机处置的基本知识和基本常识等。其中，需要重点了解的概念有：

- ERM 的基本理念。
- 风险管理岗位与责任。
- 风险沟通和风险报告。
- 合规执行的意义。其一，在合规规则指引下完成自身的工作；其二，按照合规指引检查企业一线"合规操作"的状况和趋势。

广义上来说，企业风险管理员可以按照《注册企业风险管理师考试大纲要点解析》中的框架，更深入地学习企业风险管理师应该进一步掌握的知识体系，为未来晋升到更高级别的风险管理岗位打下基础。《注册企业风险管理师考试大纲要点解析》包括：企业全面风险管理基础知识、风险管理法律法规及标准规范基础、企业风险管理应用技术与量化基础、企业内部控制基础、风险信息管理、保险与风险管理、衍生工具与风险管理、合同方式风险管理、企业财务风险管理（宏观与微观）、企业操作风险管理、公司治理、企业危机管理、变革与战略风险管理、决策与风险管理、风险评估、企业风险管理审核等。

总之，企业风险管理员在企业风险管理专业领域的学习和提升可以寻一条"从狭义知识面的学习，再到广义知识面的学习"的路径，学无止境。

（2）企业风险管理员——专业技能

企业聘用和培养企业风险管理员的专业技能，是由企业拟委任风险管理员所完成的工作而决定的，而企业风险管理员拟完成的工作内容是由"企业拟保障其目标实现"而不得不设置"管控目标执行中风险"的使命所决定的。不同的企业，甚至不同的业界专业人士对"如何定位企业风险管理员"专业技能的看法和认识都会存在差异。因此，本书选取《企业风险管理人员职业标准》给出的相关指导建议来进行解读。

表3-2源自《企业风险管理人员职业标准》，展示了企业风险管理员职业功能、工作内容、专业技能要求、相应专业知识要求之间的对应关系。显然，企业风险管理员应具备的专业技能是由其担当的工作内容决定的。不同企业基于其拟委任风险管理员工作内容的真实情形（比如在表3-2工作内容基础上加减项），而相应的实施就其风险管理专业技能要求方面的加减项。

表3-2 企业风险管理员担当的工作任务及其应匹配的专业技能

职业功能	工作内容	技能要求	相关知识要求
风险信息管理	（一）风险信息采集	能够通过合理渠道或媒介采集/收集内外部风险信息	信息采集基本知识
	（二）风险信息统计和分析	能够实施某些基础的信息统计和分析	风险信息统计方法 风险信息分析方法
	（三）风险信息系统管理	能够在权限内操作风险管理信息系统； 能够在权限内输入、查询和更改风险管理信息库	风险信息库管理知识 数据库使用和维护知识
	（四）信息沟通和传递	能够充分了解信息沟通和传递的职责 能够及时和正确地沟通/传递/报告风险信息	沟通管理知识和技巧 信息传递方法
风险评估	（一）风险评估的策划和组织	能够参加组织和协调风险评估活动	COSO-应用技术 ISO31010标准
	（二）风险识别	能够参加风险识别活动	风险识别方法
	（三）风险评估报告	能够按要求参与整理风险评估报告	COSO-应用技术 ISO31010标准

续表

职业功能	工作内容	技能要求	相关知识要求
风险管理职能履行	（一）组织实施风险管理计划	能够参加组织/实施风险管理相关活动	组织与协调方法
	（二）沟通、协商、联络相关方（内/外）	能够有效进行风险管理内部沟通	沟通和协调方法
	（三）风险报告	能够参与整理风险报告 能够按合规要求实施风险报告	风险报告方法
	（四）实施风险管控-可控风险	能够执行上级下达的风险控制指令 能够合规行事	企业内部控制基础知识 合规管理体系

3.4.2 企业风险管理员岗位

企业风险管理员数量应比风险管理师多出许多倍。通常，企业风险管理员开展常态工作，基本上是在"合规规则的指导下实施"，而开展某些具有创意性的工作则需要在风险总监或风险经理的指导下实施。基于企业规模和风险管理理念的不同，企业分配给风险管理员的工作职责会呈现出一些差异。一般中小企业风险管理员有可能会被委任相对重要的职责，如专职/兼职风险经理或风险责任人等；而在规模较大的企业，风险管理员可能仅担当一些"具有明确规则的或需要不断重复的"合规导向性工作。

例如，风险管理员在大型企业中的典型岗位和工作内容如下：

第一是在企业层面的风险管理部。每一个企业的风险管理部不仅需要 CRO 的领导和风险经理们执行任务，还需要风险管理员的工作协助。在风险经理或主管们的指导下，风险管理员可以在每日信息收集、活动组织和对内外联络中发挥作用，甚至可以在数据调研、风险监测和评价、风险评估、决策追踪、数据分析统计、数据记录、工作监督等方面发挥较大的配合作用。这一层面的风险管理员一般主要协助风险管理部领导层或技术骨干层实施对企业整体综合层面风险的管理职能，当然也不排除被分配专门追踪某种特定风险发展与变化趋势工作的可能性。

第二是在企业的业务单位层面。风险管理员作为业务单位风险经理的助手，担当起在该业务单位开展风险管理综合协调和监督的工作。在业务单位层面服务的风险管理员的管理事务范围会相应缩小，但其工作的内容和性质与企业层面（如前所述）。业务单位层面的风险管理员一般也以协助管理业务单位的综合层面风险为主。在这一个层面，风险管理员往往会产生与传统单一特定专项风险管理员的工作交叉和协调问题，例如与安全员、质量检查员或点检员等的关系协调。原则上讲，在业务单位风险经理的领导下，这些单一专项风险员应该接受综合风险管理员的具体指导。另外，企业风险管理员在业务层面也往往是"ERM 小组"的组成成员。

第三是作为企业风险责任人的工作助手。这种情形又分两类情况：

一类情况是担任企业特定专项风险责任人的助理。企业往往就关键性风险或重大风险指派特定人员负责，而这项工作往往不止一个风险责任人完成，有时甚至需要一个团队的协作，风险管理员应成为风险责任人的得力助手。在这个服务层面，风险管理员的工作基本上专注于单一领域或单一过程的风险管理。如果风险管理员关注的单一专项风险只是质量风险，这一风险管理员事实上就是企业的质量管理员；如果风险管理员关注的单一风险只是安全风险，这一风险管理员事实上就是企业的安全管理员。因此，从这个层面意义来讲，风险管理员就与传统企业的特定风险管理员的工作易发生重叠或交叉。解决这一现象的较好办法是指令专项风险管理员（例如质量员或安全员）去进修风险管理员的课程，拓展这些单一专项风险管理岗位人员的知识宽度，培养他们在 ERM 时代解决"专项风险"问题的关联性和系统性的眼光，增进他们处理风险/危机问题的新思维和新技能。另外，企业中新增补的质量管理员或安全员等岗位也可以考虑让具有风险管理员资格的人员担任（这些人员可能需要补修风险管理相关知识和技能的培训）。

另一类情况是担任过程、项目或某一任务风险责任人的助理。这种情形使得风险管理员的作用显得更为独立和重要，因为有关过程的风险往往是综合风险，而风险管理员与特定专项风险管理员（如质量员）相比较其优势就在于所受到的综合风险应对策略/技能训练。如果在企业的过程管理中聘用一些具备风险管理员资格的员工，对企业保护资产、降低损失、避免灾难、提高绩效和实现目标都有极其正面和综合的意义。由于企业/事项操作层面的风险大多数是产生在过程之中，因此对于多处在企业操作运营层的企业风险管理员来说，其学习和实施在过程中控制/减小风险的技能比处理过程发生之后的既成事实的损失更有意义。企业风险管理员所参加的"过程风险管控"工作通常是按照合规指令而实施的。通过充分和恰当的培训，企业风险管理员通常是可以达到合规操作技能的。

3.4.3 企业风险管理员常态工作

从数量分布而言，企业风险管理员多数分布在企业业务一线，从事专职或兼职的风险管理工作。企业业务单位的风险管理主管一般负责本业务单元层面的综合风险管理事务，企业业务层面的专项风险负责人（例如安全/质量负责人）负责被委任的专项风险管理工作，业务一线关键风险负责人负责相应的"管理风险"的工作，企业业务一线领导负责本业务单位"管理风险"的整体责任，这便是企业风险管理员的相关工作环境。

企业风险管理员在上述环境中，特别是在一个已经建设了清晰的ERM架构或已经建设了有效内部控制环境中，其具体岗位责任和任务是什么？该做什么工作？怎样做？工作报告线路如何？这些问题理应被明确规范出来。按照岗位责任要求和合规规则执行所承诺的风险管理任务是企业风险管理员的主流工作基调。

按照《企业风险管理人员职业标准》中风险管理工作内容，企业风险管理员常态的主要工作内容包括：

（1）参与实施风险管理计划

在一个建设了ERM机制或内部控制体系的企业，无论在公司层面还是在业务层面，通常都制定了年度/周期性的风险管理计划，企业风险管理员正是按照这些计划规范的事项实施（或参与实施）风险管理的各项工作或活动。这些工作/活动包括：

①理解并协助确认风险管理计划相关内容。包括：了解风险管理计划内容与实施目标；了解管理活动的主体（是指确定由谁来管理此次活动以及谁是活动的组织机构和责任人）；了解管理活动的客体（决定管理对象，是指明确管理什么，包括活动参与的人员、资金、物资，并明确时间与地点等等）；了解管理的手段和职能（决定运用什么样的手段和方法、通过什么样的程序来实现、发挥什么样的功能和什么样作用等）。

②参与实施风险管理过程相关活动。包括：

参与风险信息的收集工作，沟通相关环节，参与组织风险评估活动，发放或统计资料，记录各类活动的过程，整理各类信息或报告等；参与实施"风险管理与管理风险合规操作"的监督与检查活动；监督影响风险管理计划实施的进度、质量和资源消耗；定期实施风险管理计划的讨论、总结和报告。

在执行风险管理计划阶段，通常会涉及企业多个部门参与，因此在工作安排方面，应该特别注意协调好各个接口，如参与的成员之间或部门之间的工作交接、技术交接、资源交接等。交接处是最脆弱、最容易出现问题的地方。同时，在活动进行过程中要时时注意沟通，增加活动项目信息收集、整理、分析和发布的频次，帮助及时发现活动中的问题，有利于及时采取纠正措施。按照规则，通过电话/电子邮件/短信等手段，及时将进展情况、存在的问题和纠正措施通报给全体项目成员，或许抄送给项目成员所属部门的经理，或许抄送给公司管理层。对工作交付好的成员要提请管理层给予及时表扬，对工作交付差的成员要督促帮助他们改进（或者按照要求向上司报告）。

（2）沟通、协商、联络相关方（内/外）

风险管理需要企业各个员工、各个部门大力配合，同时需要与外部利益相关者保持有效沟通渠道。企业风险管理员作为风险管理的基础员工，承担大量的沟通、协调和联络工作。这些工作中，某些沟通工作是属于结构化的，某些则是非结构化的。这些沟通工作具体体现在：
- 执行沟通计划（企业针对特种任务制定沟通计划，例如危机沟通）；
- 就风险管理计划的理解、内容和进度等进行相关方面的沟通；
- 沟通与解释工作，指按照统一的规范或程序向业务单位进行风险管理流程或风险管理知识等方面的解释和沟通；
- 协助上级强化日常管理和制度执行力，采用专业沟通语言、通过信息技术手段和风险报告手段等强化/催化部门间沟通协调的能力；
- 协助组织沟通会议；
- 某些情况下参与企业层面上的风险沟通；
- 在企业对外相关事宜的联络中执行被分配的沟通和联络任务，例如执行针对企业某些利益相关者的沟通。

（3）风险报告

企业风险管理员是基础风险信息收集的执行者，有责任和义务保障风险报告的客观性、准确性和及时性。一句话，企业风险管理员应遵守"把正确的信息，以正确的详细度，在正确的时间，通过正确的渠道，报告给正确的人"的风险报告原则。

在风险报告管理方面，风险管理员工作内容如下：
- 遵循风险报告原则，监督和确保风险报告内容、时间、渠道等风险报告环节的正确与畅通。
- 执行企业有关风险报告管理的制度，确保企业/业务层面重大危机隐患能被及时揭示/报告，重点监督重大风险报告环节。
- 按照规定，及时传递"下对上，左对右"的风险报告。
- 按照规定，做好风险报告的日常管理和归档工作（如被指令）。
- 按照规定，整理某些风险监测、度量、分析、评估等报告。
- 按要求及时（定期）报告与自身岗位责任相关的风险控制状况（如企业层面、业务单位层面或单一项目风险管理状况）。
- 按规定，执行就业务单位风险报告实施状况的检查和监督工作。及时发现风险报告流程中的缺陷，评价风险报告环节质量，并提出改进建议。
- 按规定，提交针对某种决策/项目进行的追踪报告。
- 协助业务单位的日常风险监控，在某些指定领域出具相应风险报告。
- 确保报告的保密性。

（4）实施风险管控–可控风险

企业风险管理员按照内部控制的规则以及企业所授权的岗位职责，履行风险管控的职责和任务。

其一，在企业建设内部控制体系阶段的主要工作，包括参与设计内部控制体系（如制定流程、制度、政策等）、相关的沟通和协调、内控体系相关政策和设计的落实、内控缺陷的检查和整改。

其二，在企业内部控制机制建设之后。企业风险管理员所参与的工作，包括：

- 为企业常态"风险管理例会"准备相关资料和信息。
- 持续搜集、整理风险信息。
- 持续协调与沟通。
- 参与针对内部控制规则执行状况的例行检查。
- 参与针对重大风险的重点监督和检查。
- 参与针对内部控制有效性的检查和评价。
- 参与针对某些项目/事项的决策追踪和报告工作。
- 参与"保障某些业务/某些事项目标实现"而实施的风险管理过程活动（如风险评估），旨在把风险管理流程融入企业业务流程，保障目标实现。总之，确保影响目标实现的"关键业务、关键流程、关键风险点"得到有效管控。
- 参与业务层面周期性风险管理/内部控制机制升级优化活动。
- 参与针对某些专项风险的监测和预警（视工作委任情况）。
- 管理风险管理/内部控制/合规文档。
- 参与危机事件的处理与善后工作。
- 参与针对业务一线员工的"风险管理政策、知识和技能"的培训工作，不断提高员工相应的知识和技能水平。
- 参与针对新员工的风险管理相关培训。
- 参与业务一线的"ERM小组活动"。
- 参加组织业务一线风险管控相关会议，促进经验交流和问题解决。
- 积极参加宣传企业风险文化活动，提议需要表彰的"管理风险"的优秀员工。
- 参与评价和考核员工"管理风险"的活动（视工作委任情况）。
- 报告发现的新风险或新情况。

3.5 企业/员工合规责任和义务

合规管理是企业以"规则理念"管理上下两个维度合规行为的手法。"上"是指企业被外部监管方的规则约束，而不得不按照监管方的要求行事，以满足监管秩序的要求；"下"是指企业制定经营管理规则来约束每一名员工的行为，员工必须满足企业内部合规的要求，否则可能会招致企业合规政策的处罚，或者遭到绩效考核的处罚。企业业务一线（第一道风险防线）有其需要遵循的规则，企业第二道风险防线（后台岗位或各职能部门）也有其必须遵循的规则。

3.5.1　合规义务与承诺

企业的合规义务是企业识别和明确其在经营发展过程中，自身必须遵循或不得不遵循的规则（外部规则）以及其部门/员工必须遵循或不得不遵循的规则（内部规则）。

企业的"合规义务"分布和充斥在企业整个日常经营的操作流程/活动之中。对照和观察这些过程/活动，识别和定义企业的"合规义务"，找出企业/员工不遵守这些"合规义务"可能会招致的后果，找出引起违规的原因，便是"合规风险的识别过程"。换句话说：只有正确识别和定义了"合规义务和必备承诺"，才能正确识别合规风险，进一步"设定合规目标"，并在此基础上产生"保障履行合规义务的合规方案和目标"。

企业的合规义务/合规规则通常源自于（或针对）内外环境两个方面。对外，一是企业必须符合国家法律法规、行业监管规则/程序、行业公约、产品标准、社会责任要求等规则；二是企业需同时考虑外部利益相关者的期望；三是企业必须遵守与各类合作方所签署的各类合作协议的承诺，以及遵守向社会承担义务的承诺。对内，企业应建立健全既体现外部监管要求又体现企业决策层风险偏好的各项管理规则。

解读ISO19600"合规管理体系指南"框架，较容易发现该标准在指导企业建设"合规管理体系"方面比较侧重于谈"外部合规义务"，而缺乏具体谈"内部规则"的建设指导。例如，在该标准中，仅仅给出了一句解释，内部合规义务仅仅指"组织内部要求，包括政策和程序"。多年来，CERM项目教学体系始终强化企业内部合规体系的建设，并且通过本教学体系来传达内部合规义务/要素的设计思路（见图3-2）。

图3-1直观表明："外规"部分正是ISO19600"合规管理体系指南"框架所强化的内容；"内规"部分正是CERM项目补充的"内规内容"，即CERM项目始终强化的"内部合规规则"。

多年来，无论是从企业内部控制的范畴，还是从企业合规体系建设的范畴而言，对于界定"什么是企业合规管理体系的框架和内容"一直存在"概念混沌"的状况。也就是说，"合规体系建设究竟怎样才算是一种完整？合规体系建设是谁（哪个部门）的责任？"等问题也一直没有权威机构给出权威解释。近几年才出台的ISO19600:2014"合规管理体系指南"框架，也只是"定义了外规"，而没有"具体

第3章 风险管理岗责与授权

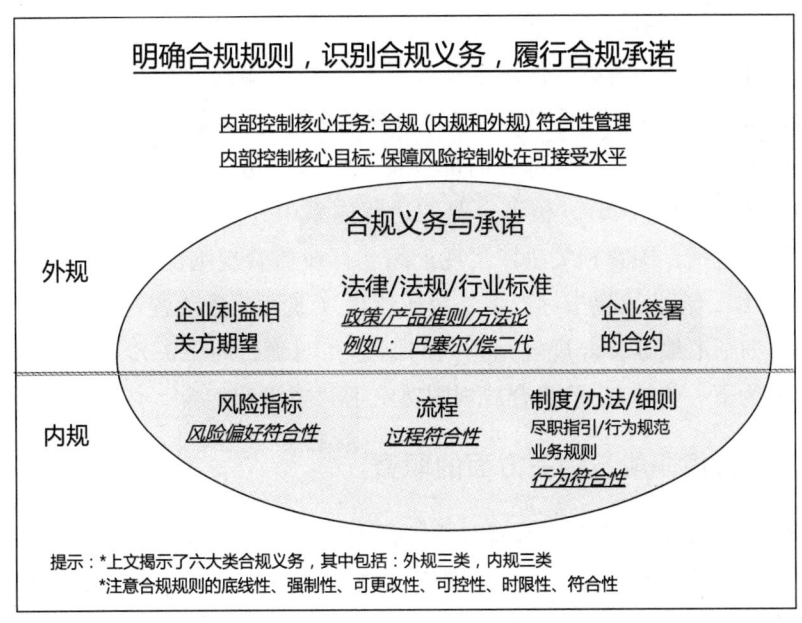

图3-1 合规义务/要素设计思路

定义内规"。然而，企业产生的很多问题，往往都出在企业对内规概念的缺失和不了解，不知道拿什么有效的规则来管什么事，不知道自身合规体系还缺了什么必备的元素，不知道自身合规体系本来就没有被科学、合理和系统地建设起来！

CERM项目其实已经填补了以上问题"答案"的空白。多年来CERM教学体系持续介绍本项目在"企业合规体系设计与建设"方面的主张和理念。

CERM项目在"企业内部合规体系建设框架和梳理逻辑"方面的观点，主要包括了三大思路：

一是达标内部设定的风险指标（一类内部合规义务），是基于"企业风险偏好"基调而设定的"企业风险指示指标"系统。在某些情况下，一些能被量化的企业合规指令往往被表达为数量风险指标，即达到或低于某一风险指标就意味着必须采取某种风险应对的"活动/措施"（人工或自动）。

二是建立和维护流程合规体系（二类内部合规义务）。因人员失误而招致的"合规与违规"后果通常发生在企业的操作层面。当代企业管理学的实践证明，流程法"业务管控/操作管控"是十分有效和不可或缺的应对企业业务/操作层面风险的方法。企业应按照业务链条序列来理顺/汇编"流程体系"。

三是建立与符合制度/办法规则系列（三类内部合规义务）。企业在整体/公司层面，或者在业务/部门层面，分别制定相应的制度规则系列。这些规则本身既要体现融合法律/监管方面的精神，也要吻合企业本身的风险偏好/风险容忍度尺度。其中，那些分布在业务层面的制度，往往会围绕/针对应对业务层面的"关键风险、关键点"而制定。这种规则系列，通常包括制度、办法、指引、细则、程序。

归根结底，企业只有首先明确了什么是企业应遵循的"内规和外规"，才能识别其"合规义务"，上上下下才能给出"合规承诺"，才能制定出合规政策和合规目标。在实操中，建议企业将外部和内部各类"合规义务/合规规则"分别进行汇总造册（包括生成合规清单），植入企业的运营体系中并供查询和优化更改。这些合规规则汇编，包括：国家相关法律法规汇编、行业监管规则汇编、国内外相关专业标准/准则汇编、企业风险指标汇编、企业流程（或者业务流程）汇编、企业制度/办法/指引/细则汇编等。合规规则系列的制定和明确，为下一步实施/执行"合规规则"以及为下一步检查/监督合规规则奠定了"要求和指令"体系基础。

3.5.2 合规职能与相关方面的职责

近30年来，在国际企业中设置合规部门的现象十分普遍，虽然有些中小企业也采用其他部门兼职的方式来实现合规功能（例如社会责任部、审计部、法务部等兼管合规职能）。在国内，银行、保险、证券、航空、建筑等行业，由于行业特色的原因或行业监管的要求（要求企业合规部门定期/不定期向监管递送合规报告），致使国内这些行业在较早期就设置了合规部门。例如，2006年原中国银监会发布的《商业银行合规风险管理指引》，要求商业银行应建立合规风险管理体系，基本要素包括：合规政策、合规管理部门的组织结构和资源、合规风险管理计划、合规风险识别和管理流程、合规培训与教育制度，该指引中还明确了董事会、高级管理层、合规部门、审计以及各业务条线/分支机构在合规管理中的角色和责任。近年来，国有企业在国家强化"依法治国""依法治企""一带一路"环境下高度重视"合规体系"的建设。2013年国资委发布的《关于加强中央企业国际化经营中法律风险防范的指导意见》就是信号，而近期国资委起草的《中央企业合规管理工作指引》以及某些企业已经开始相关方面的试点工作，都表明中央企业就推动"合规体系"建设的立场或态度。另外，"合规管理"也成为"一带一路"倡议中一个十分重要的"管理机制保障支撑"。

近年来，当中国企业步入ERM时代，某些企业的合规部门仍担当着传统的"归口管理法律合同的责任"（这实质上仍是一种法务部门，这与企业风险管理职责相差甚远）；某些企业将建设ERM机制的任务直接给予了合规部门，在做法上"仍保留合规部门的原有职责，然而给其增加了风控职责"；某些企业将合规部门更名为"风险管理或内部控制"部门；某些企业既保留了合规部门，又成立了新的风险管理部门，两个部门的工作各有不同分工，例如银行业就属于"合规/风控"并存的行业。从整体发展趋势来看，企业将会普遍设置"合规部门"，并将"内控部门"与"合规部门"合并，由"合规部门"取代"内控体系维护职能"可能会成为一种长期趋势。在监管强势的行业（例如银行/保险）存在"合规部门"与"风险管理部门"长期共存的典型局面，也或许会有诸多的企业把"合规"纳入为风险管理部门旗下的一个职能。

既然企业设置"合规职能"（专职或兼职）会成为一种趋势，那么典型的"合规管理职能部门"通常应该如何行使其管理职能呢？

（1）合规职能及其相关责任

按照ISO19600"合规管理体系指南"框架，企业合规部门的职责通常包括：

· 在相关资源支持下，协助各个管理层识别合规义务，并将这些合规义务有效融合于"可执行的政策、程序、流程"之中；

· 将合规政策与企业现有的各类政策、程序、流程等融合。

· 为企业相关员工提供持续的合规培训。

· 推动管理层将员工的合规职责融入"工作说明和指引"中，融入绩效考核中。

· 系统化"合规报告以及合规文档管理"。

· 采用恰当的方法和手段，展开合规信息管理，例如管理各种投诉、信息回馈等。

· 建立合规绩效指示指标体系，监测和度量合规绩效；分析合规绩效的监测效果，从而确定需要及时开展纠错的活动。

· 识别合规风险，管理好某些与第三方相关联的合规风险，例如：供应商、代理机构、物流公司、顾问和签有协议的合作者等。

· 确认合规体系能够有计划和有步骤地进行审视和评价。

· 确认在合规体系建设和执行过程中能够得到专业人士/顾问的恰当指导，持续维护合规体系。

· 向企业员工提供必要的合规程序和合规资料等资源。

· 向组织/管理层提供有关合规事项的客观专业意见。

（2）相关方面的合规职责

企业一线管理层与普通员工就合规管理机制该担当何种责任呢？

企业一线管理层的合规责任：

· 与企业合规职能部门合作并支持其工作，鼓励员工也应有这样的态度和行为；

· 管理层应该遵从企业的各项合规政策、程序和流程，并且出席企业合规相关的训练和培训，以身作则；

· 在业务或操作过程中识别和沟通合规风险；

· 主动承担/倡导合规责任，鼓励、监视、训练、监督员工的合规行为；

- 鼓励员工的合规责任心；
- 主动参与合规相关事件/问题的管理与制订解决方案；
- 推动员工了解其合规义务/责任，督导员工达到训练和能力要求；
- 确认合规因素已经被纳入"岗位工作的描述"之中；
- 将合规绩效融入员工整体评价的环节（例如这种评价包括关键绩效指标、目标、升职）；
- 将合规义务融入管理层所负责的商务实践和程序；
- 与合规职能部门联合，确保被认为需要校正"合规问题"的行动能够被落实；
- 在签署的外包合同中应体现合规义务。

企业第一道风险防线员工的合规责任：
- 按照其担当的职位和岗位来履行合规责任和义务；
- 按照合规管理体系的要求参加合规培训；
- 按照合规管理体系的规范分配，使用相应的或可得的合规资源；
- 报告合规"关注点"，报告合规问题与合规失败事件。

3.6　企业风险管理授权

企业内部授权始于股东通过《公司章程》实施的授权。按公司章程，股东可以直接授权法人、监事、董事长、董事、首席执行官、监事会、董事会（包括董事会下属委员会）、风险管理委员会、高级管理层、企业审计部、企业风险管理部等个人或部门相应的权利；或者在《公司章程》中至少声明"本国/本地区公司法"所规定的最基础的必备授权，例如包括对法人、监事会、董事会或董事的授权等。通过已经被股东授权的公司董事会（或法人代表）向其下属机构或岗位个人实施进一步的授权。显然，授权与责任承诺是同时的，即上层授权是下属承担责任的依据，授权书也是企业"合规"履职裁定的基础依据。一旦企业发生风险事件（包括"违规"事件），授权书往往是评判事件责任的基础依据。

企业授权机制的设定是根据公司治理架构、公司高级管理层的风险偏好以及公司商业模式来确定的。企业的授权管理包括针对下属机构部门的授权，以及针对岗位个人的授权。针对部门的授权往往通过公司特定的授权管理办法（或相关制度）体现，针对岗位个人的授权可以通过制度授权，更主要的是通过个人的工作任务书（或者岗位说明书）进行授权。

总之，企业可以根据现有的组织结构和风险管理职能设置原则，通过授权制度，按照"企业三道风险防线"上各个单位/部门以及各个岗位分别进行授权。授权时应理清组织结构与岗位的设定原则、部门/岗位之间的合作关系和约束关系以及各个方面的报告关系。大体来讲，企业授权机制可细分为以下几种情况：

(1) 通过董事会授权的"公司授权"机制

企业通过"公司授权管理制度（或办法）"实施由上至下的授权，一般由公司董事长代表董事会授权。公司授权往往分为：基本授权、部门特别授权、专项授权和临时授权等，其中基本授权包括人事、财务和业务等授权。

(2) 公司各部门和特殊员工风险管理授权

除了受制于常态"公司授权"机制约束，企业各部门和某些特殊岗位在风险管理方面的职责授权还往往通过"企业全面风险管理办法"对外进行公布。例如可以在办法中，明确董事会、风险管理委员会和高级管理层的风险管理权利与责任，明确风险管理部、审计部、监察部和业务单元风险管理权利与责任，明确公司董事长、首席执行官、首席风险官、风险总监、风险经理和风险责任人等岗位的风险管理权利与责任。

(3) 公司员工授权与责任管理

公司对普通岗位员工实施授权与提出尽责要求，往往与公司聘用机制同步。在员工的聘任书上，公司应明确员工在任职期间的岗位、权利、义务、责任、考核标准与报酬机制，甚至对某些关键风险岗位的员工提出"一票否决权"的风险管理尽责要求，或者在绩效考核中融入风险管理的指标。

显而易见，公司的授权机制、责任机制、基于责任的风险管理机制与绩效考核机制这四点存在着联动关系。公司书面的《公司授权管理制度（或办法）》《企业全面风险管理办法》《员工的聘任书》是公司实施授权和界定匹配责任的合规依据与工具载体。因此，公司应建设健全、逐渐优化和更新这些文件，并安排公司风险管理部门和审计部门就此类合规机制的执行状况实施及时跟进和检查监督。

3.7 风险管理从业人员的职业道德

企业中的每一个职业岗位都存在职业道德的要求，而企业风险管理领域对从业者在道德底线、个人信誉和服务质量等方面的职业操守要求更是显著提高了一个台阶。因为，企业风险管理师职业与"风险和危机诊断"的岗位任务和责任直接相关，与企业决策立场和判断是非的原则直接相关。企业风险管理职业人员在执行职业任务的过程中，不仅需要法律和规则的指导，也需要道德和操守的约束。特别是在紧急状态下，企业风险管理师"如何做出丢卒保车的建议？如何判断该与不该做什么？保命还是图财？利民还是利己？"这直接与其道德观和价值观相关。企业风险管理师项目系列（即 CERM 职业资格项目系列），包括 CSERM（高级企业风险管理师）、CERM（企业风险管理师）、CAERM（助理企业风险管理师）、ERMT（企业风险管理员）四个等级，对 CERM 持证从业者的职业道德和操守提出来的要求十分鲜明。

CERM 项目中的职业道德要求分为两大类：

第一，专业道德基本知识：

·掌握与执行同专业相关的各类法规与法律（包括地方性及国际性的相关法则）；

·明确违反各种法规与法律所应承担的各种法律责任。

第二，专业人员的行为守则：

·守法，诚信，公正，客观，负责，自律，廉洁；

·爱岗，敬业，热情，忠于职守，合作精神，讲究时效；

·维护客户/利益相关者利益，保守秘密；

·社会责任感，关爱，奉献；

·依靠专业能力，为企业"降低风险，化解危机"；

·持续学习，知识更新，不懈努力。

第4章
企业经营风险管理思维与实践

4.1 引言

企业风险管理员通常工作在经营管理的一线岗位（即第一道风险防线岗位），然而却可能缺乏对企业经营管理全貌的充分了解。而如果不了解企业经营管理基本逻辑和架构，就难以进一步了解企业经营风险管理的基本对策，从而也就难以保障在执行风险管理任务时的思路清晰和行动敏捷/正确。

首先，本部分为企业风险管理员拓展一些在企业经营管理方面的基础知识；其次，提供一些有关于企业目标管理方面的基础知识，以便企业风险管理员了解企业目标管理与风险管理的基本关系，了解CERM项目在"目标管理与风险管理"方面的创意性解读；最后，详尽阐述企业风险管理员常态工作所必需接触的"执行企业经营风险管理流程相关工作"，以及与其工作相关的风险管理基本理念。

4.2 企业经营管理相关理念与活动

企业经营管理是指在企业内部，为使采购、生产、销售、劳动力、财务、经营决策等各种业务和运营，按经营目的顺利地执行以及能按计划有效配置资源，所进行的系列管理活动。显然，企业经营管理是企业创造价值所开展的核心活动。

4.2.1 经营管理的基本概念

企业经营管理是对企业整个生产经营活动进行决策、计划、组织、控制、协调，并对企业成员进行激励，以实现其任务和目标的一系列工作的总称。根据财政部等五部委发布的《企业内部控制基本规范》，企业主要的经营环境和经营活动包括：组织架构、发展战略、人力资源、社会责任、企业文化、资金管理、采购业务、资产管理、销售业务、研究与发展、工程项目、担保业务、业务外包、财务报告、全面预算、合同管理、内部信息传递、信息系统。《企业内部控制基本规范》指导或要求企业应该做好上述经营管理各项活动中的风险管控。

通常，经营管理完整的工作内容包括：

- 明确经营目标。设计和抓好经营目标的分解，做好经营目标的实施预算/计划。
- 商业模式确认，实施恰当的机构设置或调整，人员配置，明确责任。
- 制定必备的经营管理决策机制，明确决策与执行的授权。
- 有效开展采购/物流管理、销售管理、资产管理（包括设备与库存管理）、资金管理、生产管理、技术管理、质量管理、财务管理、人力资源管理、成本管理、财务报告管理、信息管理、沟通管理等经营管理业务与活动。
- 制订恰当的人力资源政策，包括鼓励政策、责任追究政策、违规处罚政策以及考核政策。
- 监督和监察经营目标的进度、质量和预算，开展必要的企业诊断，管控"目标执行中的风险"。
- 培育积极向上和正能量的企业文化。

4.2.2 企业经营管理环境与组织架构

企业经营发展通常是在《公司法》的约束或保护下来开展各项业务活动的。企业经营环境包括企业运营的内部和外部各种因素，其中外部宏观环境因素包括政治、经济、科技、文化、法律、自然环境、竞争者等因素，这些因素会使企业产生政治风险、法律风险、法规及特殊监管的风险，以及因科技进步所带来的风险，也会引起金融市场波动等风险；而内部微观因素则包括企业内部的相关职能部门/分支机构以及与企业密切合作的伙伴（如供应商和分销商等）（如图4-1所示）。与动物在自然生态环境中生存一样，企业在社会上生存也存在着一个价值链（食物链）。图4-1中的SCM表示供应链管理，ERP为企业资源规划，CRM是客户关系管理，RM是风险管理，DSS是企业决策支持系统，HRM是人力资源管理，FM是财务管理。显然，企业经营管理活动包括上游、下游以及企业自身。企业上游称为"供应商"，下游称为"分销商"或客户。

基于企业经营管理价值链的功能需求以及企业商业模式的特点，企业在机构设置（包括工作职能布局方面）时必须与其相配套，从而支持和保障经营管理活动的有序和高效运行。也就是说，企业开展常态经营管理活动，需要设计合理和分工有序的各个职能机构/部门的结构性支持。图4-2是企业经营管理的一种较为简单和基本的常态布局。

第4章 企业经营风险管理思维与实践

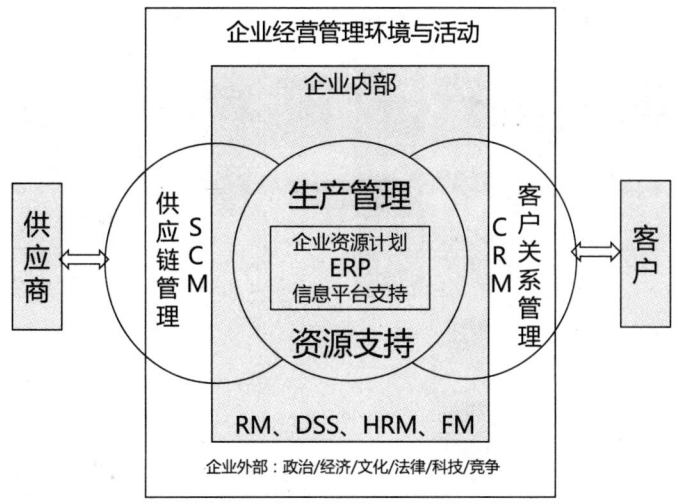

图 4-1 企业经营管理环境与活动

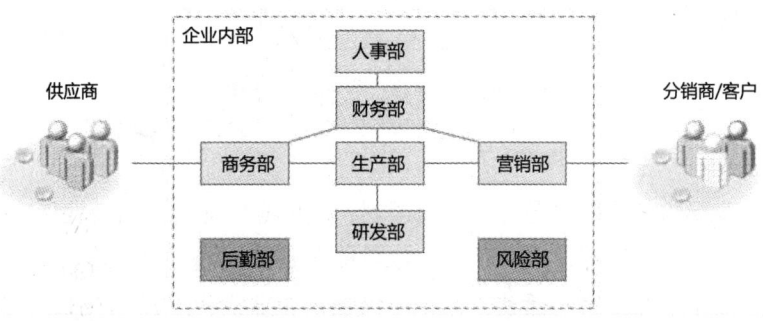

图 4-2 企业经营管理的一种较为简单基本的或称作常态的布局

图 4-3、图 4-4 分别是制造业某企业经营管理职能布局图，以及金融服务业某企业的整体组织架构。

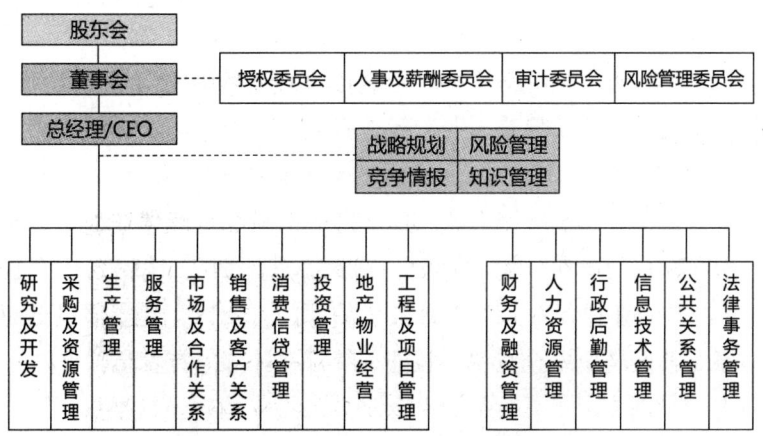

图 4-3 制造业某企业经营管理职能布局图

大公司				大零售			大内控		大行政		
公司		资金	特殊资产	零售		运营	风险	内控	财务/人力	IT	行政
公司银行部	贸易金融事业部	资金运营中心	特殊资产管理事业部	私行与财富客户事业部	信用卡事业部	运营管理部/安全保卫部	风险管理部	法律合规部	资产负债管理部	科技开发中心	办公室
公司网络金融事业部/小企业金融事业部	离岸金融事业部	金融同业事业部		消费金融事业部	汽车金融事业部		公司授信审批部	稽核监察部	财务企划部	科技运营中心	董事会办公室/监事会办公室
投资银行事业部	资产托管事业部	票据金融事业部		零售风险管理部	零售网络金融事业部				人力资源部		
地产金融事业部	能源矿产金融事业部	资产管理事业部		零售战略管理部							
现代物流金融事业部	交通金融事业部			零售片区零售推动部*3							
现代农业金融事业部	医疗健康文化旅游金融事业部										
电子信息产业金融事业部	装备制造业金融事业部										

图 4-4 某银行企业管理架构

（1）采购部

企业采购部的主要职能是与供应商谈判，从供应商那里采购企业所需的原材料、备品、配件以及服务等等；同时该部门也可能负责公司自己加工生产的产品目录及报价管理等工作。对于采购活动，首先应该根据企业需求了解市场供应情况，包括对主要供应商等级、品质、交货期、价格、服务、信用等方面的调查与评估；采购前要询价、比价、议价；制定进货质量、数量异常处理方法与流程；采购活动的决策和执行程序应当明确，并相互监督、相互制约；经办采购的人员与负责采购合同审核、验收人员的职责权限应当明确，并相互分离等等。

（2）生产部

生产部的主要职能：与研发部一起完成企业的产品研发与生产任务，为市场营销部提供可以商用的产品和服务。生产部是将投入转换成为物品或服务的部门，是企业创造价值的主要环节。生产作业管理的对象包括生产人员、生产项目、设施、机械、运输工具、仓库、生产信息等，具体包括：制定生产作业战略、生产作业系统的配置、生产方式的确定、生产计划、物料需求计划（MRP）、库存控制、质量管理等。生产部是企业操作性风险集中发生的部门，所以，建立质量健康安全环保（QHSE）体系、普及岗位安全教育、技能训练等在此部门有着至关重要的意义。

（3）市场营销部

市场营销部也称市场销售部，负责公司产品和服务的市场宣传与销售，是企业销售收入的主要来源。该部门还负责营销渠道的建设以及代理商和分销商的管理等。有的企业把市场营销部划分为两个部门：市场部和销售部。

市场部的主要职责是研究市场并直接指导市场运作，帮助企业收集相关市场情报（包括技术市场情报、营销市场情报、资本市场情报等）；制定企业品牌战略、营销战略和目标、产品企划策略；同时从产品战略角度研究市场、制定方案，为企业销售目标的实现提供帮助。市场部除了负责从市场调查到产品开发、上市和反馈收集分析等工作之外，还负责解决促销、渠道、定价等问题。简言之，市场部具有商品营销、市场调查研究、生产与供应、创造市场要求和协调平衡公共关系五大职能。

销售部的主要职责是组织各种内部和外部力量完成企业的营销任务和指标，包括销售收入、销售利润、市场份额、市场覆盖等，还包括企业内部营销团队的建设与管理、分销商的招募与管理、客户关系管理等职能。

（4）人事部

人事部，也称人力资源部，是企业人力资源招聘、培养、调控的权力机构，负责企业的招聘、新员工入职、劳动合同、员工内部调动、员工离职、考勤管理、薪资制度、员工福利、绩效管理、奖励制度、违纪处分、人事档案管理等工作。其主要职责是：

其一，制度建设与管理。包括：制定企业中长期人才战略规划，制定年度人员需求计划，确定各机构/部门编制；制定企业人事管理制度，人事管理权限与工作流程，组织、协调、监督制度和流程的落实；确定薪酬设计；指导员工做好职业生涯规划。

其二，人事管理。包括：员工招聘、入职、考核、调动、离职管理；企业管理层选拔、考察及培养；员工的人事档案及劳动合同管理；协助组织各专业序列技术职务的考评聘用；人力资源数据统计及分析；管理并组织实施企业员工的业绩考核工作。

其三，薪酬福利管理。包括：制定并监控企业系统薪酬成本的预算；核定、发放员工工资；制定员工福利政策并管理和实施。

其四，培训发展管理。包括：年度培训计划的制定与实施；制定年度教育培训经费预算并进行管理和使用；开发培训的人力资源和培训课程。

第五，其他工作。包括：制定员工手册，员工满意度调查，收集汇总人力资源信息等。

（5）财务部

财务部是公司财务管理的核心部门，负责公司的成本和收入的预算和决算，负责管理资金的支出，负责公司销售收入的回款入账，负责投融资等工作。比如制定公司财会工作程序，实施核算、出纳、统计、财产盘点等工作，编制预算与预算平衡、财务分析、商务审核、合同审查、财产管理工作，以及财务系统文件、报表、账簿等资料的保管与定期归档工作。在企业商务运营或项目实施过程中，财务部门应能向业务部门和投资管理部门提供与财务风险相关的信息和数据。企业有很多风险最后都反映到财务部的账面上，体现为财务失控或者财务损失，例如：

- 在生产方面：生产设备盲目扩充，存货异常变动，规模过度扩张等；
- 在经营方面：公司人员大幅变动，经常拖欠银行借款和职工工资，企业信誉不断降低，市场竞争力不断减弱，经济效益严重滑坡等；
- 在销售方面：销售收入非预期下跌，交易记录恶化，平均收账期延长等；
- 在财务管理方面：关联企业趋于倒闭，过于依赖某个关联公司或银行贷款，财务结构明显恶化，财务预测在长时间不准确，无法按时编制财务报表等。

为了避免上述风险的发生，企业可在财务部增加制度管理经理职位，负责公司内部控制制度的起草、发文、贯彻、教育、检查和修订。检查可以采用自检或监察的方法，使每一个商务活动都能遵守企业的财务内控制度。

（6）信息部

信息时代催生了企业信息管理部门。经过了数十年信息时代的发展，企业所能认识到的信息与信息管理的重要性已经不言而喻。如今，国内外新颁布的越来越多的专业技术标准往往趋于在企业信息平台上定基调。

如今企业设置的信息管理部门，通常所履行的职能包括：信息收集和储备，数据汇总，决策支持，通过信息系统（ERP）实施业务支持、运营支持、网络支持、信息系统安全和应急保障。通常，不同企业根据自身特点与管理风险/偏好，其所赋予信息部门的管理职责也是会呈现差异。

（7）后勤与保障部

对于中小企业来讲，其设置的后勤保障部门往往是一个"样样都管，事无巨细"的杂事统领，这是一个非常综合的部门，有的企业亦称之为综合管理部。

后勤部的第一类职责是：仓库管理、固定资产管理等工作，劳动保障，培训教育，保卫后勤，这些是传统后勤部的工作。

后勤部的第二类职责是：防火防盗及安全管理，应急和连续营业管理（包括网络连续性和生产连续性），还包括识别那些对迅速恢复服务至关重要的关键业务程序，以及定期对灾难恢复和业务连续方案的检查等工作。需要特别提示的是：近年来某些中小企业的后勤部门代为承担了"风险与危机管理责任"。事实上，规模企业应该成立专门（或兼职）的风险管理部门来担任此责任。

（8）风险管理部

风险管理部往往包含法律、内控、合规、纪检、某些重大风险管理监督等职能，是企业风险管理的关键部门（某些企业可能会独立设置其中的某些职能）。一方面，它要负责制定与企业高层目标相一致的风险管理政策、程序和步骤；另一方面，还要指导并检查业务部门的风险管理状况。风险管理部通过对风险管理技术、方法、工具的研究，帮助企业规避和降低各种经营风险，如市场风险、信用风险、操作风险、合规风险、法律风险、声誉风险等。

4.2.3　企业目标与风险管理的关系

美国管理大师彼得·德鲁克（Peter F. Drucker）于1954年在其名著《管理实践》中最先提出了"目标管理"的概念，其后又提出"目标管理和自我控制"的主张。大半个世纪以来，目标管理对全球企业管理学所发挥的在方法论方面的作用堪称"无法估量"。与此同时，目标管理对于当代企业风险管理的发展来说也奠定了其核心基础。

（1）目标管理的概念

德鲁克认为，先有目标才能确定工作，所以"企业的使命和任务，必须转化为目标"。如果一个领域没有目标，这个领域的工作必然被忽视，因此管理者应该通过目标对下级进行管理。当组织最高层管理者确定了组织目标后，必须对其进行有效分解，转变成各个部门以及各个员工的分目标，管理者根据分目标的完成情况对下级进行考核、评价和奖惩。

目标管理是以目标为导向，以人为中心，以成果为标准，而使组织和个人取得最佳业绩的现代管理方法。目标管理亦称"成果管理"，俗称责任制。它是指在企业个体员工的积极参与下，自上而下地确定工作目标，并在工作中实行"自我控制"，自下而上地保证目标实现的一种管理办法。

目标管理最为广泛的是应用在企业管理领域。企业目标可分为战略性目标、经营目标以及方案、任务等。一般来说，经营战略目标和经营目标由高级管理者制定；中级目标由中层管理者制定；初级目标由基层管理者制定；方案和任务由员工制定，并同每一个成员的应有工作成果相联系。自上而下的目标分解和自下而上的目标期望相结合，使经营计划的贯彻执行建立在职工主动性、积极性基础上，把企业职工吸引到企业经营活动中来。

目标管理方法提出来后，美国通用电气公司最先采用并取得了明显效果，此后便在美国、西欧、日本等国家和地区迅速流传。第二次世界大战后西方经济由恢复转向迅速发展的时期，企业急需采用新的方法调动员工积极性以提高竞争力，目标管理的出现可谓恰逢其时，遂被广泛应用，并很快被日本、西欧等国家和地区的企业所仿效。"目标管理"被公认为是一种加强计划管理的先进科学管理方法。20世纪80年代初中国开始在企业中推广。干部任期目标制、企业层层承包等，都是目标管理方法的具体运用。

（2）企业战略目标与经营目标

目标管理经过多年理论和实践的发展，如今已成为企业管理学领域的核心方法论（或视为工具），目标管理的理念和管理手法已成为当代企业高级决策管理层的核心手法。正如上文所述，当今企业在战略目标、经营目标以及在绩效考核设定方面事实上已经全面依赖于"目标管理"的方法论。

企业战略目标设定是依照企业发展愿景和使命，以及企业风险偏好和企业资源基础，所产生和制定的企业发展战略目标。企业设定经营目标可以被视为执行企业战略目标的进一步落地。在企业目标设定的程序方面，通常是先设定企业战略目标，然后在战略目标的基础上设定经营目标，接下来再进行经营目标的分解。如果说企业战略目标覆盖的时间范畴通常是 3~5 年规划的话，那么企业经营目标通常覆盖的范畴是 1 年的期限。企业的经营目标包括财务指标目标，也包括非财务指标目标，例如运营目标、合规目标、报告目标、社会责任目标、客户期望目标、效率目标、创新目标等。最后，在基于企业管理层所承诺的经营目标前提下，对相应的绩效结果实施考核。显然，企业/部门/单元/员工各自的经营目标与其相应的考核目标是完全对应一致的。

（3）风险管理与目标管理的关系

根据 ISO31000 "风险管理指南" 对风险的定义："风险是不确定性对目标的影响"；根据 COSO – ERM:2017 对企业全面风险管理的定义：组织的风险管理 "文化、能力、实践" 应与其战略制定和绩效执行相整合。凭借着这种整合管理，组织来创造、保护和实现其价值。

从上述两个标准的定义来看，风险管理与目标管理是不可分割的关系。其实，人们对风险的认识既有客观因素，也有主观因素，所谓的风险（或者所谓的风险的大小）往往都是相对而言的。而在企业管理中，企业风险是相对于企业设定的目标 "能否实现" 而言的。可以说，如果没有 "目标管理" 理念和实践的支撑，就没有当代企业全面风险管理理论基础。或者说，"目标保障" 风险管理使命的提出，划定了当代企业全面风险管理与传统企业风险管理之间的分水岭。

（4）CERM 项目对 "目标管理" 的新解与创意

CERM 项目对 "目标管理" 的新解与创意，应从 CERM 项目大力推广的 "目标/风险/绩效一张表" 说起（见表 4 – 1）。继 COSO – ERM 框架（2004）出台后，西方企业随之产生了又一个伟大的管理工具创新就是 "目标/风险/绩效一张表" 管理工具。这张表不仅以 "目标实现保障" 方法论的角度支撑了企业目标管理第三阶段的工作任务，还进一步为企业管理学带来了前所未有的大整合。这张表可以通过 "目标/风险/绩效" 快速和有效 "整合大数据时代的信息成果，以及整合企业管理过程各要素"。于是这张表高效率和简明完整地展现出有关企业管理全过程。

表 4-1　　　　　　　　　　目标/风险/绩效一张表

Risk NO. 风险编号	Objective at risk 存在风险的目标	Risk Descriptinon 风险描述	Risk Drivers 风险动因	Risk Owner 风险负责人	Location 地点	Current Risk Response 当前的风险应对	Impact 影响	Likelihood 可能性	Risk Direction 风险发展趋势	Acceptability 可接受性	Controllability 可控性	Urgency 紧迫性	Short or Long Term 短期或长期	Business Model vs. Specific Event 商业模式 VS. 特定事件	Monitor &Review 监测和审查	Additional Risk Response 额外的风险应对	Additional Recource Requirement 额外的资源需求	Expected Results after Risk Response 采取新风险应对后的成效预期	Objective at Opportunity 存在机遇的目标
1									↗										
2									↘										
3									→										
4																			

当今时代，有两张表能够揭示企业发展状况，其一是有关企业经营过程的"目标/风险/绩效一张表"，其二是有关企业经营结果的"财务报表"。显而易见，"目标/风险/绩效一张表"在当代企业管理学中的重大创新历史的意义远远超越仅仅担当"目标实现保障"方法论的作用。归总起来："COSO-ERM"框架支撑的"目标/风险/绩效一张表"，既担当了目标管理第三阶段的"目标实现保障"实施方法论，也支撑了俯瞰企业管理全要素过程的"企业管理过程汇总表"的角色。

第一，如何解读"目标/风险/绩效一张表"。

"目标/风险/绩效一张表"自何而来？本表是企业针对某个特定目标（战略或者经营目标）实施风险评估之后所产生的结果汇总表。其中，记录和描述的导航栏子项内容信息包括：目标描述、风险描述、风险责任人、风险严重性（可能性/后果）、所处的商业模式、现有的管控措施、拟实施新的管控措施等。

"目标执行/事先"识别/评估在目标设定阶段企业/业务层面所面临的风险，通常还需要采用"风险绩效曲线"来确认这些风险是否能够被企业接受（如果不能接受，可能就应调整目标）。"目标执行/事先"工作本应该由第二道风险防线来完成的，而"目标/风险/绩效一张表"通常是由第一道防线人员完成的（即目标执行事中的活动）；

"目标执行/事中"主动追踪目标实现过程中的目标进展状况，包括进度与变化；

"目标执行/事中"识别和评估目标实现过程中的新风险（决定是否需要实施额外的应对，或者实施目标调整）；

"目标执行/事中"及时实施额外的风险应对措施，或者进行应对方式调整；

"目标执行/事中"及时进行风险应对手段的调整,从而保障既定目标实现;

"目标执行/事中"实施一定程度的目标调整(基于"事中"风险评估结果)。

"目标/风险/绩效一张表"中"导航栏目"关于风险发生频率和风险影响程度等数据必定是源自实施风险评估后的结果。推理即知,只有掌握了一定的风险管理技能(例如风险评估技术),才能够填写出"目标/风险/绩效一张表"的技术核心部分。这就对负责这张表填写的人员提出了掌握风险管理知识和技能的基本要求。未来,一旦企业广泛启用"目标/风险/绩效一张表"来进行"目标实现保障"管理,就意味着企业在其业务层面——(第一道风险防线层面)必须配置一定数量的懂得"风险管理过程(包括其中的风险评估技术)"并受过培训的人员。换句话说,如果要完全会填这张表就必须扎实和较全面地学习和掌握风险管理基础知识/技能。

第二,目标管理、绩效管理与风险管理的关系。

从全球而言,无论是企业风险管理、企业目标管理,还是企业绩效管理,都已经被企业研究和应用了数十年。2004 年,COSO-ERM 颁布"企业风险管理整合框架"把"目标设定"列为该标准的"八要素"之一,引导人们开始认识"目标管理与风险管理"的关系。2017 年新版 COSO-ERM"企业风险管理-整合战略与绩效",这从标准选取的名称上又将"目标/风险/绩效"这三者关系绑在了一起,更进一步地揭示了风险管理与目标实现以及企业价值最大化之间的关系。

图 4-5 展示的是目标/风险/绩效这几个管理维度和管理过程之间的关系。

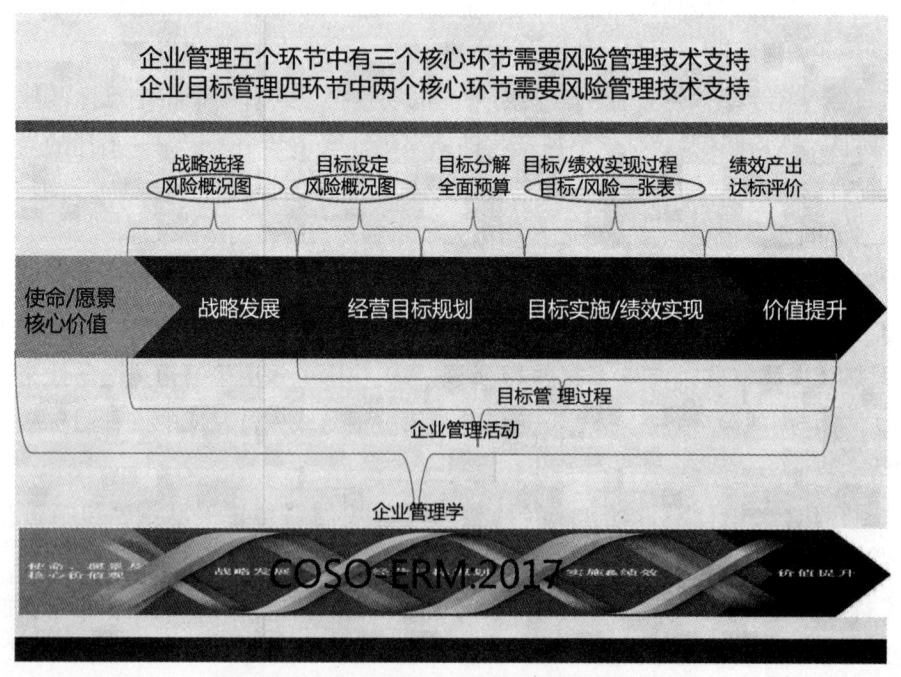

图 4-5 企业目标、风险与绩效管理之间的关系

的确，COSO-ERM(2004,2017)的颁布，使业界重新审视目标管理在COSO-ERM后时代的意义。

"目标管理与风险管理的关系"中其实已经阐述"讨论企业目标管理，就必须谈目标管理的四个阶段"：

一是目标设定管理：此阶段体现着企业战略选择/战略目标设定的安排。提示：在这一环节采用企业风险管理工具——风险绩效曲线工具。

二是目标分解管理：此阶段关联到从战略目标、具体化为年度经营目标、再进一步分解为业务目标的过程。提示：在这一阶段采用全面预算工具。

三是目标实现过程管理：此过程关系到如何通过识别与管控战略/经营目标执行过程中的风险，从而保障经营目标/绩效目标的实现。提示：在这一阶段使用"目标/风险/绩效一张表"工具。

四是实施目标/绩效效果的评价与考核。提示：在这一阶段使用绩效考核方法。

总之，"目标管理四个阶段"及其中两个阶段所选用的风险管理领域特有工具在表中能够展示出来。显然，采用CERM项目所指出的上述两个风险管理特有工具（即第一和第三个工具），有效打通了流程化的目标管理通道，使目标管理能够做到"从目标设定，到目标分解，到目标实现保障，再到目标实现绩效考核"全流程操作，提升了目标管理方法的可操作性。这正是CERM项目在目标管理领域所给出的时代性创新建树。

CERM项目认为，论及企业绩效管理，就必须认清绩效管理的四个阶段：一是绩效设定管理，此阶段体现着企业战略选择/战略绩效设定的安排；二是绩效分解管理，关系到从战略绩效、具体化为年度经营绩效、再进一步分解为业务绩效的过程；三是绩效实现过程管理，此过程关系到如何通过识别与管控战略/绩效目标执行过程中的风险，从而保障经营目标/绩效目标的实现；四是实施目标/绩效效果的评价与考核。

对照上文就"企业目标管理与企业绩效管理"的描述，不难发现，企业经营目标管理的过程就是企业绩效目标管理的过程。多年来，企业目标管理方法与企业绩效管理方法分别从"前与后不同的切入角度和次序"阐述了同一件事（前者是从"目标设定，流程首"推向到"绩效考核，流程尾"，后者是从"绩效考核，流程尾"追溯至"战略绩效设定，流程首"），即"从目标设定，到绩效实现"。如今，通过将风险管理过程植入中，从而分别打通了目标管理与绩效管理各自的全流程，打通之后会发现目标管理与绩效管理两者的全流程是完全重合的。这也揭示了在ERM机制下，"企业目标管理与企业绩效管理"已实现无缝对接，这正是管理学的巨大进步。其实，这一关系在COSO-ERM:2017标准发布的"风险绩效曲线"中已经被揭示。这也象征着：在COSO-ERM:2017后时代，"目标管理与绩效管理"

已结束分离管理状态,特别是"风险绩效曲线"揭示了"目标/风险/绩效"概念的相互关联和统筹管理关系。

4.3 企业主要的经营风险类别

实施企业经营风险管理,首先需要识别和了解哪些风险属于企业的经营风险。按照亚洲风险与危机管理协会发布的企业风险分类框架(即"CERM-风险分类框架"),企业经营风险包括六大类(见图4-6,不包括战略/环境分类版块):营商风险、运营风险、决策信息风险、财务风险、人力资源风险、法律/合规风险。

营商风险	运营风险		决策信息风险	财务风险		人力资源风险	法律/合规风险
市场风险 客户 竞争对手 交易对手 价格波动 新兴市场 市场策略	销售风险 产品/服务提供 顾客满意 产品定价	供应链风险 供应商 物料品质 物料仓储 物流运输	战略/环境信息风险 战略/治理/环境信息	资金管理风险 流动性 现金管理 融资管理 资金对冲 资金效率	资本管理风险 股东资本 债务 资本结构 资本流失	人力资源风险 人力资源政策 人力引进/开发 人力使用/退出 劳动合同	法律风险 法律环境 合同管理 法律诉讼 知识产权
信用风险 借贷 赊销 信用政策	生产风险 进度 设备 品质 安全 环境	信息技术风险 IT治理 系统运行 系统安全 信息保密	运营信息风险 运营过程信息	财务报告风险 会计 税务 披露	金融风险 利率 汇率 商品		合规风险 运营合规 信息合规 财务/资本合规 行为/道德合规 社会责任合规
	项目风险 立项 招标 造价 建设 验收	运营管控风险 计划/预算 运营效率 监测报告 成本费用 业绩偏差 评价审核 业务连续/应急	报告/汇总信息风险 业务报告 履约报告 评价报告 研究报告/情报	资产管理风险 固定资产 无形资产 存货管理	财务管控风险 财务安全 应急资金 财务审计	人力资源管控风险 授权约束 问责机制 考核评价	
品牌风险 品牌/声誉风险	业务外包风险 业务外包风险		决策/信息管控风险 信息缺失 信息复核 正确解读 信息质量				

图4-6 企业经营风险分类框架

4.3.1 营商风险

"CERM风险分类模型"中营商风险包括:市场风险、信用风险、品牌/声誉风险,这些都是在企业实施营商活动中产生的风险。企业的营商风险多属于不可控风险(或者相当程度的不可控风险)。

(1)市场风险

企业的市场活动，主要包括客户需求、竞争对手、交易对手、价格要素波动、新兴市场、市场策略等要素。通常，企业面临的市场风险是不可控的（或具有较弱的可控性）。在信息化（及此后的大数据）时代，某些行业/企业在营商过程中有意或无意间可能会积累大量有关市场方面的数据，借助于数据分析和信息处理技术，企业可以提炼出有关市场的诸多有价值的"情报"，例如客户来源/消费习惯、市场价格波动规律等这些有助于市场决策的信息。显然，数据、大数据、信息技术的发展大大增加了企业对"不可控市场风险"的研究方法和有效分析工具。例如银行业通过采用"数据模型"分析手段，明显提升了其针对"市场风险"管控的有效性和力度。

企业管理市场风险的手法通常包括：

- 采用数据模型技术预测、分析和定位客户需求，例如"会员卡"就是一种对客户信息实施采集与分析的路径。
- 企业通过调研、数据定位（一定程度）等手段，获取竞争对手的发展信息。
- 针对市场价格风险，其中一个较为常见的方式是"采取数据模型"分析/评估市场风险的最大可能损失（例如概率模型，VaR值），试图通过预测/监测市场价格的变化规律，从而有利于尽早采取正确的应对措施（以及配置恰当的资本水平）。
- 采用市场风险监测和预警技术，对市场风险进行提示和预警。
- 引进或建设一些测试"新兴市场的模拟技术"。
- 通过交易环节信用风险计量，调节政策等措施，实施针对交易对手的风险管控。
- 限额管理是市场要素波动风险管理、市场要素操作风险管理最常见和有效的管理方法。例如，金融行业通常采用头寸限额、风险价值限额、止损限额、敏感度限额、期限限额、币种限额、发行人限额来管控和限制市场要素相关风险。
- 利用市场风险非概率分析方法（例如情景分析、压力测试、敏感性分析等），分析/追踪市场要素波动对企业资产/收益等的影响。
- 从资本角度监管市场风险。通常，只有在金融行业监管（例如银行/保险行业）机构对市场风险（或市场属性的不可控风险）提出清晰的"市场风险最低资本配置要求"，与此同时，监管方给出了配套的资本计量方法。

(2) 信用风险

信用风险是指在商业活动中，由于合作方/授信方不能按照相关的合约协议去履行相应的义务，可能给企业造成损失的风险。企业信用风险通常表现为：其一，"借出去的钱/债务，逾期不还"；其二，"赊销的货物，逾期不付账，货款不能收回，甚至收不回来"。显然，无论是金融行业，还是非金融行业企业只要涉足"信贷业务"或采用"赊销方式"，信用风险就存在。企业面临的信用风险在基调上多属于不可控风险。在信息化（及此后的大数据）时代，企业获取授信方外部数据的可能性、技能手段和渠道会显著增加，同时利用信用风险量化模型技术的支持，企业可以"事先"对授信方违约概率识别判断进而作出授信决策。或者可以说，大数据/信息时代为企业实现更为科学的"管理/应对不可控信用风险"提供了在技术方面的革命性突破。这种突破的核心技术被视为建立"违约概率预测模型"，即通过采用此模型来预测客户违约概率，这种数据模型逻辑适用于金融信贷业务。另外，针对非金融企业，企业赊销政策激进的大型企业贸易环节也通过建立"违约概率预测模型"或者建立传统的信用评分模型等方法来实施信用风险管理。以银行为例，概述以"违约概率预测模型"为现代银行信用风险管理体系技术核心的银行信用风险管控概况：

第一，"违约概率预测模型"应用。银行业的"信用风险评估/计量"在经过了专家判断法、信用评分模型发展阶段后，如今进入以"违约概率模型"为核心技术支撑的特色阶段。如今银行业"违约概率模型"的建设基础基本上就是巴塞尔框架中的"内部评级法"。描述债务人评级的违约概率，与描述债项评级违约损失率/违约风险暴露联动（即三个维度要素联动），推动了内部评级法某些重要应用场景。这种应用包括：风险偏好设定、支持授信决策、信贷政策制定（包括限额设定）、授信审批、风险监控/报告、经济资本建模与管理、贷款定价、损失准备计提、绩效衡量与考核等。

第二，信用风险管理流程。如今银行业已经形成了一套成熟的信用风险管理流程，这种流程环节包括：信用风险识别（框架），信用风险计量/评估（方法论，例如内部评级法），信用风险控制（例如信用限额、授权控制、信用政策控制、贷款定价、"贷前中后"流程管理）、信用风险缓释（抵押、信用保险、衍生品转移等）、信用风险抵补（拨备管理、不良资产处置、抵押品核销）、信用风险监测/预警/报告全流程（不良率监测、信用预警、风险事件报告）。

第三，监管特殊要求领域"信用风险资本计量"。信用风险资本计量是监管部门针对银行业的重要监管指标领域。这种监管逻辑基本上源于巴塞尔框架的要求。信用风险资本计量方法包括权重法和内部评级法。

第四，监管特殊要求领域"压力测试"。按照监管逻辑，针对银行信用风险应定期与不定期实施压力测试（例如情景压力测试/敏感性压力测试）。

（3）品牌/声誉风险

品牌/声誉是企业在长期营商发展过程中形成的外部形象，也是企业实施全面风险管理最终综合效力的反映和象征。企业在营商过程中所形成的"产品/服务质量、诚信、道德、社会责任、价格/价值形象、其他行为、外部负面时间冲击"等要素，形成企业的品牌形象。现实中，"从战略策划/设计的角度来实施对企业品牌风险管理的指导"似乎是一种常态,然而采用流程化思维来管理企业品牌/声誉风险也是近年来银行业奉行的实践原则。企业任何一种风险的管理失误都会显著或不显著地招致品牌风险的连带结果。因此通过"企业全面风险管理"的长效机制来保障和维护企业品牌,才是企业品牌风险管理的根本。企业品牌风险是一种部分可控与部分不可控风险,其中可控要素占主导地位。

不似业务层面/运营层面风险管理通常带有显著行业属性特征,企业的品牌/声誉风险管理呈现出跨行业通用化的特征。即行业内优秀的品牌/声誉风险管理实践很容易被其他企业或其他行业学习和效仿。从全球的视野,从跨行业的角度,来谈企业品牌/声誉风险管理优秀实践,那么这一桂冠有可能被挂到哪种行业呢?或许下文,从对银行业实践的剖析可见端倪。众所周知,企业品牌/声誉管理是以行业排名来论强弱/输赢的,本书之所以选择从银行业这个视角就其品牌/声誉风险管理来探究,就是因为"银行业品牌/声誉风险管理的准则"一定程度上融入了监管方面的意见。

银行业把声誉风险定义为:商业银行经营、管理以及其他行为或外部事件导致利益相关方商业银行负面评价的风险。目前,在国际范畴内银行界公认的有效品牌/声誉风险管理体系的核心内容强调:

- 明确的战略愿景和价值观;
- 有明确记载的声誉风险管理政策和流程;
- 能深入理解企业各方利益相关者对自身品牌形象的理解和期望;
- 培养高效、责任、诚信、道德、团队文化、学习型文化、纠错文化;
- 强大、动态的风险管理系统,有能力提供风险早期预警,有能力实施正确/及时的危机应对,有能力提供充足的风险资金/资本支持风险管理机制的有效/持续运转;
- 风险管理机制满足监管方的基线要求,有效支持企业的决策机制和竞争机制;
- 以风险管理机制支持企业的目标设定和绩效实现(落实 COSO – ERM:2017),支持企业价值最大化目标实现;
- 建立公平的奖惩机制,实施恰当/合理的绩效考核;
- 具有明确的风险管理计划和记录,文字记载风险监测、检查、纠错记录,文字记载危机处理记录,文字记载决策过程;
- 利用自身的价值观影响合作者、供应商的价值观,用恰当机制保障整体合作效果;
- 加强外部沟通机制,尽量满足不同利益相关者的要求。

4.3.2 运营风险

企业运营风险（又称操作风险）是指有缺陷的内部程序、员工、信息科技系统以及外部事件所造成损失的风险。这一概念源于银行界巴塞尔框架，然而对其他行业也适用。显然这一定义是从"四个视角"描述了运营风险。

企业运营风险主要呈现在企业经营管理的价值链层面，即"产、供、销、人、财、信息"层面。本书"CERM-风险分类框架"，包括销售、供应、生产、信息技术、项目、运营管控风险"六个维度"（注解：此框架将财务风险、人力风险升级为一级风险而进行分类）。运营风险的四个视角和六个维度恰好以"横向"和"纵向"两个方向描述了运营风险的概貌。总而言之，无论是"横向"各要素，还是"纵向"各环节，管理这些要素/环节风险的核心风险管理策略和技术的主流手法就是"内部控制"。

（1）运营风险管理"四个视角"

运营风险四要素一句话就是：有缺陷的内部程序、员工、信息科技系统以及外部事件。如何针对这四个视角的每个要素来为其策划管理逻辑和手段？相应的做法是：针对这些要素，逐一给出在"策略、关键点、措施"等方面的答案。

第一，有缺陷的内部程序。有缺陷的内部程序管控是企业的一种可控风险。显然，在设计上先天存在缺陷的内部程序一定会给后续的程序操作带来"故障、达不到预期、效率低、品质差、失控"等缺陷。识别和处置"有缺陷的内部程序"最佳时机（即关键点）是在新程序被建设起来的试运营期，通过测试和缺陷点评价等手段，试图"主动发现缺陷，尽早修正程序"（即恰当措施）。另外，在程序被应用之后的"风险事件/不达标"的情形中找出程序上的缺陷，不过步入这一过程往往意味着"代价或损失"。

第二，员工。针对员工实施管理是一种可控风险。如何管理在运营/操作流程上作业的"员工要素"，是管控运营风险的一个非常核心的要素。

策略：在策略上通过制定政策（例如包括明确价值观、教育/培训、文化、鼓励、惩罚）、明确责任、明确规则、监督、配套考核机制等手法的综合运用来管控员工。

关键点：合规管理是人员管控的关键点，即：制定规则、传授规则、监测/检查合规、评价/考核合规执行状况和趋势。

措施：奖惩策略，绩效考核机制。

第三，信息科技系统。信息技术系统是一种可控风险。有效应对这一风险有几类措施，例如：采用成熟/可靠/高效/管理配套的信息技术系统（关键点）；尽可能流程化信息科技系统的操作，制定信息科技系统的操作/安全/保密规则等，优化信息技术治理规则（恰当措施）。

第四，外部事件。对企业来说，通常外部事件是一种不可控风险。企业往往通过"事先"安排风险转移措施（例如购买保险、购买衍生工具）以期事后在财务方面得到补偿；或者企业通过"事先"安排针对不可抗拒外力的"应急计划/措施"，以缓释/弱化外部事件的冲击损失。

（2）运营风险管理"六个维度"

"CERM-风险分类框架"将运营风险按照六个维度进行了划分（此六个维度属于运营风险项下的二级风险）。其中的五个纬度属于企业经营管理价值链上的核心要素组成，另一个维度属于企业综合运营层的配套管控机制。这六个维度的细分项（属于运营风险项下的三级风险）分别包括：

一是销售风险：产品/服务提供、顾客满意、产品定价；

二是供应链风险：供应商、物料品质、物料仓储、物流运输；

三是生产风险：进度、设备、品质、安全、环境；

四是信息技术风险：信息技术治理、系统运行、系统安全、信息保密；

五是项目风险：立项、招标、造价、建设、验收；

六是运营管控风险：计划/预算、运营效率、监测报告、成本费用、业绩偏差、评价审核、业务连续/应急、运营合规（分类时该风险被列入到二级合规风险项下）。

如何针对上述企业经营管理价值链上的这"五个维度"策划配套/主流的管理逻辑和流程？相应的做法：其一，为这五个维度中的每一个环节制定特定的风险管理流程（包括策略与方案）；其二，从每一个维度整体视角，策划覆盖整体维度的系统性解决方案。

第一，"价值链五个维度"项下各环节的风险管理解决方案

价值链实现五个维度中的每一个环节其实都属于运营风险项下的一个三级风险节点。围绕着运营层三级风险节点，最有效的管控逻辑就是围绕特定"三级风险节点"建立一套周密的内部控制机制，这种内控机制包括"三目标，五要素"，即"运营目标、报告目标、合规目标""三目标"；"控制环境、风险识别/评估、控制活动、信息与沟通、监督活动""五要素"。在建设这一内部控制机制的同时，相关人员需要首先确认围绕这些"三级风险节点"是否已经存在国内公认的相应管理/风险管理专业标准。如果某些标准已经存在（甚至已成为行业的最佳实践），则需要考虑将本企业就此议题所建设的内部控制机制与该标准实施融合的问题，因为这些"管理指导性标准"本身就是一种相配套的风险管理标准。例如"ISO9001质量管理体系"本身就是一种指导质量风险管理的严谨体系。事实上，自2005年之后，国际上（特别是ISO体系）陆续出台的新标准以及旧标准的更新版就开始体现出与

ISO31000"风险管理原则与实施指南"版本实施协调一致的"校正性工作",例如ISO9001:2015版就明确了与ISO31000的协调一致性。

下文是一些对企业运营价值链五个维度中的风险管理施以约束作用的几个著名国际标准。包括:

- ISO9001 质量管理体系;
- ISO14001 环境管理体系;
- OHSAS18001 职业健康安全管理体系;
- ISO26000 社会责任指南;
- ISO22301 业务连续性管理体系;
- ISO17799 信息安全管理实施指南。

显然,在比对"运营环节与ISO/IEC等标准匹配性"的情形下,很容易发现这些标准与企业运营环节各个对接环节/对接节点的关系。

比对逻辑一:观察某个运营维度中的某个环节/节点(三级风险点),主要会受哪些标准的约束(国内外公认标准)。例如运营层"生产维度"中的质量控制环节,会受到"ISO9001质量管理体系"以及"ISO26000社会责任指南"标准的约束。

比对逻辑二:观察某个标准对这五个维度中各个环节(三级风险点)产生的影响。例如,观察ISO9001质量管理体系会关联到企业运营的各个环节,包括销售(特别约束产品/服务提供、客户满意)、供应链、生产(特别约束产品质量控制)、信息技术、项目运行等;例如,观察ISO22301业务连续性管理体系,贯穿企业运营的销售、供应链、生产(特别约束进度保障)、信息技术(特别约束系统连续性)、项目运行各个环节。

第二,五个维度层级/系统视角的风险管理解决方案

"CERM-风险分类框架"运营层面价值链关联层共分出五个维度(二级风险),即:销售风险、供应链风险、生产风险、信息技术风险、项目风险。针对这五个维度(二级风险)的管理存在两种逻辑:

逻辑一:在按照继续细分为三级风险的逻辑,通过逐一管控三级风险(按照上文所述,例如采用内部控制的"三目标-五要素"机制),来实现针对这些二级风险的总体管理;

逻辑二:以一个"维度"视角来实施针对维度层面的风险管理。例如针对"项目管理"(二级风险)实施管理就是体现了这种逻辑。"CERM-风险分类框架"展示了在项目风险项下细分"立项、招标、造价、建设、验收"这几个三级风险管控环节。作为项目风险管理的整体,就有"IEC62198项目风险管理"标准以一种整体维度的视角来指导企业项目风险管理工作;例如"供应链风险管理"(二级风险)也体现了这种逻辑。按照"CERM-风险分类框架",供应链风险项下细分"供应商、

物料品质、物料仓储、物流运输"这几个三级风险管控环节。而作为供应链风险管理的整体，"GB/T24420 供应链风险管理指南"标准以一种整体维度视角来指导企业供应链风险管理工作。

4.3.3 决策信息风险

企业每天/每个决策周期都在进行大大小小的各类决策，而正确的决策需要正确、充分、及时和确定程度较高的信息作为支撑依据。在信息时代，业界强化针对数据/信息的量化分析手段，然而究其目的，也是试图从那些看似无序的信息中提炼出有价值、有规律的信息，从而为优质决策提供更多/确定程度更高的品质信息依据。"CERM－风险分类框架"从四个维度描述了对"决策信息"产生风险影响的"三个来源维度"和"一个优质信息的控制流程维度"。这就是说，通过管理这些用以"决策的信息质量风险"，从而达到有效管理决策成功率的目的。"CERM－风险分类框架"所展示的影响决策信息风险的四个维度（二级风险）以及各个纬度项下的各个风险元素（三级风险）如下：

· 战略/环境信息风险：战略/治理/环境信息（注：还包括法律环境信息）；
· 运营信息风险：运营过程信息（注：还包括人力、财务运营方面的信息）；
· 报告/汇总信息风险：业务报告、履约报告、评价报告、研究报告/情报；
· 信息管控风险：信息充分、信息复核、正确解读、信息质量、信息合规（分类时该风险被列入到二级合规风险项下）。

"决策信息风险"主基调属于一种可控风险，抓好"决策信息风险"既关联到就该项工作的总体策划问题（例如信息框架/计划设定、收集信息的方法论设定、信息收集的流程设定），也关系到该项工作的执行质量，还关系到如何评价信息/选择信息以及信息使用与核验把关问题。通常，管理"决策信息风险"应从两个方面抓起：

其一，关注"信息的系统性/全面性"。例如按照上述展示的"决策信息风险"框架三个来源维度来收集信息（即包括战略/环境/法律、运营信息、报告/汇总层面的信息），并采用恰当的方法处理和分析用于"决策的信息"。显然，用以关注"决策信息的可靠性、全面性、确定性"是管理决策信息风险的前提。为保障决策信息的质量，实施"规则化、流程化决策信息风险管理"是保障此项工作"可重复、可比较、可核验、正确解读信息"以及"高质量"的重要工作方法。

其二，关注"决策信息量化技术"为实施正确决策而带来的附加价值（即指经过提炼和处理的决策信息，旨在通过量化技术支持提升决策信息的确定性程度和增加信息价值维度，减少因信息高度不确定带来的决策风险）。支持决策层面的信息量化技术（即非控制层面）至少有三大类：第一类是通过专家打分，并进行加权处理的方式生成一种半定量化的决策支持信息；第二类是可以通过特定的决策模型出示对决策的逻辑建议和量化比对性结论；第三类是指"风险绩效曲线"方法所支持的企业决策信息应用逻辑，这一逻辑源自 COSO – ERM:2017。最新颁布的 COSO – ERM:2017 标准，大大强化了企业实施核心决策与采用风险评估技术支持之间的关系。也就是说，COSO – ERM:2017 标准的第一部分以及附录，以较大的篇幅阐述了以"风险绩效曲线"方法对企业实施战略选择、战略目标设定、经营目标/绩效目标设定、风险管理应对方案决策的重要意义。支撑"风险绩效曲线"实施不同目的决策的六个核心要素分别是：风险偏好、风险容忍度、组合风险尺度（头寸）、绩效设定尺度、经营/绩效目标、目标波动范畴。关于"风险绩效曲线"的使用，详见 CERM 教材体系中"企业风险管理应用技术和量化基础"。显然，正确生成这些重要决策的前提就是：企业要有远见和有能力来建立一套尽可能保障决策信息全面和正确输入的"决策信息风险"管理框架与规则。例如逐一按照决策任务来圈定应输入的决策信息框架/维度/程度基准等，为每类决策任务明确其"获取必备信息的配套方法"。

正是由于 COSO – ERM:2017 标准的颁布，企业关注的"决策信息风险域"又被抬升至一个新的高度。数十年前"安达信 BRM 风险分类模型"就已经将"决策信息风险"视为三大类一级风险而被列入风险分类框架（即环境、过程、决策所需信息三大类）。这一模型至今在某些企业中仍然使用。因此，COSO – ERM:2017 标准颁布后，CERM 项目决定将"2017COSO – ERM 标准决策倾斜特色"与"安达信 BRM 风险分类模型"相结合，形成 CERM 教材体系的演示模型——"CERM – 风险分类框架"。

4.3.4 财务风险

"CERM – 风险分类框架"中，财务风险被设定为一级风险大类板块，并且将那些与企业财务相关的主要诱因风险进一步归到其项下的二级风险组别中。这些二级风险板块包括：资金管理风险、资本管理风险、财务报告风险、金融风险、资产管理风险、财务管控风险。接下来，这些二级风险又被细分为各自项下的三级风险。财务风险项下的二级以及三级风险列示如下：

- 资金管理风险：流动性、现金管理、融资管理、资金对冲、资金效率；
- 资本管理风险：股东资本、债务、资本结构、资本流失；
- 财务报告风险：会计、税务、披露；
- 金融风险：利率、汇率、商品；
- 资产管理风险：固定资产、无形资产、存货管理；
- 财务管控风险：财务安全、应急资金、财务审计、财务合规（分类时该风险被列入到二级合规风险项下)。

一般而言,企业财务风险属于可控风险类别(其中不可控金融风险除外)。因此,通常企业采用财务内部控制体系来实施针对"财务风险"的系统性管理。在操作上,财务风险的管理还需要针对上述每个三级风险节点项实施进一步"诱因分析、风险评估、制定细致的应对策略和实施方案"这一完整的风险管理流程。财务风险中某些管理要点/治理措施(或称特别注意要点)概要性总结如下:

第一,财务合规与财务报告。合规管理是针对企业/人员行为管理的有效措施。政府往往通过发布法令/专业规范,以及采用指令企业披露财务报告的方式,实施针对企业/相关人员的监督;企业通过指标/制度/流程等合规手段来监督员工的工作效力和品德。在财务风险层面,企业和相关员工需要在"合规框架"下共同努力,达到政府/社会针对企业的诚信、透明、合规要求。与此同时,也意味着企业一旦踩"合规红线"则可能招致监管方面甚至达至致命性的处罚。因此,企业生存发展必须全力保障财务系统的合规运行。

第二,关键风险点控制。企业针对"财务风险"所采取的主流管理方式通常是"内部控制"手段。那么,在内部控制框架下围绕着本文阐述的每个三级风险节点上的财务管理事项采用"关键流程、关键风险点"的控制逻辑,就会成为一种必然。事实上,无论是从企业实践角度还是从理论研究提炼角度,"CERM-风险分类框架"中"财务风险"项下的各类管理规则、政策和流程基本上达到了高度一致,甚至可以说能达到较高的标准化程度。例如各种"企业内部控制手册"都能查到针对"财务风险"相关事项/领域各个关键风险点管控的通用做法。因此,企业仅需要在通用逻辑基础上进行适度修正,最终形成符合自身特色的有关财务风险"关键流程、关键风险点"的控制策略和措施。

第三,财务预警/财务危机。流动性风险(或者更微观细分为"现金流"风险),通常标志着一种企业生死存亡的警戒线。几乎绝大多数企业的危机/死亡过程都会经历流动性吃紧/现金流短缺的一个过程。另外,在企业常态运营的过程中也可能由于这样/那样的原因而招致"某个月员工工资能从哪里支出?是否需要贷款来支持特殊货款?"等问题。总之,企业通常需要常态监控流动性/现金流状况,并对流动性的变化(或流动性变化趋势)提出尽可能完备的早期预警/早期准备。

第四,财务风险限制。在财务的资金管理(现金流/应收账款)、债务管理、资本管理等环节,以制度方式设定的"风险限额",是一种常备的财务风险控制手段。财务风险限额措施,既可体现出企业高层的风险偏好,又能体现企业客观财务状况,操作简易而作用高效。建议在实操中,在每一个恰当的财务风险诱因环节测试设置"风险限额"的必要性和效果。

第五,财务预算。财务预算是企业全面预算的组成部分(或者称为企业全面预算的分支部分），"CERM-风险分类框架"将"预算环节"统筹纳入企业运营管控部分，目的在于从更宽范畴的运营和全面预算的角度谈"预算"。然而，财务预算本身在企业"财务风险"管理整体流程（一级风险管控）和分支资金管理流程中（二级风险）中仍不可或缺的，特别是财务预算对"事先"流动性管理和现金管理等都可发挥不可替代的作用。

第六，财务风险管控框架。"CERM-风险分类框架"将财务风险定义为一级风险大类（不少其他企业风险分类模型也往往将其视为一级风险）。事实上，财务风险也是一种以运营为主干线的风险管控体系，企业既可以将财务风险并入运营风险层面实施管理，也可以形成一类独立的一级风险板块（即"CERM-风险分类框架"逻辑）。总之，企业宜将财务风险管控视为一个整体而设计一个统一的"财务风险内控体系"来实施管控。从某种意义上讲，企业的财务部门既担当着第一道风险防线的"管理财务风险"职能，也担当着第二道风险防线的"财务风险管理"职能，也可通过"在同一个部门设置独立控制岗位"来界定一道、二道风险防线的边界。在"CERM-风险分类框架"财务风险（二级风险）层级中，就将"财务安全、应急资金、财务审计、财务合规（分类时该风险被列入到二级合规风险项下）"视为担当体现二道风险防线控制逻辑的职能。这些职能如果不能有效发挥作用也可能会招致财务风险层级的另类风险，即"控制缺陷/控制失效"风险。

4.3.5 人力资源风险

人力资源风险是指企业在人力资源政策/机制、引进/开发过程、使用/退出过程等管理环节存在缺陷或失误，从而引发人力纠纷/赔偿、人力资源流失、企业声誉受损、经营效率低下、商业机密泄露等风险。"CERM-风险分类框架"中，企业人力资源风险被设定为一级风险大类，并将人力资源诱因风险与人力资源管控风险各自归类，形成人力资源风险项下的二级风险（人力资源风险、人力资源管控风险）。接下来，这两类二级风险又被进一步细分为三级风险。

人力资源风险：影响因素包括人力资源政策、人力引进/开发、人力使用/退出、劳动合同。

人力资源管控风险：授权约束、问责机制、考核评价、行为/道德合规（分类时该风险被列入到二级合规风险项下）。

（1）人力资源风险

企业人力资源风险属于可控风险类别，而且属于国家五部委发布的《企业内部控制基本规范》18个配套指引中的一个大类管理领域。显然，针对企业人力资源风险管理的核心手段就是"控制"。建议在操作上，首先按照"CERM-风险分类框架"中"人力资源风险"二级风险项下的三级风险分类节点（即人力资源政策、人力引进/开发、人力使用/退出、劳动合同），逐一实施"诱因分析、风险评估、制定细致的应对策略和实施方案"这一完整的风险管理流程。本书本节在设计上不准备就这些三级风险节点每个管理流程进行细述（此相关细节建议由企业根据自身的管理机制、风险偏好和管理经验自行设置），下文仅就其中某些管理要点/治理措施（或称特别注意要点）给出概要性的提示如下：

①人力资源政策。人力资源政策展示的是企业人才竞争战略意图，支持的是企业人才管理规划预期的实现。在企业人力资源政策中，应明确特定时期企业所需要的关键人才的类别/数量、识别标准、待遇、培养目标/责任、培养方式、监督/考核方法、奖惩政策等。显然，不适宜的/有缺陷的人力资源政策，不仅难以吸引和留住企业发展所需要的关键人才/各类人才，难以持续支持企业发展步伐和企业竞争力提升，而且还可能导致企业人力资源危机。另外，企业人力资源政策应随着时代和企业的发展与时俱进。

②劳动合同管理。"劳动合同"是证明企业与员工雇佣关系的法律协议凭证。签订一份"约定全面/无漏洞、合法、合双方意图、双方约束对等的劳动合同"是企业聘用和员工就业的关键环节。企业人力资源发生的纠纷也往往出现在这一环节，一旦处理不善/条款解读不力，往往易造成企业赔偿。为管理好这一风险环节，建议企业在法律顾问/专业律师的指导下，按照工作岗位来逐一标准化（或尽可能标准化）员工劳动合同框架和内容。另外，企业还应在签署员工劳动合同时签署"员工保密协议"。

③关键风险点控制。由于企业针对"人力资源风险"所采取的主流管理方式通常是"内部控制"手段。那么，在内部控制框架下围绕本部分阐述的每个三级风险节点上的人力资源管理事项，应采用"关键流程、关键风险点"控制逻辑。事实上，无论是从企业实践角度，还是从理论研究角度，企业"CERM-风险分类框架"中"人力资源风险"项下的各类管理规则、政策和流程等基本上都达到了高度一致，甚至可以说达到了较高的标准化程度。例如各种"企业内部控制手册"中可以查到针对"人力资源风险"相关事项/领域各个关键风险点管控的通用做法。因此，通常企业仅需要在通用逻辑基础上进行适度修正，最终形成符合自身特色的有关人力资源"关键流程、关键风险点"的控制策略和措施。

④人力资源危机预警

不少企业将人力资源风险管理与财务风险管理视为同等重要的两个领域。"CERM-风险分类框架"也因"人力资源风险与财务风险同等重要"而将人力资源风险纳入企业一级风险管理层级中。企业（无论大小）都存在着核心工作岗位，一旦核心岗位员工跳槽，就有可能给企业带来较大（或致命）风险损失。另外，人力资源层面的危机还包括劳动合同争议/纠纷、公司泄密、员工罢工等。显然，企业的人力资源风险极容易以"人力资源危机事件"的形态被暴露出来，一旦危机事件发生，则会对企业声誉/品牌造成更大或更长期的负面影响。基于上述原因，不少企业会有意安排针对人力资源风险的监测/追踪机制，试图在危机可能呈现之前就做到"提前预警，及时应对"，尽可能将危机扼杀在摇篮中。

(2) 人力资源风险管控框架

"CERM-风险分类框架"将人力资源风险定义为一级风险大类（因考虑人力资源风险边界某种程度上超越了企业运营层而达至了战略层，且在现实中人力资源风险的重要意义十分突出）。由于人力资源风险属于一种可控性风险，因此企业通常以风险管控政策/流程/规则等逻辑来管理人力资源风险。例如，人力资源管控规则包括人力"授权约束、问责机制、考核评价、行为道德合规（分类时该风险被列入到二级合规风险项下）"等规则。

4.3.6 法律与合规风险

法律法规是企业不可碰触的红线，或者说"合法/合规经营"是企业生存的底线。考虑到合法合规在企业全面风险管理中的意义，以及21世纪以来国内大型企业已经形成的风险分类框架定势（多数采用国资委《中央企业全面风险管理指引》中的五大类分类框架），CERM项目在新时期推荐的风险分类框架，即"CERM-风险分类框架"中将"法律/合规风险"置于一级风险分类框架的地位。

(1) "法律"概念

法律是由立法机关行使国家立法权，并由国家强制力保证实施的基本法律和普通法律的总称。为规范企业经营行为，维护市场秩序，监管部门发布了诸多约束企业行为的法律与规则，例如其中的《公司法》《合同法》《知识产权法》等就是国家监管和规范企业行为的最高级别和最为常见的法律依据。

(2) "行政法规"概念

行政法规是国家行政机关根据宪法和法律制定的行政规范的总称。国务院办公厅发布的《互联网金融风险专项整治工作实施方案》、五部委发布的《企业内部控制基本规范》、原银监会发布的《商业银行资本管理办法》等都属于用于约束企业行为的行政规范系列。

(3) "国家强制标准"与"国家非强制性标准"概念

为规范行业性专业标准以及为推荐优秀的行业实践，国家通过设定标准化委员会来统筹制定和发布国家/行业性标准。通常，国家将这些标准又进一步分为"强制性标准"和"非强制性标准"（即推荐标准）。国家颁布的《国家标准管理办法》中已明确了国家强制性标准的类别，包括的主要经济领域有药品、食品、其他安全产品/行业、工程建设、环保和卫生等。显然，强制性标准是一种"守住底线"的标准。相对而言，不属于《国家标准管理办法》中已明确了的国家强制性标准类别的标准称为"非强制性标准"，或者"推荐性标准"。国家对"强制性标准"的执行通常会设置监督监管要求和违规处罚原则；而对"推荐性标准"的执行则往往奉行自觉/自愿原则，且通常不设置监管门槛。

（4）"国际准则/国际标准"概念

随着中国改革开放/国际化发展进程的推进，中国的涉外企业往往要受到某些国际公约/国际标准的约束，甚至某些国际标准/准则已经成为企业达标的"国际贸易壁垒门槛"。例如，通过 ISO9000 - 质量管理体系的认证，已成为了国际贸易企业的必经环节，虽说 ISO 体系序列并不是政府强制性标准，然而在客观实践中却往往起着贸易壁垒的作用；又如，巴塞尔协议对银行业的影响力度，致使各国监管在该框架下都纷纷建立了国家/地区性的巴塞尔监管框架，并且按照巴塞尔协议Ⅲ的要求，2019 年全球银行要达到该协议的基准要求。

（5）"企业合规"概念

设定合规体系是企业设计内部控制体系的前提，也是企业实施有效员工行为风险管控的基础。CERM 教材体系推荐的合规体系设计逻辑主要包括三大类元素视角：

第一个视角是"外规元素"。在这一元素序列中，企业应该将上文提及的相关国家法律、行政规则、强制性标准等首先融入或体现在企业各类相关的政策/流程/制度中。与此同时，企业还应根据自身的战略/竞争定位、业务特点、风险偏好来确定："是否将国家非强制性的某些标准元素，或者某些国际业务相关联的国际标准/准则，恰当地植入企业相应的政策/流程/制度中。"

第二个视角是"内规元素"。在这一元素序列中，企业通常将自身"量体制定"且体现了决策层风险偏好的风险指标序列、流程序列、制度序列（包括政策/道德约束、工作指引/办法/细则）划归为企业内规内容的组成部分，或称之为"合规规则体系"。与此同时，在企业设定内规元素内容中还需要体现外规监管基线的指令要求。

第三个视角是"合规框架体系"。ISO19600:2014"合规管理体系指引"给出了合规体系的搭建框架。通过这一框架，将"外规元素与内规元素"植入其中。

事实上，"CERM - 风险分类框架"下的"法律/合规风险"分别包含了"法律风险"与"合规风险"两个二级风险层级，而这两类二级风险又被进一步细分为三级风险。"法律/合规风险"项下的二级以及三级风险序列如下：

· 法律风险：法律环境、合同管理、法律诉讼、知识产权。
· 合规风险：运营合规、信息合规、财务/资本合规、行为/道德合规、社会责任合规。

"CERM - 风险分类框架"中"法律/合规风险"项下的两类二级风险（即法律

风险、合规风险），恰恰与企业合规体系设计的两个视角相吻合，即"外规与内规"概念相吻合。

首先，观察"法律风险"（二级风险）项下"法律环境、合同管理、法律诉讼、知识产权"（三级风险）这四个元素，这些三级风险节点元素基本上都与外围的法律风险具有关联性，这些三级风险"某些可控或某些一定程度可控"（例如合同风险、知识产权风险），某些不可控（例如法律环境风险、外来方的法律诉讼）。如何判别这些法律风险的程度与责任，则前文提及的各类相关法律、政府政令、强制性标准通常担当"法律风险"判决的依据。显然，通常行使这种责任判决权的主导者是监管方。特别提示的是：在新时期为指导企业有效开展法律风险管理工作，国家标准委已出台了《企业法律风险管理指南》（GB/T 27914-2011）。这一推荐性标准的出台，为企业有序和有效开展法律风险管理提供了一个能够参考的框架。

其次，观察"合规风险"（二级风险）项下"运营合规、信息合规、财务/资本合规、行为/道德合规、社会责任合规"这几个元素（三级风险），这些三级风险节点元素基本上都与企业内部设定的合规规则相关联。通常这些"合规风险"属于（或多数属于）可控风险的范畴。如何判别这些合规风险的程度与责任，则企业自身设定的体现了本企业风险偏好的"合规规则体系（例如制度、流程等）"即为合规责任/合规过失的判决依据。在此值得特别提示的是：国际标准化组织（ISO）近期已经出台了指导组织合规管理体系的ISO19600"合规管理体系指引"。这一推荐性标准的出台，为企业有序和有效开展合规风险管理提供了一个能够参考的框架。

ISO19600标准中企业合规体系框架的基本要素如下：
- 组织环境：了解利益相关期望，确定合规范畴，合规管理体系（要素/承诺），最佳治理原则，合规义务，合规风险评估；
- 领导层：领导层及其承诺，组织角色/责任与授权；
- 合规计划：管理合规风险的行动，合规目标，如何实现合规目标；
- 合规保障/支持：资源，能力，培训，意识，沟通，文本化的合规/信息记录；
- 合规操作：操作计划和控制，建立控制和程序，外包程序；
- 合规绩效评估：监测/度量/分析/评估，审核，评价；
- 改进：不合格/违规纠错，持续进步。

4.4 企业经营风险管控概述

上节简要介绍了"企业经营风险"类别，本节接下来探讨"企业经营风险管控"的逻辑和实践。通常，企业通常借助于综合风险管理能力来实施针对经营层面的风险管理。企业风险管理能力要素包括了：策略/政策、过程/实践、人员/责任、沟通/报告、方法/技术、数据/系统。其中，"过程"指的就是"实施风险管理过程"，这个过程中的"风险应对"要素环节，就包括了针对可控风险和不可控风险的应对，而针对企业经营操作层面可控风险的应对措施则指的往往是"针对关键风险点，采用内部控制措施"。

本部分围绕"企业经营管理总框架"，阐述其中两类经营风险管控逻辑和场景：其一是"企业经营风险管理过程/流程"；其二是选择企业经营业务领域清单中的"销售业务风险管控"，揭示内部控制解决方案在企业经营管理业务操作层面的应用实践。

4.4.1 企业经营风险管理过程

围绕"保障特定事项的目标实现"，企业实施旨在保障目标实现的风险管理，通常需要通过"利用和实施风险管理过程（或者称风险管理流程）"这个综合技术/过程环节展开。这种特定风险，有的分布在总公司层面（例如战略风险），有的分布在业务单元/部门层面（例如操作风险）；有的分布在主体层面风险，有的分布在事项/活动层面风险，甚至有的分布在专项活动层面。本章企业经营风险管理指的是一种在企业主体/业务单元综合层面而实施的风险管理，是一种保障企业经营目标实现的"经营风险管理"。显然有效和恰当的管理好影响企业经营目标实现的每一种风险，管控企业经营风险的总体目的方能够实现。

ISO31000:2018 标准的"风险管理过程"（本文曾介绍）包括了六要素：建立环境、风险评估、风险应对（或称风险处置）、沟通与协商、监督与评价、记录与报告。按照 ISO31000 标准，其描述的"风险管理过程"均适合于主体/业务单元层面（组织层级），适合于经营活动/项目层面，也适合于专项风险层面。这就是说，虽说这些"层级标的"事项活动内容不同，但是其遵守的"风险管理过程框架"是一致的，流程六项环节是一致的，但每个流程环节要素所关注的具体内容不会相同。相对照，本节讨论的"企业经营风险管理过程"正是上述"主体/业务单元层面（组织层级）、活动/项目层面、专项风险层面"这几类风险管理过程之中的一个种类。这就是说，企业经营风险管理过程也包含了六个要素，即：建立环境（范畴、环境、准则）、风险评估、风险应对、沟通与咨询、监督与评审、记录与报告。

"企业经营风险管理过程"的具体细节不再细致介绍，原因是：其一，该过程/流程框架与第一章"风险管理过程"阐述的框架完全相同；其二，本书对企业风险管理员"仅要求其对企业经营风险管理过程架构基本了解，未要求其综合掌握企业经营风险管理过程的操作技能"，建议 ERMT 学员复读第一章"风险管理过程"，加

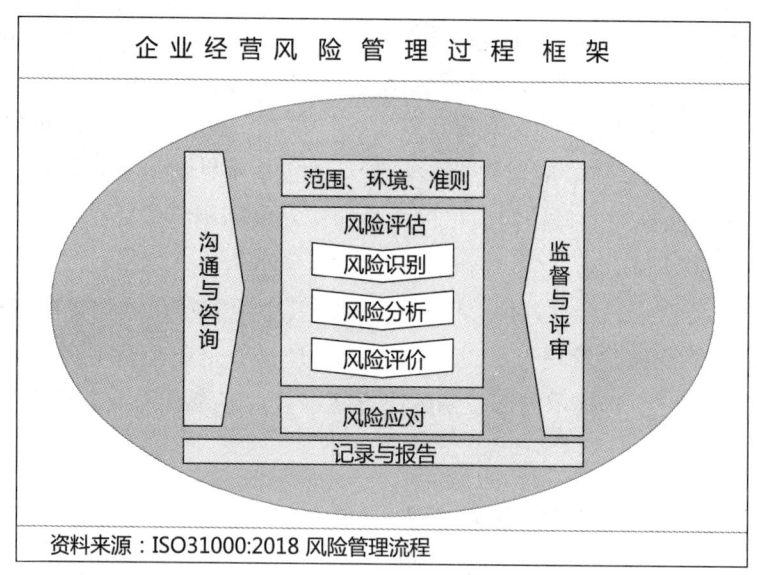

图 4-7　风险管理过程框架

深对"企业经营风险管理过程"基本架构和主要技术环节的理解。

4.4.2　企业经营管理——销售业务风险控制（示例）

销售是企业一项重要的经营管理活动。企业针对销售风险的管理程序是：通过实施风险管理（即包括实施上述风险管理流程的六个要素），确定风险管理的解决方案，并执行被确认的内部控制解决方案。企业管理风险的解决方案通常被分为两大类（一类是针对可控风险，另一类是针对不可控风险），企业经营层面风险往往以可控风险为主（或者企业尽可能将不可控风险转化为可控风险来管理），因此内部控制措施就成为企业管控经营层面各类风险的主要手段。本部分就以经营管理层面的"销售业务风险控制"为例，揭示企业针对经营风险管理的实施逻辑和实践。事实上，不同行业（包括金融业或制造业等）之间的"销售业务风险控制"逻辑是十分相似的，其中制造业的销售环节更复杂。因此，本部分选择制造业场景中的"销售业务风险控制"来探讨"企业针对经营业务层面风险控制"的核心关注要点。

销售业务是指企业出售商品（或提供劳务）及收取款项等相关活动。企业销售业务相关领域的控制要求主要包括：销售管理制度建设与职责分工、销售计划管理、销售定价管理、客户管理、销售合同和订单管理、销售发货管理、销售退货管理、商业票据和发票管理、收入确认管理、预收账款管理、应收账款管理、客户服务等领域。这些领域需要规范销售业务过程中重要管控环节的关键控制要求以规范销售业务管理，促进销售稳定增长，扩大市场份额，规范销售行为，防范销售风险。

（1）业务环节及控制目标

①销售计划管理：
- 销售计划在规定时间内制定并提交管理层审批，确保销售计划的科学性和合理性；
- 确保年度销售计划及月度销售计划的完成率。

②客户开发与信用管理：
- 维护老客户，开发新客户，确保提高客户增长率；
- 确保客户信用档案完整有效，客户信息更新及时、准确；
- 严格执行客户信用政策，无违规操作现象发生。

③销售定价：
- 销售定价符合价格政策和市场规律，入市价格的制定科学、合理；
- 合理框定价格浮动范围，建立价格浮动的审批程序及权限划分体系。

④订立销售合同与发货：
- 确保销售合同经过有效评审，合同条款合理、合法、合规；
- 销售发货程序合规，确保发货单信息准确，发货及时。

⑤销售回款管理：
- 确保销售回款符合企业政策规定，回款率达到预期目标；
- 进行客户信用评估，减少坏账损失。

（2）主要风险点及描述

销售计划缺乏或不合理，或未经授权审批，导致产品结构和生产安排不合理，难以实现企业生产经营的良性循环。

①客户开发与信用管理：
- 现有客户管理不足、潜在市场需求开发不够，可能引致失去客户或扩展市场不力；
- 客户档案不完善，缺乏适当的信用评估，可能致使客户选择不当，应收账款不能追回或遭到欺骗或欺诈，从而不利于企业的资金流转和正常经营。

②销售定价：
- 定价或调价没有按价格的相关政策进行，没能把市场供需状况、盈利预测等与之有机结合起来并据此进行适度调整，造成价格过高或过低、销售受损；
- 商品销售价格未经恰当审批，或存在舞弊，可能导致损害企业经济利益或者企业形象。

③订立销售合同与发货：
- 签订的合同存在重大漏洞，包含的某些条款属欺诈性质，甚或在未经授权许可的情况下，对外订立销售合同，可能会侵害企业的合法权益；
- 制定的销售价格、确定的收款期限等与企业销售政策有冲突或相悖，可能使企业经济利益受到损害；

·未经授权发货或发货不符合合同约定，可能导致货物损失或客户与企业的销售争议、销售款项无法收回。

④销售回款管理：

·企业信用管理不到位、结算方式选择不当、票据管理不足，应收账款回收乏力，导致销售款项无法收回或蒙受欺诈；

·收款过程中存在舞弊，损害企业经济利益。

（3）关键控制点及控制措施

①销售计划管理：

·企业应当建立销售管理制度，对销售计划、销售定价、客户管理、销售合同和订单管理、销售发货管理、销售退货管理、商业票据和发票、收入确认、预收账款、应收账款、客户服务等进行规范。应建立销售业务的岗位职责，明确相关部门和岗位的职责、权限，确保销售业务不相容职务相互分离、制约和监督。

·企业应当依据制定的发展战略和年度生产经营计划，再联系自身实际情况，制定年度销售计划，实现企业生产经营的良性循环。在年度销售计划的基础上，考虑客户订单情况，制定月度销售计划，以保证企业生产安排的合理性。

·定期对各产品（商品）的销售计划、进销差价、实际销售情况与区域销售额等进行分析，结合生产现状，对销售计划进行及时调整，而调整后的销售计划仍需履行相应的审批程序。

②客户开发与信用管理：

·企业应对新开发的客户进行信用评审，依据其资质、诚信度、信誉及财务状况等有关因素确定信用等级，并按规定的权限和程序审批。如有需要可组织专人小组到客户现场进行实地考察。

·企业应建立健全信用管理机构，负责制定相应的信用政策和信用总体规模，对营销部门和客户进行分类管理，设定不同层次直分销部门和客户的信用额度，并明确相应的管理权限和相关责任。

·企业应建立客户评价机制，明确客户评价的方法、评价的对象、评价的指标、评价的时间要求等。进行客户评价时，应重点关注客户资信变动情况、偿付能力变动情况、近期合作情况、信用等级变动情况等。客户评价工作应定期（或至少每年）进行，并根据评价结果更新客户档案。

③销售定价：

·应依照相关价格政策，对企业财务目标、营销目标、产品成本、市场状况及竞争对手情况等多重因素进行综合考量，从而确定产品基准定价。定期对产品基准价格的合理性予以评价，定价或调价需得到具有相应权限的人员的审核批准。

- 在执行基准定价的基础上，对于某些商品，可以把一定限度的价格浮动权授予销售部门，而结合产品市场特征，销售部门可以将价格浮动权向下实行逐级递减分配，同时对权限执行人选需明确。价格浮动权限执行人其行使"特权"的活动必须在规定的价格浮动范围之内，不得擅自逾越界限。

- 销售折扣、销售折让等政策的制定需得到相应权限人员审核批准。二者授予的实际金额、数量、原因及对象应予以记录，并归档备查。

④订立销售合同与发货：

- 在销售合同订立前，就销售定价、结算方式、权利与义务条款等相关内容，企业应当指定专门人员与客户进行洽谈、磋商或谈判。当然，客户信用状况一直是企业的关注要点（之一）。对于影响重大、涉及较高专业技术或法律关系复杂的销售业务谈判，应当组织法律、技术、财务等专业人员参加，必要时可聘请外部专家参与相关工作。

- 企业应当建立健全合同订立及审批管理制度。必须签订的合同的范围、合同订立程序、具体的审核与审批程序还有所涉及的部门人员以及相应权责应当被明确、规范和确定。销售合同草案中拟定的销售价格、信用政策、发货及收款方式应成为审核、审批的关注重点。对于重要的销售合同，法律专业人员的意见应被征询采纳。销售合同草案经审批同意后，企业应授权有关人员与客户签订正式销售合同。

- 企业可以根据销售量、销售频率以及与客户的约定，建立销售订单的管理流程，确保按照销售计划/客户订单下达销售订单，销售价格和数量经过相应部门负责人审批并满足销售合同的要求。客户订单与传真应作为合同执行过程中的依据妥善保管，订单与传真应进行编号并标注对应的合同编号，经登记后存档。订单应由独立的人员依据销售合同中约定的条款、收款方式、授信额度等信息进行复核，超过顾客授信额度的订单将不予处理。

- 企业销售部门应根据经批准的销售合同或者订单，结合产品的库存情况开具相关销售通知。对于出库、计量、运输等各环节的岗位责任，仓储和运输部门应当予以落实，并审核销售通知，严格按照其所列的发货品种和规格、发货数量、发货时间、发货方式和接货地点组织发货，确保货物正确、及时和安全发运。发货时应形成相应的发货单据，并连续编号。

- 对于运输方式、商品短缺、毁损或变质的责任、到货验收方式、运输费用承担、保险等内容，企业应当以运输合同或条款等形式加以明确，而在货物交接环节，相应装卸和检验工作应充分做好，以确保货物得以安全发运，并由客户验收确认。

- 企业应当做好发货各环节的记录，填制相应的凭证，建立全过程的销售登记制度，而就销售计划、销售合同、销售通知、销售发票及发货凭证等文件和凭证，企业应加强其相互核对工作。销售部门应当设置销售台账，及时反映各种商品、劳务等销售的开单、发货、收款情况,并有相关人员对销售合同执行情况进行定期跟踪审阅。销售台账应当附有客户订单、销售合同、客户签收回执等相关购货单据。

⑤销售回款管理:

· 充分考虑公司销售政策,选择恰当的结算方式,加快款项回笼,提高资金的使用效率。结合销售政策和信用政策,对商业票据比如应收票据的受理范围和管理措施予以明确。

· 建立票据管理制度,尤其是加强商业汇票的管理:一是对票据的取得、贴现、背书、保管等活动加以明确规定;二是对票据的真实性和合法性进行严格审查,以防票据欺诈;三是指派专人负责应收票据的保管工作,对于即将到期的应收票据应及时办理托收,定期核对盘点;四是票据贴现、背书经恰当审批后方可有效。

· 加强赊销管理。主要内容为:其一,依据客户信用等级,由信用管理部门对需要赊销的商品进行审核,并须得到具有相应权限人员的审批;其二,一般情况下,赊销商品应取得客户的书面确认,如果认为有必要,可要求客户办理资产抵押、担保等收款保证手续;其三,应完善应收款项管理制度,落实责任、严格考核、实行奖惩。销售部门应承担应收款项的催收工作,并妥善保存相关催收记录(往来函电亦包含其中);其四,就代销业务事项,加强其中款项的管理,对于相关款项,与代销商及时结算。

· 收取的现金、银行本票、汇票等应及时缴存银行并登记入账。一般而言,销售人员不可直接收取款项,如遇特殊情况,即当有关款项必须由销售人员收取时,财会部门应对其加强监控。

⑥客户服务:

· 应当建立和完善客户服务制度,包括客户服务内容、标准、方式等。建立售后跟踪回访机制,加强客户服务和跟踪,解决客户投诉,不断改进产品质量和服务水平,提升客户满意度和忠诚度。

· 应做好客户回访工作,定期或不定期开展客户满意度调查。对于回访发现的产品(服务)质量问题,应组织相关部门包括销售、生产、研发、质量检验等部门沟通协调,分析原因并制定相应的措施。

· 建立客户投诉制度,记录所有的客户投诉,并分析产生原因,制定解决措施。

⑦销售退货管理:

· 企业应明确退货处理原则、适用范围、控制流程以及各部门职责权限。发生销售退回时,应报相关负责人按规定权限审批后办理。销售退回的商品应当由质检部门检验和仓储部门清点后方可入库。仓储部门应对销售退回商品区别存放,注明退回货物的品种和数量后填制接收单据,及时更新库存记录。

- 财务部门应当对检验证明、退货接收单据以及退货方出具的退货凭证等进行审核后办理相应的退款事宜,并按照相关会计准则要求进行正确的收入冲回账务处理。
- 企业应对商品退货原因进行分析并明确有关部门和人员的责任。

(4) 主要岗位及职责

①总经理:
- 制定市场营销发展战略与经营方针;
- 拟定企业销售部组织架构设置,厘清部门主要岗位的职责分工;
- 主持制定企业年度总预算,审批重大销售费用及预算外支出申请;
- 负责销售计划的审批;
- 负责客户开发、产品定价、销售合同、发货、回款等销售业务主要环节中相关方案、政策、计划、合同等的审批。

②销售副总:
- 协助制定企业营销战略及经营方针;
- 确定销售目标及制定整体销售计划,对销售计划组织实施并进行监督;
- 主持制定和完善销售系统相关规章制度;
- 合理划分销售部人员职责与权限;
- 组织产品或服务价格的会审,合理确定销售价格及浮动区间;
- 组织重大合同的销售评审、完善及确认。

③销售部经理:
- 合理制定月度销售计划;
- 合理制定不同客户信用等级的赊销额度、回款政策等,并监督执行;
- 主持销售定价的调查、分析和初步确定工作;
- 编制销售费用预算并严格控制销售费用支出;
- 组织销售合同签订、履行与管理工作;
- 销售回款跟进与应收账款催收监督;
- 销售人员选聘、培训、调配与考核激励。

④销售主管:
- 根据销售目标与计划,协助制定销售政策与不同客户信用等级的赊销额度、回款政策等;
- 根据月度销售计划与目标,分解制定所负责的产品销售计划和目标;
- 参与主持客户的业务谈判及成交工作;
- 参与协助客户关系维护工作;
- 组织应收账款核算、催收、报账等工作。

⑤客服部经理：
- 组织建立并完善客户服务相关管理制度；
- 建立客户信息系统，健全客户信息收集、整理、分析与保存、应用工作规范；
- 组织建立客户关系维护体系，确定客户关系维护目标并制定具体实施计划；
- 制定客户信用调查计划并组织实施，根据调查结果划分客户信用等级；
- 组织受理客户投诉问题，会同相关部门分析解决；
- 组织客户服务专员通过适当方式开展客户回访工作。

⑥销售专员：
- 在销售相关管理制度范围内开展客户开发、洽谈、合作、收款等销售业务；
- 合理运用销售技巧和方法，按时完成销售任务；
- 与客户签订销售合同，并督促客户按期履行；
- 客户档案及销售表单、记录的规范、完整填写并及时上交；
- 协助客户接待、客户回访、客户关系维护工作；
- 销售账款回收、核算、催收与及时对账。

⑦财务人员：
- 负责销售预算的试算平衡；
- 参与销售定价的成本综合核算和最终会审；
- 协助销售部进行销售回款的到账检查、催讨付款、延期付款审核、相关票据处理等工作；
- 严格按照国家相关准则与规定执行应收账款、会计信息与账务、呆账处理等财会系统。

⑧仓储人员：
- 负责审核销售通知及订单；
- 落实出库责任，保证出库产品按要求备货、出库、运输、交接，保障交易成功完成；
- 加强对运输环节的责任、费用、风险等的控制，确保产品安全发运；
- 健全发货环节相关单据、凭证等并严格记录，落实整个发货过程的销售登记制度。

（5）内部控制制度及表单

①内部控制制度。企业营销业务环节的常见制度，例如包括：

《销售计划管理制度》《客户信用管理制度》《销售定价制度》《合同管理制度》《销售发货管理制度》《财务管理制度》。

②相关表单。企业营销业务环节的常见表单，例如包括：

客户信用管理表、产品定价分析表、销售合同评审表、产品发货明细表、应收账款分析表、销售费用控制表。

(6) 销售管理流程图

企业加强销售业务管理，应当对现行销售业务流程实行全面梳理，寻找管理漏洞，及时采取相应措施加以修正。与此同时，还应当把健全相关管理制度视为关注重点，对以风险为导向、符合成本效益原则的销售管控措施加以明确，使之与生产、资产、资金等方面的管理有效对接，贯彻落实责任制，有效防范和化解经营风险。

图 4-8 展示的是某企业的销售业务流程图，具有普遍适用性。实操中，企业应当充分结合自身业务特点和管理要求，构建和优化适合于自身管理理念和业务特色的销售业务流程。由于企业设定的商业模式往往呈现差异性，因此，即使是同一个行业中的不同企业，其各自采用的销售流程往往会呈现出显著差异性。这其中，高效运转的企业流程常常引来行业内其他企业学习和效仿。

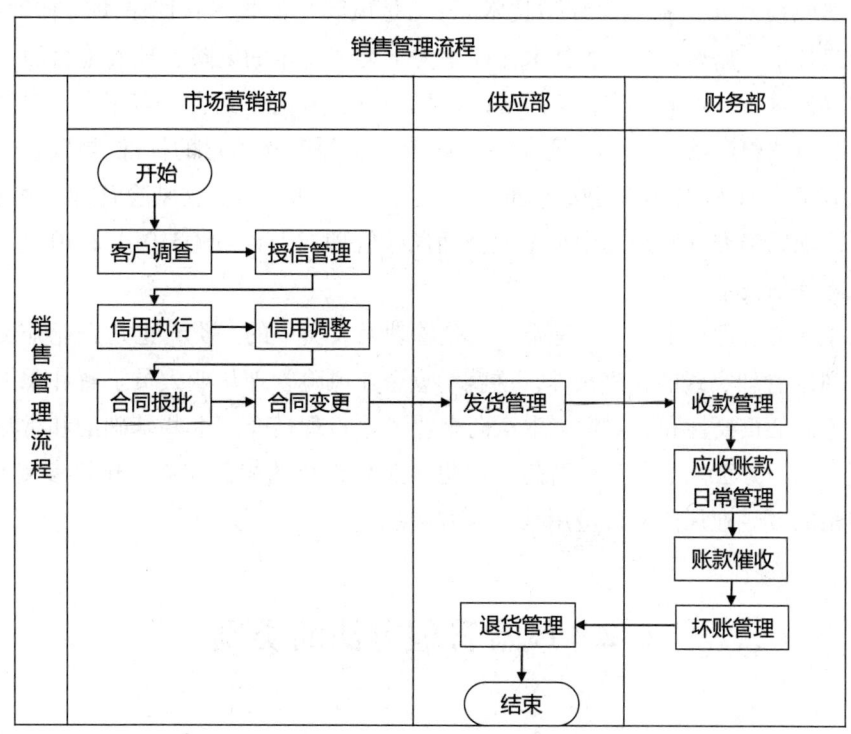

图 4-8 销售管理流程图

第 5 章 风险管理技术与方法

5.1 引言

广义而言，企业风险管理的技术分为几大类：一是内部控制技术；二是风险管理过程实施技术（包括风险评估技术）；三是风险预测技术；四是决策辅助技术；五是应急技术。显然，第一类技术往往是为某类"特定的风险管理实施目的"服务的，围绕着这类技术的实施，又需要诸多风险管理方法来配合。多年来，对风险管理技术与方法曾经给出比较系统介绍（或者一定程度介绍）的标准/规则包括：在英国AIRMIC/ALARM/IRM2002标准，美国COSO:2004"企业风险管理应用技术"标准，国家国资委颁发的《中央企业全面风险管理指引》、ISO31010:2010"风险管理与风险评估技术"等。

由于风险管理技术与方法是企业风险管理六大类中的一类，也是企业开展"时代性"风险管理实践的先决条件，这就示意企业风险管理从业人员了解和掌握这些技术和方法的重要性和必要性。本章向企业风险管理员介绍一些基础的和常见的风险管理技术与方法。某些学员若想了解更多和更细化的相关知识，建议参阅CERM教材体系的《企业风险管理应用技术和方法》。

5.2 风险管理方法的类别

5.2.1 研究对象的计量尺度

要从数量方面去描述和研究客观对象及其关系，首先就需要计量它们，才能得到刻画它们的数值，而要计量它们就得有适当的尺度。一方面，不同的对象可能要用不同的尺度计量；另一方面，对同一对象也可以根据不同的研究需要用不同的尺度来计量。

(1) 定类尺度（Nominal Scale）

定类尺度又称为"列名（名义）尺度"，是按照某种属性对客观对象进行分类或分组的一种计量，这种计量可以用文字来表述，但是为了能够进行数学或统计处理，也常用数字来表示。在统计学中，这种数值就称为定类数据（Nominal Data）。例如，在一个城区人口统计中，可先按文化程度（大专及以上学历为1，大专以下学历为2），后按性别（男性为1，女性为2）分组，则数值11、12、21和22分别表示大专及以上学历男性、大专及以上学历女性、大专以下学历男性和大专以下学历女性这四类。定类尺度的功能是区分对象的类别，该尺度下所得到的定类数据在数学上不能进行加减乘除等运算，也不能比较大小和排列顺序，但可以把定类数字出现的次数也就是该数字代表的类别出现的个数统计出来得到它的总数。例如，在上面所提及的城区中，如果21出现了5万次，则表明该城区大专以下学历男性的总数为5万人。

(2) 定序尺度（Ordinal Scale）

定序尺度是一种比较尺度，用来按一定特征计量对象的顺（秩）序、重要性和强弱等，这种计量也可以用文字来表述，同样为了能够进行数学或统计处理，也会用数值来表示。这种数值在统计学中称为定序数据（Ordinal Data）。例如，对合格的产品按其品质好坏的程度，分成一等品、二等品、三等品，并用1、2、3这三个数值表示它们。定序数据在数学上同样不能进行加减乘除等运算，但可以排列定序数据的顺（秩）序，并且这种顺（秩）序具有传递性，即如果甲排在乙前，乙排在丙前，那么甲一定排在丙前。只是这种顺（秩）序是相对的，不是绝对的数量大小，所以没有办法确定两个定序数据之间的数量差异。

(3) 定距尺度（Interval Scale）

定距尺度又称为间隔尺度，它是对对象某些方面量的大小、顺序之间差距或类别之间差距进行的一种计量。它的一个特征是在不同位点的单位间隔是固定不变的，比如，26℃和25℃的间隔与6℃和5℃的间隔是一样的。定距尺度的计量结果本质上是数值，它确切地反映了对象之间在量的方面的差异，在许多时候用某种物理量单位作为计量单位。这种数值在统计学中称为定距数据（Interval Data）。例如，计量温度和湿度的数据都是定距数据。要特别注意的是，定距尺度没有自然（绝对）零点或者起点，即可以用任意一个点作为零点。这从摄氏温度和华氏温度这两种温标就可以看出来。在摄氏温标中，纯水的冰点温度计量为0摄氏度，沸点为100摄氏度；而华氏温标把纯水的冰点温度定为32华氏度，沸点为212华氏度。所以0摄氏度这个零点是人为的，完全可以用另一个数来代替，正如华氏温标中32华氏度所示的这样。摄氏温度与华氏温度的换算公式是：$5(F-50°)=9(C-10°)$，公式中F代表华氏温度，C代表摄氏温度。定距数据确切地表达了对象的大小和差异。

需要注意的是，这种大小是相对于人为给定的零点而言的，可以说30℃与25℃相差5℃，但不能说10℃是5℃的两倍热。

（4）定比尺度（Ratio Scale）

定比尺度又称为比率尺度，它与定距尺度一样，可以对对象的某些方面量的大小、顺序之间的差距或类别之间的差距进行计量，同时它还具有自然（绝对）零点，这是它与定距尺度的重要区别。正因为定比尺度有自然（绝对）零点，所以它还能计量反映对象的构成、比重、速度、密度、强度等数量关系。定比尺度计量得到的数值在统计学中称为定比数据（Ratio Data）。例如，以"千米"计量的公路长度、以"平方米"计量的住房面积、以"吨"计量的钢铁产量等等都是定比数据。再如，将某地区人口数和土地面积对比计算人口密度指标，说明人口的相对密集程度。另外，即使甲地区人口数比乙地区多，但如果甲地区的土地面积更广大，那么用人口密度指标进行对比，则乙地区人口密度可能高于甲地区。

必须指出的是，同一个研究对象可以根据不同的研究需要用不同的尺度来计量，从而得到不同尺度的数据。例如，对家庭收入进行计量，如果采用它的实际收入数量作为数据得到的就是定比数据；如果按高、中、低收入水平进行家庭划分那得到的就是定序数据。

5.2.2 定性方法

一般来说，定性方法就是只利用定类尺度和定序尺度进行计量的方法，其实也就是使用文字说明来描述风险发生的可能性、产生的影响以及这种影响的性质，当然也包括得到这种说明所使用的各种手段。一般在如下一些场合采用定性方法：

（1）对于决策而言，不要求有定量分析的精确度；

（2）在更深入的分析之前对风险的初步筛选；

（3）对风险的定量分析不具有好的成本效益；

（4）数据不可得到或者数据的质量不高。

用定性方法对风险做定性分析带有较强的主观性，往往需要凭借分析者的经验和直觉，或者利用业界的标准和惯例来进行。需要说明的是，尽管我们采用的是定性方法，也要善于利用定量的有关信息，使定性分析尽量准确。常用的定性方法，如头脑风暴（集思广益）法、风险管理问卷和SWOT分析等。

5.2.3 半定量方法

如果在计量上既使用了定类尺度或定序尺度又部分地使用了定距尺度或定比尺度，那么这种方法就被认为是半定量方法。利用半定量方法，一般将用文字描述的定性尺度计量的结果数字化，但不要给人以使用了纯定量方法的错觉，因为有关数字一般并不表示风险的实际水平。使用半定量方法的一个目的是为了在定性分析中得到更多的顺序等级,扩大对风险的分析范围。常见的半定量方法有情景分析法、事故树分析法、影响记分卡和频率记分卡等。

5.2.4 定量方法

如果在计量上只使用定距尺度和定比尺度,那么这种方法就是定量方法。风险发生的可能性和风险影响能够被较好地量化,就可以利用定量方法进行风险分析。利用定量方法进行定量分析的难度总体上比非定量方法大得多。当一项风险被认定是关键风险或风险水平被认定很高,需要进一步进行分析研究时,通常就要使用定量方法。一般来说,利用定量方法可以得到比非定量方法精确得多的结论。要特别注意的是,在使用定量方法之前,一定要仔细考察所用数据的真实可靠性,因为数据的质量是定量方法能够成功运用的最基本前提。如果数据是假的或不充分或使用历史数据时企业的经营环境已经发生了重大变化,那么利用定量方法得到的结果不但不可信,甚至可能带来灾难性风险。在利用模型之前,同样要注意模型的假设条件和模型对于具体问题的适用性,切不可乱套模型;否则,只能得到错误的结论。常见的定量方法有行业基准法、保险精算法、统计推断和建模等。

有的著作并不区分半定量方法与定量方法,而是把二者合称为定量方法。这样一来,也就只有定量方法和定性方法之说了。

5.3 常用的风险管理技术与方法

ERM 机制的有效实施很大程度上依赖于风险管理方法/技术的支持。伴随着 ERM 时代的到来,企业管理领域同步带来了"风险地图""风险清单-风险数据库""风险绩效曲线"、经济资本、风险调整的资本收益率等这些在企业风险管理综合层面(非专项层面)体现独特创新理念的风险管理方法。与此同时,ERM 机制有效整合了企业风险管理领域(包括专项风险管理领域)在历史上几乎采用过的所有方法论体系,从而铸就了如今庞大的风险管理方法与技术体系(总数量可达百种之多)。

本书旨在指导企业风险管理从业人员的初级水平学习,因此选择了以下几种基础的风险管理技术和方法进行介绍。

5.3.1 风险图绘制

(1) 风险(坐标)图的制作

风险（坐标）图的制作是把风险发生的可能性作为一轴、风险对企业及其目标的可能影响作为另一轴，绘制成直角坐标系，然后，根据对一项风险经识别与分析得到的可能性大小和影响大小将该风险在直角坐标系上描绘出来，这样就形成了风险坐标图。根据不同的具体问题，对风险发生的可能性与风险对目标的影响这两方面的评估和描述有各种不同的定性、定量方法以及称谓。定性方法是直接用文字或者定序数字描述风险发生可能性的高低、风险对企业及其目标影响的程度，如用"极低""低""中等""高""极高"或者"1""2""3""4""5"等等。定量方法是对风险发生可能性的大小、风险对目标影响的大小用定距数字或定比数字描述，例如，风险发生可能性的大小用频数或概率来表示，风险对目标影响的大小用货币金额来表示等等。一般而言，在一家企业初次制作风险图时，较多使用定性方法对风险进行识别与分析（见图5-1）。

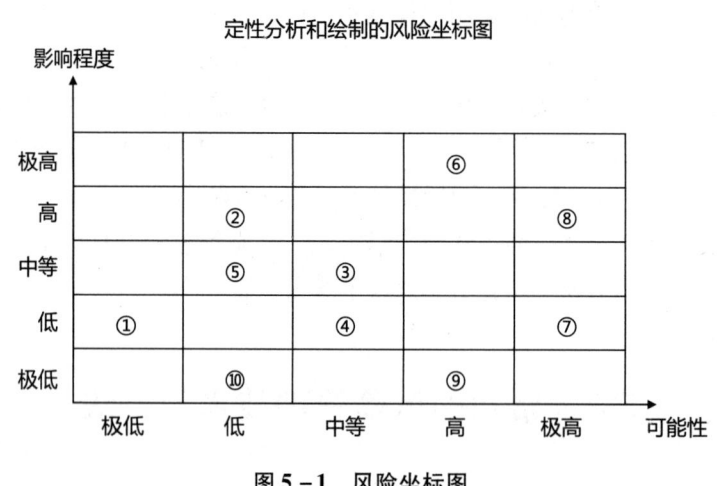

图 5-1　风险坐标图

制作风险坐标图的关键显然不是把风险描绘到风险坐标系上，而是确定在风险坐标系上哪一点来描绘风险。制作风险坐标图的基本程序如下：

第一，建立一个由上而下的构架——一个分清所有类型风险的总分类法；

第二，基于损失历史和自我评估，按照业务和职能部门设立一个自下而上的特定风险列表；

第三，基于管理层的判断或风险模型，在一致的时间跨度内，定性分析或定量估计每种风险发生可能性的高低或大小、风险对企业及其目标影响的程度或大小。

风险坐标图完成后，并不是就结束了。首先，还需要进一步审查它是否为一张好的风险坐标图。如果处理得当，风险坐标图就能成为风险识别和评估非常高效的工具。风险坐标图的质量取决于输入的信息和处理过程的质量。没有正确的方法，风险坐标图绘制就成了一种例行公事，除了给出一个未经深思熟虑的风险敞口外，不能带来任何益处。一张好的风险坐标图应当体现如下特性：

一是准确性：要尽最大的努力，使经评估得到的风险发生可能性的大小和影响大小准确反映客观实际。

二是全面性：风险坐标图为识别和评估公司面临的所有风险描绘了一个整体架构。

三是一致性：标准分类法建立了讨论风险敞口的一套共同语言，而风险评估标准为估计风险发生的可能性和影响程度提供了一个一致的方法体系。

四是职责性：业务和职能单位直接参与风险识别和评估以及风险监测和管理过程。

(2) 风险坐标图的应用

有了一张较满意的风险坐标图后，接下来就要考虑风险坐标图的应用。绘制风险坐标图的目的在于对多项风险进行直观比较，从而确定各个风险管理的优先顺序和策略。例如：某公司风险坐标图（图5-2），将该图划分为A、B、C三个区域，公司决定：一是承担A区域中的各项风险而且不再增加控制措施。二是控制B右下方区域中的各项风险；同时在可能的情况下，考虑转移B左上方区域中的风险（或者转移部分风险）。三是对C区域中的各项风险，确保优先安排实施各项防范措施，如规避或转移各项风险。

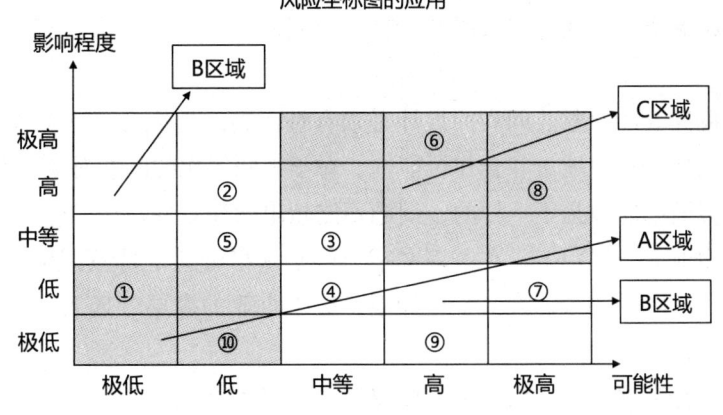

图5-2 风险坐标图的应用

有了一张风险坐标图后，还需要进一步做如下工作：

第一，确认现有的控制并把它们的作用综合起来，同时确定在业务和职能部门的层次上是否需要新的控制措施；

第二，为了实施新的控制措施以及监测和报告特定的风险，需要把职责分配下去；

第三，把各个风险坐标图（如果有的话，业务层级/部门层级）合并到公司层次的风险坐标图中，并确定在公司层次上是否需要新的控制措施；

第四，根据新的发展变化，持续不断地及时更新和改进风险坐标图。

最后需要指出的是，由于许多风险不能进行定量分析，风险坐标图的制作在很大程度上还是一种艺术，因而制作风险坐标图的风险管理人员需要有丰富的经验和对风险的深刻洞察。其实，即使能定量分析的风险，经验和对风险的深刻洞察同样还是需要的。

5.3.2 风险管理问卷设计

（1）问卷设计的一般原则

问卷调查是了解和识别风险问题的常用易行方法。它根据调查目的设计出调查问卷，然后采取随机方式向问卷对象发放和回收该调查问卷，并对所得数据进行统计分析，得出调查结果。要使问卷调查的结果真实可信，一方面要严格遵循概率统计原理进行操作，另一方面问卷设计水平至关重要。问卷设计的质量好坏除了与设计人员对所调查的风险问题的理解有关外，很大程度上又与设计原则紧密相关。为了获得真实可靠、易于整理和统计分析的信息，应当坚持如下原则：

一是明确问卷调查的目的和主题。这是高质量问卷设计的前提，问卷必须紧密围绕调查目的和主题来展开，违背了这一点，再漂亮的问卷都是徒劳的。而要使得问卷紧密围绕调查目的和主题来展开，就要在问卷设计之初找出与调查主题相关的各种要素。

二是明确问卷的对象。问卷的设计必须有针对性，要充分考虑问卷对象的文化水平、年龄层次、社会地位和合作可能性。对于不同层次的问卷对象，在语言措辞、问题难度等方面都应该是不一样的，问题不能超出问卷对象的知识能力和权限范围。例如，对于企业的一线职工，在语言文字上就必须尽量通俗易懂；对于企业的中层管理人员，所提问题要考虑到其管理权限；对于企业的高层管理人员，语言文字上应表示出对他们的尊敬。

三是逻辑性和规范性。从单个问题来讲，要考虑命题是否准确，提问是否清晰明确，有无模棱两可的地方；从问卷整体来看，要考虑问题与问题之间有没有逻辑性，是否相互矛盾。问卷逻辑性强、表述准确、编排恰当、简洁明了，就会给人一种整体感，从而使问卷成为一个相对完整的小体系。

四是客观、无暗示诱导、不提敏感问题。问卷中的问题要设置在中性位置、不掺入提示性的诱导语言，也不能设置会引起问卷对象情绪困扰、波动、反感等敏感问题。例如：

问题1：湿地保护有利于人类，你认为有进行湿地保护的必要吗？

①有　　　②没有　　　③说不清

这样的问题是不应该出现在问卷中的，因为明显带有倾向性。我们可以把它改为：

问题1：湿地保护是否有利于人类存在争论，你认为有进行湿地保护的必要吗？
①有　　　②没有　　　③说不清

问题2：你认为这种化妆品对你的吸引力在哪里？
①迷人的色泽　②芳香的气味　③满意的效果　④精美的包装

这样一种设置则具有了诱导和提示性，从而在不自觉中掩盖了事物的真实性。我们可以把它改造为：

问题2：你认为这种化妆品对你的吸引力在哪里？
①色泽　②气味　③使用效果　④包装

五是在问卷设计阶段，应该考虑数据的统计和分析是否易于处理。对于没有经验的新手而言，往往只考虑到问卷调查的目的和内容，但是容易忽视提前关注数据的统计和分析问题，因为这两个环节的工作基本上是分离的。等得到问卷调查原始数据的时候，才发现得到的数据很难进行统计和分析。所以在问卷设计的时候，就要充分考虑后续的数据统计和分析工作，比如，指标是否能够累加和便于累加，指标的累计与相对数的计算是否有意义等等。

(2) 问卷的基本结构

一般的问卷可以分为三大部分：前言、主体和结语。在前言部分，应该讲清楚这次问卷调查的目的、意义、简单的内容介绍、关于匿名的保证以及对回答者的要求等等。如有涉及个人的问题，应该有隐私保护说明。第二部分是问卷的主体，包括问卷调查的主要内容，以及一些答题说明。对于答题说明，要写清楚，如怎么写答案，可跳答的问题哪些人可不回答等的说明。对于主要内容，就是按问卷设计的一般原则设置的各个问题。最后一部分是调查的一些基本信息，如调查时间、地点、调查员姓名、被调查者的联系方式等信息的记录。最后还要对回答者的配合再次给予感谢。

(3) 企业全面风险管理问卷调查涉及的主题

对于企业全面风险管理问卷调查而言，在进行问卷设计时要遵循问卷设计一般原则。而其问卷内容则有自己的独特性，如果问卷对象是企业的员工，可以把企业全面风险管理的问卷主题归纳如下：

企业的背景、历史和内外经营环境；

企业的公司治理、组织结构、企业文化；

企业风险管理策略和政策；

企业决策相关信息；

企业风险管理过程相关内容，例如其中包括风险评估（包括风险识别、风险计量与分析、风险评价），风险应对策略与处理方案（包括风险规避、风险分担、风险转移、风险承担等），企业的风险监控与报告；

企业的风险管理战略与政策和关键管理人员在风险管理中的职责和作用；

企业现有的风险管理能力；

企业现行的风险管理状况（包括整体层面、业务层面、专项层面、项目层面等）；

其他。

5.3.3 头脑风暴法

头脑风暴法（Brain Storming）是一种设计用来解决某一问题而集体开发创造性思维的方法，所以也称为集思广益法。它的发明者是美国专家阿历克斯·奥斯本，他于1938年在一本名为《创造性想象》的书中首次提出头脑风暴法。头脑风暴原指精神病患者头脑中短时间出现的思维紊乱现象，病人会产生大量的胡思乱想。阿历克斯·奥斯本借用这个概念来比喻思维高度活跃、打破常规的思维方式并从而产生大量创造性设想的状况。头脑风暴法的特点是让与会者敞开思想，使各种设想在相互碰撞中激起脑海的创造性风暴。它可分为直接头脑风暴法和质疑头脑风暴法。前者是与会者群体尽可能激发创造性，产生尽可能多的设想的方法；后者则是对前者提出的设想、方案逐一质疑，以发现其现实可行性的方法。

（1）头脑风暴法的基本规则

成功头脑风暴的关键是探讨问题的方式和参与者的心态，要取得预期目的，应当遵守如下的基本规则：

第一，鼓励异想天开、自由畅谈。参加者不应该受任何条条框框限制，要放松思想，让思维自由驰骋，从不同角度、不同层次、不同方位大胆地展开想象，尽可能地标新立异，与众不同，提出独创性的想法。

第二，追求数量、多多益善。头脑风暴会议的目标是获得尽可能多的设想，追求数量是它的首要任务。参加会议的每个人都要抓紧时间多思考，多提设想，至于设想的质量问题，可留到会后的设想处理与改善阶段去解决。从某种意义上说，设想的质量和数量密切相关，产生的设想越多，其中的创造性设想就可能越多。

第三，禁止当场批评、当场判断。绝对禁止当场批评是头脑风暴法应该遵循的一个重要规则。参加头脑风暴会议的每个人都不得对别人的设想当场提出批评意见，因为批评对创造性思维无疑会产生抑制作用；同时，在此场合不必自我谦虚，发言人的自我批评也在禁止之列，有些人习惯于用一些自谦之词，这些自我批评性质的说法同样会破坏会场气氛，影响创造性设想的大量产生。

第四，整理思想、形成创见。要注意这一规则是在会后的设想处理阶段起作用的。通过头脑风暴畅谈会，往往能获得大量与议题有关的设想和新颖的见解。然而至此，任务只完成了一半，更重要的是对已获得的设想进行分析整理，以便归纳综合出有价值的创造性设想、对问题的深刻洞察和能够解决问题的实际方案来。

（2）头脑风暴法的基本程序

头脑风暴法力图通过一定的讨论规则与会议程序来保证创造性讨论的有效性，会议程序构成了头脑风暴法能否有效实施的又一关键因素，从会议程序来说，组织头脑风暴会议关键在于以下几个步骤：

第一，确定议题。一个好的头脑风暴法应该从对问题的准确阐明开始。因此，必须在会前确定一个议题，使与会者明确这次会议需要解决什么问题，同时不要限制可能的解决方案的范围。一般而言，比较具体的议题能使与会者较快产生设想，主持人也较容易掌握；比较抽象和宏观的议题引发设想的时间较长，但设想的创造性也可能较强。

第二，会前准备。为了使头脑风暴畅谈会的效率高、效果好，应在会前做好准备工作，比如收集有关资料预先给与会者参考，以便与会者了解与议题有关的背景材料和内外动态；就参与者而言，在开会之前，要对讨论的问题有所了解。另外，会场可作适当布置，座位排成圆环形或随意的环境往往比教室式的环境更为有利。同时，在头脑风暴畅谈会正式开始前还可以引出一些有趣的相关话题供大家交谈，以便活跃气氛，促进思维。

第三，确定人选。首先，人选的各种层次要比较一致，特别是在职位上不能相差悬殊，这样才能让参与者畅所欲言。在人数上，一般以 8~12 人为宜。与会者人数太少不利于交流信息，激发思维；人数太多则不容易掌握，并且每个人发言的机会相对减少，同样也会影响会场气氛。只有在特殊情况下，与会者的人数可不受上述限制。

第四，明确分工。要确定一名经验丰富的主持人和若干名记录员（秘书），当然也可备好一些现代的录音、摄像和投影设备。主持人的作用是在头脑风暴畅谈会开始时重申讨论的议题和纪律，在会议进程中启发引导和掌握进程，如提出自己的设想，活跃会场气氛，或者让大家静下来认真思索片刻再组织下一个发言高潮等。记录员应将与会者的所有设想及时编号，简要记录，最好写在黑板等醒目处，让与会者能够看清，记录员也应随时提出自己的设想，切忌持旁观态度，只做记录工作。

（3）头脑风暴会的控制技巧

在头脑风暴畅谈会的进程中，主持人的控制技巧非常重要，如果控制引导不当，则可能畅谈是畅谈了，但是离题千里、毫无意义。如下的一些控制引导技巧是主持人需要掌握并能够熟练运用的。

第一,规定纪律。根据头脑风暴法的原则,可规定几条纪律,要求与会者共同遵守,比如要集中注意力,积极投入,不要私下议论,以免影响他人的思考;发言要针对目标,开门见山,不要客套;与会者之间相互尊重,平等相待,切忌相互褒贬等等。

第二,掌握时间。会议时间不宜在会前定死,一般来说,以几十分钟为宜。时间太短则与会者难以畅所欲言;太长则容易产生疲劳感,影响会议效果。经验表明创造性较强的设想一般要在会议开始10~15分钟后逐渐产生。美国创造学家帕内斯指出会议时间最好安排在30~45分钟之间,倘若需要更长时间,就应把议题分解成几个小问题分别进行专题讨论。

第三,注意高低潮,引导节奏。有活力的头脑风暴畅谈会倾向于遵循一系列陡峭的"智能"曲线,开始动量缓慢地积聚,然后非常快,接着又开始进入平缓的时期。头脑风暴畅谈会主持人应该懂得通过小心地提及并培育一个正在出现的话题,让创意在陡峭的"智能"曲线阶段自由形成。

头脑风暴法提供了一种有效的就特定主题集中注意力与思想进行创造性沟通的方式,无论是对学术主题的探讨或是对日常事务的解决都不失为一种可资借鉴的手段,当然也可以用于风险评估。唯一需要注意的是,使用者切不可拘泥于特定的形式,因为头脑风暴法是一种生动灵活的技术,应该根据与会者情况以及时间、地点、条件和主题的变化而有所变化、有所发展和有所创新。

5.3.4 访谈法

(1)概念

访谈法是指工作分析人员通过与员工面对面交流,加深对员工工作的了解以获取工作信息的工作分析方法。其具体做法包括个人访谈、同种工作员工的群体访谈和主管人员访谈。

(2)作用

访谈法可以充分发挥访谈者的主动性、创造性,培养访谈者的人际交往能力和对事物的洞察能力。访谈法可以获得丰富的、直接的信息资料,实施起来灵活方便、弹性大,有利于深入了解、分析问题。访谈法获得资料一般作定性分析,但对于结构访谈的资料也可以进行定量分析。

(3)类型

①以访谈员对访谈的控制程度划分,分为结构性访谈、非结构性访谈和半结构性访谈。

·结构性访谈,也称标准式访谈,它要求有一定的步骤,由访谈员按事先设计好的访谈调查提纲依次向被访者提问,并要求被访者按规定标准进行回答。这种访谈严格按照预先拟定的计划进行，它最显著的特点是访谈提纲的标准化，可以把调查过程的随意性控制到最小限度，能比较完整地收集研究所需要的资料。这类访谈有统一设计的调查表或访谈问卷，访谈内容已在计划中做了周密的安排。访谈计划通常包括：访谈的具体程序、分类方式、问题、提问方式、记录表格等。

由于结构性访谈采用共同的标准程序，信息指向明确，谈话误差小，故能以样本推断总体，便于对不同对象的回答进行比较、分析。这种访谈常用于正式的、较大范围的调查，它相当于面对面提问的问卷调查。一般来说，量的研究通常采用结构性访谈。

· 非结构性访谈，也称自由式访谈。非结构性访谈事先不制定完整的调查问卷和详细的访谈提纲，也不规定标准的访谈程序，而是由访谈员按一个粗线条的访谈提纲或某一个主题，与被访者交谈。

· 半结构性访谈，介于结构性访谈和非结构性访谈之间，兼有结构性访谈和非结构性访谈的优点，它既可以避免结构性访谈缺乏灵活性，难以对问题作深入的探讨等局限，也可以避免非结构性访谈的费时、费力，难以做定量分析等缺陷。

②以调查对象数量划分，分为单独/个别访谈、集体访谈。

· 单独/个别访谈，是指访谈员对每一个被访者逐一进行单独访谈。其优点是访谈员和被访者直接接触，可以得到真实可靠的材料。这种访谈有利于被访者详细、真实地表达其看法，访谈员与被访者有更多的交流机会，被访者更易受到重视，安全感更强，访谈内容更易深入。单独/个别访谈是访谈调查中最常见的形式。

· 集体访谈，也称团体访谈或座谈，是指由一名或数名访谈员亲自召集一些调查对象就访谈员需要调查的内容征求意见的调查方式。集体访谈是调查研究中一种很好的方法，通过集体座谈的方式进行调查，可以集思广益，互相启发，互相探讨，而且能在较短的时间里收集到较广泛和全面的信息。集体访谈要求访谈员有较熟练的访谈能力和组织会议的能力。一般需要准备调查提纲，在会前将调查的目的、内容等通知被访者，访谈的结果往往更加理想。参加座谈会的人员要有代表性，一般不超过 10 人。访谈员要使座谈会现场保持轻松的气氛。如果讨论中发生争论，要支持争论下去。主持人一般不参加争论，以免堵塞与会者的思路。另外，要做好详细的座谈记录。由于在集体访谈中匿名性较差，涉及个人私密性的内容不易采用这种访谈方式。同时，这种访谈也会出现被访者受其他人意见左右的情况。

③以人员接触情况划分，分为面对面访谈、电话访谈和网上访谈。

· 面对面访谈，也称直接访谈，是指访谈双方进行面对面的直接沟通来获取信息资料的访谈方式。它是访谈调查中一种最常用的收集资料的方法。在这种访谈中，访谈员可以看到被访者的表情、神态和动作，有助于了解更深层次的问题。面对面访谈可以是访谈员到被访者确定的访谈现场进行访谈，也可以是在征得被访者认可的情况下，由访谈员确定访谈现场。为了方便被访者，一般来说，以到被访者确定的访谈现场为主。

·电话访谈，也称间接访谈，它不是交谈双方面对面坐在一起直接交流，而是访谈员借助某种工具（电话）向被访者收集有关资料。电话访谈可以减少人员来往的时间和费用，提高了访谈的效率。而且访谈员与被访者相距越远，电话访谈越能提高其效率。

·网上访谈，是访谈员与被访者，用文字而非语言进行交流的调查方式。随着互联网的普及，在一些城市中，网上访谈也开始出现。网上访谈也像电话访谈一样属于间接访谈，它有电话访谈免去人员往返因而节约人力和时间的优势，它甚至比电话访谈更节约费用。另外，网上访谈是用书面语言进行的，这便于资料的收集和日后的分析。可以预见，这种访谈方式将会成为一种新的、日益为访谈员重视的、高效的谈话方式。但是，网上访谈也有其局限性，如无法控制访谈环境，无法观察被访者的非语言行为等。同时，由于网上访谈对被访者是否熟悉电脑操作以及是否有电脑配备、通讯和宽带等有物质条件，这在一定程度上也限制了访谈的对象。

④以调查次数划分，分为横向访谈和纵向访谈。

·横向访谈，又称一次性访谈，是指在同一时段对某一研究问题进行的一次性收集资料的访谈。这种研究需要抽取一定的样本，被访者有一定的数量，访谈内容是以收集事实性材料为主，研究一次性完成。横向访谈收集内容比较单一，访谈时间短，需要被访者花费的时间较少。横向访谈常用于量的研究。

·纵向访谈，又称多次性访谈或重复性访谈，是指多次收集固定研究对象有关资料的跟踪访谈，也就是对同一样本进行两次以上的访谈以收集资料的方式。纵向访谈是一种深度访谈，它可以对问题展开由浅入深的调查，以探讨深层次的问题。纵向访谈常用于个案研究或验证性研究，这种访谈常用于质的研究。按照美国学者塞德曼的观点，深度访谈至少应进行3次以上。

（4）实施步骤

第一，设计访谈提纲。无论是哪一种形式的访谈，在访谈之前都要设计访谈提纲，明确访谈的目的和所要获得的信息，列出所要访谈的内容和主要问题。

第二，恰当进行提问。要想通过访谈获取所需资料，则对提问有特殊的要求。在表述上要求简单、清楚、明了、准确，并尽可能地适合受访者；在类型上可以有开放型与封闭型、具体型与抽象型、清晰型与含混型之分。另外，适时、适度的追问也十分重要。

第三，准确捕捉信息，及时收集有关资料。访谈法收集资料的主要形式是"倾听"。倾听可以在不同的层面上进行：在态度上，访谈者应该是"积极关注的听"，而不应该是"表面的或消极的听"；在情感层面上，访谈者要"有感情的听"和

"共情的听",避免"无感情的听";在认知层面,要随时将受访者所说的话或信息迅速地纳入自己的认知结构中加以理解和同化,必要时还要与对方进行对话,与对方进行平等交流,共同建构新的认识和意义。另外,"倾听"还需要特别遵循两个原则:不要轻易地打断对方和容忍沉默。

第四,适当作出回应。访谈者不只是提问和倾听,还需要将自己的态度、意向和想法及时地传递给对方。回应的方式多种多样,可以是诸如"对""是吗""很好"等言语,也可以是点头、微笑等非言语行为,还可以是重复、重组和总结。

第五,及时作好访谈记录,一般还要录音或录像。

5.3.5 影响和频率计分卡

计分卡是一种主要用于企业操作风险自我评估的方法。对于每一项已被识别的操作风险,可以按照事先设定好的指标,由包括风险管理人员在内的专家对其进行打分,从而可以对有关的操作风险进行排序比较,则重大操作风险就可以分离出来并对其做更深入的分析评估,制定出适当的管理方法。如果对风险的潜在影响进行自我评估打分,得到的是影响计分卡;对风险发生的可能性(频率)进行自我评估打分,得到的是频率计分卡。

(1)影响计分卡

对于每一项已被识别的操作风险,可以利用包括问卷调查和头脑风暴等方法在内的各种途径进行深入分析,寻找出该操作风险可能产生的、不可忽略的各种影响。然后由包括风险管理人员在内的专家各自综合各种影响的程度,对风险可能产生的总体影响程度进行打分,对可能造成的损失进行估计(参见表5-1和表5-2)。表5-1是影响计分卡的一种模板,在"备注"栏中要填写的是打分的标准及其他备忘录,在"影响评估及建议"栏中要填写的实际是影响评估总结。

表 5-1　　　　　　　　　　　影响计分卡模板

风险:					影响打分值		损失估计(万元)
影响1	影响2	影响3	影响4	影响5	专家1		
后果1	后果2	后果3	后果4	后果5	专家2		
					专家3		
					专家4		
					专家5		
					专家6		
历史记录:					均值		
备注:					影响评估及建议:		

表 5-2　　　　　　　　　　　影响计分卡样图

风险：公司业务存在可能会被归类为欺诈的合规风险					影响打分值		损失估计（万元）
影响 1	影响 2	影响 3	影响 4	影响 5	专家 1	3	3000
声誉	员工	组织	监管	法律	专家 2	2	2500
媒体的负面报道及声誉损失	重要员工流失	良好的企业风险文化受损	正常业务活动受审查	面临司法诉讼	专家 3	4	5000
					专家 4	4	4000
					专家 5	4	3500
					专家 6	4	3500
历史记录：历史上平均损失 3000 万元					均值	3.5	3583
备注： 影响计分范围： 1. 很小（没有影响的） 2. 小（可忽略的） 3. 中（可容忍的） 4. 大（严重的） 5. 很大（灾难性的）					影响评估： 1. 影响计分值 3.5（较严重） 2. 可能损失 3 583 万元 3. 建议：立即采取内控措施、加强审计、调离相关人员		

（2）频率计分卡

频率计分卡的制作过程与影响计分卡是类似的。对于每一项已被识别的操作风险，可以利用各种方法进行深入分析，探讨该操作风险发生的可能性（频率），要特别注意历史数据和同行数据的利用。然后由包括风险管理人员在内的专家各自根据自己的知识进行打分，最后进行汇总和小结（参见表 5-3）。

表 5-3　　　　　　　　　　　频率计分卡样图

风险：监视设备故障					频率得分值		描述
同行 1	同行 2	同行 3	同行 4	同行 5	专家 1	3	10 年 1 次
					专家 2	3.5	10 年 2 次
10 年 2 次	10 年 3 次	10 年 0 次	10 年 1 次	10 年 0 次	专家 3	2.5	10 年 0.5 次
					专家 4	3	10 年 1 次
					专家 5	3	10 年 1 次
同行均值：10 年 1.2 次					专家 6	2	10 年 0.3 次
历史记录：10 年 1.1 次					均值	2.83	10 年 0.97 次
备注： 频率计分范围： 1. 很低（罕见；100 年 1 次） 2. 低（不可能；50 年 1 次） 3. 中（一般；10 年 1 次） 4. 高（有可能；2 到 5 年 1 次） 5. 很高（几乎确定；1 年几次）					影响评估及建议： 1. 频率计分值 2.83 2. 频率：10 年 1.09 次 3. 建议：通常管理即可		

5.3.6 风险驱动因素图

对企业而言，识别当前和未来将面临什么风险以及分析这些风险的来源无疑是极其重要的。所谓的风险驱动因素就是指风险的根源。尽一切可能将风险的驱动因素都寻找出来，进而分析判断出哪些是关键风险驱动因素，对该风险的认识就会大大提高。而且往往当把关键风险驱动因素管理控制好了，该风险也就得到了良好的管理。下面，以员工流失风险为例来说明风险驱动因素图的制作。对于员工流失，可以从公司内部因素、公司外部因素和员工自身因素三个方面来考虑。然后，再从每个方面，把具体的风险驱动因素寻找出来，这样，就不难制作出风险驱动因素图（如图5-3和图5-4）。接下来，对所有的风险驱动因素进行深入研究，找出关键风险驱动因素，对该风险有了较深刻的认识，就能够有的放矢。最后，需要说明的是，风险驱动因素图主要应用于营运（操作）风险的识别和分析。

以下分别采用了三种风险诱因分析方法来展示"风险与风险诱因要素"之间的因果的关系（见图5-3～图5-5），其中"鱼刺图"法在实践中采用的更为普遍。

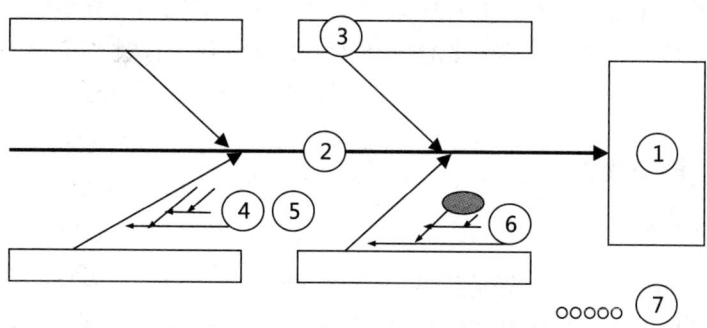

图5-3　鱼刺图分析法

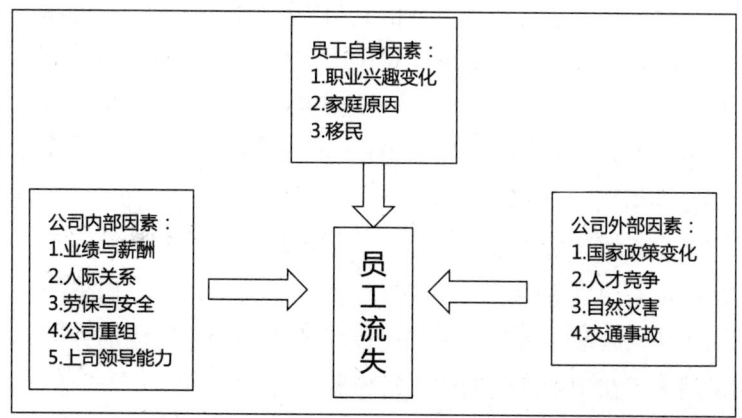

图5-4　风险驱动因素示例图（诱因分类法）

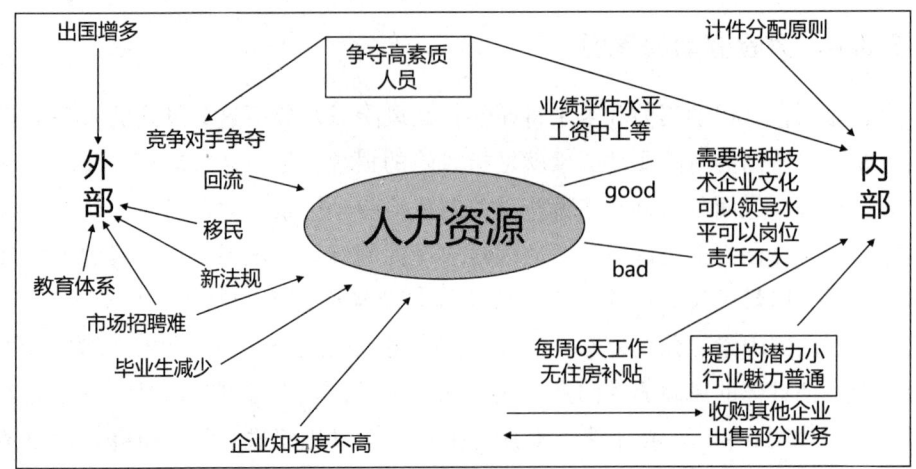

图 5-5 风险驱动因素分析示意图

最后，必须指出的是，本章所介绍的仅仅为风险管理方法和技术的一小部分，还有许多方法没有涉及，也不可能全部涉及。同时，这里介绍的主要是非定量的方法。更何况风险管理方法和技术一直都处在快速发展变化的过程中，因此，对于有志于风险管理的人士来说，进一步的学习和研究在任何时候都是值得去做的，也是必须要做的。

5.3.7 检查表法

（1）概念

检查表（Check-lists）是危险、风险或控制故障的清单，而这些清单通常是凭经验（要么是根据以前的风险评估结果，要么是因为过去的故障）编制的。检查表法实际上是一种多路思维的方法，人们根据检查项目，可以一个方面，即一条一条地想问题。如，它为什么是必要的（Why），应该在哪里完成（Where），应该在什么时候完成（When），应该由谁完成（Who），究竟应该做些什么（What），应该怎样去做它（How）。这样，不仅有利于系统和周密地想问题，使思维更具条理性，也有利于较深入地发掘问题和有针对性地提出更多的可行设想。这种方法后来被人们逐渐充实发展，并引入了为避免思考和评论问题时发生遗漏的"5W1H"检查法，最后逐渐形成了今天的"检查表法"。

检查表法可用来识别危险及风险或者评估控制效果，可以用于产品、过程或系统的生命周期的任何阶段，可以作为其他风险评估技术的组成部分，但最主要的用途是检查在运用了旨在识别新问题的更富想象力的技术之后，是否还有遗漏的问题。

（2）应用框架（ISO31010 逻辑）

①输入有关某个问题的事先信息及专业知识，例如可以选择或编制一个相关的、

最好是经过验证的检查表。

②处理过程。具体步骤如下：

· 确定工作目标、活动范围等。

· 选择一个能充分涵盖整个范围的检查表。在进行风险识别时，不可使用标准控制的检查表来识别新的危险或风险。

· 使用检查表的人员或团队应熟悉过程或系统的各个因素，应该审查检查表上的项目是否有缺失。

③输出结果。输出结果取决于应用该结果的风险管理过程的阶段。例如，输出结构可以是不全面的控制清单或风险诱因列表等。

（3）检查表法的优点

· 非专业人士可以使用；

· 如果编制精良，会将各种专业知识纳入到便于使用的系统中；

· 有助于确保常见问题不被遗忘。

（4）检查表法的局限

· 会限制风险识别过程中的想象力；

· 论证了"已知的已知因素"，而不是"已知的未知因素"或是"未知的未知因素"；

· 鼓励了"在方框内画勾"的习惯；

· 往往基于已观察到的情况，因此会错过还没有被观察到的问题。

（5）应用举例（见表5-4）

表5-4　　　　　　　　某公司采购检查表

序号	检查的方面	检查点（检查的具体内容）	检查结果
1	对采购过程控制的总体情况	（1）向供应部负责人询问控制采购过程的主要方法，了解公司对采购产品（包括外包产品）的控制方法。	
		（2）检查公司采购产品的分类清单（包括外包产品）。	
		（3）必要时，到技术部了解对采购产品的要求，查证产品分类清单的正确性。	
2	对供方进行评价的控制情况	（1）向供应部负责人了解物资供方和外包供方应达到的要求。询问对供方选择、评价和再评价准则的制定原则和方法。	
		（2）查对物资供方和外包供方选择、评价和再评价的准则，内容是否齐全，该准则是否为经过批准的有效版本。请供应部提供所有供方的评价记录及资料，从物资供方和外包供方中各抽取3~5家，对照相应的评价准则查阅对其评价的记录及其相应的证实资料是否符合要求。	

续表

序号	检查的方面	检查点（检查的具体内容）	检查结果
2	对供方进行评价的控制情况	（3）向供应部负责人了解对供方控制的程序和方法，并请其提供供货情况的记录；核查是否对供货业绩欠佳的供方提出改进要求，效果如何，是否进行再次评价，核查相应评价记录。	
3	核实对供方评价准则制定及供方进行控制的情况	（1）向质检部负责人核实对供方评价及再评价的准则的制定过程。	
		（2）必要时，核查供方供货记录。	
4	采购信息的内容的充分性与适宜性及其审批情况	（1）向供应部负责人了解如何确定采购产品的要求，其依据是什么。	
		（2）从A/B/C三类产品各选出3种产品，查阅其采购信息（如采购计划、采购合同等）的内容是否正确齐全，质量要求是否明确，是否得到有关人员审批。	
		（3）向技术部负责人了解提供采购产品资料的情况。	
5	采购产品验证情况	（1）向供应部负责人了解对采购产品进行验证的方式。是否有派质检人员到供方处进行验证的情况，是否有顾客直接到供方处进行验证的情况。如有，请其提供有关合同或协议并请说明如何安排验证。核查相应的验证记录。	
		（2）请供应部提供近3个月对采购产品的验证记录。从中抽取5~7份在公司核对采购产品验证的记录是否符合有关的验收准则；抽取3~5份在供方处对采购产品进行验证的记录，看其是否符合有关协议或合同及有关验收准则的要求。	

5.3.8 SWOT分析法

（1）概念

SWOT分析法是一种公司战略规划与风险识别工具，起源于1960—1970年在美国斯坦福研究所由阿尔伯特·汉弗莱领导的一项关于公司战略规划问题的研究，所以SWOT分析法主要应归功于阿尔伯特·汉弗莱，他是一位组织管理和文化变革专家，于2005年10月31日逝世。SWOT这四个字母是四个英文单词的第一个字母，分别代表：优势（Strength）、劣势（Weakness）、机会（Opportunity）、威胁（Threat）。

从总体上看，SWOT分析可以分为两部分：第一部分为"SW"，主要用来分析在外部环境中与同行比较企业所处的地位和实力；第二部分为"OT"，主要用来分析从企业内部条件来看外部风险对企业的利弊影响。利用这种方法可以从中找出对自己有利的、值得发扬的因素，以及对自己不利的、要避开的因素，发现存在的问题，找出解决办法，并明确以后的发展方向。

从风险管理的角度来看，机会（Opportunity）可以认为是有利风险，威胁（Threat）可以认为是不利风险，它们都是企业经营与发展中可能遇到的风险。SWOT分析法可说是一种识别风险的定性分析法，例如，要进行一项商业风险投资，就得识别对实现这个目标有影响的内外部有利和不利因素，也就是要识别风险。

（2）SWOT分析流程

SWOT分析是对企业优势、劣势、机会、威胁的综合分析。在分析时，应尽可能利用各种方法如头脑风暴法把所有的企业内部优势和劣势因素都识别出来，同样也尽可能把与本企业有关的外部因素包括机会和威胁都识别出来。

常见的企业内外部各种因素如下：

企业内部优势因素：较高的生产率，充足的资金来源，良好的企业形象，技术力量强，规模经济，产品质量好，市场份额高，成本优势，营销渠道畅通等。

企业内部劣势因素：设备老化，营销方式落后，缺少关键技术，研究开发落后，资金短缺，原材料不易取得，产品积压，信息不灵等。

企业外部机会：政府招标，新市场、新需求，外国市场壁垒解除，竞争对手失误等。

企业外部威胁：新的竞争对手，替代产品增多，市场紧缩，行业政策变化，经济衰退，客户偏好改变，突发不利事件等。

所以，SWOT分析流程可按如下方式进行：

——尽可能把企业内部所有优势和劣势因素都识别出来，并进行适当排序；

——尽可能把与本企业有关的外部机会和威胁都识别出来，并进行适当排序；

——将S、W与O、T交叉组合形成SO、ST、WO、WT四组合，对每一组合进行详尽的比较分析，提出新的策略。

需要指出的是，新策略应该满足：

——保持和促进企业的优势；

——改善和消除企业的劣势；

——扩大企业抓住机会的可能性；

——发展企业防范威胁的能力。

5.3.9 流程图法

（1）概念

流程图是流经一个系统的信息流、观点流或部件流的图形代表。在企业中，流程图主要用来说明某一过程。这种过程既可以是生产线上的工艺流程，也可以是完成一项任务必需的管理过程。

例如，一张流程图能够解释某个零件的制造工序，或组织决策制定的程序。过程中各个阶段均用图形块表示，不同图形块之间以箭头相连，代表它们在系统内的流动方向。下一步何去何从，要取决于上一步的结果，典型做法是用"是"或"否"的逻辑分支加以判断。

流程图是揭示和掌握封闭系统运动状况的有效方式。作为诊断工具，它能够辅助决策制定，让管理者清楚地知道问题可能出在什么地方，从而确定可供选择的行动方案。

（2）常见流程图符号

流程图的常用符号标记为了使流程图所表达的内容能为他人准确、全面理解，需要在绘制工作中使用通用、统一的流程图符号标记。目前，国际标准化组织（ISO）等已有流程图符号方面的标准。在实际工作中需要使用这一标准以外的图形或符号，应考虑其通用性，尽量采用社会上已有并通用的，在必须创新的情况下，应在图中注明这些符号的含义与用法，并注意在同一图中和以后的绘图中保持连续性。

表 5-5 汇总了一些常见的标准化的流程图符号。

表 5-5　　　　　　　　　　　常见标准化流程图符号

序号	象征意义	符号	使用
1	开始和结束的标志	○	用来表示一个过程的开始或结束。"开始"或"结束"写在符号内
2	过程（或活动）的标志	□	用来表示在过程的一个单独的步骤。活动的简要说明写在矩形内
3	判定（或决策）的标志	◇	用来表示过程中的一项判定或一个分岔点，判定或分岔点的说明写在菱形内，常以问题的形式出现。对该问题的回答决定了判定符号之外引出的路线，每条路线标上相应的回答
4	连线（或流线）的标志	→	用来表示层层步骤在顺序中的进展。连线的箭头表示一个过程的流程方向
5	文档标志符号		用来表示属于该过程的书面信息，生成的任何供人阅读的信息，例如打印结果。文件的题目或说明写在符号内
6	连接标志	○	用来表示流程图的持续。圈内有一个字母或数字。在相互联系的流程图内，连接符号使用同样的字母或数字，以表示各个过程是如何连接的

续表

序号	象征意义	符号	使用
7	数据的标志	▱	用来表示数据任何种类的输入或输出,例如接收或发布信息,其中可注明数据名来源用途或其他的文字说明,此符号并不限定数据的媒体
8	预定义过程符号	▭	用来表示图表中已知或已确定的另一个过程,但未在图表中详细列出
9	准备的标志	⬡	用来表示准备阶段
10	并行方式的标志	=	用来表示同步进行两个或两个以上并行方式的操作

（3）流程图绘制步骤

流程图的绘制工作一般由三个阶段总计 12 个步骤组成。

第一阶段：准备阶段。这个阶段包括选择绘制对象、组织准备、数据采集、分列步骤四个具体步骤。

选择对象——确定绘制哪个流程的流程图，什么类型的流程图。

组织准备——组成专门小组，对小组成员进行流程图相关基本知识与技能的培训。

数据采集——收集所有相关资料信息。

分列步骤。

第二阶段：识别阶段。这个阶段包括确认目标、确认部门、确认起止点、确认输入/输出四个具体步骤。

确认目标——明确流程设计或优化的具体目标。

确认部门——识别流程所涉及的全部部门（或岗位），把步骤安排在这些部门（岗位）之下。

确认起止点——寻找流程的起始点与终结点。

确认输入/输出——确定各个节点上信息资料的输入/输出，即需要引入什么文件资料，需要形成什么文件资料。

第三阶段：绘制阶段。这个阶段包括：形成草图、修改核实、加入说明、正式定稿四个具体步骤。

形成草图——动笔绘制图形，填写相应文字标记等。

修改核实——反复征求各方的意见和反映，反复修改补充和完善，消除一切可能的错漏。

加入说明——形成有助于正确阅读理解流程图图示的文字说明。

正式定稿——经反复征求各方面意见反映，特别是有关责任者批准后，流程图正式定稿。

（4）流程图绘制要点

绘制流程图并使其应用于管理实践是一种创造性地分析问题和解决问题的过程，因此，绘制者可根据自己的风格及特定的需要，"自主"地实现这一过程，但如下一些事项需引起足够注意：

第一，作为新流程设计成果的流程图应从系统流程图的绘制开始，就首先从主要子系统（流程中的主要步骤）入手规划，这些主要子系统或主要步骤是指必然出现的、起关键性作用的组成部分。

第二，各种流程图的流程方向应在页面上呈现由高至低、由左至右的一致性。

第三，使用在一定范围内通用、统一的符号标记，图形尽可能简单，图形中的文字务必简要明确。一般情况下，一个处理框应当是一件独立的工作或者事件。

第四，流程图的结构应完整，除表格图形外，还应完整准确地标明标题（即图名）、作者、日期、文字说明、页数、编号等。

第五，关注流程起始点与终结点。应当警惕起始点过早出现，因为这种情况的发生会使流程中的非关键步骤过细、过多，人为造成流程的复杂性，妨碍人们对关键步骤的关注和正确认识。还应当注意避免终结点的过早或者过晚出现，因为终结点过早出现意味着丢掉关键步骤，过晚出现则意味着流程中出现冗余的活动。

第六，尽量避免出现交叉的流动线路。

第七，以连接线等形式减少线路的数量。

第八，尽最大的可能便于读者阅读。

（5）标准流程图示例（见图5-6和图5-7）

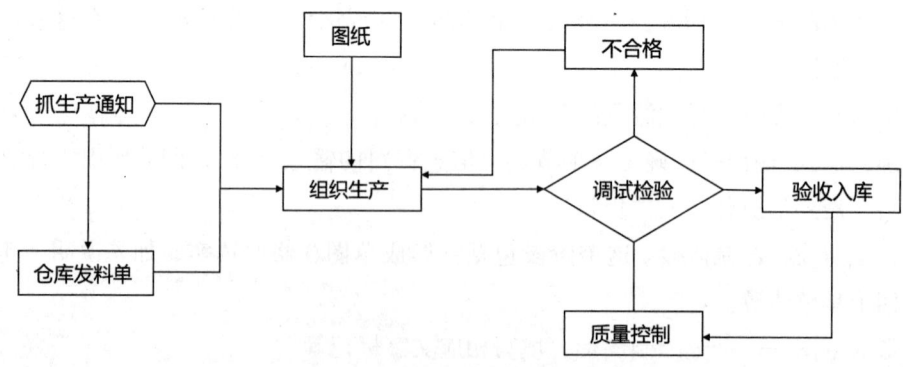

图5-6　××公司生产流程图

第 5 章 风险管理技术与方法

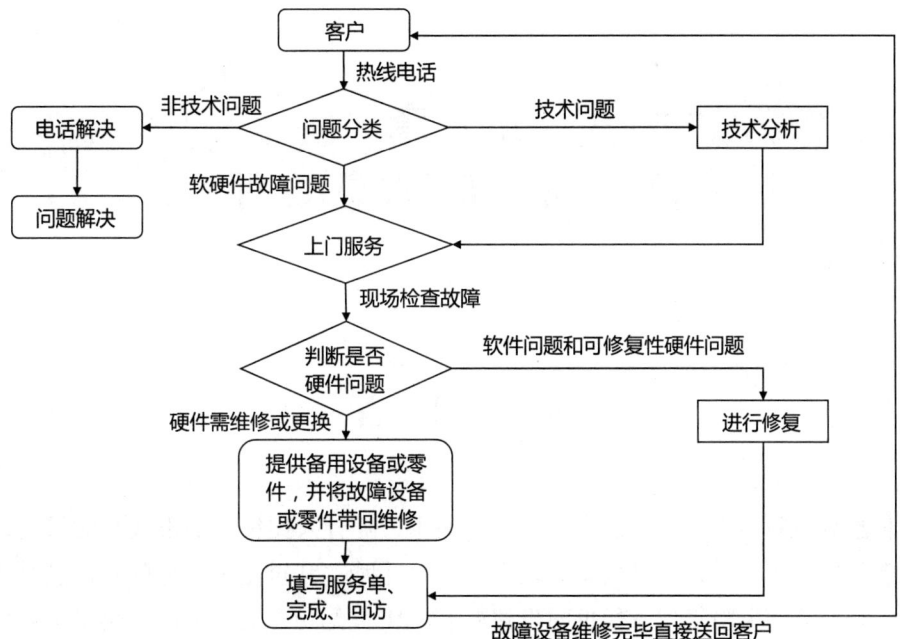

图 5-7 ××公司客户服务流程图

第 6 章
信息与风险信息管理

6.1 引 言

  信息和风险与人类的生活和工作相伴而生，随着人类社会的发展与时俱进，人类社会发展进步的过程就是信息与风险发展的过程。20 世纪末，伴随着信息时代的到来，企业全面风险管理时代也同步到来了。21 世纪初，大数据时代引发了数据储备、信息分析和信息利用的又一个新时代。

  人类社会经历了农业社会和工业社会，正向信息社会迈进。在农业化社会，最稀缺的资源是土地；在工业化社会，最稀缺的资源是资本；在信息化社会，最稀缺的资源就是信息。现在，企业经理们经常苦于信息缺乏而无法进行决策，无法了解客户的真实需求，无法了解市场竞争对手的情况，无法在竞争中立于不败之地，无法让企业基业长青！信息时代、大数据时代，正在快步淘汰数据与信息管理的落伍者。显然，这个时代"信息和风险信息管理"越来越显得十分重要。

  企业风险管理员是企业风险管理师职业资格系列的初级岗位，其日常工作内容包括"进行风险信息的收集、整理与报告"。本章主要围绕信息采集的方法、信息分类整理的方法、信息检索的方法等来编写，对信息网络、数据库、数据仓库、信息沟通、信息应用、信息管理标准等概念做简单介绍，帮助风险管理员对信息处理和信息管理有一个比较全面而系统的认识。另外，本章也介绍了企业风险信息管理范畴、风险信息收集框架、风险管理信息系统等相关知识。《企业风险管理人员职业标准》对企业风险管理员在风险信息管理中的工作内容给出了明确指引，对风险管理员就此能力方面的要求也十分突出。

6.2 信息系统与数据库

6.2.1 信息

信息就是对客观事物的反映，从本质上看是对社会、自然界的事物特征、现象、本质及规律的描述，是以语言、数据、图像、文字以及符号等为载体。但语言、数据、图像、文字以及其他符号等本身并不是信息，信息是这些载体所代表的含义和所要说明的事情。信息资源按载体不同，可以分为人脑信息资源、实物信息资源、文献信息资源、电子信息资源四类。

（1）人脑信息资源

人脑信息资源是以人的大脑为载体的信息资源，是人脑资源的一大部分。人脑资源极为丰富，其容量无法计算。现代人们对人脑资源的开发利用，大约不到其10%，即还有90%的"人脑资源"尚未被开发利用。人脑信息资源是客观存在的，但它的开发又受到社会生产力、社会科学文化等诸多因素的影响。

（2）实物信息资源

实物信息资源是以自然物质为载体的信息资源，可以分为自然实物信息资源和人工实物信息资源。自然实物信息资源是存储在天然物质中的信息资源，如大气、地球、山川、河流等；人工实物信息资源是经过人类劳动并以实物存在的信息资源，如建筑物、雕塑、碑刻、乐器等。

（3）文献信息资源

文献信息资源是以文献为载体的信息资源。文献是一种有内容可识别和理解的载体，它以文字、图像、符号、声频、视频等为主要记录手段，以存储和传递信息与知识为主要目的。文献记录、传递的信息和知识，统称为文献信息。文献信息资源有多种划分方法。按记录方式和载体材料，可以划分为书写型、印刷型、缩微型、机读型、声像型五大类，其中前两类一般属于纸质文献信息资源（传统文献信息资源），后三类属于非纸质文献信息资源。

（4）电子信息资源

电子信息资源是运用电子技术，以数字方式存储在电子媒体上的信息资源，表现为数据库、网络、广播、电视、图文电视等。其中，网络信息资源是电子信息资源中发展较快的一个重要类型。

电子信息资源的产生和发展打破了长期以来文献信息资源特别是纸质文献信息资源为主体的局面。但由于文献范畴的不断扩大以及文献信息概念的不明确，广义的文献信息资源与电子信息资源有交叉,其交叉部分为电子文献资源。

另外,在提到信息时,大家不免会想到数据。在数学和会计学中,数据是指以阿拉伯数字为符号的信息;在信息技术和计算机应用领域,数据是指以0/1为符号的一切信息,包括阿拉伯数字、字母、字符,甚至是语句或逻辑等;在计算机科学中,数据是指所有能输入计算机并被计算机程序处理的符号的介质总称。需要指出的是,本章描述的信息不仅仅局限于信息技术信息,也不特别区分信息和数据。

6.2.2 信息系统

信息系统是信息采集、加工、处理、传播、应用的载体或体系。信息系统并不是新时代的产物,例如,中国古代的烽火台就是战争报警信息系统。

进入20世纪中叶,人类开始研制电子计算机系统以此来帮助人们进行科学计算与分析。20世纪80年代以后,计算机技术、网络技术、存储技术、通信技术飞速发展,并逐步与相关技术融合,人类快速步入信息社会。互联网是这一时代最具代表性的产物。现在人们一提及信息系统,一般认为就是以信息技术为基础的计算机信息系统。计算机信息系统从流程逻辑来看一般包括:输入子系统、处理子系统、数据库系统、输出子系统(如图6-1所示)。

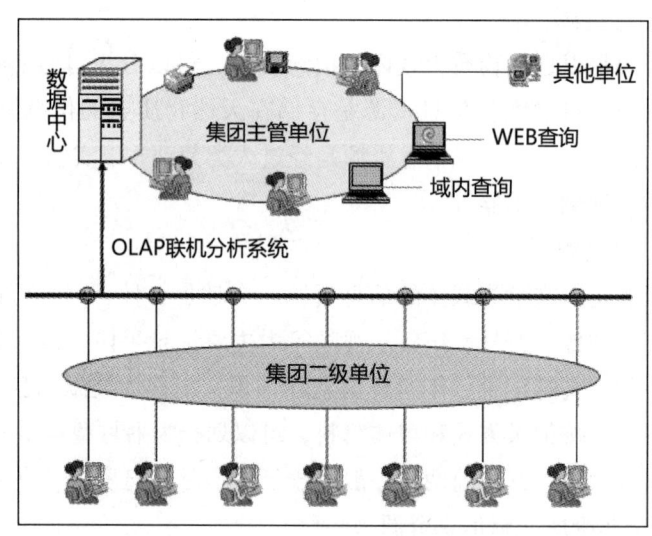

图6-1 计算机信息系统示意图

随着科技的进步,人们建立了各种各样的信息系统。其中,管理信息系统(Management Information System, MIS)尤为企业关注。管理信息系统是现代企业管理的一个重要组成部分,是一种在管理中进行资料处理、存储、调用的系统。它从企业内部和外部获取信息与数据,然后进行筛选、组织和选择,并加工成高价值信息或商业情报迅速传递给管理者,各级管理人员借助这些信息进行有效的管理活动。

所以，一个管理信息系统主要包括三种功能：一是确定信息需求的能力，二是搜集和处理信息的能力，三是促使信息使用的能力。

在现代管理活动中，企业会遇到大量信息，但信息多并不一定都是好事，因为信息多往往会产生"信息噪音"。所以，首先要确定哪些信息是自己真正需要的信息采集与管理的第一要招，然后根据这个前提再搜集信息，加以处理，精选出准确、真实、有用的信息。

一个管理信息系统大致包括这样几个子系统：数据的收集整理子系统、输入子系统、编辑分类子系统、传输子系统、存储子系统、检索子系统、输出子系统等。但就管理信息系统的构成要素看，它主要包括人员、设备和数据。

6.2.3 信息网络

信息系统通过各种交换系统和传输系统有机连接在一起，构成信息网络。其中，交换系统包括语音交换系统、数据交换系统、多媒体交换系统，使用的设备通常包括程控交换机、路由器、各类网关、软交换等；传输系统则包括电缆传输、光缆传输、无线电传输（微波、卫星）等。

信息网络把各自独立（不同部门、不同企业、不同行业、不同国家）的信息系统通过 Intranet 和 Internet 紧密地联系在一起，从而使不同部门、不同企业、不同行业、不同国家的人与人之间能够及时沟通与交流。

人类社会步入信息社会，信息系统网络逐渐成为最基础的网络之一。图6-2就是一幅信息网络的简图。

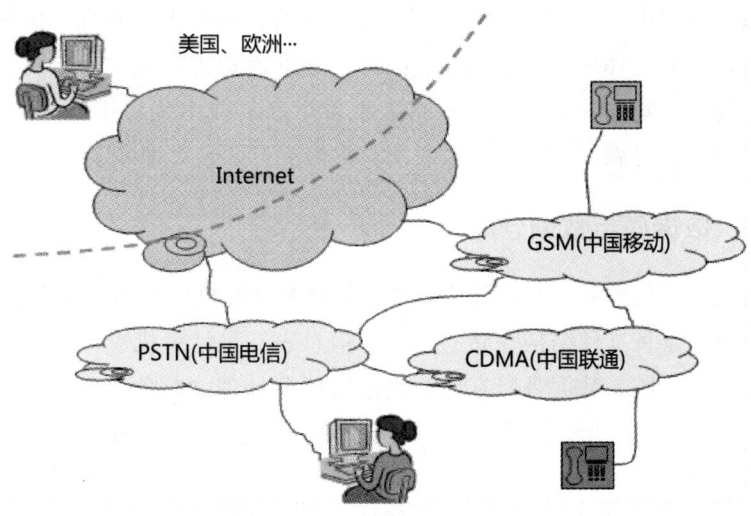

图 6-2 信息网络示意图

计算机网络的分类方法较多。如果按企业或组织范围来划分，计算机网络也可划分成 Intranet 和 Internet。通常，人们按照计算机网络覆盖的地理范围，可将其分为局域网、城域网和广域网三类。

局域网（Local Area Network，LAN）：将有限范围内（一个学校、一幢大楼或一个单位）的各种计算机、终端和外围设备互联而成的网络。

城域网（Metropolitan Area Network，MAN）：覆盖几十公里范围内的企业、单位的多个局域网互联而成的网络。它是介于局域网和广域网之间的一种高速网络。

广域网（Wide Area Network，WAN）：又称远程网，覆盖几十到几千公里的范围，即覆盖一个国家、地区或几个洲的国际性远程网。

随着信息技术（Information Technology，IT）的发展进步，人们的交流方式与工作方式都发生了很大变化。首先表现在交流方法方面，计算机应用和通信技术改变了大多数人的工作方式，也改变了企业的竞争力。最初，计算机应用对个人工作产生的影响是提高个人工作效率的软件，如字处理器和电子表格等，从而使工作中传送的不再是纸张文件，而是电子文件。通信技术（电子邮件、声音邮件等）的迅速发展，使人们之间的通信更为快捷和方便。

其次是工作方式的变化，信息技术的应用改变了人们的工作方式。现在，企业从发出订单到分析企业经营计划，大部分工作都是利用计算机完成的，而不像以前那样要用纸和笔。人们可以利用电子邮件或微信等聊天软件交换意见。

现在，办公室和工厂已不是唯一的工作地点，越来越多的工作可以在方便的时间和地点完成。人们可以在自己的家中办公，也可以在飞机上使用笔记本电脑办公。"在任意时间任意地点完成工作"已成为一种发展趋势。

信息技术的发展，为企业在组织和管理方面的变革提供了条件。传统企业采取层次的、结构化的管理模式，它们按照固定的标准流程进行大批量生产；而现代企业的组织结构日趋扁平化，它们在保持大批量生产的成本优势下，采取分散式的、灵活的管理模式，以满足客户的特殊需求，它们进行的是大规模定制生产。

6.2.4 数据库与数据仓库

数据管理技术的发展，与计算机硬件、软件及计算机应用的范围有密切关系。

数据库是以某种文件结构存储的一系列信息表，是计算机应用系统中一种专门管理数据资源的系统。数据是所有计算机系统所要处理的对象，包括多种形式，如文字、数码、符号、图形、图像以及声音等。数据库的基本结构分三个层次，反映了观察数据库的三种不同角度。

第一层：物理数据层。它是数据库的最内层，是物理存储设备上实际存储的数据的集合。这些数据是原始数据，是用户加工的对象，由内部模式描述的指令操作处理的位串、字符和字组成。

第二层：概念数据层。它是数据库的中间一层，是数据库的整体逻辑表示。它指出了每个数据的逻辑定义及数据间的逻辑联系，是存贮记录的集合。它所涉及的是数据库所有对象的逻辑关系，而不是它们的物理情况，是数据库管理员概念下的数据库。

第三层：逻辑数据层。它是用户所看到和使用的数据库，表示了一个或一些特定用户使用的数据集合，即逻辑记录的集合。

数据管理技术的发展大致经历了以下四个阶段：人工管理阶段、文件系统阶段、数据库阶段和高级数据库阶段（或称数据仓库阶段）。20 世纪 80 年代以后，数据处理迅速发展成为计算机应用的一个重要方面，数据库技术作为数据处理的一门技术近年来得到了迅猛发展，已逐渐形成了相当规模的理论体系和应用技术系统。同时，它也是信息管理的一个好"助手"。

（1）数据描述

数据描述是数据处理的一个重要环节。从事物的特性到计算机中的具体表示，实际上经历了三个领域：现实世界、信息世界和机器世界。

现实世界的数据描述主要是对原始数据进行综合处理，取出数据库系统所需要研究的数据，如各种报表、单据和查询格式等。

信息世界的数据描述是人们将现实世界在人脑中的反映，用文字和符号表示出来，它需要用以下一些基本术语来实现：

实体（Entity）：实体是指客观存在并相互区别的事物。实体可以是个体对象，例如一个教师、一个学生、一个部门等；也可以是抽象的概念和联系，例如，学生的一次选课、一次借书等。

实体集（Entityset）：实体集是指具有相同性质的同类实体集合。例如，所有教师、所有选课等。

属性（Attribute）：实体具有许多特性，每一个特性称为属性。每个属性有一个取值范围，即值域。例如，学生实体可由学号、姓名、性别、年龄、系别等属性组成。

主键（Key）：唯一标识实体的属性集称为主键。例如，学生实体的学号作为学生实体的主键。而信息在机器世界中是以数据形式存储的，其数据描述需要用到以下术语：

字段（Field）：标记实体属性的命名单位称为字段（或数据项）。它是可命名的最小信息单位。例如，学生有学号、姓名、性别、年龄、系别等字段。

记录（Record）：字段的有序集合称为记录（相当于前面提到的数据元素），一般用一个记录描述一个实体。例如，一个学生记录，由有序的字段集组成（学号、姓名、性别、年龄、系别）。

文件（File）：同一类记录的汇集称为文件。文件是描述实体集的，例如，所有学生记录组成了一个学生文件。

事物是相互联系的，这种联系必然在信息世界中体现出来，即实体是相互关联的。实体的联系有两类：一类是实体内部的联系，即同一记录内部各个字段间的联系；另一类是实体与实体之间的联系，即记录之间的联系。实体之间的联系比较复杂，其相应的数据结构也比较复杂，这类联系在数据库技术中应用较多。实体间的联系有两种：一是同一实体集中实体之间的联系；二是不同实体集的实体之间的联系。对不同实体集的实体间的联系，常有以下三种情形：

一是一对一联系，记为 1:1。例如学校与校长之间，火车的座位与乘客之间都是 1:1 联系。

二是一对多联系，记为 1:N。例如一个学校有若干学生，而每个学生均在一个学校学习，学校与学生之间是一对多的联系。

三是多对多联系，记为 M:N。例如课程与学生之间，一个学生可选多门课程，而每一门课程可有多个学生选修，课程与学生之间是多对多的联系。

（2）数据模型

数据模型是现实世界数据特征的抽象。由于计算机不可能直接处理现实世界中的具体事物，所以人们必须先把具体事物转换成计算机能够处理的数据。在数据库中用数据模型来抽象、表示和处理现实世界中的信息。数据库系统均是基于某种数据系统模型的，数据模型是数据库系统的核心和基础，它主要包括以下四种模型：

层次模型：用树型结构表示实体类型和实体间联系的数据模型。

关系模型：用表格结构表达实体集及实体间联系的数据模型。

网状模型：用有向图结构表示实体类型及实体间联系的数据模型。

面向对象模型：用对象和类型来表示实体类型和实体间联系的数据模型。

（3）数据仓库

目前，业界对数据仓库尚没有一个统一的定义，其流行的定义为：数据仓库是一个面向主题的、集成的、相对稳定的、反映历史变化的数据集合，用于支持管理决策。数据仓库是一个环境，而不是一件产品，它为用户提供用于决策的当前数据和历史数据，这些数据在传统的操作型数据库中很难直接得到或不能得到。简言之，数据仓库技术是为了有效地把操作型数据集成到统一的环境中以提供决策型数据访问的各种技术和模块的总称。目前能提供数据仓库的厂商主要有 Oracle、IBM、NCR 等。

对大中型企业而言，生产数据、客户数据、市场数据、风险数据等纷繁复杂，为现代企业的决策带来很大障碍。大型数据仓库的出现，是对企业业务信息、人员信息、流程信息和技术信息等的整合，为大型企业的集中管理和科学快速决策奠定了坚实的基础。

对从事风险管理工作的人员来说，数据仓库的知识和技术是必需的技能之一。企业风险多种多样，风险事件之多、风险数据之多不是一两个数据库所能解决的，所以掌握和运用数据仓库的基本知识对风险管理员而言不容忽视。与数据仓库相伴的还有数据挖掘（Data Mining，DM），通过数据挖掘，企业可以将数据转化为信息和知识，然后在此基础上做出正确的决策，或者提供机制将知识融入企业营运系统中进行正确运作。

6.3 信息处理的内容和原则

6.3.1 信息处理的内容

信息处理是一个很宽泛的概念，是信息管理的中心环节。信息处理过程包括以下主要内容：信息采集目的和目标的确定、信息采集、信息分类、信息分析、信息排序与检索、信息存贮、信息传输等。其中：信息分类包括信息编辑整理和信息电子化（把收集到的信息加工成满足信息处理，特别是适于计算机处理的形式的过程）等内容。这个环节是信息处理过程的关键环节，是进行信息分析、存储及检索应用的基础。如果不能对采集到的信息进行科学分类，后续的工作和应用都将失去效率和意义。信息分析包括统计分析和模型分析等内容。

对企业而言，信息处理是把企业内部生产经营活动及外部环境变化的各种原始数据、资料及信息，运用一定的设备、手段和方式方法，根据企业经营管理的不同需求，加工成数据、图像、报表、文字、密码、账册、资料等不同形式，以满足信息传输及信息存贮检索的需要的过程。

信息处理的根本目的是满足企业经营管理与决策的需要。围绕企业管理与经营决策的要求，把收集到的数据、资料、信息转换成便于观察分析、传递、应用或进一步处理的形式，并把信息加工成能够满足决策需要的有用信息和有效信息。

6.3.2 信息处理的原则

企业对收集到的资料和数据，必须鉴别真伪，以保证信息的正确性和可靠性。对信息处理必须严肃、认真，并遵循及时、准确、适用、经济的原则。

（1）及时

信息时代，不仅仅是"大鱼"吃"小鱼"，更多的是"快鱼"吃"慢鱼"。现代化管理与决策对信息处理的要求贵在及时。由于客观环境变化快，有效的市场经营与竞争策略必须突出"快"字。谁掌握信息快，谁就决策快。时间是个人的生命，时间也是企业的生命。只有对各种情况的变化进行及时处理，才不会失去信息的使用价值，才不会贻误时机。所以要及时收集信息、及时记录、及时处理、及时反馈。

（2）准确

准确性首先表现为正确性和客观性。没有准确的信息，就不可能保证决策的质量。信息的提供要准确，要能如实地反映情况，反映表象背后的深层原因。只有可靠的原始记录、数据、情况，才能加工出准确的信息为有效决策服务。否则，信息不准、数据不确、"假账真算"，结果不仅会使决策失误、自欺欺人，而且还会害人害己。

（3）适用

信息是海量的、无穷无尽的。无用的信息会干扰企业生产经营活动的正常进行。如何把信息进行科学分类，为不同的需要者提供不同的信息，适用性就显得非常重要。在实际信息处理过程中，人们常按战略性决策、战术性决策、管理性决策、业务性决策等进行信息分类，分别提供，使之各得其所，以提高信息的适用性及有效性。

（4）经济

经济是指信息的收集、处理方式及信息处理设备的选用，都必须综合考虑经济指标，把信息的及时性、准确性、适用性建立在经济性的基础上。获得信息的成本如果高于信息本身所带来的价值，那么就可以考虑放弃该信息的获得。

6.4　信息采集

6.4.1　信息采集的原则

（1）针对性原则

针对一定的目的，围绕用户的信息需求进行采集。在信息世界杂乱无章、千头万绪、真假并存和呈指数增长的情况下，信息采集不能采取"剜到篮里都是菜"的态度。

（2）完整性原则

根据用户的信息需求，全面、完整地采集与这种信息需求相关的信息。

（3）及时性原则

及时性原则是出于以下两种考虑：一是信息的时效性。在当今的信息环境中，信息的有效使用期越来越短；二是存在市场竞争，作为信息服务的一方，要在信息商品市场上获利,在信息采集时必须先于对手、快于对手。这就要求信息采集人员要有敏锐的信息感受力,及时采取行动。

(4) 预见性原则

在信息采集时,不仅要考虑到用户的信息要求,还要把眼光放长远,预见到用户信息需求未来变化的趋势,但这种预见是建立在对用户现时信息需求深刻分析和了解的基础上。

(5) 计划性原则

根据本单位的性质、任务和未来发展,制定合理的信息采集计划,有步骤、有条理地进行采集。

(6) 连续性原则

连续性的信息才能客观真实地反映事物的本质。

(7) 灵活性原则

在采集信息时,信息采集人员需要头脑灵活,此路不通,应另寻他途。

6.4.2 信息采集的方法

按照信息的时间特性可以将信息分为动态信息和静态信息;按照信息的保密特性可以将信息分为公开信息和非公开信息。信息采集方法依信息的类型和性质不同而不同,常用的方法有问卷调查法、预订采购法、参观考察法、信息检索法、专家咨询法、技术截获法、委托收买法等等。

(1) 问卷调查法(调查表法)

问卷调查法,就是调查者根据要调查的问题,向被调查者发放调查表(又称问卷),填妥回收后可直接获取有关信息的方法。问卷调查的工作程序一般包括:问卷设计、选取样本、实施调查。

(2) 访问交谈法(访谈法)

访问交谈法是通过访问信息采集对象,与采访对象直接交谈获取信息的方法。按访谈对象可分为个别访谈和集体访谈(座谈会);按访谈方式可分为电话采访和面谈。

访谈法的工作步骤一般分为三个阶段:准备阶段、实施阶段和整理阶段。

有关上述两种方法运用的更多内容,详见本书第 5 章。

6.4.3 从何处获得信息

现代社会给我们提供了很多有效的信息工具,但不幸的是,大多数信息工具的利用率都非常低。比如图书馆和专利文献,被利用得就很不足。总之,图书馆、专利文献、电话等通信工具以及互联网等仍然是主流信息获取的渠道。除了通过这几

个途径获得信息外,还可以通过以下公开和非公开信息源来获得信息:

(1) 主要的公开信息来源
- 报纸杂志;
- 行业协会和贸易组织出版物;
- 产业/市场调查报告;
- 政府机构档案;
- 政府出版物;
- 联机数据库;
- 国际互联网;
- 公司产品介绍、样本、手册/财务公报;
- 展览会;
- 企业招聘广告等。

(2) 主要的非公开信息来源
- 企业内部职员;
- 经销商;
- 行业的提供商和制造商;
- 行业协会;
- 行业主管部门;
- 信用调查报告;
- 客户群;
- 竞争对手;
- 专业调查咨询机构等。

随着通信技术的不断进步,人们进行信息采集的工具也不断丰富,比如照相机、录音机、摄像机、录音笔等。

重要提示:企业在做信息采集的同时也应该知己知彼,建立自己的反情报体系和制度,例如与员工签订保密协议,针对间谍人员发布假情报等。

6.4.4 风险信息的特性与采集

信息有多种多样,对风险信息数据而言,可以划分成内部数据和外部数据两部分。

内部数据是从企业各个业务信息系统中抽取的、与风险管理相关的数据。这些数据一般通过企业内部的业务数据仓库获得。

外部数据指通过专业数据供应商所获得的数据,例如市场行情和信息数据、行业统计分析数据、外部事件数据等。国际的普遍做法是采购各种外部数据,由于国内的外部数据供应商规模和实力有限，很多数据需要自行采集、评估或用其他数据替代。

风险信息的特性有很多，这里只强调两种：

第一，精确性。主要包括完整性和准确性。从经过审核的记录系统（例如损益表或运营系统）中收集到的数据信息最为准确。

第二，及时性。风险管理信息系统所提供的分析/计量结果，是各种投资组合不断变化过程中的一个瞬间量化。因此，相对于市场的动态变化，分析和准备风险报告所花费的时间越长，风险报告对最终使用者的价值就越低。实践中，不同的数据源通常会在不同的时间段使用，因而可以分批处理，不必等到所有数据完备后再进行。风险管理信息系统应当设置信息维护流程以及识别数据相关性的功能，并且建立灵活的数据载入时间安排。

风险信息通过信息载入模块加以过滤和验证之后，形成可靠的数据信息加以分类保存，等待进一步的分析和处理。在信息载入的过程中，有必要设置适当的信息载入流程规划，优化风险信息载入的次序和载入设备的使用效率，但重要的前提是，风险管理部门必须深入理解输入数据信息和风险计量过程之间的相关性和从属性。

6.5　信息分类

收集到的原始信息往往是一堆杂乱无章的资料，不能直接利用，必须加以处理。能否更好地利用信息，取决于信息处理的质量和速度，只有经过信息处理才能为生产经营和管理服务。信息处理的主要任务就是对收集到的信息加以分类、整理、筛选、加工、解释，使之标准化、数据化、条理化和档案化。其中，信息分类、编辑整理、编码与标准化、统计计算、排序检索等信息处理步骤尤为重要。

6.5.1　信息分类方法

信息不进行分类就无法处理。信息分类后便于整理编辑，便于贮存、检索和利用。信息分类根据生产经营范围、管理规模、信息量多少及经营决策对信息的要求不同而有不同的方法，一般应遵循以下原则：有利于决策与管理，有利于信息处理及检索，有利于建立信息管理系统。常用的按内容可将信息划分为：政治信息、经济信息、法律信息、科学技术信息、社会信息、自然信息、文化信息、心理信息、竞争信息等类别。

（1）经济信息

宏观经济信息：国内外经济发展动态、趋势、重大变化；国民经济长远发展规划、经济发展战略；各省、市、地区的经济发展规划、对策、措施、经济动态、经济发展成就；全国及各地人口，人口构成，平均家庭收入，个人平均收入及其可供支配数额，城乡居民存款数额等。

微观经济信息：经济结构、产业结构、企业结构、消费结构、劳动力结构、市场结构等。

（2）法律信息

法律的基本内容包括宪法、刑法、刑事诉讼法、民事法、民事诉讼法、婚姻法、兵役法、治安管理处罚法、广告法、商标法、商检法、森林保护法、环境保护法，以及为保护生态平衡、保护消费者权益等方面的法律和规定。法律信息可搜集国内外与本企业相关的政治、法律环境；影响企业的新法律法规和政策；本企业签订的重大协议和有关贸易合同；本企业发生重大法律纠纷案件的情况；企业和竞争对手的知识产权情况等。

（3）市场信息

- 产品因素，包括产品质量、品种、花色、数量等。
- 价格因素，包括出厂价、优惠价、分期付款、折扣等。
- 推销因素，包括展销、广告、送货上门等。
- 渠道因素，包括销售网点、代理商、代销商的水平及能力等。
- 其他竞争对手的竞争策略及竞争能力等。只有了解竞争对手，并进行双方实力对比，才能扬长避短，发挥自己的优势。

6.5.2 信息检索

信息分类不仅是为了信息再加工和存储的需要，更是为了信息检索的需要。

信息检索是指在已建立的信息库里查阅索引找出所需要的目标信息或信息对象。比如，图书分类按上述排序方法排序后，还要编制分类的索引，以便使用人员能方便地知道某一类目究竟在类目表的哪个位置。信息检索就是要解决这一问题，即编制有关索引，提供信息检索。常见的检索，如从一般图书包括字典、辞典、手册、年鉴中查阅到自己所需要的知识。

信息检索系统三要素：检索人、检索工具、文献资料。

信息检索有三种方式：手工方式、半自动方式、自动方式。

举例：下面国内典型的网络搜索引擎：

百度　　　　　　　　http://www.baidu.com
360　　　　　　　　 http://www.360.cn

6.6 信息编辑与信息统计

6.6.1 信息编辑

初始收集到的信息大多是分散的、零乱的、不完整的，甚至是假的、错的、过时的。所以信息处理者必须经过整理、筛选，去粗存精，去伪存真，然后分类进行编辑处理，力求信息准确、有效。信息的分析整理主要包括信息的检查、剔除、评定、补充等工作。

（1）信息的检查

对收集到的信息首先要认真检查其来源、时间、地点情况是否符合客观实际？数据、资料有无差错？

（2）信息的剔除

按照生产经营活动和经营决策的需要，剔除错误、虚假、过时、多余重复、无效的信息等。

（3）信息的评定

即评定信息的可信度：审查定性信息是否充分？推理是否严谨？阐述是否全面？观点是否正确？对有关定量的信息或数据，要审查其是否真实？时间、地点、提供人是否符合要求？

（4）信息的补充

对不全面、不够完善的信息进行补充，使信息满足经营管理与决策的需求。

信息分类的过程实际就是信息编辑加工的过程。在进行风险计量时，需要从众多资料源收集大量的数据和信息，除非采用大规模的、先进的自动处理技术，否则维持对这种数据信息环境的有效管理和控制的难度是无法想象的。很多企业都试图建立"简单的"风险管理信息系统。通常的解决办法是：尽量在每一个环节都设置自动化操作，自动生成信息处理状态和异常状态报告，并在必要情况下进行人为干预。

通过信息分类和加工可以得到两类数据：中间计量数据和组合结果数据。其中，中间计量数据是通过风险模型计量后的数据，它存储在风险数据仓库中，为不同的风险管理业务目标所共享；组合结果数据是基于不同的风险管理业务目标所需要的组合计量结果数据，或称之为"具有风险管理目标的综合数据"，它不但为风险管理人员提供便于解读的信息，而且为相关的业务人员提供便于业务决策的综合支持信息。

在信息处理过程中，应当密切关注风险分析与监控人员如何编辑/改动风险应用系统中的数据/信息。除非风险管理人员具有数据/信息修正的能力和权力，否则所有涉及数据/信息准确性的问题，都应当认真地返回到源头去处理，以免相同的问题重复出现，从而整体提升风险管理信息系统的质量。

6.6.2 信息数据统计

管理离不开统计。统计工作是一种收集、整理、分析数学资料的方法及过程。现代管理要求对事物的有关信息既有说明又有数据，既能定性又能定量。这就要求一方面要搞好统计调查，对研究事物的数量进行有计划地、系统地、科学地收集统计资料；另一方面，要对已收集到的有关事物的数据资料进行整理、计算、统计及分析，按管理需要有系统地制成有关统计表、统计图及各类表图及模型。

（1）统计汇总

信息加工者对于收集到的数据资料，首先要进行科学的加工整理，把说明个体的原始材料变为说明总体的综合材料，进行统计汇总。统计汇总一般分三步进行：

一是确定对调查资料分组；

二是在分组的基础上计算各组和总体及有关标志的合计数；

三是把汇总结果图表化，概括地说明这些现象的本质和规律性。

（2）分组

分组是指根据经营管理的要求和统计的研究任务，将所研究的事物按照重要的变动标志区别为不同的类型或性质不同的组，使组与组之间有着比较明显的差别，组内具有一定的同质性。

统计分组有利于认识事物的组成部分，也有利于观察和分析各种事物的矛盾运动，还有助于揭示信息现象的内部结构及表明现象间的相互依存关系。

（3）分析

统计分析时运用统计方法分析指标间的联系，对各项指标进行综合、分析、推理、判断，找出与企业生产经营活动相关的规律，进而提出解决问题的建议。企业常见的统计分析一般有：生产分析、市场分析、销售分析、供应分析、成本分析、财务分析、综合分析等。

6.6.3 日常信息统计的工作方法

（1）建立统计工作制度

统计工作制度化的目的在于充分发挥统计的监督、反馈作用，保证信息的及时性和准确性，使企业信息流畅通，并为实现统计工作规范化提供可靠保证。相关制度包括：统计报表制度、原始记录整理制度、对外报表审批制度、统计信息反馈规程和统计专业培训等制度，并在此基础上，进一步建立信息管理工作制度。

（2）规范原始记录

原始记录是企业生产经营活动的最初记载，是信息管理的基础，也是企业进行经济核算和经济责任制考核的重要依据。结合企业特点建立健全与企业生产经营活动相适应的原始记录，制定原始记录的管理办法及传递路线程序，使原始记录规范化，有利于信息工作水平的提高。

（3）历史资料档案化

开展预测、进行决策、制定长远计划都要参阅历史资料。将企业的基本情况、经营计划及其完成情况、各种经济技术指标、各类定额及其执行情况等，按统计方法及信息处理要求进行加工、整理，分别建立档案卡，或按时间顺序分门别类地制出各种图表，使历史资料档案化。

（4）各项指标统计台账化

统计台账是汇总、整理、计算和累计资料的重要工具。企业应从综合部门到各专业科室、车间、班组，建立多级次的多种多样的统计台账。实现统计资料台账化，有利于减少统计人员的重复劳动，可以加速报表进度，保证数值一致，及时、准确地完成核算和报表任务，提供有关数据以供业务人员及领导者使用。

（5）生产进度指标动态可视化

统计数字写在报表账本上、锁在柜子里是起不到信息的反馈作用，必须把死数字变成活动指标，通过信息处理，使各级领导和广大职工能及时获得生产经营活动的动态信息。以科室、车间、班组为单位，开展可视化管理；以各种统计图表方式并结合挂牌、出小报等多种形式，及时传输有关计划、合同、技术经济指标的完成进度及市场变化的动态信息，使相关人员及时了解并发挥指导、控制和协调作用。

（6）统计综合分析经常化

统计分析及技术经济活动分析是企业信息工作的重要组成部分，经常开展分析有利于发挥控制及反馈作用。在形式上，有专题分析、综合分析、预测分析等；在内容上，有生产分析、市场营销活动分析、人才及劳动分析、质量分析、物质能源分析、版本分析、利润分析、资金分析、财务分析等；在方法上，可采用比较分析法、差额分析法、分组法、动态数列法、ABC分析法、相关分析法、比重分析法、图表分析法等。

6.7　信息存储与信息传输

信息存储是一项具有较强灵活性的工作，对系统开发人员是一个很大的挑战。

在信息系统中设置一个状态信息库会有很大帮助，它是用于保存系统状态信息和用来发布不同模块工作状态的工具。通过存储输入数据信息状态，可以容易地设置系统警报，提醒数据丢失，也可以获得载入过程的完整描述，例如发现哪些上传系统存在问题。

信息传输是指信息通过载体传递的过程，这个载体可能是物流网络，也可能是电信网络。常见的信息传输技术包括：电缆传输、光缆传输、无线电（微波）传输、卫星传输等。当然，传统的邮政传输也是信息传输的方式之一。

6.8 信息传播

信息交流与传播是人类社会与自然界中最普遍的现象。只要宇宙间有事物的存在和运动，就有相应的信息产生。信息一旦产生，就会在宇宙空间和时间上无限传播和交流。

6.8.1 信息传播的渠道

信息渠道是信息传播的通道。信息传播渠道的选择，决定了传播的及时性与准确性。如果传播渠道短，或者渠道畅通，那么传播就快，信息量的损失就小；如果传播渠道较长且不太畅通，或者渠道虽短却不畅通，信息的传播就会受到阻碍，要么会延长传播时间，要么影响信息的时效，降低信息的准确性。企业或组织的信息传播渠道分为内外两种：

（1）企业内部的信息传播渠道

企业内部的信息传播渠道有两种：一种是正式传播渠道；另一种是非正式传播渠道。

正式传播渠道是通过正式组织层次和组织结构传播信息的渠道。正式传播渠道可以分为两类：

一是单向传播和双向传播。只是由信息发出者将信息传播给接受者，称作单向传播或有向传播。信息发出者和信息接受者互为传播信息，称为双向传播。

二是上下级传播和越级传播。信息发出者向自己的直接下级或直接上级进行的传播，称为上下级传播。信息发出者出于某种特殊原因，越过直接下级或直接上级进行的传播，称为越级传播。

非正式传播渠道是通过正式组织以外的信息系统传播信息的渠道，把这种信息传播渠道组成的信息系统称为"非正式信息系统"。

（2）企业外部的信息传播渠道

企业外部的信息传播渠道有很多,包括邮政、电信、广播、电视、报刊、文件专递、网络、E-mail 等。

6.8.2 信息传播的有效性

信息传播的有效性指的是信息经过传播到达接受者时,仍旧真实可靠,而且传播速度快、数量大、投入小。研究信息管理过程中信息传播的有效性,就是研究影响传播有效性的主要因素和提高有效性的方法。

在信息传播过程中有一种信息畸变现象。信息畸变,就是信息失真,指的是采集到的原本正确的信息,在传播过程中由于各种各样的原因发生了偏差、走样,改变了原来的面目、出现畸形。这些畸变包括信息的准确度和真实度降低,或者完全不准确,或者失去了时效,或者变得模糊失去本来面貌,或者该信息的目的性不清等。所以,造成信息畸变的原因,就是影响信息传播有效性的主要因素,解决由这些原因产生的问题就是提高传播有效性的方法。具体地说,造成信息畸变的原因有以下两个方面:

(1)信源干扰

由于下列原因,传播主体的干扰会使信息产生畸变:

一是从个人利益出发的故意歪曲。传播主体为了保护自己的私利,有可能故意歪曲信息的内容,甚至扣押信息的内容;或者为了表现自己取得的成果,报喜不报忧;或者从个人利益出发去理解信息,对信息故意进行歪曲性发挥,以致完全改变了信息的原来含义。

二是基于主体理解偏差的无意失真。传播主体受自身理解能力和水平的限制,受自己心理状态的影响和制约,以致对信息内涵的理解发生偏差,无意中造成信息的失真。尤其是传播主体的官僚主义和主观主义,往往会凭自己的主观臆断来理解、评价、修改信息,使传播中的信息失真。

(2)渠道干扰

如果组织内部机构庞杂、层次繁多,势必会使信息传播渠道变得迂回曲折,不仅传播速度慢,甚至发生滞留、阻塞,而且会因各级主体干扰而使信息失真。另外,企业或组织内的信息传播系统不健全、分工不明确,以致责任不清,办起事来互相推诿,不仅会因此影响传播速度,而且很容易造成信息传播中断。

先进的管理信息系统一般采用 B/S (Browser Structure),操作人员通过 IE (Internet Explorer) 方式实现远程登录。在企业里,就风险信息而言,发布信息和报告分为两个步骤:

第一步是预览,此时风险报告只有风险监测人员可以看到,风险分析人员在报告发送给外界之前,还要最后核准风险报告结果准确无误;

第二步是发布，把风险情况或报告传递给所有终端用户。任何风险发布系统都应该设有不同的安全级别，以便风险监测人员在发布信息时，能够确保适当的人员得到他们应当看到的风险信息。

6.8.3　几种典型的信息传播方式

（1）内部报告

每个企业都有自己的指挥领导路线，也有自己的报告路线。在风险管理领域，风险报告路线是很重要的信息传播途径。从各业务部门或职能部门到风险管理部门，再到首席风险官（CRO）、首席执行官（CEO）或风险管理委员会、董事会，甚至监管当局等，风险信息是否能够畅通无阻地传播，直接决定了企业的风险管理能力和水平。

（2）信息披露

企业为了使投资者及时、全面地了解企业经营状况，通过发布临时公告和定期报告向投资者和社会公众全面披露公司经营和管理信息的披露行为，称为信息披露。

在披露信息时，企业应判定哪些披露信息属于重要信息。如果某项信息因缺乏或虚假会改变或影响使用者的评估或决策，这样的信息就是重要信息。企业信息披露的总体原则是：全面、真实、准确、及时。

但对于专有信息，企业可以不披露具体的项目，但必须对要求披露的信息进行一般性披露，并解释某些项目未对外披露的事实和原因。专有信息具有下列特点：如果与竞争者共享这些信息，会导致企业的产品和系统的投资价值下降，进而削弱其竞争地位，如有关客户的信息、使用的方法论、估计参数、数据等信息。

6.8.4　信息反馈

在研究信息传播的同时，还应重视信息的反馈。信息反馈是将利用某一信息之后得到的结果（反馈信息）与利用该信息前对结果的预测进行比较，获得该信息利用效果的结论，借以指导下一次信息的利用。

风险管理员要做好信息反馈工作。首先要收集反馈信息。从收集反馈信息的角度来看，信息反馈与信息采集是交织在一起的，因此在信息采集工作中就应该包括反馈信息的采集。

对职业经理人而言，信息反馈是管理控制的前提。信息反馈可以使经理人了解信息利用的效果，了解管理工作的长处和缺陷，以便对原来的信息管理方案做出相应修订，继承和发扬长处，克服和避免缺陷，把相关管理工作做好。

6.9 信息管理的相关国际标准

为了让风险管理人员全面系统地了解信息和信息管理，下面再简要介绍一下与信息技术规划、信息安全以及信息技术审计等相关的国际标准。

6.9.1 IT规划（ITIL）

英国政府中央计算机和电信局（CCTA）在大量最佳实践基础上，提炼出的ITSM知识框架，称为ITIL（信息技术基础架构库）；英国国家标准局（BSI）基于Information Technology Infrastructure Library（ITIL）推出了国家标准BS-15000。ITIL包括一系列适用于所有信息技术组织的最佳实践——无论这些组织的规模如何以及使用的是什么技术。ITIL已经被全球两万多家在不同领域和行业领先的组织使用。

ITIL是一个覆盖信息技术环境运行维护中众多其他方面（如系统管理、网络管理和安全性）的库，ITIL可用于创建、重组和提供信息技术服务管理过程。

基于ITIL的信息技术规划也得到世界各大信息技术企业的推崇，如HP、IBM、Microsoft等，它们基于ITIL和ITSM（信息技术服务管理）建立了自己的方法论和服务管理机制。ITIL是首席信息官（CIO）规划企业信息技术架构的指南。

6.9.2 信息安全（ISO17799）

就像其他重要的商业资产一样，信息是一种资产，对一个组织来说是有价值的，因此需要妥善保护。信息安全保护信息免受多种威胁的攻击，保证业务连续性，将业务损失降至最低，同时最大限度地获得投资回报和利用商业机遇。信息存在的形式多种多样，它可以打印或写在纸上，或以电子文档形式储存，通过邮寄或电子手段传播，也可以影像形式显示或在交谈中表达出来。不管信息的传播形式如何，或通过什么手段进行共享或存储，都应妥善保护。

信息安全技术是一门综合学科，涉及信息论、计算机科学和密码学等多个方面。信息安全需要研究计算机系统和通信网络内信息和保护方法，以实现系统内信息的安全、保密、真实、完整和可用。

ISO17799源于BSI的BS7799。BS7799-1首发于1995年，为信息安全提供了一套全面、综合、最佳实践经验的控制措施。其目的是将信息系统用于工业和商业用途时，为确定实施控制措施的范围提供参考，并且能够为各组织采用。BS7799由两个部分组成：第一部分是信息安全管理业务守则；第二部分是信息安全管理系统规范。

信息安全具有以下三种特征：

一是保密性：确保只有经过授权的人才能访问信息；

二是完整性：保护信息和信息的处理方法准确而完整；

三是可用性：确保经过授权的用户在需要时可以访问信息并使用相关信息资产。

信息安全是通过实施一整套适当的控制措施实现的。控制措施包括策略、实践、步骤、组织结构和软件功能。必须建立一整套的控制措施，确保满足组织特定的安全目标。有关进一步的详细信息，请查阅 ISO17799、ISO27001 等标准。

信息系统是企业的神经网络，需要一套完善的管理制度来确保其正常和安全运行。信息系统的日常运行管理是为了保证系统能长期有效正常运转而进行的活动，具体包括系统运行情况的记录、系统运行的日常维护等。

对系统运行情况的记录应事先制定登记格式和登记要点，具体工作主要由使用人员完成。人工记录的系统运行情况和系统自动记录的运行信息，都应作为基本的系统文档按照规定期限保管。这些文档既可以在系统出现问题时查清原因和责任，还可以作为系统维护的依据和参考。

信息系统的运行制度，除了机房的管理制度外，还包括软件、数据、信息等其他要素必须处于监控之中。信息系统的其他管理制度主要包括如下内容：

- 对重要的系统软件、应用软件必须有管理制度。如系统软件的更新维护、应用软件的源程序与目标程序分离等。
- 必须有数据管理制度。例如重要输入数据、输出数据的管理。
- 必须有密码口令管理制度。做到口令专管专用，定期更改并在失密后立即报告。
- 必须有网络通信安全管理制度。实行网络电子公告系统的用户登记和对外信息交流的管理制度。
- 必须有病毒防治管理制度。及时检测、清除计算机病毒，并备有检测、清除的记录。
- 必须有人员调离安全管理制度。例如，人员调离的同时马上收回钥匙、移交工作、更换口令、取消账号，并向被调离的工作人员申明其保密义务，人员的录用调入必须经人事组织技术部门的考核和接受相应的安全教育。
- 除此之外，任何信息系统的运行都必须遵守国家的有关法律和法规，特别是关于计算机信息系统安全的法律法规。

风险管理信息系统是企业的核心信息系统之一，作为企业风险管理的核心"无形资产"，必须对之设置严格的质量和安全保障标准，以确保其能够长期不间断地运行。

风险管理信息系统应当：

- 针对风险管理组织体系、部门职能、岗位职责等，设置不同的进入级别。例如，禁止使用、有限使用、无限使用但无权修改、无限使用且有权修改等。
- 为每个系统用户设置独特的识别标志，并定期更换登录密码或磁卡。
- 对每次系统登录或使用提供详细记录，以便为意外事件提供证据。
- 设置严格的网络安全/加密系统，防止外部非法侵入。
- 随时进行数据信息备份和存档，定期进行测试并形成文件记录。
- 设置灾难恢复以及应急操作程序。
- 建立错误承受程序，以便发生技术困难时，能够在一定时间内保持系统完整性。

随着信息技术的发展，建立风险管理信息系统的技术层面的困难相对降低，但数据的整合和分析工作无论在何种情况下，都是建立风险管理信息系统过程中的一个非常艰巨的挑战，需要巨大的资源投入。可以预见，能够建立功能强大的风险管理信息系统并且处在产业发展最前沿的企业，一定是那些有着多样化的业务单元、经营遍布全球、经济和技术实力雄厚的跨国公司。实践表明，这些企业对风险管理信息系统的巨额投入，已经为其在全球化运营中带来了强有力的决策支持，获得了可观的收益。随着市场的日新月异，越来越多传统的、中小型企业也在不断加强自身的风险管理信息系统建设，以提高自身精确管理能力。

6.9.3　IT 审计（COBIT）

要保证信息系统符合组织的安全策略和标准，就必须根据适当的安全策略对信息系统的安全进行定期评审。信息技术审计的目标是：最大限度地提高信息系统的有效性。在系统审计过程中，应该采取适当的控制措施保障操作系统和审计工具的安全，同时还要采取保护措施保障审计工具的完整性，防止滥用。

COBIT（Control Objectives for Information and Related Technology）用于信息技术审计，能够帮助信息技术管理人员评估信息技术环境中的风险和控制的投资，为信息技术用户提供信息技术安全和控制服务的保证，证实审计人员就内控提出的意见和建议。

尽管 COBIT 和 ITIL 有着许多不同，但指导原则却是一致的。信息系统审计师通常综合使用 COBIT 和 ITIL 的自评估方法，去评估企业信息技术服务管理环境。COBIT 为每一个过程提供了关键目标指标（KGI）、关键绩效指标（KPI）、关键成功要素（CSF），这些指标与 ITIL 过程相结合，可以建立 ITIL 过程管理的基准。COBIT 审计原理如图 6-3 所示。

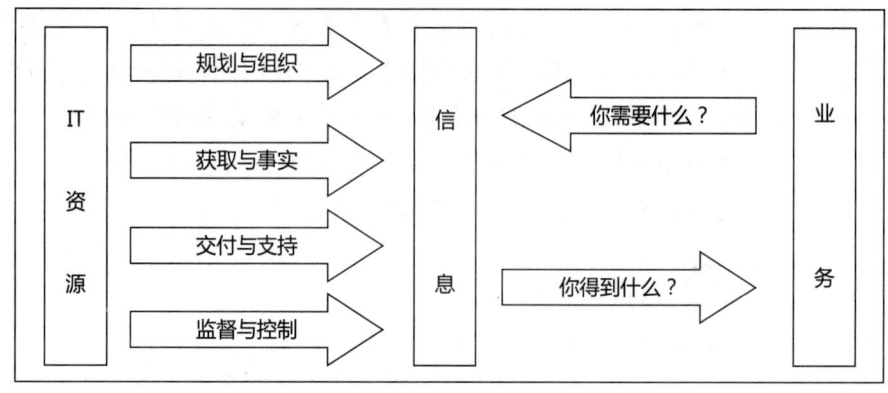

图 6-3 COBIT 审计原理

要了解更多 IT 审计方面的知识，请参阅 ISO17799 和 ISO27001 等相关标准。

6.10 信息应用

6.10.1 信息与决策

无论哪一级管理者，无论管理者做什么，都需要通过决策来完成工作。决策过程包括五个不同的阶段：界定问题、分析问题、制订可行的替代方案、寻找最佳解决方案、把决策转化为有效的行动。

第一，在界定问题阶段，首要任务是要找出真正的问题是什么，并且界定该问题；决定解决该问题需要什么条件，同时彻底搞清楚解决方案的目标是什么。

第二，找到正确的问题，设定目标并确立规则，然后决策进入第二阶段——分析问题。在这个阶段，主要任务是把问题分类，寻找事实。在这一阶段需要注意的是：管理者永远不可能获得所有应该掌握的信息和事实。原因可能是因为无法获得，或要掌握完整信息需要花费太多的时间或太高的成本，但也不需要在掌握了所有的事实信息后再决策。但是必须了解还欠缺哪些信息，由此判断决策的风险有多大，当建议采用某个行动方案时其严谨度和准确度有多高。切忌根据粗糙不足的信息来制定精确的决策。

第三，在制定可行的替代方案阶段，有个不变的原则就是：必须针对每个问题制定出多种选择方案。"二选一"是非此即彼的陷阱！

第四，决策的第四个阶段是寻找最佳解决方案。只有到了这个阶段，管理者才应该决定什么是最合适的解决方案。选择最佳方案的标准有以下几个方面：

一是风险。管理者必须根据预期的收获来权衡每个行动方案的风险。任何行动都有风险,即使不采取任何行动,也会有风险。但最重要的是预期收获与预期风险之间的比率。

二是投入精力所达到的经济效益。识别哪些行动方案能花最小的力气,得到最大的成果。

三是考虑时机。如果情况十分紧急,那么宁可果断的采取决策和行动,也不能坐以待毙。

四是资源的限制。最需要考虑纳入资源限制的就是执行决策的人,只有找对了执行人选,才能有效执行决策。所以,在执行决策之前,一定要问:有没有办法将之付诸实施?有这样的人吗?

需要注意的是:不采取行动或采取特定的行动同样都是完整的决策!认为碰到问题时就必须采取行动,是一种盲目的想法。

第五,最后,到达决策的第五步,使决策生效。任何决策都必须得到有效实施,才能发挥其效应。

6.10.2 决策支持系统

决策支持系统(Decision Support System,DSS),是围绕着决策行动主体进行的、支持管理人员进行非程序性决策的信息系统,是一种基于Web,集查询、报表、OLAP(On-Line Analytical Processing)分析及数据挖掘为一体的决策支持解决方案。其服务对象是企业的各级决策人员,通过挖掘数据、分析和监控企业的产值、资金、人力、采购、库存、项目等各个业务单元的经营状况,帮助企业决策者作出科学决策。

决策支持系统具有如下三个特征:

一是以处理非程序性决策为主;

二是对管理人员的支持而不是替代;

三是系统本身要求具有灵活性,能够采用联机对话方式,以便利用人的经验和系统提供可供分析的信息来解决问题。

目前的决策支持系统一般由一个数据库、一个模型库以及复杂的软件系统构成。随着计算机和通信技术的发展,决策支持系统将集成手机短信,或通过移动终端(笔记本电脑、PDA、手机)实现对企业运营情况的监控,以满足管理者和决策者随时随地掌控企业运营状况的需求。

6.10.3 信息与预测/预警

研究信息的目的不仅仅是为了解决过去和当前的问题,如果能够利用信息进行预测和预警,那么企业就可以提前规避很多风险,在市场竞争中获得先机。预测是预警的前提，是人们对客观事物未来发展的预料、估计、分析、判断和推测。预测充分体现了人类活动的能动性。对于现代企业管理来说，加强预测是提高管理应变能力的需要。预测主要解决两个基本问题：第一，在一定时期内管理活动可望达到什么水平，即目标规定的任务能完成到什么程度？第二，能获得多少资源来支持实现目标方案的各种活动，即人力、物力、技术、时间、信息等资源可以筹集到多少？

预测是决策的前提，科学预测是正确决策的依据。根据预测的内容，可以把预测分为科学预测、技术预测、社会预测、经济预测、军事预测等；根据预测的期限，可以把预测分为短期预测、中期预测、长期预测等；根据预测的性质，可以把预测分为定性预测、定量预测、综合预测等。

建立预警机制是人类社会发展的必然。随着信息采集技术、统计技术、分析技术等技术的进步，传染病预警系统、自然灾害预警系统、企业风险预警系统等陆续问世和完善，相信在不久的将来，这一领域的发展一定会日新月异！

6.10.4　信息系统推动的"信息应用"

信息技术与互联网技术的发展，为挖掘信息的应用价值提供了有效的载体。通过这一载体提高了信息收集、提炼整合、智能判断以及自动化控制等综合水平。风险管理信息系统作为企业整体信息系统中的一个核心模块，如今在大数据和网络时代所发挥的作用越来越重要。

风险管理信息系统在推动"信息应用"方面所发挥作用，例如，在信息安全保障方面，在"风险模型计量方面"，在"风险监测与自动控制方面"，在"智能决策与智能审计方面"。接下来的一节就这些内容将给出更多的解释。

6.11　21世纪企业风险信息管理

20世纪的下半叶，人类进入了信息时代。21世纪开始，人类进入了深度化信息时代！

21世纪的信息时代，以"互联网广泛应用、大数据、无纸货币、人工智能"为特征。这其中任何一类的技术进步，都不可能或缺信息技术的基础性支持。

例如，互联网龙头蚂蚁金服的五大技术支撑（大数据技术、云技术、风控技术、人工智能技术、人脸识别技术），依赖的都是数据与信息技术的支持。

显而易见，高速运转的信息平台背后面，凭借的是人的编程和控制。未来人工智能可能会逐渐淘汰越来越多的"人力"，而后台指挥人工智能的数据编程人员不可或缺，后台控制人员行为的风控岗位不可或缺，后台收集信息、分析信息和利用信息的"信息管理者以及风险信息管理者"不可或缺。

6.11.1 ERM 框架下的数据与 ERP 系统

某种角度来看，数据与系统存在着一种唇齿相依的关系，数据由于系统而被充分运用和释义，系统基于数据给予的指令而运转。当今往往把具备了一定运营功能和控制功能的较为复杂的信息技术系统称之为 ERP，几十年来 ERP 已经经过了几代显著的改革与升级；而数据处理系统仅仅是嵌入 ERP 局域系统中的一个板块，企业获取的数据通过恰当的工具进行处理而变成具有预测或决策支持意义的信息。即便是那些已嵌入企业运营过程控制系统中的数据，也在同步担当着"获得数据、对照数据、判决数据和执行控制"的决策与自动控制执行角色。

进入信息时代后，日益更新的企业管理理论和实践都在积极倡导"管理与量化、量化与数据，数据与系统，系统与控制"这一逻辑链条，直接把数据、系统、控制和管理这几个层次关联在一起。显然随着数据与大数据的资源越来越庞大，建设高效且与商业模式相匹配的信息系统需求就越来越迫切。换一个角度说：如今数据与系统已经显著"绑架"了企业经营管理模式的核心。因此本书前文阐述的关于系统性开展 ERM 能力建设的主张中，"ERM 数据与系统支持能力建设"被视为 ERM 能力建设系统中的核心之一。

按照 ERM 框架所展示的范畴，ERM 的数据源于内部和外部，源于企业公司、分/子公司和业务一线的任何商务层级，源于战略和操作范畴，源于有助于企业目标实现而实施的任何活动和行为等。企业内部建设配置的 ERP 信息系统，则可视为获取 ERM 数据的一个途径（或者称之为主要途径），运用此途径可获得的风险信息数据可覆盖运营、客户、供应商和员工管理等。通常企业针对数据实施管理，包括的主要环节有：数据记录、数据收集、数据储存、数据查询和检索、数据统计与分析、数据保密管理等。

客观上讲，数据管理是一件伟大而平凡的工作，因为在当今大数据时代，企业对数据实施的管理能力更是直接支撑了自身的核心竞争实力（对特定行业更是如此）。优秀的企业数据管理能力建设应关注以下几个关键点：

第一，能够根据企业发展状况，高水平地设计企业数据管理体系，并且在 ERM 思维方面要求系统和全面。在数据管理的几个组成环节中，关键环节在于"数据收集"和"数据统计与分析"这两个要点。"数据收集"，需要对数据收集的方法、收集的范畴和数据最终的用途应具有十分清晰的认识；"数据统计与分析"则是对所获取的数据进一步加工处理，对数据处理后的结果期望和数据处理后所达到的释义应心知肚明。无论企业数据系统如何复杂和庞大，企业分析和处理数据的最终目的是：预测发展（风险/机遇）和汇总数据以支持决策。另外，还应不断了解新的数据处理方法和处理工具，了解对标/竞争对手的新作为，不断更新企业的数据处理与分析能力，有效利用企业数据资源。

第二，围绕着已设计出的"数据管理体系"制定匹配的"数据管理合规机制要求"，保障企业数据管理能够有效实施。与此同时，配套提出有关实施"数据管理"监督与检查方面的规定，以及实施效果考核方面的规定。

第三，按照数据管理合规要求的思路，培养一批有能力实施"合规数据管理"的员工，以标准化和规则化对相关数据管理岗位实施管理。

6.11.2 风险管理信息系统

风险信息管理试图通过合理的管理来保证风险管理决策所需风险信息的质量。风险信息越是真实、准确、及时和完整，风险管理决策就越是正确、有效和英明。风险管理信息可以有效支持企业的日常工作、监督改进、预警及决策，但是风险信息管理能够呈现出如此大的支撑作用，一般是建立在风险管理信息系统基础之上，只有利用信息化的手段，才能有效地将各个管理系统和各个层级的信息进行管理和分析，预测、追踪、监督和评价风险状况。可以这么说，没有高水准和高效率的风险信息系统，就不可能实现企业真正的全面风险管理。

风险管理信息系统对企业全面风险管理的支持表现在它可以提高企业风险管理的运行效率和质量，可以是风险信息收集、输入、加工和输出的载体，从而实现跨组织、跨流程的信息集成和共享，将企业上上下下、左左右右的层级和员工用统一的系统管理平台、统一的风险语言、统一的风险管理责任承诺连接起来，促进风险沟通，促进风险文化形成。通过风险管理信息系统可以实现风险识别、风险分析和预警，以及风险应对，建立标准化的风险管理流程。

（1）风险管理信息系统的意义

风险管理信息系统是企业各种风险管理或解决方案的基本操作工具，具有以下的功用：

- 是风险信息的有效载体；
- 是风险信息提供、发现和传播的重要工具；
- 通过风险管理信息系统加工大量风险信息；
- 是各种风险发现、风险评估的预警工具和核心分析工具；
- 是操作风险管控的重要规范手段；
- 是企业风险管理实施效果监测的（信息技术治理）手段；
- 为企业实施科学决策和及时决策提供支撑。

(2) 风险管理信息系统的任务和建设目标

企业风险管理信息系统的任务和建设目标的设定，就是在企业全面风险管理的理论框架下，针对各种风险分类，在计算机网络系统上设计各种软件模块，采取适当的方法对风险进行有效的管理，具体可以以归结为以下几个方面：

- 对企业的各种风险进行梳理（通常按照一级风险分类梳理），例如按照战略风险、投资风险、市场风险、财务风险、操作风险（内部控制和绩效管理）、法律风险等，建立风险信息的搜集机制，建立比较全面覆盖企业发展和经营所面临的各项风险的风险库。
- 建立风险信息的整理、存储、共享、分发、查询功能，对搜集到的风险信息进行有序化的处理。
- 设计对风险信息的分析功能，通过对风险信息的各种分析，发现可能出现的风险，并对风险的严重或紧迫程度提供可供分析人员或领导决策者使用的评估方法或评估过程。
- 当企业采取一定的风险应对措施之后，系统应当对风险缓释的效果进行跟踪，并能提供有关效用程度的评估方法或过程。
- 一个实用的风险管理信息系统应该能够及早或者及时发现企业经营管理中存在的重大风险，通过系统实施快速预警。这是风险管理信息系统的首要的也是核心的建设目标。
- 通过系统提供风险状况报告，并且追踪发生的原因。
- 充分挖掘企业数据信息的价值，为减少企业的不确定性和提高企业对风险的预测能力提供有价依据。
- 建立风险对策库，实现对解决措施的自动提示。

(3) 风险管理信息系统的架构

为了更好地完成风险管理的建设目标，有效发挥风险管理的作用，需要在前期推广风险管理工作所积累的经验基础上，参考一些成熟的风险管理信息化建设的相关经验，了解市场上现有的风险管理信息系统开发状况，对企业风险管理信息系统的建设思路和整体架构有了一个初步的思考。风险的定义是未来的不确定性对企业经营目标的影响，风险管理最终的目的就是避免企业管理偏离目标太远，防范企业风险和损失，因此，企业风险管理信息系统应该是基于目标体系和管理体系，从展现层、业务应用层、应用支撑层、信息资源层四个层面来展现。

展现层主要以系统门户、报表展现、风险事件展现、知识库查询等的形式设计，是为了满足领导层、管理层、业务层等不同的需求，可以清晰快速地查询到想了解的相关风险内容。

业务应用层主要考虑在设计上满足风险识别/预警、风险分析/评估和风险应对决策这三大类核心功能。在具体实施上针对每一种风险分类，分别配置风险识别、风险评估和风险应对决策三个职能模块，按照风险管理的通用流程，帮助企业迅速有效的实施风险管理。具体实施时可以将风险管理信息系统在功能结构上按风险的特征类别分为几个大模块（一级风险分类，按照"CERM-风险分类模型"），例如：战略/环境风险管理、营商风险（市场风险、信用风险、品牌风险）管理、决策信息风险、财务风险管理、人力资源风险管理、法律/合规风险管理等。

应用支撑层主要是一些支撑风险管理工作顺利进行的基础数据库、方法库，以支撑业务层更好地实现其统计分析和评估。基础数据库是风险管理信息系统的源数据库，它包含了由企业内部各个业务系统和管理系统［办公自动化系统（OA）、人力资源、文档中心、数据中心等］抽取过来的反映企业基本风险信息的数据，还包括了为企业风险管理实时补充的内部数据、由企业外部收集的相关数据等；方法库主要装载了各种常用的（实用的）评估方法和各种常用解算方法等。

信息资源层主要是丰富风险管理的知识库，通过不断摸索和积累，丰富风险事件库、法律法规库、规章制度库、问卷库、案例库等。在风险事件库里储存了企业内部控制中各个管控流程的描述、控制点、风险点、风险应对预案、稽查方式、稽查结果等内部控制关键信息；在文档库中收集了企业内部控制的各种控制管理规范和控制程序文件，通过配置的查询检索系统，调用其中的各种文档或利用其标准的报告模板等。图6-4是某企业风险信息系统框架建设思路。

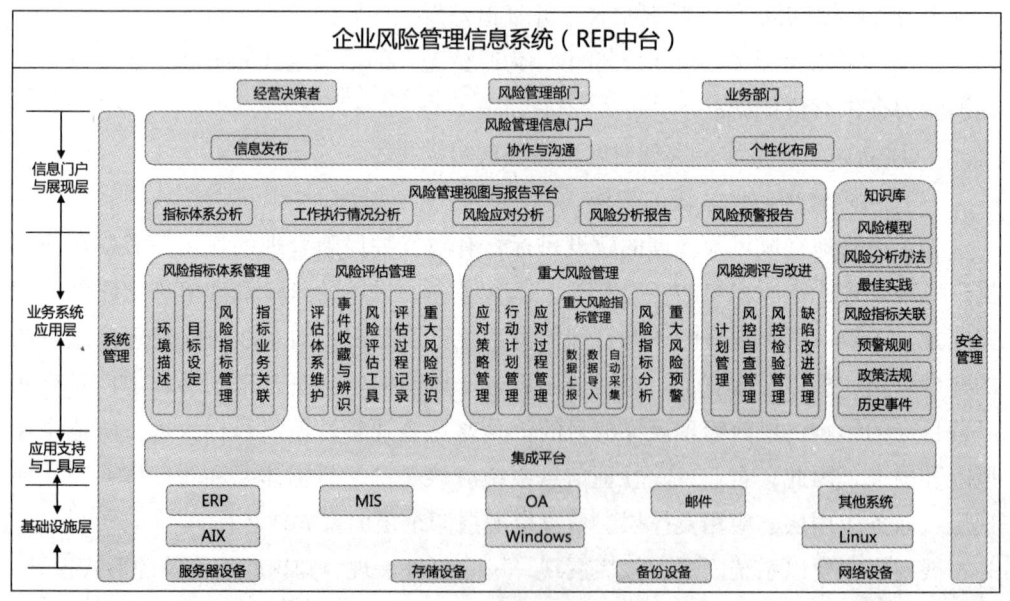

图6-4 某企业风险信息系统框架建设思路（案例）

（4）风险管理信息系统的需求

在大数据时代，风险管理信息系统的需求有两类：一类是"负面风险管理/合规导向"的风险管理信息需求，这是一种传统的风险管理信息系统的需求。2007—2015年，中国企业基于监管发布的各类合规要求（包括国资委、证监会、银监会、保监会等），所提出的风险管理信息系统需求就属于这一类；另一类是"业务/运营导向"的风险管理信息要求，这是电子商务运营必备的风险管理信息系统。下文仅探讨"传统风险管理信息系统的需求"。

第一，基础信息管理。

基础信息收集功能需求：收集相关的组织信息、专项委员会信息、岗位信息、经营信息（如：市场运营、财务、人力、法律）、以往风险事件、内部控制评价信息、审计信息等

基础信息应用功能需求。对收集完成的基础信息进行必要的筛选、提炼、对比、分类、组合，以便进行风险识别和评估。企业管理过程中，各类信息之间是通过业务流程关联的。同时，企业流程信息是风险评估、制定风险管理策略及解决方案等后续工作环节开展的基础，需要开发能绘制、管理此环节的软件，对基础信息进行规范管理，并且可分析，可调用，为风险管理工作提供有用信息。

第二，风险管理（中台管理）。

- 风险识别管理。主要包括：风险事件收集、风险审批与归档、风险损失数据库管理、风险信息统计分析。
- 风险评估管理。主要包括：风险评估项目管理，评估结果管理，风险评估问卷管理，风险评估标准管理。
- 风险应对管理。主要包括：风险偏好管理、风险应对策略管理、风险应对方案管理。
- 风险体系管理。主要包括：战略目标、绩效指标管理、风险基础信息管理、风险矩阵管理、风险体系维护过程与审批管理、版本管理、风险体系视图与报告。
- 风险监控、预警与应对过程管理。主要包括：风险指标监控与预警、重大风险监督与管理、重大风险管理信息统计分析。
- 风险模型管理。主要包括：风险量化分析模型管理、量化分析算法管理、风险管理量化计算与分析、流程与模型优化、分析结果报告与展现。
- 风险报告管理。主要包括：分类风险报告管理（进度报告、状态报告、绩效报告、预警报告、专项报告）、报告过程管理内部分级报告体系管理、内部报告管理。
- 风险管理考核。主要包括：考核规则管理、考核结果管理。
- 风险知识库。主要包括：法律法规库、规章制度库、最佳实践、风险事件库、风险模型库、培训文档管理、名词解释等。

第三，管控信息门户。风险管理信息系统除了满足初始信息收集及风险管理各

方面的需求外，还应注意对信息门户问题的管控，包括信息发布、项目管理、信息沟通等。

第四，系统平台功能与系统管理。在建设风险管理信息系统时，还应考虑系统平台功能与系统管理，例如用户管理、权限管理、工作流平台、日志管理等。

第五，风险监控。风险监控也是风险管理必不可少的一部分，这一模块主要是希望通过风险管理实现两个目标：一是日常监控；二是对一些指标的监控。

(5) 风险管理信息系统技术需求。风险管理信息系统技术需求这一部分，主要是从信息系统的技术方面考虑一些实际问题。例如对系统部署的需求，对体系结构、设备、操作系统和数据库等的需求，还有对性能、系统安全、数据集成等方面的需求，对数据交换的需求等等，主要是为了保障系统的安全性、便捷性。风险管理信息系统技术需求应该考虑的问题如下：

· 系统部署需求；
· 体系结构需求；
· 对设备、操作系统和数据库的需求；
· 性能需求；
· 数据精确度；
· 适应性；
· 系统性能；
· 系统安全需求；
· 系统集成需求；
· 数据交换需求；
· 其他需求。

6.11.3 ERP 发展历程所支撑的"ERM 信息系统"

企业信息系统经过数十年的发展，如今逐步进入承载"数据、信息、系统、风险控制、决策"等管理元素的境界。有关风险管理信息系统、ERM 信息系统、ERP 这三个概念之间的关系，事实上在前文陈述 ERM 数据与系统支持能力建设中已经给予了解释与澄清，即"风险管理信息系统"往往指 ERP 中台功能，而 ERM 信息系统与目前的"ERM – 控制型 – ERP"基本上就是一回事。

为加深对"风险管理信息系统"和"ERM 信息系统"的定位理解，以下就 ERP 的发展历史进程予以简短回顾。

在中国，早期推广的 ERP（也是在清晰提出建设风险管理信息系统之前），基本上是"记录型"ERP。"记录型"ERP 主要关注操作运营层面，例如流程疏导、数据库与权限管理、事项记录、事项汇总、报表与报告等。接下来，经过优化升级的记录型 ERP，还可以逐渐做到一定程度的业务/事项监控、预算与核算、成本与效益管控、资源整合与共享、辅助集团管控等，甚至还包括项目管理、合同管理和知识管理等。记录型 ERP 一般覆盖人、财、物、产、供、销等商务运营领域。显然，后期发展的记录型 ERP 就已经发展具备了"自我控制"能力。

随着 ERP 时代的推进，随着 ERP 信息系统更全面的发展，随即诞生了与 ERM 框架更匹配的"管控型"ERP。管控型 ERP 是在原有记录型 ERP 基础上进行的升级和改造，该控制理念依据是"条件控制"，即系统在处理一个事务或流程的过程中，要满足周边所设定的"控制条件"方能够继续执行决策；否则将停止事务或过程。例如，某种管控型 ERP 系统在记录型 ERP 基础上明显提升了以下两个方面的控制力：一是在记录型 ERP 的基础上增加了针对决策行为的"控制条件"，当决策"同意"或"不同意"时，要考虑"控制条件"是否满足；二是在记录型 ERP 上外挂"标准管理器与指标管理器"，标准管理器发挥诸如"查看标准、表单对标、对标结果反馈"等作用，指标管理器主要发挥"预警"的作用。

改良后的管控型 ERP 平台还可以为另外植入的内控 MIS 系统（管理信息系统）留有接口，可以导入内控管理咨询的成果（或者说这一部分内容恰恰是风险管理信息系统的核心组分）。这些成果包括：制度流程库、风险库、事件库、控制活动库等。与此同时，此接口平台可植入风险管理信息系统的各个功能模块，例如：制度流程模块、风险评估模块、控制活动模块、风险事件模块、综合报告模块、内控工作管理模块等。于是，这一 MIS 平台便担当了风险管理信息系统的中台功能。

另外，管控型 ERP 平台也可为风险管理评价/审计信息化平台留有接口，从而实现在线实时审计监控。当企业信息系统平台在管控型 ERP 平台的基础上又植入了"风险审计功能"时，ERP 就再次升级到所谓的前中后三位一体的"ERM－控制型－ERP 系统"。例如，目前中海油能源有限公司在其风险管理信息系统中已经植入了具有风险审计记录、审计跟踪、整改过程监控和信息反馈等功能的风险导向审计信息系统。

简单总结如下，企业前中后台"三位一体"的"ERM－控制型－ERP"信息系统的架构：

- ERP 前台。是传统 ERP 的核心载体，凭借 ERP－前台信息系统来发挥：一是对企业常态运营的支持作用；二是对运营过程的系统实施控制（包括自动控制，也包括针对运营过程中的某些风险预警等）；三是对过程中的巨量数据和信息进行捕获和存储。

- ERP 中台。一方面，担当全方位的"风险管理信息系统"的职能；另一方面（特别是大数据时代），基于数据与信息归类、模型化数据、计量分析、精准诊断、精准定位客户需求，直接向客户自动提供智能化的匹配服务，例如淘宝网提供的客户服务精准推送。

· ERP后台。在共享信息的前提下实施同步程度功能较高的运行效果评价和监督改进，或者说信息系统后台就是企业同步建设的审计支持平台，即在数据同享/数据可追踪的环境下实施企业风险审计。

示例见图6-5。

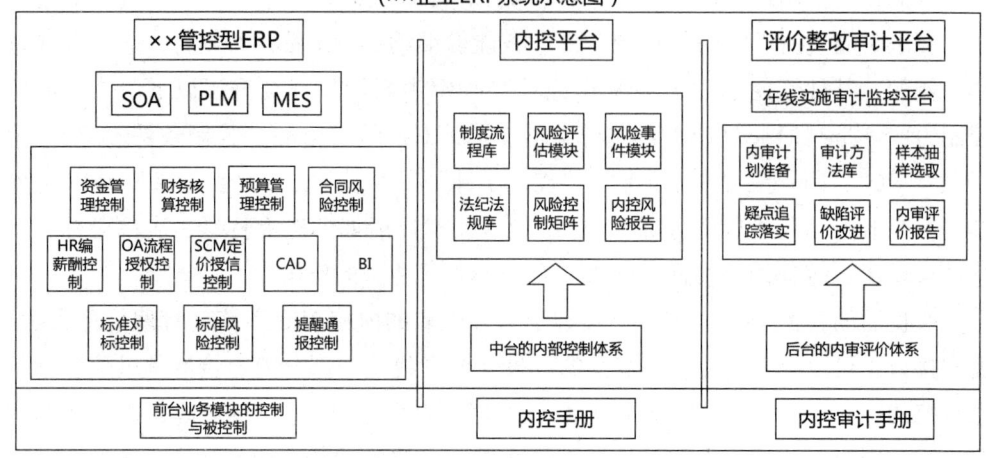

图6-5　××企业ERP系统示意图

6.12　大数据时代"ERM信息系统"建设的推荐意见

在大数据时代，风险管理信息系统的建设与使用是淘汰落伍者简单与直接的手法，特别是针对某些"系统敏感性行业"。也就是说，在大数据时代有没有风险管理信息系统可能决定了谁将最终出局。显然，大数据时代"ERM信息系统"给了强者更强的竞争武器。

如今建设"ERM信息系统"可以从以下两个纬度实施规划：

第一，从纯粹建设一个新风险管理信息系统的角度而言。建设风险管理息系统，是选择"信息孤岛式"的风险管理信息系统，还是"前中后台"三位一体的"ERM－控制型－ERP"。这取决于企业自身的管理机制设置条件，即此系统建设的规划预算、准备实现的风控目标；还取决于对风险管理信息系统的主观期望要求。另外，该系统的设计功能复杂度也与企业发展的历史阶段匹配度选择有关。

"信息孤岛"，是指风险管理信息系统的数据是孤立输入的，并非是从商务、运营信息系统中抓取以及分享的。"信息孤岛"会限制风险关联数据的数量、质量、可靠性与客观性。由于这种信息系统与运营系统不连接,很难实现对运营层面某些风险的实时监控。显然,与企业原有 ERP 系统实施连接的风险管理息系统更具实用价值,然而这往往意味着较高的预算投入与建设成本。不少企业在初期建设 ERM 框架阶段时选用了"信息孤岛"风险管理信息系统,一些年之后,又升级为(或者推倒重建)ERP 连接的风险管理系统。另外,某些大型企业集团,根据风险管理的职责特色(例如风险监控职责),以及根据集团原有 ERP 的建设分布,选择在集团层面采用"信息孤岛"风险管理信息系统,实现粗线条的、针对相关工作的统计和报表功能;在其分公司(事业部)等下属层面则选择 ERP 连接信息系统,旨在落地针对业务层面的更为细致的管理控制、风险监测以及风险预警。

第二,从"究竟应建设一种什么水平的 ERP"角度来谈。现实情况是:无论企业资源多么有限,只要提出 ERP 建设的需求,往往提出的最低建设标准都是"控制型 – ERP 信息系统"(记录型的 ERP 已少见)。由于目前很多企业对 ERM 机制建设尚存在一定程度的认识局限性(或者根本没有概念),在其提出 ERP 需求的同时,仍然有不少企业仅对 ERP 前台建设提要求,而对 ERP 中台和后台的同步建设的意义没概念。经验表明,一次性完成建设前中后台三位一体化的"ERM – 控制型 – ERP"所需要的成本是较低的,另外也容易做到最大程度地令 ERP 前中后台协调一致。显然,随着企业对 ERM 机制认识度日益拓宽和深化,相信"ERM – 控制型 – ERP"定将成为企业 ERP 信息系统建设的主流模式。

第7章
沟通与风险信息沟通

7.1 引 言

人类在刀耕火种的年代，为抵御外强需要通过有效沟通形成群体力量；进入现代社会，同样需要通过有效沟通，将个体集合成组织，并通过有效沟通使组织运行更加有效，从而促进经济发展和社会进步。由此可见，沟通在人类生存和发展过程中的巨大作用。

沟通在企业的发展史上也有着极其重要和独特的地位。企业能否有效运用沟通的艺术往往也是成与败关键。有效的沟通可以降低企业风险，但沟通障碍会给企业带来风险甚至危机。这就不难理解在企业策划与实施全面风险管理的过程中，往往将"风险沟通"列为应该大大加强的管理领域，并将风险沟通列入企业风险文化的组成部分。风险沟通是企业中大众化参与或全员参与的共有行为，关系到企业全面风险管理被准确理解的程度和被真正推广的潜力，最终关系到全面风险管理贯彻和落实的程度。

为了达到有效运用风险沟通手段，使企业风险管理更加有效的目的，本章的设计定位是为企业基层的风险管理专业人员介绍一些基本的风险沟通知识，以便于在工作中能够策略性的、主动的和训练有素的运用风险沟通技巧，为减小企业损失和增加企业利益而服务。事实上，企业风险管理员每天会涉及大量与风险沟通有关的工作，一方面这些风险管理的专业人员自身需要风险沟通的技巧，进而为成功胜任本岗位的工作增加保障；另一方面，这些专业人员也有责任协助和监督企业相关部门和相关员工的风险沟通进展状况，并按照工作责任目标帮助有关方面提升风险沟通技巧和风险沟通效果。

7.2 沟通的意义和作用

沟通是指为了既定目标，用一定的符号将信息在人与人之间进行传递的过程。

沟通的意义在于信息的传递与理解。有研究表明，沟通不良可能是导致人际冲突（人力资源风险）的主要原因。阻碍群体工作绩效最大的障碍就在于缺乏沟通。

沟通与员工工作满意度之间存在相关性，信息的不确定性越低，员工的工作满意度就越高，企业的风险就越低；而信息的失真、模棱两可、前后不一致等情况都增加了其不确定性，对工作满意度有着不利影响，因而企业的风险就越高。

在沟通中，信息失真的程度越低，员工从管理层那里获得的有关目标、反馈和其他信息就越接近原意，企业的风险就越低。良好的沟通可以促进信息的流动，降低不确定性，提高群体工作绩效和工作满意度，降低企业风险。

完美的沟通是可望而不可及的，然而有证据表明，有效的沟通与员工的生产率是成正比的。下列做法有助于有效沟通：选择正确的通道，做一个有效的听众，运用反馈。沟通过程表现为信息的相互交换，但接受者与发送者接收的信息含义可能相似，也可能不同。不管信息发送者的期望如何，在接受者头脑中所进行的解码反映了他的理解，而正是这种理解决定着个体的工作绩效、动机水平，以及工作满意度。在这里动机是个关键。

在期望理论中，个体付出努力的程度取决于他对努力－绩效、绩效－报酬、报酬－目标满足三者关系的感知。如果个体得不到能使他提升对三者之间的相关性较高的认识，则他的工作动机水平就会降低。比如，当提供的报酬不明确，确定和评估工作绩效的标准模棱两可或者个体不知道通过自己的努力能否达到令人满意的工作绩效水平时，他的努力程度就会降低，也就会给企业带来风险或损失。可见，沟通在确定员工的动机水平方面起着重要作用。

最后，通过沟通还可以预测离职率。真实的工作介绍以及明确角色预期，会使员工对岗位职责的认识更准确。有数据显示：提供了真实工作介绍的组织，与不提供真实工作介绍的组织或仅提供积极工作信息的组织，其各自的离职率平均来说，后者高于前者约29%。较高的离职率是企业人力资源风险的突出表现形式。对于管理者来说，在招聘和选拔过程中，应向求职者提供诚实准确的工作信息。如果掌握企业核心商业秘密的员工集体离职，那么企业就会处在一个极高的风险状态，并随时可能发生危机。

沟通的主要作用如下：

- 可以控制员工的行为，使员工按照企业的规章制度行事；

• 可以激励员工,即明确告诉员工应该做什么?如何做?应该注意哪些事项?如何改进?

• 可以释放员工的情绪,员工的主要社交范围就是工作群体,员工通过群体内的沟通来表达自己的挫折感和满足感,从而满足员工的社交需要;

• 可以为个体和群体决策提供信息。

7.3 沟通的原则

管理者每天所做的大部分事务,都是围绕沟通展开的,与上级、下属、客户、媒体、政府监管机构、社会公众等的交流无时不在。

信息沟通既指组织信息的正式传递,又包括人员、群体的情感互访。沟通是技术性的,但比技术更为有意义的是由此建立起来的关系。在信息沟通的过程中,必须掌握其基本原则。

7.3.1 准确性原则

沟通的目的是使发送者的信息能够被接受者理解。这看起来似乎很简单,但在实际工作中,信息在传递中总会或多或少存在理解的不充分。信息发送者的责任是将信息综合,无论是笔录或口述,都要求用容易理解的方式表达。发送者还要有较高的语言或文字表达能力,并熟悉下级、同级和上级所用的语言。当信息沟通所用的语言和传递方式能被接收者所理解时,这才是准确的信息,沟通才具有价值。当然,准确性原则只是必要条件,而非充分条件,信息传递的准确性也要求接收者必须集中精力,克服思想不集中、记忆力差的问题,才能具备对信息正确理解的基础。

7.3.2 完整性原则

完整性原则包括沟通内容的完整性和沟通机制的完整性。在管理中进行沟通只是手段而不是目的。组织中的主管人员为了达到组织目标,就要实现和维持良好的合作,就要进行沟通,以促进相互了解。这项原则需要特别注意的是,信息的完整性部分取决于主管人员对下级工作的支持。主管人员位于信息交流的中心,应鼓励其运用这个中心职位和权力,起到核心作用。但在实际工作中有些上级主管人员忽视了这一点,往往越过下级主管人员而直接向具体负责人员发指示、下命令,违反统一指挥的原则。如果确实要这样做,上级主管应事先同下级主管进行沟通,只有在时间不允许的情况下,例如紧急动员完成某一项任务,下令撤离某一危险场所等,采用越级沟通才是必要的。为落实或体现"沟通完整性原则",企业可针对重要事项通过制定"沟通完整性指引"从而保障沟通目标的实现。

7.3.3 及时性原则

在沟通过程中,不论是主管人员向下沟通信息,还是下级人员向上沟通信息以及横向沟通信息,都应注意及时性原则。这样可以使组织最新制定的政策、目标、人员配备等情况尽快得到各方的理解和支持,同时可以使主管人员及时掌握其下属的思想、情感和态度,提高管理水平。在实际工作中,信息沟通常因发送者信息传递不及时或由于接受者的理解和重视不够而导致风险恶化。

7.3.4 非正式组织的策略性运用原则

非正式组织传递信息的最初原因是一些信息不适合由正式组织来传递。所以,在正式组织之外,应该补充非正式组织传达和信息接收,以辅助正式组织做好组织的协调工作,共同为达到组织目标作出努力。

7.4 沟通的形式

7.4.1 按沟通流向划分

按沟通的流向一般可以分为垂直沟通和水平沟通。其中,垂直沟通又可分为上行沟通和下行沟通。上行沟通是指群体或组织成员,从下级向其上级进行沟通,如企业风险管理员主动与企业风险管理经理的沟通;下行沟通指群体或组织成员,从上级向下级进行沟通,如企业风险管理经理主动与企业风险管理员的沟通;而水平沟通则是指群体或组织中同一级别成员之间的沟通,如业务经理与财务经理之间的沟通、企业风险管理员之间的沟通等。

7.4.2 按形式正式与否划分

沟通也可按其形式的正式与否分为正式沟通与非正式沟通两种。其中,正式沟通是通过正式结构或层次系统来运行;非正式沟通则是通过正式系统以外的途径来进行。

正式沟通一般指在组织系统内,依据组织明文规定的原则进行的信息传递与交流。例如组织与其他单位的公函往来、组织内部的文件传达、召开会议等。正式沟通的优点是:沟通效果好,比较严肃,约束力强,易于保密,可以使信息沟通保持权威性。重要消息和文件的传达、公司决策等,一般都采取这种方式。其缺点是,因为依靠公司系统层层传递，所以很刻板，沟通速度很慢，此外也存在着信息失真或扭曲的可能。

非正式沟通与正式沟通不同，其在沟通对象、时间及内容等各方面都是未经计划和难以辨识的。非正式组织是由于组织成员的感情和动机上的需要而形成的，其沟通途径是通过组织内的各种社会关系，这种社会关系超越了部门、单位以及层次。

任何组织都或多或少存在着这种非正式沟通途径。由于传递这种信息一般以口头方式，不留证据、不负责任，许多不愿通过正式沟通传递的信息，却可能在非正式沟通中透露。所以，过分依赖这种非正式沟通途径，有很大的危险。

7.4.3 按内外部划分

对企业而言，也可按内部沟通和外部沟通来划分。其中，内部沟通主要包括部门内沟通、跨部门沟通等；外部沟通主要包括与客户的沟通、与合作伙伴（供应商、代理商、分销商等）的沟通、与竞争对手的沟通、与媒体的沟通、与政府监管部门和行业协会的沟通等。

沟通活动的发起者根据沟通的实际需要可灵活选择适当的沟通介质或渠道，如面对面交谈、电话沟通、电子邮件沟通，以及备忘录、信件、传真、广告、公告、一般文件等形式。

7.5 沟通的障碍

7.5.1 主观障碍与客观障碍

沟通障碍是指沟通者之间不能进行及时、完整、有效地传递和接收。一般来讲，沟通障碍可分为主观障碍和客观障碍两个方面。

（1）主观障碍

由于个人性格、气质、态度、年龄、教育和文化背景、情绪、见解等的差别，信息在沟通过程中不免要受个人主观心理因素的制约。如经理人员和下级之间相互不信任，会影响沟通的顺利进行。其主要表现形式如下：

在信息沟通中，如果双方在经验水平和知识结构上差距过大，就会产生沟通的障碍。信息、沟通往往是依据组织系统分层次逐渐传递的。然而，在按层次传达同一条信息时，往往会受到个人的记忆、思维能力的影响，从而降低信息沟通的效率。

对信息的态度不同，会使有些员工和主管人员忽视对自己不重要的信息，不关心组织目标、管理决策等信息，而只重视和关心与他们物质利益有关的信息，使沟通发生障碍。

信息发送者有意操纵信息，以使信息显得对接受者更为有利。下级在向上级汇报工作时，通常会发生下级操纵信息的现象，即下级常常压缩和整合信息，使上级很难获得期望得到的信息。组织的纵向层级越多，过滤的机会就越多，沟通的障碍就越大。

信息接受者会根据自己的需要、动机、经验、背景及其他个人特点有选择地去看或去听信息。信息接受者在解码时，会把自己的兴趣和期望带进信息中。

下级人员的畏惧感也会造成障碍，这主要是由于上级管理严格、咄咄逼人和下级人员本身的素质决定的。

（2）客观障碍

客观障碍主要是指信息的发送者和接收者如果空间距离太远、接触机会少，从而造成沟通障碍。社会文化背景不同和习惯不同而形成的社会距离也会影响信息沟通。

有时也因企业机构过于庞大、中间层次太多，从而使信息从最高决策层到下级基层单位失真，而且还会浪费时间，影响其及时性。这是由于企业机构设置所造成的障碍。

7.5.2　沟通障碍产生的主要原因

（1）企业成员之间缺乏共同的风险沟通语言

企业共同的风险沟通语言，是指企业所有成员对企业风险管理重要性都具有比较一致的认识，对企业所实施的风险管理的基本策略、方法、手段和信号等也具有一定的理解程度和具有最基本的知识常识。以此为基础，企业的风险沟通便有了一种大致的有助于风险信息传递的通用语言。这种共同的风险沟通语言的存在为企业成员之间准确传递和接受企业风险信息提供了基础和保障。

事实上，企业中每一个工作岗位都是为企业创造价值或者是为企业创造价值服务的，每一个岗位在创造价值的过程中都带有各种各样的风险，而这些风险又往往是相关联的。因此管理好各个岗位的风险需要每一位员工自身努力外，也需要增加与相关联风险的岗位员工之间的风险沟通和增加对相关风险的了解程度。显然，在企业实施与落实全面风险管理机制之前，企业风险以条块分割管理为格局，部门与部门之间似乎关联不大，员工与员工之间也缺乏交流和联络的基础，另外企业缺乏用共同语言对通用的风险问题给予明确的定义，由于存在这一前提，因此谈及共同的风险语言和充分的"风险沟通"一般是不现实的而且是难以做到的。当然，这就为企业产生沟通"风险"埋下了伏笔。

（2）企业风险沟通缺乏必要的制度保障

有效的企业风险沟通必须建立在统一的企业风险沟通流程基础上，并通过制定相应的制度确保沟通流程的畅通。由于人在缺乏有效激励条件下的工作动机是较差的，尤其是不能直接产生绩效的企业风险管理工作，因此，企业必须通过制度保障，确保企业风险沟通成为企业成员的行为习惯。

（3）企业成员之间知识与经验的差异

信息传递者与信息接收者之间的知识与经验差异反映在沟通方面就是沟通能力的差异，即信息传递能力（编码、选择渠道等）与接收能力（理解、反馈等）的差异。尤其是当信息传递者与信息接收者之间的知识与经验差异较大时，就会对信息产生理解上的差异，从而使沟通变得无效。

（4）企业成员之间地位的差异

信息传递者与信息接收者之间的地位差异是产生沟通焦虑和过滤现象的主要原因。如：当下级与上级沟通时，由于地位上的差异，会加重下级的焦虑感，同时也可能加重信息过滤现象的出现。

（5）企业成员之间的性格差异

企业成员在沟通时，由于性格差异也会产生对信息理解的偏差。如：性格激进的信息传递者，在传递重要的企业风险信息时，可能会对企业风险轻描淡写，而使信息接收者误以为企业风险信息不是很重要，进而采取不恰当的应对措施；而性格保守的信息传递者，在传递不太重要的企业风险信息时，就可能会加重对企业风险的描述，使信息接收者误以为企业风险信息很重要，进而采取了不恰当的应对措施。

（6）企业成员之间的不信任

如果信息传递者对信息接收者不信任，信息传递者就不会全面、准确地向信息接收者传递信息；如果信息接收者对信息传递者不信任，信息接收者就不会认真、全面地理解接受信息传递者的信息，这样就会造成信息的严重失真，从而产生沟通障碍风险。

（7）企业成员之间的文化差异

企业风险文化是指企业成员对企业风险管理的共同认识，即企业风险价值观。企业风险文化是企业文化的重要组成部分，是企业风险管理的思想基础。信息传递者与信息接收者之间的文化差异，即价值观的差异是产生沟通障碍的根本原因。如果信息传递者与信息接收者之间的文化差异较大，彼此就不可能有共同的语言，再怎么沟通也不可能产生共鸣，从而使沟通变得毫无意义。企业只有形成一个强势的企业风险文化，企业成员之间的风险沟通才能产生良好的动机，企业成员之间的风险沟通才能更主动、更有效。传统的报喜不报忧是形成现代企业风险文化极为不利的因素。比如，当下级向上级报告喜讯的时候，上级就会很高兴，并给予表扬；然而，当下级向上级报忧（风险隐患）的时候，上级就会很不高兴，甚至给予批评，久而久之，下级就不会再向上级报告风险隐患了。

7.6 风险信息沟通的界定

风险沟通的概念界定较多，其中美国国家科学院的界定较为中肯，即把风险沟通定义为在个体、群体和机构之间的信息和观点的交互活动；不仅传递风险信息，包括各方对风险的关注和反应，还包括发布官方在风险管理方面的政策和措施。此概念涵盖了风险沟通的多元主体、多维途径、多种内容、多项功能、多种场景和局面。风险沟通的研究途径一般从心理和技术视角两个维度展开。风险沟通的心理视角强调心理因素在风险沟通中的动态过程和有效应用。依此视角，风险沟通是风险与受众心理的互动，以及最终达成心理预设的过程。所涉及的主要研究对象有：

- 沟通主体的状况，包括性别、年龄、文化程度、职业等信息；
- 获得信息的渠道和对相关信息内容的关注程度；
- 信任状况，包括对专家、领导和政府的信任程度；
- 社会心理支持来源，包括政府官员、专家学者、亲朋好友等在帮助个体克服心理恐慌方面所起到的作用；
- 风险相关的认知、态度和行为，包括仿效行为等。

风险沟通的技术视角则强调风险信息的有效传递。依此视角，风险沟通是关于风险本质、影响、控制与其他风险相关信息的意见交换过程。此过程包含了从风险源到风险感知、风险传递以及风险兑现（危机爆发）后的风险反馈、风险学习的过程。涉及的主体包括公众、媒体、社会组织、政府、企业等。这两个维度的研究路径，前者强调以公众个体为中心的立场，探讨心理机制对有效风险沟通能起到的可能功效。后者则强调以信息传递为研究对象，探讨信息机制对有效风险沟通的实效以及改进方案。这两个研究路径相互交织和包容，共同的目的都是要提升风险沟通的实际效果。

7.7 明确风险沟通的意图和目标

对风险沟通而言，沟通的内容是风险，因此以增加理解、化解误会、促进决策、规避风险、减小风险、利用风险等为目的的沟通都能称为风险沟通。Stallen（1991）曾谈到风险沟通的四个理由：第一，对暴露于各类风险中的人们，为使他们能实施掌控风险，有必要让其知道风险相关信息；第二，基于人权道德的考虑，人们有权利获知风险相关信息，主宰自我；第三，风险会带来恐惧和威胁，风险信息的沟通有助于克服人们心理上的恐惧与威胁；第四，公司与政府机构为了保障员工与社会大众的健康与安全，实施风险沟通有助于履行其责任和义务。除此之外，企业有策略地进行风险沟通还能体现利益相关者负责任的社会责任心。

Renn 和 Levine（1991）曾谈到风险沟通的六个目标：第一，改变人们对风险的态度与行为；第二，降低风险水平；第三，重大危机来临前，紧急应变的准备；第四，鼓励社会（全员）参与风险决策；第五，履行法律赋予人们的知情权利；第六，指导人们了解风险，进而掌控风险。在这六条的基础上我们认为应加上针对企业的一条：企业员工的风险沟通行为需要规范和能够被规范，这种策略性风险沟通的实施对员工和对企业都有益。

总之，及时和正确地沟通风险，将风险信息及时和正确地传递给相关者和决策者，以期后者能够在正确的时间做出正确的风险应对，从而减少风险突发造成的损失。

归纳上文所言，风险分两种状态：一是潜在风险状态；二是风险突发的危机状态。这两种状态下风险沟通的策略和拟达到的目的是有差异的。

第一，在风险状态下，由于不存在沟通的时间压迫，风险沟通可以选择例行公事的共同方式，选择在沟通计划指导下的沟通活动安排，或者说是一种遵循"合规"规则的沟通。在这种情形下的风险沟通，可能是为了传递/报告风险识别的信息、风险提示/风险预警的信息、风险程度的信息（或风险水平的信息）、风险变化的信息。

第二，在风险突发成为危机状态的沟通。这种沟通既有按照"事先"所确定沟通计划实施的沟通，也有在"事中"呈现意外状态下的"应变式"沟通。这些沟通旨在：

- 通过发布、公布的方式，争取更充足的风险防范时间；
- 发布风险/危机的警报，引导相关者的行动；
- 给相关者更多的和及时的危险提示，争取更多风险应对时间，令相关者开始风险应对的活动；
- 延缓疏导风险和改变风险的进程；
- 阻止危机全面爆发；
- 降低风险的危害程度。

7.8 管理视角的风险沟通影响要素

在公共风险层面,管理视角风险沟通的主体主要是政府,也包括相关的社会组织、专家学者、科研人员和普通公民。其共性目标是在科学管理的范畴内,全面权衡风险沟通成本和沟通实效的关系,尽可能防范和及时应对风险。

在企业层面,管理视角风险沟通的主体是企业、企业决策层、企业员工与企业其他各方的相关者。其沟通的目标是全面权衡风险沟通成本和沟通实效的关系,尽可能和及时地防范和应对风险。

总之,无论在公共层面,还是在企业层面,管理视角的风险管理的影响因素包括四个方面。

(1) 风险沟通的制度安排

制度安排是个体/社会层面(或个体/企业层面)开展具体沟通的基础。制度安排主要包括:第一,设定风险的标准。在个体和社会视角,往往在个体的风险认知和社会的风险共识的基础上设定风险的标准,因而带有较强的主观性。但在管理视角,则要考虑社会各界的需求,并结合风险管理的科学标准,按照爆发的概率和危害程度,科学设定评判风险的标准。第二,风险沟通的内容。在个体/社会(或个体/企业)视角,往往容易受个体视角心理噪音和社会视角公众差异的影响,导致沟通内容的多元化和无限性。但在管理视角,要结合风险管理的科学要求,在确保不能容忍类风险的充分沟通基础上,开展其他类型风险的沟通。第三,风险沟通的目标。在个体/社会(或者个体/企业)视角,往往站在个体视角的负面干扰和社会视角的公众相对理性的基础上,要求风险的全面防范和全面应对。但在管理视角,则需要应用风险管理的科学原理,集中力量办大事,重点沟通不能容忍的风险。

(2) 风险沟通的导向规划

导向是个体/社会层面(个体/企业层面)开展风险沟通的方向。个体/社会(个体/企业)视角是多角度、多方面的风险沟通,甚至无方向的设定。但在管理视角,为了实现有效管理则需要设定导向规划,主要有两个方面:第一,自下而上的风险沟通导向。此导向在个体和社会视角(个体/企业视角),优势是主动和自由,劣势是管理混乱的风险。而在管理视角,优势是沟通充分,体现民主;劣势是需要支付高昂的管理成本。第二,自上而下的风险沟通导向。在管理方面设定边界,个体/社会(个体/企业)在规定范围内开展风险沟通。此导向在个体/社会(个体/企业)视角,优势是各个方面能重视和参与特定的沟通,劣势是沟通不充分。而在管理视角,优势是能够集中沟通高危风险,便于集中力量办大事;劣势是需防范沟通不充分的风险。

（3）风险沟通的流程设计

流程设计是个体/社会（个体/企业）层面开展风险沟通的指南。重点有三个：一是风险沟通的时间。个体/社会（个体/企业）视角的需求无时间限制，可随时进行沟通。二是风险沟通的地点。个体/社会（个体/企业）视角的需求无地点限制，或者开展以个体为中心地点的沟通。三是风险沟通的形式。个体/社会（个体/企业）视角的需求无形式限制，或者开展便于个体的沟通形式。但由于管理成本的限制，管理方面无法全面满足个体和社会视角的需求，只能在有限管理成本的情况下，提供最长时间、最多地点、可选择形式的风险沟通流程。

（4）风险沟通的绩效评估

绩效评估是个体/社会（个体/企业）层面开展风险沟通的保障。个体/社会（个体/企业）视角最关注的是风险沟通能否解决实际问题，公众也会长期跟踪沟通议题。在管理视角，如果缺乏绩效评估的环节，就难以保障风险沟通的实效，也就难以达成沟通的目标和形成风险沟通的良性循环。风险沟通的绩效评估，其矛盾集中在三个方面。第一，评估主体。如果是管理方面自我评估，虽简便易行，但存在不公正的风险；如果是个体或社会方面的公众评估或第三方评估，虽相对客观，但存在因不了解内部情况而导致的主观误差。第二，评估内容。如果评估所有沟通影响要素，虽全面，但存在成本高和难度大的风险；如果评估几个关键环节和重点，则又存在以偏概全的风险。第三，评估结果的应用。如果评估结果向个体/社会（个体/企业）开放，虽能产生公开、透明的效果，但负面干扰现象可能应运而生，反而阻碍风险沟通的成效；如果评估结果由管理方面内部掌握，虽内部承诺严查严办，但是个体/社会（个体/企业）视角仍然存有质疑，也会影响信任判断和公信力。

7.9 内部沟通和外部沟通

沟通是企业"制定管理风险计划"的组成部分，是实施任何风险管理过程中一个不可分割的环节，也是企业中每个岗位员工应尽职尽责的一个方面的内容。沟通分类为：上下沟通、左右沟通、内外沟通等类别。下文例如按照内外风险沟通大类的内容阐述沟通管理所覆盖的管理领域和内容。

（1）内部沟通

第一，明确职责及绩效。各部门应根据本部门的业务特点对员工进行岗位培训，使每个员工清楚自己的行为、要达到的目标、自己的职责与他人职责是如何相互影响的。

第二，通过沟通，明确合规的义务和责任。

第三，明确职责及绩效。人事部门应根据公司制定的各种绩效考核办法，对员工风险管理职责及绩效进行考核，并及时将考核结果反馈给被考核人；有效检查各级人员对风险控制职责的理解和有效控制。

第四，明确内部沟通和汇报关系。明确沟通和汇报关系属于沟通管理的核心组成部分。这些沟通关系包括：

- 管理层定期向董事会就最新的业绩、发展、风险、重要事件或事故等问题进行汇报。公司管理层定期或不定期召开各种会议，及时与相关职能部门领导、下属单位负责人就生产、运营等情况进行沟通、交流。
- 财务部门定期向各部门交流和通报财务状况、经营成果、预算执行情况等，并定期将应收账款情况反馈给销售（信用）部门和清欠办公室。
- 生产部门与销售部门定期沟通，及时通报市场信息及生产状况。
- 采购部门、下属单位采购部门定期组织与其他业务部门就采购需求、价格信息、采购经验等方面进行沟通与交流。
- 员工除了正常向其直属上级汇报工作这一沟通渠道外，还可通过各种方式与本单位主要领导进行直接沟通。
- 企业员工可以通过书信（可匿名）、电话、电子邮件等形式，向审计部门或内部控制与企业风险管理部门反映违规违纪问题以及有关意见、建议和要求；同时，应规定对举报的处理时限及查报结束的要求。对举报属实、查处后为企业挽回或减少重大损失的，将酌情奖励举报人。
- 企业组织开展合理化建议活动，鼓励员工对企业管理、生产、研发等各方面提出合理化建议，并对有突出贡献的单位和个人给予适当奖励。

(2) 外部沟通

第一，对外职业道德规范的宣传。企业在内部和外部开展的经营活动中，既有业务沟通，也会体现在道德/价值观方面的沟通。

企业积极参与社会公益事业，以实际行动宣传公司精神和经营理念，并利用各种形式进行公司形象和产品品牌的宣传。

企业通过公司内刊、网络平台深入报道各单位涌现出来的先进人物和先进管理经验，对公司员工的爱岗敬业、创新精神进行宣传报道。

企业销售、采购部门员工在同客户、供应商的日常工作交往中，应向客户、供应商解释公司的道德规范。

企业鼓励员工在发现其他公司员工的不当行为时，应及时向公司适当人员汇报。

第二，与客户沟通。销售部门建立定期客户拜访制度，听取客户对产品、销售等方面的意见和建议，强化售后服务，并制定相应政策，解决工作中存在的问题。

公司设立专职人员处理在销售活动中的商务纠纷。

第三，与供应商沟通。采购部门、下属单位采购部门通过采购谈判、签订合同等形式就产品或服务的需求数量、设计、质量、配送、付款等问题进行沟通。

第四，与律师或第三方服务的沟通。企业法律部门负责公司法律顾问聘用工作、公司财务报告发布、信息披露等事项及时与律师进行信息沟通。公司根据需要，聘请律师参与有关重大项目和法律纠纷的处理，并随时与律师沟通处理进展。

企业可能需要外聘顾问或会计师等外在服务，应充分做好相关沟通。

第五，与股东、监管者、外部审计师的沟通。企业按照《中华人民共和国公司法》的规定召开股东年度会议和股东监事会议，保证股东权益。根据《公司章程》和上市地的监管规定依法披露公司信息，通过季度、中期和年度报告等方式，让监管者、股东等外部相关者对企业经营状况有更深入了解。

公司管理层不定期与外部审计师沟通，必要时聘用外部审计实施第三方评价。

第六，与其他利益相关方的沟通，例如与政府或债权人的沟通、与传媒的沟通等。

7.10 风险信息沟通基本策略

7.10.1 了解利益相关方需求

风险交流中的利益相关方包括生产经营者、安全监管部门、行业协会、相关研究机构、学者、消费者、媒体和其他社会团体等。应当根据不同的利益相关方的不同需求，采取不同的风险交流策略，以提高针对性和有效性。

7.10.2 制定计划和预案

制定风险交流年度计划，并为重点风险交流活动配套具体实施方案。如：针对食品安全事件应当制订相应的风险交流预案，并进行预案演练。主管行政部门统筹协调所属食品安全相关机构的风险交流活动。

7.10.3 加强内外部协作

建立健全机构内以及与上下级机构的信息通报与协作机制，与有关机构或部门建立信息交换和配合联动机制，通过有效的沟通协调达成共识，提高风险交流有效性。

7.10.4 加强信息管理

建立通畅的信息发布和反馈渠道,完善信息管理制度。明确信息公开的范围与内容,明确信息发布的人员、权限以及发布形式,确保信息发布的准确性、一致性。

7.11 风险沟通管理

7.11.1 制定风险沟通计划

了解风险沟通的重要意义、分析企业风险沟通的障碍都是为了进一步加强对风险沟通的管理和克服风险沟通的障碍。为提高风险沟通的有效性,目前针对企业的一种较通用的方法就是制定风险沟通策略,并进一步针对不同的风险沟通目标来制定具体的风险沟通计划。常见的风险沟通计划如下:

首先,从战略、执行、监控和操作层面制定风险沟通计划,例如:

· 战略层面的风险沟通策略主要针对企业投资者、企业股东、企业联盟方、监管机构、广大消费者和新闻媒体等。与这些层面人士的沟通往往通过规范报告、声明和信息披露的原则达到有效的风险沟通。

· 企业操作者的风险沟通策略主要是通过规范操作者的沟通行为,比如规范风险报告的线路、时间和内容、向谁报告等要素来提高风险沟通的效果。

其次,按不同的风险类别制定风险沟通策略和风险沟通计划,例如:

· 按不同业务制定能够反映业务特点的风险沟通计划。

· 按项目制定相应的沟通计划。这类计划一般包括:项目启动前期与投资者和项目设计者的沟通计划。

· 项目启动后与投资者、项目操作过程负责方和监理方等相关方的沟通计划、项目后期与投资方等各相关方的沟通计划。

· 按情景制定风险沟通计划。比如按照企业危机发生的情景主要针对媒体、员工和企业利益相关者制定危机沟通计划。

实践证明,一个好的危机沟通计划往往在企业万般危机的状态中能帮助企业"转危为机,减小损失",并可能发挥出极大的、甚至是不可估量的作用。

事实上,不少企业按业务、项目和危机管理这三种分类情形已经准备了较好的风险沟通策略和计划。实践证明,制定风险沟通策略和计划对企业主动控制风险沟通效果和有效克服风险沟通障碍的确具有突出的益处。

另外，企业制定的各类风险沟通策略和计划应强调其可操作性和可行性。以下就这些计划内容的设计与制定提供一些参考建议：
- 制定风险沟通的指引、制度或程序；
- 明确风险沟通目标；
- 清晰表达风险沟通意图；
- 定义和统一企业必要的风险沟通语言；
- 理清企业重要的风险沟通类别，明确适宜的风险沟通工具；
- 风险信息的显示要谨慎；
- 风险沟通的策略要具有可行性和可操作性；
- 风险沟通应有责任要求和效果要求；
- 应尽量与利害关系人对话；
- 理解对方，理解风险沟通的环境文化；
- 风险沟通要通俗易懂和深入浅出；
- 以人为本，勇于负责；
- 定期评价风险沟通的效果，以期不断改进。

7.11.2 促进沟通效果和避免沟通障碍

为促进沟通效果、避免沟通障碍，企业应该建立风险沟通策略，制定风险沟通计划，培训员工的风险沟通技能，提高员工的风险沟通素质。对企业风险管理员而言，应该努力做到以下几点：

在传递企业风险信息的过程中，必须理解接收者接受企业风险信息的心理过程，即接收者"注意—理解—接受"的过程。传递者在传递企业风险信息时，必须注意接收者是否集中精力接受传递的信息，以及对风险信息的理解程度如何和反馈状态如何，从而了解接收者对企业风险信息的接受程度，做出是否重复传递信息、强调信息重点、补充传递信息等决定。

在传递和接收过程中，传递者和接收者应换位思考，应站在对方的位置上，从对方的角度来分析理解企业风险信息，抓住企业风险信息要点（不易理解的地方），从而使企业风险信息在传递者和接收者之间产生共鸣。

在沟通企业风险信息时，风险信息的传递者和接收者应严格使用企业统一规范的企业风险语言，简单明确和突出重点，避免误解；同时，还应彼此认真聆听和接受反馈，不放过每一个细微之处，及时了解对方对企业风险信息的理解程度；认真观察和理解彼此的动作语言，比如：可通过观察接收者的眼神、面部表情、语调和手势等，及时、准确地了解接收者对企业风险信息的理解程度。

7.12　企业内部常用的沟通方法

(1) 发布指示

在指导下级工作时，指示是重要的，可使一个活动开始、更改或制止。指示主要包括：

一般的或具体的指示。一项指示是一般的还是具体的，取决于经理人员根据其对周围环境的预见能力以及下级的响应程度。对授权持有严格观点的经理人员倾向于具体的指示；而在对实施指示的所有周围环境不可能预见的情况下，大多采用一般的形式。

书面或口头的指示。在决定指示是书面还是口头的时候，考虑的问题是：上下级之间关系的持久性、信任程度，以及避免指示的重复等。如果上下级之间关系持久，信任程度较高，则不必书面指示；如果为了防止命令的重复和司法上的争执，为了对所有有关人员宣布一项特定的任务，宜采用书面指示。

正式和非正式的指示。对每一个下级准确地选择正式的或非正式的指示发布方式是一种艺术。正确采用非正式的方式来启发下级，用正式的书面或口述的方式来命令下级。

(2) 召开会议

人与人之间的沟通是人们思想、情感的交流，采取开会的方式，就是为人们提供信息交流的场所和机会。会议的作用表现在：

会议是整个企业活动的一个重要反映，是与会者在企业中的身份、影响和地位等的综合表现。会议中的信息交流能在人们心理上产生影响。

会议可集思广益。与会者在意见交流之后，就会产生一种共同的见解、价值观念和行动指南，而且还可密切相互之间的关系。

会议可使人们了解共同目标、自己的工作与他人工作的关系，使之更好地选择自己的工作目标，明确自己应该怎样为企业做出贡献。

通过会议，可以对每一位与会者产生一种约束力。

通过会议，能发现人们所未注意的问题，而进行认真考虑和研究。

会议种类主要有工作汇报会、专题讨论会、员工座谈会等。虽然会议是经理人员进行沟通的重要方法，但决不能完全依赖这种方法。而且，会议要有充分准备，民主气氛要浓厚，讲求实效，切忌形式主义。

(3) 个别交谈

这种形式大部分是建立在相互信任的基础上，双方都有亲切感。这对双方统一认识、体会各自的责任和义务都有很大好处。在这种情况下，人们往往愿意表露真实的思想，提出不便在会议场所提出的问题，从而使领导者能够掌握下属人员的思想动态，在认识、见解等方面取得一致。

7.13　企业风险管理员与风险沟通

7.13.1　风险管理员在风险沟通中应遵循的原则

为了充分发挥风险管理员在企业风险管理中的作用，风险管理员在风险沟通中应该遵循如下原则：

· 企业风险管理员应遵守企业风险沟通的指引、制度和程序，执行与本岗位工作相关的风险报告的规则和要求。

· 企业风险管理员应积极主动地收集企业风险信息，并积极主动地传递给上级。另外，要在企业制度允许的情况下，主动与有关企业成员交换企业风险信息，做到在保密前提下的企业风险信息共享。

· 企业风险管理员在传递企业风险信息的过程中，必须做到仔细认真，不放过任何细微之处；确保企业风险信息的全面准确，不得有任何遗漏和夸大。

· 必须确保企业风险信息的客观性。企业风险管理员对企业风险信息只能用企业统一规范的风险语言进行客观描述，不能带有任何评论性的观点，即必须保持企业风险信息的"原生态"。

· 企业风险管理员必须做到及时向上级和有关企业成员传递企业风险信息，避免因企业风险信息传递不及时，给企业造成损失甚至是危机。

· 企业风险管理员要注意风险沟通的态度、技巧和沟通的效果；应在提升风险沟通技巧方面接受专门的训练。

· 对于有关促进风险管理的好建议应另行和及时向上级反映。

7.13.2　风险管理员提升沟通能力的实用技能

要做到真正有效的沟通，并非一日之功。为此，风险管理员应在以下方面提升自己的沟通能力：

（1）培养有效的聆听习惯

人们之间的交流充满变数（如自己和别人的谈话及聆听风格等），因而既复杂又具有挑战性。设身处地是成功交流的一个关键因素。聆听，但不要受别人情绪的感染。别人有难处时，应设身处地地理解别人，但不能为这种情感左右，必须为自己留一些精力去做自己的事。记住，不要做一块海绵，什么都吸收。

（2）听取反馈，给予反馈

一般来说，反馈是事实和情感因素的结合。交流中的实质信息和关系信息很容易带来误解，从而招致不满。因此，在提供反馈意见时，应强调成长进步，不要妄做评判或横加指责。听取别人的反馈时，则要抓住其中对自己有价值的东西，不要计较对方的身份和交流的方式，做到言者无罪、闻者足戒。

（3）诚实无欺

有时，实话实说的确伤人，但诚实最终能增加建立稳固长久关系的机会。因此，诚实非常重要。

（4）心情平静，平息发怒

对方怒气冲冲时，可以采取让对方的火发泄出来、表示体谅对方的感受、询问是否需要帮助方法。一般情况下，最正常的反应是，找引人发怒的人谈谈，然后逐一解决问题。

第 8 章
企业危机管理基本常识

8.1 引　言

美国《危机管理》一书的作者菲特普曾对世界 500 强的企业高管进行过一次调查，结果显示，高达 80% 的被访者认为，现代企业不可避免地会面临危机，就如人不可避免地要面临死亡一样。另一调研则显示，80% 以上的企业在经历了企业危机创伤后一年内就消亡了。据美国危机管理学院（ICM）组织发布的"2002 年度危机报告"，指出 2/3 的危机属于积发性危机，且可以避免。

企业危机既可能发生于战略层面，也可能由企业的经营环节或操作失误而引发。面对潜在的、可能发生的危机，企业应该事先运用风险管理的思维和策略做足防范危机的准备，"居安思危，防患于未然"；事中快速和正确反应，极力将危机的损失降到最低点；事后尽快恢复正常状态，恢复可能失去的市场份额，修复受损的企业品牌。

企业风险管理员工作在企业的一线战场，特别是在企业日常的商务操作层面上，他们最可能首先发现和注意到企业危机征兆。企业风险管理员对危机事件的警觉性、正确判断能力、及时报告和正确按规范采取处理措施，往往能为企业应对危机赢得时间，有助于企业实现"大损失化小，小损失化了"的危机处理目标。为了系统化企业风险管理员的危机管理知识，提高企业风险管理员的危机管理意识和技能，本章专门阐述企业危机管理的基本知识和技能，从前瞻性的风险管理角度来认识危机管理的因果关联性和重要意义。

8.2 危机和危机管理的相关概念

危机与风险密不可分，危机管理不是独立于风险管理之外的另一套系统；在企业全面风险管理时代到来之后，危机管理会以比其他学科更快地融入企业全面风险管理的整体思维和体系中去。然而，危机管理自身还是具有一些风险管理所不可取代的概念和特征。

8.2.1 危机

（1）危机的概念

站在不同的角度、不同的领域，采用不同的思维方式，对危机的认识、理解便会不同。在危机研究过程中，专家、学者们赋予危机各种各样的定义。芬克（Fink，1986）把危机定义为：在确定的变化逼近时，事件的不确定性或状态。巴顿（Barton，1993）把危机定义为：惊奇、对重要价值的高度威胁、需要在短时间内做出决定的特定状态。弗恩·班克思（Fern-Banks，1996）把危机定义为：对一个组织、公司及其产品或名声等产生潜在负面影响的事故。斯格（Seeger，1998）等人把危机定义为：一种能够带来高度不确定性和高度威胁的、特殊的、不可预测的、非常规的一系列事件。

关于危机的概念，AARCM也曾多次组织专家进行讨论。目前，普遍较为认同罗森塔尔（Rosenthal）和皮内伯格（Pijnenbegr）（1991）的定义，即危机是指具有严重威胁的、高不确定性的、高危险感的情境。

（2）危机的特点

第一，意外性。危机的爆发经常出乎人们的意料。危机爆发的具体时间、实际规模、具体态势和影响深度，一般都是企业始料未及的。

第二，聚焦性。在信息时代，危机信息的传播速度可能要比危机本身发展得更快。媒体往往起到推波助澜、煽风点火的作用。信息传播渠道的多样化、时效的高速化、范围的全球化，使危机的各种信息迅速公开、传播，并成为公众聚集的中心、媒体热炒的素材。与此同时，危机的利益相关者不仅仅关注危机本身的发展，更关注企业对危机的处理态度和所采取的行动。

第三，破坏性。危机通常具有很强的破坏性。由于危机常具有"出其不意，攻其不备"的特点，不论什么性质和规模的危机，因而必然会给企业造成不同程度的破坏、混乱和恐慌。危机发生后，由于受决策时间的限制以及受信息制约，决策往往容易失误，进而带来难以估量的损失。另外，危机往往具有连带效应，一个危机的发生，会引发一连串的冲击，使事态不断扩大。

第四，紧迫性。对组织来说，危机一旦爆发，其破坏性的能量就会被迅速释放，并呈快速蔓延之势。企业如果不能及时控制，危机会急剧恶化，危机影响的范围和程度会越来越大，组织遭受的损失也会越来越大。

（3）危机与风险的关系

风险是指客观存在的，在特定情况下、特定期间内，某一事件导致的最终损失的不确定性。危机与风险的区别可以概括为两点：第一，风险是危机的诱因；第二，并非所有的风险都会引发危机，只有当风险所造成的危害达到一定的程度时，才会演变为危机。因此，危机是一种风险的突发状态，而风险不一定会转化为危机。

有人形象地把"风险"与"危机"比喻为医院里的"门诊"与"急诊"。人们在感觉到不舒服的时候，常会到门诊的相关科室去找医生诊断一下，查出"不舒服"的根源在哪儿，然后根据医生开出的药方，对症下药。在经过一个时期的治疗后，病人的"不舒服"症状可能就会缓解或消失。但如果一个人长期对自己身体的"不舒服"无动于衷、不理不睬，终究有一天他会被送往急诊室的。

企业是一个大系统，当企业受到外部风险因素（譬如经济景气状况、政策变化、行业竞争者进入、客户需求变化、利益相关者严厉要求等）影响时，或者受到内部风险因素（譬如运营管理中断、质量保证失控、人员操作失误、技术实力不足等，以及来自人员、系统、流程、组织结构、文化和能力变化）的影响时，该系统原有的平衡状态可能被打破，系统有可能失去控制而崩溃。当风险加大和变化增强到一定程度时，会由量变引发质变，使企业偏离原有的稳态轨道。如果此时不能够妥善控制风险因素，风险就可能会演变成危机。这种从风险到危机的演化过程进一步说明了风险预防和危机处理是一种前因后果的关系。

（4）"风控缺位，危机必生"——危机案例剖析

危机是一种能够带来高度不确定性和高度威胁的、特殊的、不可预测的、非常规的一系列事件。危机事件分为公共危机事件、企业危机事件、个人危机事件。现实中爆发的危机事件，往往夹杂着公共、企业、个人危机的联动，例如某些原本源自企业的危机由于失控可能会演变为更大层面的公共危机，而某些公共层面的危机（例如灾难性公共危机、政治危机或经济危机等）也往往会引发涉事范畴的企业危机。例如近年来爆发的三鹿事件、山东高铁车毁人亡事件、中石化爆炸事件、天津港爆炸事件等，这些超大规模的企业危机最终就演变成了一种社会危机。

企业的危机表面上看似突发和偶然，实为因潜伏/失控风险隐患而招致的必然。本部分通过一例"高铁脱轨"案例来剖析：什么是风控疏漏的"因"，什么又是危机管理的"果"！

清晨4时48分，某铁路××段限速80公里/时处，时速达131公里的一列高铁第9~17号车厢突然脱轨，侵入了并行的另一条轨道，和正常运行的对开另一列车相撞，造成重大伤亡事故。事故线路是一条呈"S"形临时线路，而超速被认为是这起事故的直接原因。

分析事故原因时，人们很容易将火车超速的主要原因归结于司机。可调查结果显示，其间至少有三次机会可避免灾祸发生，然而，由于相关人员的失职机会一次次错失，导致惨祸发生。

事故发生前××局印发相关文件，规定 4 天后 0 时开始，该地段限速 80 公里/小时。但如此重要的文件，××局只在局网上发布，对外局及相关单位却以普通信件的方式传递，而且把北京机务段作为抄送单位，故未引起北京机务段的重视。事发 2 天前，××局又发出调度命令，要求取消多处限速，其中包括事故发生地段的限速。

根据规定，列车在运行中，唯一对车速起决定性作用的是调度命令。也就是说即使是没有收到限速文件，只要××局及时发布限速调度命令悲剧仍可避免。

通常的做法是，××铁路局发出限速调度命令，列车所属的北京机务段接到后，应将相关限速数据输入 IC 卡，然后插入列车上的"黑匣子"（列车运行监控记录装置）。这样就可对列车进行自动控制，若司机疏忽或其他原因未执行限速命令。列车也会自动制动减速或停车。但此次北京机务段并没有将限速令输入 IC 卡。

4 月 28 日午夜 1 时多，机会再次来临。路过王村的列车发现，现场临时限速标志是"80"，与运行监控器数据"不限"不符，随即向××局反映，××局在 4 时 2 分补发出 4444 号调度命令：在 K293+780～K290+784 之间，限速 80 公里/小时。

按常规，此调度命令通知到铁路站点后，会由值班人员用无线对讲机通知司机。两者的通话会录音，并记入列车的"黑匣子"。但致命的是，4444 号调度命令却被车站值班人员漏发。而王村站值班员对最新临时限速命令，又未与列车司机进行确认，也未认真执行车机联控。信息停滞，使列车司机没有收到这条救命命令。

此时只剩下最后一道防线：依靠列车司机的肉眼观察，先发现 80 公里/小时限速牌，然后对列车限速。但事实证明，最后的救命稻草是如此薄弱。凌晨四点半正是司机最为疲惫之时，他显然没有注意到一闪而过的限速牌。

就这样，众多机会均被不可思议地——错失，最终已晚点的列车，为了正点到达目的地，便加快速度使列车如同一匹脱缰的烈马，飙出了 131 公里/小时的速度，即刻倾覆，一场史上最大的铁路灾难发生了。

正如事后调查结果所揭示：这次事故充分暴露了一些铁路运营企业安全风险认识不到位、领导不到位、责任不到位、隐患排查不到位和监督管理不到位的严重问题，反映了基层安全风险意识薄弱、信息/沟通滞漏失误、现场管理存在严重漏洞和内部控制混乱（例如事发前几天济南铁路局曾发文限速，但又迅速取消限速）等问题，导致这次风险事故的发生。假如在事故产生前的任一信息，按规定能够及时正确地传达到列车司机，司机如果采取及时有效措施，就可避免该项风险事故的发生。显然，由于"事先"在上述方面呈现的风险管理疏漏的"因"，也就必然会产生危机处置的"果"。

8.2.2 危机管理

(1) 危机管理的含义

狭义上讲,危机管理主要是指危机出现后如何进行危机处理的过程。广义上讲,应该也包括危机发生前的预防和预警过程。

AARCM 对企业危机管理的定义是:为减小企业及其利益相关者在潜在危机事件中的损失,以及为保障企业安全与商务可持续性,企业以风险评估为依据而对危机实施科学的预防、应对和处理的方法和过程。

(2) 危机管理的各派理论

"古巴导弹危机"使人们第一次认识到苏美两个超级大国有发生"核对抗"的危险,而这种"核对抗"又是有史以来第一次使整个人类都感受到核战争的威胁。在这一背景下,危机理论应运而生。随后伴随着20世纪70年代、80年代和90年代世界各类经济、社会和民族冲突的不断产生,危机管理研究的范畴不断扩大,危机管理的理念和系统也变得日臻成熟。企业危机管理的思维和理论正是以上述发展为背景而得以发展起来的一门学科。该学科借助了外交和公共危机管理的理念,融合了企业风险管理的理论基础,最终发展成为今天人们所了解到的企业危机管理的各派理论。

第一,企业危机系统论。企业危机系统论认为,企业的经营活动存在于由外部环境和内部环境共同组成的经营环境中,其本质是动态循环的,是内部环境和外部环境之间多层次的、多面向的、不断地进行的、复杂多变的系统。该理论认为,企业危机往往是由于企业忽视了运营系统的整体性和动态性,特别是对外部环境变化的忽视,因而无法了解系统全局的变化,最终在面对高度不确定的局势变化时,出现错误判断和决策,从而使企业陷入危机。企业危机系统论还认为企业外部环境变化产生的危机,是企业重要的威胁;企业是否能够有能力处理,完全取决于企业内部组织机构的健全,以及决策体系是否能够结合内部情报与资源,并做出决策,进而化解危机。

第二,企业危机扩散论。企业危机扩散论认为当企业发生危机且无法有效及时解决时,危机就会扩散到总体层面,进而影响企业的生存与发展。企业危机扩散论认为,企业危机一旦爆发,通过媒体效应迅速传播,就会直接造成企业的形象危机,进而引起企业的财务危机,最终导致企业生存危机。该理论认为,危机扩散的动力和根源在于危机的破坏性、传播性、从众行为、企业不足的危机处理能力以及危机反应的时滞效应。

第三,企业危机成因结构论。企业危机成因结构论认为,企业面临快速变化的经营环境,不能只注重内部效率的管理,应该同时重视外部环境的变化,因为外部环境的变化往往是企业危机的主要来源，也是企业主要的不可控危机因素。企业危机成因论的代表学者我国台湾政治大学的朱延智教授将迈克尔·波特的五力模型加以调整，用以分析企业的危机来源。根据企业危机成因论，企业危机的外部来源主要包括同业竞争的威胁、潜在竞争者的挑战、替代品的威胁、供应商的背离这四大因素。这也构成企业危机的基本结构。企业危机成因结构论认为在这四大外部危机源中，影响同业竞争威胁的主要有九个因素，它们是产业成长率、竞争者数量与市场势力的均衡情况、竞争者进入市场的速度、战略性市场、高时间压力或储存成本、产品差异化程度、购买者转换购买成本、产品推出障碍、固定成本高低。就替代品的威胁而言，替代品的替代效用越大，其构成的威胁也越大。就潜在竞争者的威胁而言，其威胁程度要视企业所能构建的危机管理机制而定，越坚实的风险管理机制和危机管理机制，越能保障企业的利益，从而产生有效的阻拦效应。就供应商的背离而言，从供应链角度来看，供应商的品质低下往往是企业危机的常见因素。

第四，企业危机演化结构论。企业危机演化结构论认为，企业危机演化和危机管理的过程由四大关键因素相互作用的结构所决定。这四大因素分别是：危机形态与风险、危机管理机制、危机管理的组织系统、利益相关者。就危机形态与风险而言，企业所面临的危机有很多，危机的程度也各不相同，只有充分把握危机形态与程度，并据此制定相应的危机计划，才能保证危机管理的有效进行。就危机管理机制而言，有效的管理机制不仅是在危机发生后才发挥作用，而是在危机发生前就发挥巨大的作用。就危机管理的组织系统而言，危机演化结构论认为，其应该包括五个层面，即科技层面、组织结构层面、人为因素层面、组织文化层面以及决策人员心理层面。而其中一个决定性的因素是决策人员的心理层面。就利益相关者而言，其主要包括员工、消费者、债权人、社区、政府等。

第五，基于企业生命周期理论的企业阶段性危机。企业生命周期理论认为，企业的成长过程可划分为创业阶段、规范阶段、分权阶段以及组织创新阶段等不同的发展阶段。一般来讲，在不同的企业发展阶段，会产生不同的具有特定时段特定特征的企业危机。这种阶段性的企业危机是企业在不同发展阶段所形成的组织结构的不适应的反映。例如，在创业阶段，企业往往会遇到"由于领导层缺乏相应的管理技能和技巧，失去对企业管理活动的有效控制"而产生的领导危机；在规范阶段，企业容易产生领导层的专制危机和中下层管理人员的缺乏自主权危机；在分权期阶段，企业容易产生控制危机；在组织创新阶段，企业的危机可能表现为企业组织涣散，组织结构的运转动力减弱，企业领导层对未来环境发展趋势不能做出正确的预测并很可能制定出不适合的发展战略。因此，企业必须了解自身所处的发展周期进程和了解与企业自身发展周期相关的某些危机特征，主动和策略性地应对企业在发展过程中难以避免的阶段性典型危机，以期成功迈进下一个发展阶段，延长企业可持续性发展周期。

（3）企业危机的成因

有关学者曾对《幸福》杂志排名前500名的大公司的董事长和总经理进行过一项关于危机的调查，调查资料表明企业发生危机主要原因有：生产性意外；环境问题；劳资争议及罢工；产品质量；股东信心丧失；具有敌意的兼并；股票市场上大股东的购买；谣言或向新闻媒体泄漏企业秘密；政府方面的限制；恐怖破坏活动以及员工的贪污腐化等等。

为便于分析，将企业危机的来源分为外部来源和内部来源两大类。

第一，企业外部危机来源。

政治因素：主要是指政府的方针、政策、法令等的变化。这些变化可能给企业带来危机。如某国政府，不断提高对外国的石油公司在本国内从事石油勘探开发的所得税，会导致一些企业为降低风险而纷纷撤离该国。

社会因素：是指一个国家或地区的居民教育程度和文化水平、宗教信仰、风俗习惯、审美观点、价值观点等。

经济环境：是指一个国家的经济制度、经济结构、产业布局、资源状况、经济发展水平以及未来的经济走势等。经济环境对企业的影响分宏观和微观两个方面。宏观经济环境主要是人口数量及其增长趋势、国民收入、国民生产总值及其变化情况以及由这些指标所反映的国民经济发展水平和发展速度；微观经济环境主要指企业所在地区或所服务地区的消费者收入水平、消费偏好、储蓄情况、就业程度等因素。经济因素直接决定着企业目前及未来的市场大小。

技术环境：是指与本企业有关的科学技术的水平、发展趋势和发展速度等。科技的发展对企业的影响作用是双重的，它既可以给企业带来空前的发展机会，也可以给企业带来灭顶之灾。目前，科学技术正在以前所未有的速度向前发展，企业要想发展而不遭淘汰，必须及时掌握科学技术发展的新动向，跟上时代前进的步伐。

自然环境：是指一个国家的自然资源和生态环境。具体包括：自然资源拥有情况、气候、能源、自然灾害、生态平衡、环境保护等方面的状况。企业经营所处的地理位置及其气候条件对企业经营产生的影响，如地震、台风、洪涝灾害等对企业生产的影响；而企业对自然环境造成危害，也将受到惩罚。

行业影响：每一个企业都属于一定的行业。行业的兴衰存亡，对企业的生产经营活动都有着直接和重要的影响。例如，一家企业被查出牛奶中加了激素，民众则可能转而购买豆奶制品，而对整个牛奶制造行业销售水平产生负面影响。

第二，企业内部危机来源。企业内部的危机来源，原因多种多样，形式也多种多样。下面仅列举几种情况予以简单说明。

①由企业供应商所带来的危机，如"苏丹红"事件；

②由企业的分销商所带来的危机,如因分销商的服务态度不好引致的顾客投诉,从而引发消费群体对企业品牌美誉度的评价降低;

③企业管理水平低,如产品质量所造成的危机;

④员工的职业素质低,如"巴林银行事件"和"安然事件";

⑤企业在处理危机时公关不到位或失误,如"三株事件"和"恒生电脑"事件;

⑥一些没有预料到的危机,如"石棉肺"事件。

(4) 企业危机生命周期及其管理机制

企业危机生命周期是指按危机发生的先后顺序,将企业危机划分为危机潜伏期、危机征兆期、危机发生期、危机总结期和危机恢复期五个阶段。各阶段企业危机管理的特点和管理机制,如表8-1所示。

表8-1　　　　　　　　　不同危机阶段危机管理的特征

	危机潜伏期	危机征兆期	危机发生期	危机总结期	危机恢复期
企业危机	隐性危机	由隐性管理向显性管理	显性危机	由显性管理向隐性管理	隐性危机
管理状态	管理状态	管理过渡时期	管理状态	管理过渡时期	管理状态
管理制度	危机预警子系统	危机预控子系统	危机处理子系统	危机总结子系统	危机恢复子系统
管理目标	预防危机防患于未然	做好危机应对的充分准备	减少危机对企业的危害和冲击	亡羊补牢,完善企业危机管理制度	提高企业的生存能力

第一阶段,危机潜伏期。在危机潜伏期,企业系统处于隐性危机管理状态。此时,企业表面处于正常管理状态,而实际上却可能有潜在的危机因子在酝酿,因此必须建立危机预警系统。建立企业危机预警系统的目的是预防危机,防患于未然,使企业顺利实现经营目标。对企业而言,内部、外部环境的任何变化会对企业的利益乃至生存产生重大影响。如果企业建立了危机预警系统,全面、系统、连续地搜集正在变化中的与企业发展有关的重要信息,发现并预知可能的变化,就可以促进企业决策者预先采取相应措施,制定新的发展战略,寻求新的发展机遇。

第二阶段,危机征兆期。在危机征兆期,企业危机系统处于隐性管理向显性危机管理过渡状态,企业运作产生波动,如果发现及时并有效控制,则企业危机可以避免,这是最经济的危机管理方法。因此建立一套规范、全面的危机预控系统是必要的,其管理目标就是为应对危机做好充分准备。

第三阶段,危机发生期。当进入危机发生期,企业危机系统处于显性管理状态,企业管理失控,危机在不断扩散,企业必须快速启动危机处理方案,尽可能减少危机损失,否则企业可能会走向破产。危机处理应按计划实施对危机的控制和管理,及时收集和分析引起危机变异及对企业有威胁的信息，调整危机管理措施，尽可能减小危机影响范围，即增强企业的生存能力。

第四阶段，危机总结期。危机总结期是企业危机系统从显性管理向隐性管理过渡时期，企业逐渐恢复到正常控制状态，此时要启动危机总结程序，处理好危机后遗症，对整个危机处理过程进行经验总结和评估，完善危机管理制度。

第五阶段，危机恢复期。进入危机恢复期，企业危机系统又回到隐性管理状态，管理目标是使生存能力得到提升。

8.3　企业风险管理员在危机管理中的作用

企业危机无疑会触动媒体、震惊社会和牵动公众之心。对于当事企业来讲，紧急、妥善处理各类危机是董事会和高层决策者的重大议题事项。然而，对于处于企业管理基层的风险管理员来说，又能为预防、降低和避免上述重大危机发挥什么作用呢？企业风险管理员又能为企业实施危机管理做哪些工作呢？以下通过几个案例，阐述企业风险管理员只需尽职尽责，就有可能发挥一种熄灭危机星星之火的重大作用。

8.3.1　通过危机案例揭示风险管理员的作用

（1）Z银行的"保险箱"危机事件

"保险箱并不保险"！2004年某地发生了几乎是有史以来最严重的银行保险箱人为操作失误事故。Z银行某分行在装修期间，误将83名客户的保险箱当作废铁压毁。不少客户表示不能接受这样的错误，并指出收藏在保险箱内的物件贵重，价值不可估量，声称要将Z银行诉诸法庭。这次罕见的"大丑闻"令Z银行付出了巨额赔偿，声誉严重受损。

Z银行的保险箱事件是一种典型的操作失误事件。案件一发，在调查结果尚未出来之前，专家们就已经推断其发生的原因可能有二：一是企业本身可能缺乏处理保险箱工作的内部控制检查程序或流程；二是可能有流程但具体操作人员没有执行。事实上，调查结果表明：这次失误是由于缺乏足够的项目监管以及欠缺拆卸保管箱的正式作业指南所致，基本上被证实是属于第一种原因。

Z银行对保险箱业务的管理存在盲点区，这一盲点区需要企业全面风险管理的逻辑和体制来完善。就企业风险管理员能力水平和责权范围而言，预先发现企业在某项工作管理制度方面存在缺陷一般是较为困难的，对一项非常规运作的特别项目来讲就更为困难。但就本案例而言，企业风险管理员如能做到预先发现或提请相关操作人员加强对非常规操作项目的风险警觉性，那将会是一种非常好的结果。因为这样会对事故得以及早发现或证实以及降低本案的损失程度大有帮助。在这一事件发生之后，各岗位的风险管理员应协助相关负责人及时启动危机管理计划和意外计划。另外，在加强与媒体的沟通、加强与客户的沟通和减少可能的法律起诉、向客户提供较好的理赔服务、做好危机处理过程的记录和在努力减少客户的流失等方面都可以做一些危机管理基础性的具体工作。

（2）K公司食品成分掺假

2005年3月，K公司突然向新闻界发出声明，由于某款产品调料中发现了"苏丹红1号"成分，K公司在中国1200家店立即回收所有的相关产品，同时销毁所有剩余调料，此举估计直接损失2600万元。大约在此案发的前后一年内，包括K公司在内的几十家企业的近百个食品样品，曾先后被检出含有致癌的工业染料苏丹红1号，甚至还在有些鸭蛋制品中查出更为有毒的苏丹红高标号。

苏丹红事件在K公司的发案以及这一事件对外公布的第一时间无疑会对其形象造成负面影响。本来是原料供应商发生了问题，却把风险传递给了使用商。而作为使用商的K公司能以多快的速度对风险隐患产生反应？以及反应的策略是否正确？是考察其风险和危机管理能力的重要指标。

K公司在这场危机中反应的速度并不令人满意（使用了一段时间才发现），但做出立即销毁产品的危机反应策略则体现出其决策的果断性和负责任性。另外K公司一直声称他们是通过主动的自查而查出的问题，这对其形象也有一定的正面帮助。人们注意到，在该案件前后曾查出的30多家使用苏丹红调料的企业中，唯有K公司能够如此果断和彻底销毁问题食品并向社会公布，表明了有别于其他企业的负责任的社会形象。显然，本案例还含有"危机变机会"的成分，有助于企业宣传自己的社会责任形象，也值得其他企业学习借鉴。

工作在基层岗位的K公司风险管理员（如果K公司设有这一岗位的话）要学习和了解企业危机处理的策略，并及时、积极地支持企业实施危机管理的策略。例如，协助上级相关领导及时启动危机管理计划，监督问题产品的销毁工作，做好善后工作的组织和记录，在部门领导的指导下对企业原料的质量检测部门加强监督和检查的执行力度，在力所能及的范围内以训练有素的风险管理技术和艺术向消费者和媒体进行风险沟通和解释，甚至从另一个角度借此机会正面宣传企业的负责任的形象等。

（3）S公司爆炸事件

2013年11月某日凌晨3点，S公司某分公司输油管线破裂。事故发现后，约3点15分关闭输油，约1000平方米路面被原油污染，部分原油沿着雨水管线入海，海面过油面积约3000平方米。该地区立即组织在海面布设两道围油栏。处置过程中，当日上午 10 点 30 分许，发生爆燃，同时在入海口被油污染海面上发生爆燃。该爆炸造成重大伤亡，直接经济损失几个亿。导致多人被逮捕拘留或遭处分。

这个案例发生后，来自于全球范畴的风险管理专家、危机管理专家、企业安全生产专家都试图给出这个案例一个比较全面的解读和剖析。显然由于专业背景和专业视角对风险管理逻辑释义的差异性，这三个视角所给出的分析逻辑存在显著的差异。

以 CERM 项目为代表的风险管理专家给此案提出了三个视角的质疑包括：

一是，这个案例可不可以不漏油？（这是内部控制范畴的责任）

二是，这个案例可不可以漏油后不爆炸？（这是风险预警阶段应办妥的事）

三是，这个案例可不可以爆炸后不死人？（这是危机处理阶段应办妥的事）

CERM 项目教学案例分析得出的结论是：上述这三条，理论上都是可以做到的！

分布在企业业务一线的企业风险管理员能在上述三个阶段的哪个阶段参与到这场风险与危机管理当中？比较显著的参与阶段是在第二个阶段，以及第三个阶段。风险管理员最可能接触到业务一线的现场，可以用"危机敏感性，危机等级，合规操作"的视角来提醒参与事故处理的执行人员。事实证明，S 公司案件的危机处置人员的违规操作（现场产生明火）是引发爆发的直接责任之一。或许，企业风险管理员"轻松"的采用合规操作的"提示职能"，则有可能促使"S 公司不发生爆炸的概率提升"。

总之，上述谈及的都是企业风险管理员在参与企业重大危机处理时所应该扮演的角色。事实上，同重大危机相比，企业发生非重大影响力度的轻微危机或小规模事故损失更可谓频频不断。而小事件只要处理及时、得当，一般就不会演化为大危机。因此，风险管理员在企业的日常危机管理中所扮演的角色就显得尤为重要。其实历史上所发生的无数次的重大危机，如果企业能够严格执行风险管理手册的规定，就可能只是产生一种较小程度的损失，这种损失甚至在企业风险管理员的处理之下就可能得以有效控制。然而，一种不健全的风险管理体系中往往会缺乏将小事件消灭在早期和较小规模中的机制。企业风险管理员的缺位可能使得本能"大事化小"的事件，由于在早期没人跟进和关注，最终使小事件演变成了大危机。

显而易见，为企业风险管理员提供有关危机管理的基本训练是非常有必要的。企业风险管理员常常工作在企业商务操作的前线，而这种前线正是各类企业危机的频发之地。如果这些基层风险管理人员能够根据授权及时地参与处理或独自处理某种程度的企业危机事件，一定会对实现"减小风险，化解危机，降低损失"的企业风险管理目标产生裨益。

8.3.2 企业风险管理员在危机管理中的作用

企业危机管理的意识和基本技能是企业中，上至董事长下至每一个普通员工，都应该具备。企业风险管理员更是责无旁贷。本部分以"事先"和"事中"的角度描述多数布局在企业业务一线的风险管理员在危机管理中所能发挥的作用。

(1) "事先"作用
- 了解危机管理的基本知识；
- 了解本业务单元的关键风险岗位，以及清晰地了解相应的风险责任人；
- 了解本业务单元重要风险的预警设置（包括预警等级设置逻辑），了解相应风险的危机识别的基本要领，了解危机报告的程序；
- 了解本业务单元（或者责任范围内）的各项危机预案的种类、各类预案的作用、各类预案的启动以及操作流程等；
- 参加（或参加组织）本业务单元组织（或者责任范围内）的针对各类危机预案学习和演练的活动；
- 了解保障这些危机预案有效执行的相关制度和规则。

另外，企业风险管理员在"事先"还可以担当以下更为具体的工作，例如：
- 协助公司的危机管理策略、应急方案的制定；
- 跟踪和监督企业各项危机管理制度的落实情况，并形成书面报告向有关部门和领导汇报；
- 对可能影响企业正常运营的外部环境，根据企业的统一部署，进行一些基础性的资料的查询、搜集、整理工作；
- 根据企业内部控制设置和危机预案，对企业内部可能引起危机的各关键点进行检查，必要时要形成书面意见报有关部门和领导；
- 针对企业日常运营中出现的各类危机隐患，提出具体的改进措施和方案；
- 企业日常危机管理资料、档案的汇总、整理工作；
- 维持企业的危机管理信息系统的正常运转。

(2) "事中"作用
- 首先应按照企业针对风险管理员岗位所规范/明确的危机管理职责来行事（如果已经存在）；
- 一旦识别危机，迅速按照危机报告的线路报告危机；
- 在危机现场的风险管理员应时时提醒危机处置人员合规操作（例如按照预案规则行事）；
- 在危机现场的员工应主动发现危机处置中的意外（即非应急预案可以解决的问题），立刻按照程序上报；

- 做好危机处置记录,做好危机处置相关的信息收集、信息传递和信息沟通工作;
- 按照事发单位领导的指令,完成交办的其他事情;
- 协助做好危机发生原因的查找、分析工作;
- 对危机发生的整个过程,要做好记录;对重要资料要做好存档、整理;随时做好领导的"好帮手"。

8.4　企业危机管理的目标和原则

8.4.1　企业危机管理的目标

企业风险管理/危机处置的目标设定直接受制于企业的风险偏好、风险容忍度和价值观。通常,企业风险管理/危机处置的目标设定既包含定性目标要求,也包含定量指标限定。针对一种确定的专项风险危机情形而言,可以"事先"做到就危机事件处置目标分类框架设定,也可以"事先"根据已划定的危机等级尽可能具体地给出每个危机等级情形下的危机处置目标。这些危机处置目标的设定,通常包括:

- 按照危机等级,设定每个等级下的安全目标的限度,旨在定位危机局面、报告危机、及时调度匹配的危机处置资源,尽最大可能阻止恶变。
- 按照危机等级,设定每个等级下的财务损失目标限度。这往往是指财务上的直接损失规模,这些损失一般包括资产损失、业务中断损失、经济赔偿损失等。
- 眼前损失与长久损失取舍目标/准则设定。"事先"尽可能约定/规定在何种风险等级下,取什么,舍什么。
- 解除危机的时限限定目标(例如:一般等级的银行网点网络中断不得超过半小时)。
- 产品回收/销毁(如果需要),"回收速度和合理范畴"目标设定(可能具有政府、媒体或行业压力)。
- 安抚受害者(如果存在伤亡事故等)的目标设定。
- 应对媒体/澄清谣言/传递正能量的沟通目标设定。例如,以多快的速度来实施沟通?谁来完成对媒体/消费者实施沟通?进行何种程度的沟通?采取何种姿态的沟通?
- 企业/员工在危机中的行为底线目标的设定。
- 危机变商机的目标设定。针对这一目标,事先可能也仅仅能给出提示框架。
- 业务运营恢复目标设定,市场份额恢复目标设定。当事中危机被有效阻止之时，企业应及时设定"业务运营恢复目标/行动计划，市场份额恢复目标/行动计划"。例如，明确 3 个月之内必须恢复市场份额的目标额度（例如国内市场恢复 70%、国外市场恢复 40%）。

・品牌声誉恢复目标（事后尽快明确）。例如通过何种宣传/活动，令企业品牌在 1~2 年内得到恢复。

8.4.2 企业危机事件处置总体原则

企业危机管理的首要任务就是应明确其实施危机管理的总体目标，以及逐一明确每一类危机事件的处置目标。无可非议，企业的危机管理目标应与企业全面风险管理的总体目标一致，应与企业发展的战略目标一致。通常，企业危机管理的总体目标，是指企业依靠一种危机管理的能力而尽快令企业摆脱某种（或多种）危机困境，从而使企业恢复常态运营，再图发展。企业危机管理基本任务在于：识别危机势态，控制危机局面，减轻危机破坏程度或减少损失，阻止损失，保护企业品牌，快速恢复企业运行常态，防止危机再次发生，谋划企业再发展。

实现企业危机管理目标的努力可大致上从三个层次阐述：从高层来看，明确危机事件处理的目标，定位危机控制策略，向企业利益相关方展示一种"责任姿态"，从发展战略的高度识别危机中隐含着的机遇，推动快速的危机恢复工作；从中层来看，准确贯彻企业危机事件处理目标，快速和训练有素地执行高层决策，按照结构化或非结构化的方法/措施控制危机局面，组织实施危机恢复；从基层来看，领会企业危机事件处理目标，积极参与和执行危机处理措施。

显然，当企业面临各种危机时，设定不同的危机管理目标与指导原则将会给企业带来截然不同的结果和命运。因此，明确企业危机处置目标和原则是关系到企业生死存亡的问题，是企业正确进行危机管理的必要前提和基础。

指导企业实施危机管理的主要总体原则包括：

(1) 快速反应原则

危机管理的关键是捕捉先机，在危害发生前对其进行控制，尽管发生危机的主体面临极大的压力，但仍须迅速研究对策，及时反应，使公众了解危机真相和组织采取的各项措施，争取公众的同情，减少危机的损失。总之，快速启动危机应对计划、有策略艺术、有步骤、高效率和及时正确的决策是应对危机不可缺少的条件。

(2) 承担责任原则

一般来讲，危机发生后，公众会关心两个方面的问题：一是利益问题。利益是危机中公众关注的焦点，一旦企业发生危机，无论谁是谁非，企业应该积极地和恰当地承担责任；二是感情问题，公众很在意企业是否在意自己的感受，因此企业应该站在受害者的立场上表示同情和安慰，并通过新闻媒介向公众致歉，解决深层次的心理、情感关系问题，从而赢得公众的理解和信任。实际上，公众和媒体往往对企业有心理上的一定预期，即企业如何处理才会达到设定的预期目标，因此当危机发生的时候，企业绝对不应该选择对抗，企业对当事人、相关单位的态度是至关重要的。

(3) 信息沟通、报告与监控原则

第一，沟通是危机管理的中心内容。与企业员工、媒体、相关的企业组织、股东、消费者、产品销售商、政府部门等利益相关者的沟通是企业不可或缺的工作。沟通对危机带来的负面影响有最好的化解作用。企业必须树立强烈的沟通意识，及时将事件发生的真相、处理进展传达给公众，以正视听，杜绝谣言、流言，稳定公众情绪，争取社会舆论的支持。第二，危机报告。"风险报告"被称之为企业风险管理的六大能力，足见其重要性和不可替代的作用，而企业危机中报告要素管理的有效性往往决定着企业是否能出现转机。总之"把正确的报告，在正确的时间，传递给正确的人"是实施危机管理报告的目的。第三，加强危机过程中的信息监控，以补充信息或核验信息的正确性，从而有助于危机决策的正确实施。

(4) 快速/系统危机评估原则

系列的危机预案（分类别与分等级）如已"事先"制定，企业一旦产生危机险情，一线相关人员首先做出的反应包括："确认危机，报告危机，决定何时启动哪类/哪个等级的危机应急预案"。而在这之前，必须展开一种快速和视角全面的"危机情形评估"，作为实施危机应对方案选择的依据。接下来，跟踪危机发展情形而实施及时的危机状态评估也十分重要，这种危机评估依据决定了接下来可能产生的决策/行动走向。危机情形评估是一种技术性和时间压力颇强的工作，企业最好就如何结构化地开展此项工作给出在时限、流程或准则等方面的指引。

(5) 业务连续原则

在危机时间处理过程中，企业往往应努力采取恰当措施，做到"常态运营保持连续"。事实上，多种类型的危机事件，都有可能触及"业务是否可能中断"这一次级危机事件。对某些行业来讲，业务中断直接或间接给企业造成的损失（例如法律赔偿、品牌损伤等）往往无可估量。

(6) 信誉至上原则

企业信誉象征着企业长期的市场价值、影响力和生命力。危机的发生必然会给企业信誉带来在不同程度的损伤。因此在企业危机管理的全过程中，要努力减少对其信誉带来的损失。某些情况下，哪怕企业选择暂时多付出一些眼前的经济利益（即考量牺牲眼前利益而顾全长远利益），也要从长远考虑，力争眼前的危机能够获得公众的谅解，力争尽快重新获得公众的信任。

8.5 企业危机的预防

危机管理重在预防！

"防患于未然"是危机管理最基本和最重要的要求。从某种意义上讲，学习让危机不发生或少发生的方法和技术要比学习危机发生之后如何组织抢救更为重要。企业应前瞻性地花大力气和大资源来预防风险的恶化和危机的产生。企业如果不能很好地预防危机的发生，也就只好收拾和处理危机的"残局"。但这种代价往往是巨大的，损失也是惨不忍睹的。

8.5.1 危机管理组织保障

风险管理是董事会和高级管理层的一项重要战略任务，而危机管理作为企业全面风险管理体系的重要组成部分，对企业生死存亡和可持续发展具有战略意义。在 ERM 时代到来之后，企业应将过去可能已经做过或规划过的企业危机管理职能与 ERM 总体部署进行整合，将危机管理的职责纳入企业风险管理委员会监督管理的范围，首席风险官可成为企业危机管理的有专业素质的指挥官或担当核心协调者，而首席执行官和董事会仍旧是企业危机的最高决策者。显然，企业的风险管理部门也应该成为企业危机管理的协调中心。这样就能较好地整合企业危机管理委员会与风险管理委员会的职能。某些在早期发展的企业危机管理委员会一般是一种临时性的组织，其组成成员也多是由于企业面临某一重大危机而临时抽调的各有关部门的负责人和企业的其他行政领导而组成。如今在 ERM 机制下，当企业组建了更为稳定和常设化的风险管理委员会，则会提升企业危机管理的规范化和预防性管理的程度。

在 ERM 时代，企业更要从全面风险管理的角度来思考危机管理的重要意义，使企业能够更为有效的分配资源和更为全面的培训人才。以下就 ERM 时代企业在危机管理方面能力的整合与提升做几点总结：

· 增加对危机管理的系统化和组织化保障；
· 具有清晰的领导和专业化队伍；
· 增强企业危机预控和预警的能力；
· 危机管理资源预先得到安排与保证；
· 员工风险意识的普遍提高；
· 企业风险文化的形成将有助于企业危机的预防和策略应对；
· 商务可持续性计划有助于企业的经营的可持续性。

8.5.2 企业风险评估与危机预防

风险评估技术的应用对企业危机管理产生了直接影响。企业不断探索提升风险评估的能力,其中一个重要的目的就是了解企业究竟存在哪些可能导致产生重大危机的风险隐患。如果企业预先能够识别出这些风险隐患,并能够事先安排资源来治理这些风险,那么危机的产生就可能被企业实施的某些措施而消除在萌芽状态,或被控制在能够接受的风险水平,这些措施的实施使得风险不会演变成为危机。

如果没有科学的风险评估技术作支撑,企业如何知道什么样的风险应该进行何种程度的预控或采取什么样的策略进行管理?风险预控的资源又应该如何配备?因此,企业只有不断提高风险评估技术能力,不断改进更新风险治理或控制技术手段,才能从根本上促进企业危机管理能力。在ERM时代更为科学的风险评估技术对企业危机管理产生了重要的推进意义和深远影响。

8.5.3 制定企业危机应急预案

21世纪伊始的美国"9·11"事件和"SARS事件"以及2008年金融危机使人们切实感受到了危机管理的迫切性。而科学地实施危机管理的一个重要内容就是要制定企业的危机预案(又称危机管理计划)。企业制定和修订年度危机管理计划,与其他各类传统、常规计划具有等同的重要性;同时要与其他计划保持一定的周期性,并逐渐融入企业的常规计划实践中去。

企业的危机管理计划是带有目标程序和规则的行动方案,首先应列明企业潜在的危机种类和重要的危机种类目录;然后,分别针对某个(某类)特定的并且是重要的企业危机,明确其管理相应危机的目标、策略、措施、手段、方法、步骤、组织、资源、费用、程序、责任分配、行动时间表等要素。另外,就某一(某类)特定危机而言,在危机管理计划中应列出企业的风险容忍指标及其等级。

一般来讲,一个切实可行的危机管理计划应构思严谨、计划依据充足、预测力强,并且还应能体现危机管理的动态性、可管理性、协调性和可操作性。

通常企业业务部门负责提出(或修正)企业的危机管理计划。企业风险管理部门负责指导、审核危机管理计划,企业的危机管理计划应报企业管理高层或者企业董事会批准,并且需要每年或按一定周期进行修订和更新。企业总体危机管理计划一般包括:针对各种(各类)重要危机的商务可持续性计划,以及企业的意外计划、应急计划、危机沟通计划等多种类型的细分计划。另外,企业各部门、各业务单位和各项目都要具有其相应的危机管理计划。

8.5.4 建立企业风险预测和预警体系

风险管理与危机管理最大共性之处就是两者均对风险与危机的预控给予高度重视。而企业风险管理员恰恰在执行企业风险预测和风险预警方面可以发挥并能够发挥重要的作用。

(1) 企业风险预测和预警系统的主要功能

评价功能：企业风险预警系统应该能够及时评价企业当前或未来一段时间内经营状态的好坏。科学的预警系统是建立在对企业充分认识、分析的基础上并做出合理判断的工具。它能客观地反映企业的基本情况，全面评价企业的经营状况。

预测功能：企业风险预警系统应该根据企业经营状况的单项或多项指标的变化规律，对未来一定时期的单项或多项指标进行预测，为企业提供科学、客观、准确的决策支持。

警示功能：当企业决策失误或者存在危机发生的可能时，企业风险预警系统就能够预先发出警告，以提示相关的决策者对这些警告引起足够的重视，以便于迅速、及时地解决，防范危机。

诊断功能：企业风险预警系统应该根据企业的外部信息和内部信息的输入，诊断企业是否存在危机。当企业风险预警系统发出警告信号后，预警系统还应该准确诊断出引发危机发生的真正原因是什么，使相关的决策者知其然，更知其所以然。

积累功能：有效的预警系统不仅能够有效避免危机的发生，而且还能够通过系统详细、清晰地记录危机发生的原因、解决措施和处理结果，为企业积累经验，提高组织的适应能力和决策能力。

(2) 企业危机预测和预警系统

建立企业危机预测和预警机制与建立企业风险预测和预警机制实际上是一回事。无论从概念上和还是从时间持续性上来讲，把危机预测和预警称作为风险预测和预警可能更确切一些。

一般来讲，企业实施风险预测和预警可以从自动化和非自动化两个方面着手。非自动化预测多与定性化风险预测关联较大，靠经验判断的非自动化预警还有其存在的必要。然而采用自动化有其优越性——既可以定性也易于定量，并且随着人工智能化的提高，某些原先靠经验判断的运作也能逐渐用计算机替代而完成一定工作。企业信息系统建设的发展，使得企业提高了使用自动化和信息系统实施风险预测和风险预警的能力，在管理先进的大型企业中这种使用信息系统来实施风险预测和预警的操作正在逐渐成为趋势。值得注意的是，企业风险预测和风险预警也仅仅是企业整体风险管理信息系统的一个子系统，主要包括风险评估和风险统计子系统、操作层面风险管理子系统、公司治理和行政管理子系统等。

第一，危机预测子系统。该系统是对企业生存环境和经营方面的危机或威胁进行基础识别和分析，如对竞争环境、产品质量、财务指标、营销指标等方面的分析。传统的和目前的做法主要还是从定性的角度对企业经营过程中的各种危机进行预测、分析和评价。随着风险管理量化技术的推进，企业对风险的预测也越来越增加了量化程度。就像是对天气实施天气预报，不仅要预测明天有大风而且要预测大风会到几级。特别在一些风险敏感性行业，企业开始使用模型技术和模拟技术等进行风险预测。因而，相信未来对企业风险的预测一定会越来越加大加深量化程度。

第二，信息收集、分析、评估子系统。

企业风险与危机信息采集：企业危机信息采集是指企业通过各种方式获取所需要的风险和危机信息。风险和危机信息采集是风险信息管理最基础的工作。采集信息时要以信息的真实性、可靠性、时效性、必要性和实用性等为原则。信息采集工作的好坏，直接关系到整个危机信息管理工作的质量和效果。企业风险管理相关人员在执行采集工作时要根据信息采集的要求和具体任务决定信息采集的内容、宽泛程度和数量。

企业风险和危机信息加工：企业危机信息加工是指企业将采集到的危机信息进行鉴别和筛选，剔除虚假、过时、无用的危机信息，使其条理化、规范化、准确化，以便进一步传递、分析和利用等。它是企业危机信息过程中不可或缺的重要环节，如果缺少这一步，采集到的危机信息再多也无法利用。

企业风险和危机信息传递：企业危机信息的流动包括两个方面：一是在企业内部，采集到的危机信息从采集者向危机决策层流动；二是来自企业自身的危机信息在企业内外部的流动。这里要讨论的危机信息传递是指危机信息流动的第一个方面，第二个方面可称为危机信息的公开。

企业风险与危机信息分析和评估：企业危机信息分析是指企业危机信息研究者对传递来的危机信息在危机决策者利用前所进行的研究工作。危机信息只有在经过分析、整理后，才能变得去繁就简、重点突出、条理清楚，易于决策者据此进行决策。

该子系统是企业风险管理信息系统的基本组成部分，也是企业实施自动化的风险预测和风险预警需要风险管理信息系统提供支持的功能。企业中风险管理员往往会投入大量的时间来承担这部分的工作。

第三，危机警报子系统。

危机警报系统主要是判断各种指标和因素是否突破了危机警戒线，根据判断结果决定是否发出警报。

一是设定企业预警的指标体系。为了建立有效的预警系统，在预警指标的选取上必须遵循真实性、准确性、全面性等原则，以确保选取的指标能够全面综合地反映企业的运行状况和企业经营活动的主要方面，同时保证预警指标的有效性和指标获取的可行性（见表8-2和图8-1）。

表8-2　　　　　　　　　　　危机预测表

区域	危机危害程度	危机发生概率	对企业的现实危害
红色区	高	高	对企业的威胁最大
琥珀色区	高	低	对企业的威胁较大
灰色区	低	高	对企业的威胁一般
绿色区	低	低	对企业的威胁较小

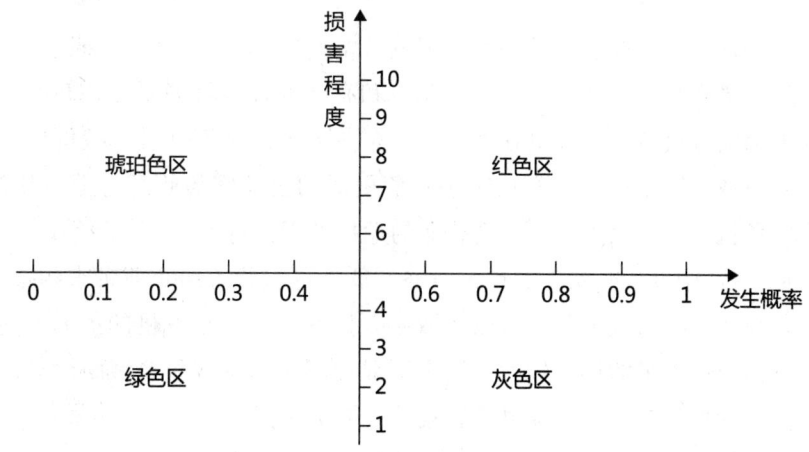

图8-1　企业危机象限图

在具体的指标选取上，可以从维系企业日常经营管理的各项指标出发，分别选取盈利能力、偿债能力、管理运营能力、发展能力和社会贡献等指标。在这些指标中，既有定量指标，也有定性指标。定量指标的确定可以通过有关报表、原始数据等计算得出；而定性指标的确定则要复杂一些，可以选择专家打分、经验取值等方法来确定。

二是评价方法的选择。企业危机的评价涉及多个因素，是典型的综合判断问题。评价危机的方法既有定性方法，也有定量方法。例如定性方法往往需要人们的直观判断来估测决定，其结论也存在一定的模糊性，如员工满意度、企业形象等，很难用确切的语言来描述。

三是危机警戒线的确定。在企业经营过程中，可以按照危机的危害性，将危机确定为五种状态，即优良状态、正常状态、低度警报状态、中度警报状态和高度警报状态。警戒线可以按照这五种状态的等级档次进行划分。

四是危机预控对策子系统。根据上述的预警等级的不同，可以确定出不同的预处理措施：

第一种,正常状态的预警策略。正常状态是指企业运转正常,处于安全风险警戒线之内。这时,企业需要继续关注企业经营环境的变化,防止突发性危机的发生。

严密监控企业经营活动中的问题:在正常状态下,要求企业危机预警管理系统中的人员随时关注与本企业经营活动有关的外部环境变化和内部条件的变化及趋势,并分析这些趋势,得出危机发生的可能性、种类和程度等,防患于未然。

制定有效的危机管理方案:在正常状态下,企业要根据自身的实际状况,抓紧制定危机的应急方案。这样做,一方面可以增强企业内部人员的危机意识,更重要的是企业可以在危机真正来临时候,按照既定方案组织自救,使危机爆发的损失最小化。

进行危机训练:现代企业越来越重视危机情境的模拟与训练。通过情景模拟项目,可以使学员亲身体验到面临危机的反应和有效处理危机的要点,并由此测试并改善企业内部的危机意识和危机处理能力。企业也可以定期开展一些例如火灾应急培训、保障业务连续培训、高管层离去、危机后的公关宣传管理等角色扮演训练,培养团队在危机中的应急能力,提高企业的危机处理执行力。

第二种,低/中度危机状态的预警策略。低度危机状态给企业带来的损失较小,后果也不是很严重。对这类危机可以采取必要措施,以防止危机的扩大和蔓延;中度危机状态给企业带来的损失较大,后果明显但不足以构成致命威胁。对这类危机必须采取措施并加强控制,消除风险因素,规避更大损失。

寻找危机预警源:利用企业现有的危机预警机制对危机进行分析,查找危机发生的根本原因,控制危机的进一步恶化。

实施危机管理方案:根据危机发生的强度和危害性,分步实施企业准备好的危机管理方案。

危机隔离策略。危机往往会有连锁反应,企业需要将危机进行隔离,努力把危机控制在一个较小的范围内,防止"城门失火,殃及池鱼"。

危机抑制战略。在低中度危机已经发生的情况下,采取有效措施遏制危机扩散,控制危机的势态,尽量消除危机给企业带来的不利后果,使中、低度危机向良好状态转化。

监控危机预警管理方案的实施效果:危机管理方案实施以后,企业应严格监控危机预警管理方案的实施效果,如:危机是否得到了有效的控制、危机的发展趋势如何等,通过监控实施效果找出危机管理中的漏洞和不足,不断完善危机预警管理方案,进一步提高企业的危机管理能力。

第三种,高度危机状态下的预控策略,详见"8.6 企业危机的处理"。

(3) 识别企业危机预警信号

监控风险和预防危机是危机管理重要理念和环节。有效的监督和预防有助于把引发危机的风险因素消灭在萌芽状态，以避免危机的发生或扩散。而建立危机预警体系目的正是为提高危机监测效果，及早发现危机隐患，制止和减缓危机因素演变成危机，提高危机发生时的快速反应能力，及早切断危机扩散的路径，最大程度地减少危机带来的损失。为此，企业需要建立危机预警信号与潜在危机的对应关系，建立一套能够反映风险因素和危机发生征兆临界点的指示指标体系，并根据这些指标的变化状况进行危机预警。与上述理想化的预警理念相匹配，企业需要一套完备的具有预警信息收集、预警指标评价判断和警报信号系统组成的危机预警体系来支持预警的实施。一个好的危机预警系统设计应满足如下基本要求：能够充分采集危机预警所需要的信息，能够准确判断警讯、及时发出警讯，并且能够引起被接受人足够的警觉和正确的预警理解，甚至有些自动化程度高的预警系统还能够向被接收人发出应如何正确反映预警讯号的行动指南。一般情况下企业应围绕着危机预警系统的建设和使用，建立一套指导相关人员（包括风险管理专业人员和相关员工在内）的规章和制度，以保证危机预警系统能够有效发挥应有的作用。

实践中，一方面企业利用信息化的手段和预警技术，建设与装备企业的正规化和成系统的危机预警系统；另一方面，作为企业加强风险预警管理机制的建设，还应加强对企业管理层和广大企业员工的警觉性训练，这就需要企业根据工作岗位布局和相关联的风险因素，总结和提炼出一套应该能够让管理层和相关员工引起足够警觉性的风险讯号特征和相应的行动反应指南。显然，无论企业规模大小、资源多少，只要能够在提升员工的风险警觉性方面多下足一些功夫，在普遍意义上来讲，对提高企业的危机预警能力都是极其有帮助的。

表8-3展示了企业某些危机预警信号与潜在危机的对应关系。显然，这些风险特征和危机预警信号分布在企业经营活动的每一天和每一项业务中。而企业的风险管理员和普通员工正是首先可能对这些风险信号警觉的基础人群，其对风险的警觉性、对风险和危机的识别能力（包括对危机预警信号的识别能力）以及对风险的正确反应在一定程度上决定了企业危机预警的最终落地力度与有效性。因此，企业前瞻性地和主动地实施危机预警，事实上是一项需要全员参与的活动。

表8-3　　　　　　　　企业某些危机预警信号与潜在危机的对应关系表

预警信号	潜在危机举例
员工有较多的不满情绪	工作地点暴力事件，员工流失
竞争者推出新产品	销售额下降，市场萎缩
顾客抱怨	产品回收，失去业务，产品可靠性诉讼
技术骨干跳槽频繁	带走核心技术，企业研发力量削弱
偷税漏税	罚款或处罚，媒体曝光披露，潜在的法律危机

续表

预警信号	潜在危机举例
不重视环保	企业社会责任形象受损，罚款或处罚，可能招致诉讼
研发行为减少	长期竞争力减小，夕阳产业忧虑，聪明的企业投资者会产生质疑
对员工的保护不够重视	事故产生，社会责任指责，员工罢工
仅仅依赖一个供应商的供货	供应商不能准时供货，供应商抬价，供应链中断
项目投资论证不足	投资不能达到预期回报目标，投资低估了风险，可能要追加投资
没有商务可持续计划	因意外不能按时交货可能要给客户赔偿，可能客户转而向竞争者下订单

企业常常将某种或某些风险的指示指标用视觉可识别的颜色来表达（如蓝绿黄橙红等），从而提供一种直观和快速的危机警讯。所以，企业应倡导和普及使用某些简洁而明了的预警指示方法，并通过培训使基层风险管理人员和企业相关的员工明白和识别这些预警信号，增强对危机快速而准确的反应。

8.6 企业危机的处理

不是所有的危机因素都可以运用危机预警体系或通过危机预防而得以警示和避免。全面风险管理体系建设无论完备程度如何，也只能对减小企业必然性危机的发生发挥一定的作用，不能够保证百分之百地消除企业偶发性或意外性等危机事件的发生。因此，企业需要为可能发生的重大危机事件在心理上、计划上和应对策略上事先理清思路，做好应对准备。企业风险管理的直接相关人员或企业的所有员工都应在事先参加有关危机处理的知识和技能训练，了解和理解企业危机处理的目的，并在危机发生时共同努力，控制危机事态恶化，减少危机造成的损失，保证企业商务活动在危机中的可持续运营，保住和维护企业的品牌。

高度危机状态一旦发生，将给企业带来巨大损失，其后果一般也是相当严重的，甚至会导致企业的停业、破产。对这类危机出现的征兆，企业必须"严防死守"。在危机来临时，企业应在危机管理的总原则下按照危机管理计划快速处理、正确应变。

危机处理的重要环节如下：

8.6.1 识别危机与报告危机

企业危机分为战略层面和操作层面。

识别岗位关联和操作层面危机且及时报告危机（按照规则指令的线路履行报告

风险）是每一个员工的责任和义务。员工更多的警觉性和责任心，发现并报告了非自身岗位的危机征兆，且后期被证实"确有其事"，应该给予奖励或鼓励。及时的识别和报告危机，不管发现主体是谁，对减少危机损失和争取危机处置时间都具有十分重要的意义。

8.6.2 明确危机管理领导小组

高度危机状态发生时，需要明确和公布一个特别危机管理小组，作为处理危机的专门机构，并与企业的风险管理职能中的常设人员一起对危机进行处理。企业危机领导小组的组成与危机发生的类型和等级直接相关。在企业设定专项风险应急预案时，其实就已经规范了特种风险/特种等级的危机小组的组成人员。例如一个比较重大的特别危机管理小组的成员应包括：企业最高领导人、风险管理部门负责人、相关专家、事发部门负责人、事发专项风险负责人等，从而使特别危机管理小组成为特定时间、特定空间下的企业最高领导机构。通常，危机管理小组负责发布启动危机预案的指令（或者按照制度规则的规定而发布指令），以及负责危机各项决策的实施和资源的统筹调度等。

8.6.3 启动应急预案

在危机管理小组的领导下立即启动危机应急预案（或者按照制度规则的规定而发布指令），即果断采取危机控制措施。与此同时需要启动配套的沟通计划和业务连续性计划，可能也会需要启动意外计划（视危机的意外情形）。总之，根据危机领导小组部署的即时状况，评估和决定所应该启动的"各类计划"的类别和时间。

8.6.4 认真分析危机产生的真正原因

在危机管理小组的指导下，相关人员应全面收集危机信息，及时向上级报告危机形态和危机处理进展状况，例如，时间、地点、波及范围、影响、已发生的损失程度和可能继续恶化而引发的进一步损失程度等、现有控制措施的实施、措施使用后的效果，以及向上级提供的有关危机控制状况的决策参考信息。另外，相关人员还要做好危机处理记录。

8.6.5 向社会公布危机真相和承担责任

危机发生后，一般都会引起媒体和社会公众的广泛关注。企业只有策略的和恰当的（或许需要尽快）向媒体和社会公众公布危机事实和真相，才能有效防止虚假报道、不真实报道，避免公众的不必要猜疑。诚心诚意才是企业应对危机的最好策略，勇于承担责任才有可能获得社会的谅解，才有可能重拾社会的信任。

加强危机信息的传达和沟通。按照既定的沟通策略展开危机沟通，关注企业利益相关者的反应，策略性地引导媒体，争取得到社会对企业危机处理的支持和理解。必要时召开新闻发布会，公开表明企业的负责态度，表明企业控制危机的决心与能力，以达到正面回击误解和争取民众、广大消费者和企业利益相关者同情、理解和支持。另外，也可以考虑建立危机电话热线和服务平台，保持与外界沟通的透明度和开放度，增加对舆论和民众疑惑的反应解答速度，变被动应对为主动控制。总之，在当代社会中企业处理危机一定要高度关注与媒体和与公众的有效沟通。例如，1999年发生在比利时和法国的该饮料中毒危机事件，由于该饮料公司只注重产品是否危害健康的调查，没有及时做出反应，忽视了对公众的沟通，导致公司形象受到严重影响，损失巨大。

8.6.6 危机管理资源调配

处理企业危机需要企业的资源支持。包括：第一，人力资源。企业需要训练有素的专业人员或员工参与执行危机控制措施的实施，企业也会需要危机管理的顾问智囊团以期减少危机处理决策的可能失误，这其中一般包括企业风险管理师、企业法律顾问以及熟悉发生险情的相关风险特征的特殊专业技术人员。第二，物力资源。企业应按照危机管理计划的指引分清危机轻重缓急的次序统筹分配、调度和使用物资资源，并同时维持企业运营的持续。第三，财力资源。启动企业事先安排的损失融资计划，为企业应对危机和成功渡过难关注入必要的资金支持。

8.6.7 确定策略，消除危机影响

对于危机的受害者，企业要及时、真诚地与其沟通、协商，精神上给他们以安慰，使其感受到企业的真诚，物质上要制定赔偿方案，并保证受害者在尽可能短的时间内拿到赔偿款。对于新闻媒体，要通过有效沟通，尽量让其知晓企业为化解危机而做出的种种努力，博得同情和理解，达到真实报道、有利于企业的报道的效果。对于上级有关部门，企业应与其保持密切的联系与沟通，以求得指导和帮助，同时企业不隐瞒、不歪曲事实真相，随时汇报势态的发展情况。对各利益相关者，企业也需随时沟通，通过媒体报告危机的处理进度、危机的控制措施等。

某些危机是发生在企业整体层面，这类危机会波及分销商和零售商。然而，多数企业危机（或称作损失事件）仅发生在企业的某一局部地区或业务单位层面，所以危机处理参与的人员、影响的力度、启动的商务持续性计划和调动的资源都会不同。一般来讲，企业对发生在次级层面的风险也要处理及时和处理得当，否则小危机可能会演变成大危机。

以上简要陈述了企业危机处理的几个环节。这些环节是企业所有的风险管理专

业人员所必须要了解的。如果企业每一位员工对这些环节都能基本了解，则更会对企业成功实施危机处理带来益处。企业员工对危机处理具有一定的了解，才有助于企业在危急关头共同做到：镇定、掌握主动、配合、支持和关注危机。总之，无论是从一位普通企业员工的责任而言，还是从一个风险管理专业人员的角度，企业风险管理员主动、积极和具有专业训练素质的承担报告、沟通和处置危机的责任都是义不容辞的。

8.7 企业危机的善后

危机得以控制之后，企业应立即致力于恢复正常业务运营的各项工作，系统性的危机恢复计划应全面展开。由于危机造成的损失和影响难以立即消除，企业应策略性地展开善后处理工作，消除遗留问题，制定或启动预先制定的危机恢复计划，努力使企业恢复到危机前的正常状态。例如，关注品牌维护和形象修复，主动沟通，力争使公众和企业利益相关者打消顾虑，早日恢复对企业的信心；通过新的市场营销计划和活动树立企业新的公众形象和挽回经济损失；答谢各方在企业危机处理中的支持；激励员工士气等。

另外，一次危机虽然得以解决，但是危机的引发因素可能仍然潜伏在企业内，并有可能成为新的潜在风险。因此，为提高企业预先管理和控制危机的能力，杜绝危机再次发生，有必要总结学习，吸取教训，追究责任，改进工作。危机过后企业应认真组织对危机事件的诱因和对危机事件处理组织工作过程得失情况的评估。

需要注意的是，根据企业的风险融资安排，如果为防止风险事件的发生安排过风险转移等策略，企业应随即安排从风险转移的接收方索要理赔的协商，并追踪理赔的履约实施，企业使用风险融资兑现出的资金支持损失的恢复工作。与此同时，企业也要以负责任的姿态安抚和理赔在这次危机事件中受到伤害的员工、客户、消费者或其他相关方面。

企业风险管理员在企业危机恢复和善后的各类工作中，例如在危机恢复计划的制定、危机事件调研、记录和报告善后工作的进展、参与组织危机恢复活动、执行危机善后沟通、损失理赔等方面，企业风险管理员均扮演着一线风险防范的重要角色。

8.8 危机变商机

如果危机是由企业的错误或失误行为所致，那么这个错误或失误也是企业学习的好教材和好机会。危机处理过程本身也是学习过程，如果企业在危机发生后，能够认真总结成功经验和失败教训，找出问题与不足，并加以改进，就能不断提高危机预防和危机处理的能力，从而使企业适应环境和处理问题的能力不断加强。正如诺曼·R.奥古斯丁所言："每一次危机既包括失败的根源，也孕育着成功的种子。"发现、培育并捕捉好潜在的成功机会，是危机管理的精髓。企业的未来取决于企业应对危机挑战的能力。危机既可能置企业于死地，也能给企业带来新的发展转机，但最终会出现哪种结果，则取决于企业处理危机的水平和对机会的把握。通过危机事件，企业能在面对新环境时进行调整、改造和改进，保证企业在变化中继续存在和发展。将"危和机"综合考虑，在危机中寻找商机才是危机管理的最高境界。

危机管理是一门科学。既然是科学，也就有规律可循，有方法可用。危机管理也是一门艺术，既然是艺术，也就有想象的余地和策划的空间。对企业来说，危机既可能是企业走向衰亡的开始，也可能是企业走向兴盛阶段的开始。企业不应该只关注危机本身的处理，还要善于变危机为机遇，在危机处理中寻找新的发展机会，在企业安全线以内，策划发展新的良机，寻求机会性突破，伺机推行并完成产品创新、组织变革、观念更新，重新塑造企业品牌内涵和形象等。众所周知，全球著名的美国"泰乐诺"案例就是成功处理重大企业危机，并使危机转商机的佳话。

第9章
企业风险管理实践
（示例）

9.1 引 言

建设 ERM 框架，以 COSO－ERM：2017"整合战略与绩效"为指导思想，驱动企业风险管理能力发挥其应有的四大使命（而非发挥单一的合规使命），已是当代西方企业发展的共性理念，也是中国企业界未来发展新模式。由于保险和银行业本身高负债率的特点，其在国家经济中所携带的特殊系统性风险，令国家对其实施某种较为强势的"资本监管"，也因此推动银行业和保险业风险管理的意识和能力水平显著优于其他行业（特别指21世纪第二个十年期间）。

本部分研究和介绍一个企业案例，其一是为企业风险管理员提供一种对企业全面风险管理在企业如何落地的感性认识；其二是为协助某些对风险管理专业发展感兴趣的人员更深入的了解专业背景和实施职业规划。

在大数据和人工智能的时代，风险管理职业就业率将呈现增长态势。另外，"华尔街各大公司的首席风险官（CRO）年薪还往往超出了企业总裁（CEO）年薪"，也为学员展示了风险管理职业未来风光无限的前景。

本章希望通过案例，把某种企业风险管理能力和实践展示给学员，引导学员开展一种"风险管理能力和兴趣"的自我评估，检验自己能不能在未来向企业首席风险官的职位进一步攀登！

9.2 GHRS 保险公司案例研究

成立于 2007 年的 GHRS 保险公司（以下简称公司）在最初建设期就开始植入各种风险管理基因和元素。例如，其一，公司成立同一年金融危机爆发，公司核心建设团队每天能听到的都是"风险和危机";其二,公司的股东之一为一家上市公司,其为公司建设和发展带来了非常鲜明的风险管理意识和理念,为公司风险管理状况与风险管理能力建设常敲警钟;其三,2007年左右,保险行业出台了关于合规与设置相应的合规责任人的要求,公司及时地委任了合规负责人这一角色(后期这一角色并入了首席风险官的职责),并开始了以合规建设为条线的风险管理工作。这些因素叠加在一起,令公司从成立的一开始上上下下就能够理解和分享一种风险管理的理念和文化。为今后公司开展全面风险管理工作打下了良好的认识和共同语言基础。

2008—2012年,公司本着边发展、边机制建设的原则,开始了摸索和快速发展时期,这其中既包括对生存、竞争和发展模式的探索,也包括对配套管控运营风险逻辑和机制的设计。这种能够有效支持和平衡企业发展战略与运营之间良好匹配关系的方法和机制,就是企业全面风险管理体系,而支撑该体系有效运转的动能则是企业的风险管理能力。通常,业界用六类要素来描述企业风险管理能力,即:政策/策略、人员/素质、过程/实践、沟通/报告、技术/方法、数据/系统。这六大要素也往往被描述成代表企业风险管理能力的"软件和硬件"。

原则上,现代企业风险管理能力水平的设计与逐步提升,应体现(预期会体现)为对企业战略发展或运营能力"升级性"的支持。企业发展至2012年时,就形成基本上能体现当代金融企业风险管理能力的"软件和硬件"水平。2012年也是中国互联网金融发展的热议期和探索期,公司迅速对这一"模式创新,品牌打造"的历史时机做出了反应。在已经初步建设起来的风险管理综合能力"底气"的支持下,公司大胆尝试把保险产品推至互联网进行销售,即:用风险管理能力支持企业战略定位和战略发展。2012年12月,公司"成为在互联网上第一家卖保险的企业",当月创出了"三天过亿"网络销售的骄人业绩,创造中国电子商务史上首个"单团破亿"的纪录。接下来,在2013年"双11",又开创了10分钟过亿的销售神话。

公司十分清楚"软件和硬件"风险管理综合能力(例如管控机制和流程、技术与系统水平、配套人员素质等)在启动互联网金融运营模式时所发挥的至关重要的作用,"新销售模式成功因素研究"的后面支撑的是新销售模式"风险管理支撑能力的研究"。

9.2.1 公司的"风险管理思维"

无论ERM理论是否诞生,每一个追求可持续发展的企业其实都有一套风险思维,只不过是在企业全面风险管理时代来临后,企业就如何建设科学的风险思维达成了更多的共识和开拓了更为广阔的视野,令企业在形成全面风险管理架构上既有趋同的一面,也保留了个性。最终追求的结果是:通过企业全面风险管理框架和能力设计的个性化，从而支持企业差异化发展，支持企业建立竞争优势，以及支持股东价值最大化的实现。

由于在金融危机背景之下成立，公司员工都被刻上了"风险管理/危机管理"的烙印，为此后塑造公司的风险共识和风险文化打下了坚实的基础。显然，公司建立全面风险管理这一机制的方向已不存在质疑。然而，接下来，在如何布局企业全面风险管理框架和具体细节策划方面还需要形成独特的思维逻辑，并且随着时间的推移和新情况的产生，这些思维应逐渐完善并形成一种体系。公司的风险管理的思维正是在"边思，边干，变化，应变"的环境中逐步积累的。总结公司管理层在不同的发展时期就全面风险管理机制建设的想法和做法，概括如下：

- 究竟想用企业全面风险管理机制来解决怎样的问题？如何向股东全面解释和交待建设企业全面风险管理的价值？公司的经营管理层在实施企业全面风险管理机制建设的问题上必须得到股东的支持，必须向股东交待为此所花出的钱是必须的、是值得的、"最好是直接创造价值的"。
- 策划和实施全面风险管理体系的建设，对公司的战略和运营究竟想起到一种怎样的支持作用？在战略上，如何让风险管理支持公司的竞争和业务发展？在运营上，如何让风险管理融入业务，形成整个运营的闭环？如何系统化？如何为提升运营效率和秩序服务？
- 如何令公司保持稳步、健康与合理的发展速度？如何主动驾驭资本、规模与风险之间的匹配关系？
- 实施企业全面风险管理建设的切入点是什么？
- 风险管理靠谁来做？
- 如何提高公司风险管理素质（包括风险管理专业人员素质和员工素质）？
- 如何强化公司的内部控制系统，逐步完善和优化公司的制度/流程体系，从而更好地支持运营？
- 如何建设与企业全面风险管理机制相配套的技术、方法、工具、报告体系。
- 如何建设一个高效的与合理的风险管理信息系统。
- 当推行风险管理机制的活动受到阻力时，能不能够从"服务和解决问题"的角度来开展风险管理的工作，令一道风险防线对风险管理的态度"变抵触为欢迎"。
- 随着保险行业"偿二代"合规监管要求的明确（2015年试运行，2016年实施），公司需要思考：如何吃透监管的合规要求？如何快速推动企业全面风险管理框架与"偿二代"监管框架的对接，让这两个框架彼此给对方加分，让风险管理能力充分发挥价值？
- 随着 COSO – ERM:2017 标准的推出，公司积极思考：如何按照新标准指引的方向，推动企业全面风险管理框架与公司"战略、目标、绩效、决策"管理相协调一致，推动公司既已形成的风险管理能力为实施"股东价值最大化"发挥更多的和更为充分的作用，推动企业全面风险管理框架四大使命实现（合规、弱势最小化管理、不确定性管理、绩效最优化管理）？

归根结底，必须明白的首要问题是公司股东以及其他的利益相关者（包括监管方、客户和员工）对公司在企业全面风险管理机制建设方面的期望值是什么？公司的管理层如何做才会满足他们的要求？总之，公司管理层带着这些问题，踏入了为时十年的全面风险管理建设和完善之路。

9.2.2 公司的"战略风控"

一个在2007年注册，凭着3亿元起步的民营保险企业，如何在当今强势资本驱动的金融市场发展起来和生存下去，这需要过人的胆量和正确的发展道路设计。与此同时，如果机缘巧合遇到历史发展特定机会（例如政策或技术进步所给予的机会），或许还可以令企业发展"添上一双翅膀"。总之，公司先天条件决定了公司必须选一条"差异化、创新、快速"的战略发展道路。也就是说，在战略实施上奉行"围绕和捕捉需求，通过推动产品创新、服务卓越、运营模式高效"等策略，从而落实差异化发展的战略目标，最终推动股东价值最大化的实现。

经营初期（2008—2009年），公司差异化的发展战略主要体现在产品创新和销售渠道差异化建设方面。例如，一方面，在快速捕捉市场新需求的基础上，实现快速的产品创新；另一方面，大力和快速拓展"银保销售"等新的销售渠道，不复制（或者少复制）传统保险行业销售的老路子。公司通过初始期的发展，积累了利润，积累了经验，也发现了提升风险管控水平的迫切需求。2010—2011年，在企业全面风险管理理论的启发下，公司迅速布局了全面风险管理的实施工作。这些工作大致包括三个层面：其一是以战略导向/治理层面/综合策略方面的企业全面风险管理框架设计；其二是按七大核心风险为条线的风险管理责任分配；其三是风险管理六大能力层面的设计和实施。2012年，以治理结构和综合能力为代表的公司风险管理基础建设被快速提升到一个新水平，而恰恰在此时国内兴起了"互联网"金融热议。在"创新和思变"的理念指导下，在企业全面风险管理管控能力升级的支持下，在原有的"产品创新和销售渠道创新"的基础上，公司启动了互联网概念下"运营模式"的创新。利用互联网销售产品的新"运营模式"，对公司职能结构、产品、服务、数据和信息规划、系统安全、销售、操作控制（包括如何协调前后台关系）、人员素质等方面都提出了全新要求，公司已初见成效的全面风险管理框架和能力恰恰为这些新要求提供了匹配的支持，提升了公司快速和坚定尝试互联网金融运营模式的决心和信心。2012—2013年创造了"三天过亿"和"10分钟过亿"的保险销售业界神话。

公司在"战略风控"的一些思路和工作如下：

一是落实"差异化发展战略"。公司股东/董事会决策层确定了战略差异化发展，就意味着经营层只有通过"产品、服务和模式创新"来实现。影响创新设计和创新执行能力的要素包括外部和内部要素。外部要素，需要考虑客户、产品/服务、竞争、联盟、信誉等；内部要素需要考虑资本匹配性、治理结构匹配性、运行模式匹配性以及各项风控能力的匹配性等（即有多大的能力做多大的事）。公司风险管理能力的配置始终应与企业发展的规模和追求的综合目标相匹配，即公司不能因风险管理能力的不足而忽略管理缺陷或漏洞，也不能贪求过高的风险管理能力而配置过多资源产生浪费（公司曾经一度由于风险管理能力的某种浪费而出现过重新调整风险管理职能的情况）。

二是优化治理结构和组织结构。治理结构和授权分配通常是公司"战略风控"有效实施的基石。在不同发展时期，因公司所设定战略目标的不同，或者因所选择运营模式的不同，从而与之配套的治理结构/组织结构格局也不同。近三十年来，全球金融企业所实施的治理/组织结构性的调整大都是围绕着"向业务多元化方向转移、向强化风险管理方向转移、向互联网运营模式方向转移"等管理主题展开，而公司也恰恰受到上述管理机制转变风向标的影响。十余年来，公司的组织结构围绕"合理的公司治理结构和授权传导机制"进行设置/优化，围绕"风险管理职责分配合理性"（旨在充分发布风险管理能力）进行调整，围绕"高效支持互联网金融模式"而实施结构调整。在相对明晰和稳定的股权结构下，十余年来公司的治理和决策机制的基调始终是"睿智、进取和高效"，以价值最大化的思路"做企业应该做的事"。显然，合理和高效的公司治理结构/组织结构设定是企业全面风险管理机制有效运行的战略性源泉和经营性基石。

三是创新商业模式。开拓"互联网销售保险"的道路，本身就代表着一种"商业模式的创新"。显然，这种销售平台的创新和维护，需要"多种产品创新"来配合，从而弹奏出一首"商业模式创新"交响曲。随着创新模式的植入，公司随即告别了"曾经尝试过，且证明容易导致乱象的理财导向销售时代"。得出的结论是：信息技术在协助消除"诚信风险和误导风险"方面，十分给力！随即，互联网销售保险模式将公司带入"保险姓保"的服务主基调中。

四是基于风险管理的战略决策。十余年来公司的经营管理层总能站在全局的角度，总能站在全面风险管理的角度，考虑企业的各类决策。例如平衡基于资本/风险的公司发展规模，设计运营模式的创新和优化，策划资源配置，考虑各个部门之间职责配置的协调性和授权逻辑，考虑业务之间的衔接和相关性，考虑企业人才的培养等。

五是奉行"风险管理，创造价值"的价值观。首先，公司经营层每一个核心成员都能够分享这一理念。例如承担经营业绩的公司总裁对风险管理方面的立项和预算往往都能给出恰当的和果断的支持，不认为风险管理与业务发展会产生综合层面的抵触，其非常清楚风险管理正在创造价值。事实上，公司能在2014—2017年连续实现利润逐年提升，与公司的"风险管理，创造价值"理念直接相关。

六是管理创新风险。只要在"差异化发展"的主干道路上走下去，就意味着"创新，发展，再创新，再发展"。创新一定意味着"不确定性和风险"，却意味着很容易因老规则羁绊而可能违规。比如，如何管理产品创新风险呢？公司规定风险管理部需要参与产品前期开发工作的分析和可行性验证环节中，并限定新产品设计的风控指标。再如，如何管理合规风险呢？公司的合规管理由风险管理部进行统筹，在合规原则上向阿里巴巴学习，对上不违背基线（必要时进行协调，且及时进行合规校正），对内强化合规责任和合规文化等。

公司在发展的第一个十年，奉行"一手抓战略、一手抓机遇、一手抓风控"原则，成功变身为"互联网保险名牌企业"。

公司在"战略风控"方面的实践始终保持着更新和优化，随着市场形势的发展，公司还必须快速生成"战略风控"的新思维、好方法，并付诸新实践。例如，公司在了解到COSO-ERM:2017的发布对未来公司平衡战略/决策/目标/绩效/风险之间关系将发挥重大作用时，在专家指导下，研究出上述各要素之间的关系图示（见图9-1）。

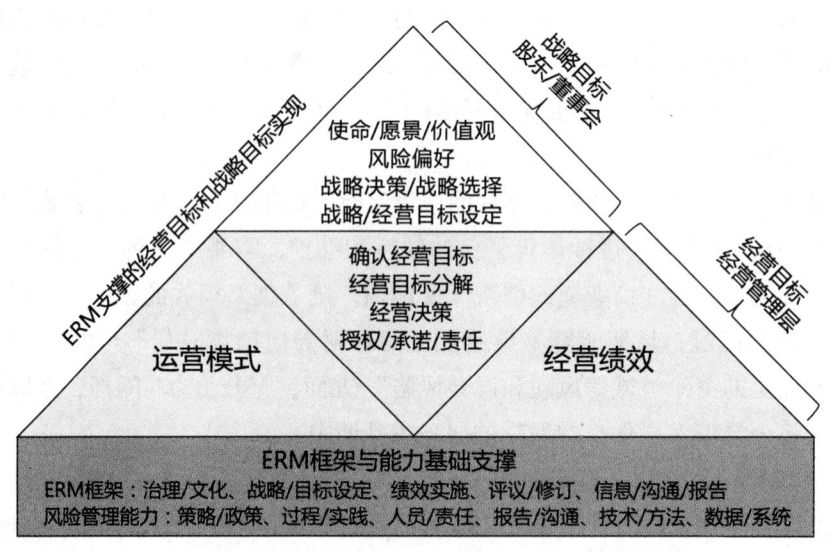

图9-1 全面风险管理框架和能力支撑的"战略风控"

9.2.3 公司风险管理能力建设

公司成立和发展的十余年，也是公司风险管理能力建设和逐步提升的十余年。

公司经历了从成立初期急需开展的制度设计和建设，发展到2012年在风险管理机制和技术支持下成为"第一家在互联网上销售保险产品的公司"，到2015年迎接保险业监管模式"偿二代"所提出的达标责任约束，再到2017年在COSO－ERM：2017指引下继续向"企业全面风险管理应该支持的绩效最优化－股东价值最大化"的方向进军。其中每一步都是反映新时期工作任务对公司风险管理能力配置的新要求。公司风险管理能力建设与提升体现为以下六个方面：

（1）风险管理政策/策略能力建设

"建设合理的风险管理政策和制度"，在公司开业之初就被列为核心工作。按照公司首个五年发展计划，公司完成了制度体系的基础搭建，2008年出台了两百多项管理制度，并将这两百多项管理制度都对员工进行了培训宣导，在年终针对制度学习情况，采取知识竞赛形式进行了测试和巩固；2009年开始推行内控流程梳理和优化，以制度规范日常操作流程；2010年以全司联合检查方式，对公司制度的执行情况进行全面梳理评价，并根据操作风险的实际需求，自发创新提出了"4＋X＋Y"风险矩阵管理模式。

在公司战略发展的第二阶段即"优化与成长"阶段（2013—2017年），随着各项业务历史数据的积累，风险框架的逐步完善健全，在"偿二代"正式施行的大背景下，公司风险管理制度体系和管理流程也相应得到了进一步完善和提升。在制度体系方面，公司遵照SARMRA评估的要求，结合公司的管理实践，由上至下建立了三个层级的风险管理制度体系，并每年对其进行梳理和优化，确保制度体系的健全性和可行性。管理流程方面，公司制定了内控制度管理办法，明确制度建设的基本环节（如立项、起草、会签、发文、执行、修订、更新等流程），结合公司务实高效的管理思路，在满足监管要求的基础上，执行流程和环节保持简洁、高效、操作性强的原则，避免出现冗余、繁琐的环节。特别是制度会签环节的优化，确保制度中相关职能部门的职责分工能够得到充分讨论、细化和确认，有效提升了制度运行的顺畅性和可操作性。

伴随公司规模不断做强做大，公司始终坚守"风险控制"管理政策，坚持"算账经营"的理念，充分均衡成本与效益的关系，积极寻求风险管理与快速发展的平衡。在管理策略方面，公司借鉴行业经验及自身发展特点，制定了风险偏好陈述书，明确了公司的风险偏好、风险容忍度，并根据传导模型在各部门、各条线设置了相应的风险限额；在流程优化方面，公司通过将风险评估嵌入重要业务流程，设定重大事项、重大决策的审批流程等方式，全面参与投资决策、业务规划、全面预算、新产品新业务开发等重要业务事项和决策中。

此外，为进一步增强各级管理人员的风险责任意识，将风险文化理念与日常工作紧密结合，真正做到各级管理人员的每一分绩效都是其业务能力和风险管理能力的综合体现,风险管理部特制定了详细的风险管理绩效考核办法。该办法考核范围广,涵盖了总公司所有高级管理人员、各部门经理级以上人员和各分公司领导班子。考核内容共分为定性和定量共计九大板块,具体为:偿付能力风险管理能力得分、偿付能力专项风险管理能力得分、总公司风险综合评级得分、分公司风险综合评级得分、360风险绩效评估得分、合规考核得分、"偿二代"工作落实情况、日常风险指标的监测与应对、重大风险事件应对及处理。各个业务板块的得分涉及首席风险官、风险管理部的主观打分、各部门的自评和互评、监管意见的及时反馈以及日常工作的抽查和评分。同时,根据各级管理人员不同的管理职责,设定了不同的风险管理考核权重。风险考核权重的设立,更好地体现了管理人员对公司整体风险管理的贡献度,也便于公司切实、全面地了解风险管理的薄弱环节。此外,每年从"职责明确、流程清晰完备、执行落实有效、反馈调整机制健全"四个环节对制度遵循情况进行评估,并根据评估结果反馈至年度绩效考核。

(2)"管理风险与风险管理"员工能力建设

公司创始高管团队是由拥有管理学博士学位的总裁引领的。公司成立之初又正逢全球次贷引发的经济危机,因此,在公司成立伊始,管理层就有较高的风险管理意识,在"求生存求发展求效益"大力发展业务的同时,投入了大量资源搭建风险管理架构、培育风险管理文化、构建风险管理队伍、培养风险管理意识、探索风险管理模式。显而易见,公司员工"管理风险与风险管理"能力建设首先是从公司高层发挥的"以身作则的带头作用"开始的。

公司根据寿险业的三道防线风险管理框架,对公司的相关职能部门进行了科学设置,三道防线之间相互独立又互为补充,把风险管理各项要求融入公司管理和业务全流程中,全员均负有风险管理的职责。第二道防线统筹建立事前的风险管理和评估机制,主要有:风险管理制度体系、风险管理绩效考核体系、风险数据和信息交互机制、风险管理应急管理机制、风险事件报告机制、专项风险事前评估机制等;同时,建立了事后的定期报告机制、责任追究机制等。事中,第一道防线人员切实履行事前制度和机制中的各项要求,开展日常和定期的风险防范和监测;同时,向本条线上级部门和第二道防线双向汇报,一旦发生风险事件,第一道防线积极跟进处理,第二道防线监督并提供专业应对建议,确保事件得以妥善处置,并在事后积极提升和完善事前评估、管控和报告机制。公司定期对不同场景的风险事件开展应急演练,并总结留档,改进应急预案和制度中不完善环节,不断锻炼和提升应急事件处置能力。

与此同时,公司也注重风险管理知识和技能的培训以及文化氛围的营造。两道防线定期参加中国保监会、中国保险行业协会等组织的风险管理相关培训,在公司内部或聘请外部专家或内部组织对各职能部门和分支机构开展风险管理培训,风险管理人员专业技能也在履职过程中得以提升，公司不断培养出有责任心、创新能力、专业能力的全面风险管理人才，公司的风险管理效果和人员的风险管理能力取得了相得益彰的效果。

总之，在公司经营发展过程中，三道防线人员恪尽职守，相互协作，对风险持续识别、计量、控制、监控和报告，在董事会和高级管理层的带领下，形成风险管理的合力，较好地从事前、事中、事后等阶段对风险进行了优质预防与管控，保证了公司的稳健发展。

（3）将风险管理过程融入业务流程的能力

COSO – ERM：2017 将企业风险管理定义为："企业/组织风险管理的文化、能力、实践应融入其战略制定及执行的各环节中，企业/组织依靠风险管理来创造、保存和实现价值"。其中，COSO – ERM：2017 所言的"风险管理实践"就包含了 ISO31000 描述的"风险管理过程"。显而易见，未将风险管理过程植入业务过程的管理根本就不是基于不确定性的风险管理实践。公司抓这项"过程融合"工作的基本思路如下：

一是"用操作政策、流程和制度"来规范风险管理实践与业务过程的"过程融合"。

二是"用文化、政策和机制"来保障/促动这项"过程融合"。

推动这项"过程融合"的目标是把风险管理流程植入各项业务活动。例如：公司规定针对重大业务和新业务必须强化实施风险评估（并规范将风险评估植入重要业务流程中）；对重要业务过程实施风险监控、风险提示和风险报告制度等；对于每个业务事项上分布的所有岗位通过"4＋X＋Y"来规范其执行过程融合的效果。

为推动"将风险管理过程深度融入业务过程"这项融合工作，公司首先将第一任首席风险官调任到了公司首席运营官的岗位（免除其原职责），强化了过程融合的力度。该前任首席风险官非常了解风险管理能够帮助/监督/规范业务成长，能够为业务一线创造价值。

将风险管理过程融入岗位的 4＋X＋Y 实践。"4＋X＋Y"是公司于 2009 年自主研发的风险管理工具。其中，"4"是指围绕着特定岗位事项而开展的"风险识别、分析、评估和控制"活动，"X"指这一特定岗位业务事项，"Y"是指针对该业务事项风险点的应对策略。公司推动和实施"4＋X＋Y"不仅能够将风险管理实践融入公司经营管理的全过程/全流程，还能更进一步融入全员工作岗位。公司运作效果表明："4＋X＋Y"工具可推动营造公司内部风险管理文化氛围和提高员工风险意识，提高业务事项操作人员的操作技能，提高各个岗位的风控效果、工作质量和工作效率，提高人力资源考评和岗位绩效薪酬体系设计的合理性和公平度，推动"基于风险与合规基线"的岗位工作标准化进程。几年来，公司在操作原则、基本步骤、职责分工和案例模板等方面不断优化和升级，并且已植入"风险信息系统"中，全员共享相关信息。公司拟推出的下一个新版本，力争体现"结构合理、层次分明、衔接有序、体系完备"的内部工具，将内部控制融入日常经营管理活动中，使之逐渐成为公司的免疫系统。

为优化"公司销售业务运行过程的风险管控实践"，公司积极运用新技术，探索和推动销售业务运行的风险管控新实践。一方面，公司深入总结传统销售模式中存在的风险问题；另一方面，积极实践风险管控新逻辑和新方式。例如：针对行业传统代理人销售中存在的销售误导、客户信息不真实、风险提示不到位、业务员品质管控难度大、社会负面影响大等问题，通过探索互联网信息技术在保险业的运用，开启了人们对保险认知的新模式，迅速改变客户结构。公司通过"提高客户对保险的认知度和美誉度"，改变了传统个险的销售模式。在探索新实践过程中（即在推动风险管控与业务流程"相融合过程"中），公司第一时间感知到新技术的运用和风险管控点的突变，在有效经营风险的前提下实现了业务模式的转变。新业务模式在风险管控环节的运用列举如下：

在确认客户投保意愿时：客户注册时必须是投保人亲自注册，发送验证码至手机并填写相关资料；微信投保如果投被保人为不同人时，则会发送验证短信到被保险人手机，确认被保险人意愿。电子签名、人脸识别等方式的开发使用，确认了客户的主动投保意愿，有效防范了销售误导风险。

确保客户信息真实性：用户注册时引入第三方评分机制，对业务员及客户的信息进行全方位评估。对于信息真实性有问题或是评分较低的客户，则不予注册，有效控制业务品质风险。用户信息输入时，对联系地址进行校验，且对于联系地址格式有详细要求，确保输入地址信息尽可能详细。客户缴费时进行身份证、银行卡、手机及客户信息等方面的鉴权，确保客户信息真实且与银行预留相关信息匹配，有效控制相关风险。

确保相关风险提示到位：通过投保界面限制严格按照监管要求，客户必须认真阅读《电子投保确认书》《保险条款》《投保提示书》并填写相关告知事项后，方可进行后续缴费等操作，保证风险提示及时准确，有效防范销售误导等相关风险。对投保人的联系手机进行校验，进行回访电话验证，对于一个手机对应多个客户的情况予以限制，确保回访电话真实有效。

业务风险管控模式其实并不是由风险管理部提出的，而是业务部门依据市场经营中发现的问题，结合监管标准，提出来的"业务过程管控措施"，而这些措施的实现是由运营管理部和信息技术部协助实施共同完成的。风险经营管理意识、风控技能、风控技术以及风险应对规则/流程，这种协同机制，在公司日常管理中已成为一种新常态。

(4) 风险管理技术/方法能力建设

在"偿二代"监管体系的引领下,公司建立了一系列风险管理工具,例如:风险偏好体系、"4+X+Y"、三大操作风险管理工具、经济资本、资本规划、资产负债管理等。

①风险偏好技术体系。风险偏好是公司风险管理的一项核心技术,是主动风险管理的重要方法,通过评估公司的风险承受能力,进行风险预算,指导公司业务经营决策、资产配置和资本管理。公司的风险偏好体系包含风险偏好、风险容忍度和风险限额。这三个组成部分相辅相成、缺一不可。风险偏好,是指为实现战略目标,基于自身风险运营能力、风险管理能力以及风险承受能力,确定自己所能承担的风险类型和风险大小。风险容忍度,是指在公司经营目标实现的过程中针对既定风险水平出现的差异的可接受程度。风险容忍度通常表现为风险偏好指标的置信度区间。风险限额,是对风险偏好指标的进一步量化和细化,公司应在风险容忍度范围内,根据不同风险类别、业务单位、产品类型特征等,制定风险限额。

② "4+X+Y"。

③三大操作风险管理工具,即风险/控制自我评估(RCSA)、关键风险指标(KRI)、损失数据收集(LDC)。

风险与控制自我评估是识别和评估潜在操作风险以及自身业务活动的控制措施、适当程度及有效性的操作风险管理工具。自我评估的工作以流程为实施对象,通过定期对业务范围内潜在的操作风险以及目前具备的控制措施的识别与评估,了解业务范围内所面对的操作风险事件的风险暴露分布、控制失效的原因,据此采取有效的应对措施,将操作风险暴露控制在能够忍受的范围之内。

关键风险指标是指代表某一风险领域变化情况并可定期监控的统计指标。关键风险指标可用于监测可能造成损失事件的各项风险及控制措施,并作为反映风险变化情况的早期预警指标。通过对主要风险类型的早期预警,及时采取应对措施,避免重大操作风险事件的发生。

损失数据收集是指依据监管规定和公司需求所定义的收集范围,针对操作风险事件的相关信息,进行数据收集、内容分析、整改方案设计与执行、损失分配、内外部报告等过程。对损失金额较大和发生频率较高的操作风险损失事件进行重点关注和确认;制定收集数据的统一标准,确保统计结果客观、准确及可比性;及时确认、完整记录和准确统计操作风险损失事件所导致的直接财务损失。

④经济资本。自2013年起,公司尝试运用经济资本方法计量公司运营过程中的风险。根据公司所持有的资本设置保量边界,将风险控制在预定的限度内。通过经济资本防线,抵御非预期情况发生时所带来的损失。公司将 TailVaR 作为风险度量函数,在一定假设的基础上,确定公司为弥补风险损失所应准备的经济资本。

⑤资本规划。以行业监管政策和公司资本管理制度的要求为导向，以加强资本管理、提升资本运用效率为目标，公司通过对未来宏观经济及金融行业的发展趋势进行分析，对资本需求进行分析预测，滚动制定三年资本规划。

⑥资产负债管理。作为必须具有管理风险、化解风险能力的行业，保险业自身也面临着诸多风险，资产负债管理是防范风险的关键。公司制定了资产负债管理制度，明确了资产负债管理的目标、组织架构、决策授权机制、模型与工具管理、风险管理、报告等内容。公司高度重视资产负债匹配的管理，并将其作为管理者日常经营决策的工具，是公司稳健经营的重要基础。

（5）风险管理数据/系统能力建设

公司目前采用 ERP 管理平台，涵盖财务、资金、精算、人力资源等各个方面。各系统独立运行，各级部门可以按照不同的权限查询相关的基础报表。系统功能主要分为前台和后台，前台用于录入和查询，后台用于查询和维护。近年来，公司不断优化升级系统，开拓创新尝试开发新功能，不管是系统运行的环境与速度，还是核保理赔的效率，都有了较大改善。

①精算系统方面。公司引入了大数据技术对准备金计算系统进行改造，取得了明显成绩。目前已将准备金计算的时间从 48 小时缩减到约 14 小时。同时，新的大数据平台采用 MPP 引擎加速大量数据复杂查询的执行速度，可以缓解 Oracle 数据库的部分 BI 报表查询压力，降低 Oracle 数据库的故障率。

②核心业务系统方面。公司新开发了先进的复制功能，采用针对核心业务数据库的同步复制工具 SharePlex，将核心业务系统数据库与周边系统查询数据库同步分离，实时复制。一方面，确保了在线事务处理系统的良好的性能；另一方面，获得有效和及时的同步数据支持周边系统的查询和报表功能，大大提升了系统性能，而且建立一个与源系统保持数据同步的目标系统，实现报表分离查询。在同业已经普遍采用查询系统数据库分离的基础上，更进一步创新采用了双向复制分离的复制方式，解决了查询系统分离生产系统压力的问题，又将关系密切的业务系统（银保通业务、核心业务系统、财务资金、系统等）很好地物理分离且逻辑透明互访，还额外提供了数据灾备功能。

③风险识别方面。通过关键风险指标库的建立加强对风险的识别、评估、监测。风险指标库是一个动态管理的过程，由于指标具有风险敏感性，通过这些数量指标的变化，可以反映出某类风险水平的变化，从而深入洞察风险组合的变动情况。另外，指标还具有一定的预警功能，通过阈值的设立，引起管理层对指标参数值超过安全区间的风险的重视，视风险可容忍程度大小，决定采取的措施轻重。

④风险管理方面。基于公司本身的风险数据优势以及风险识别能力优势，结合大数据分析等新技术，由被动、单一的损害赔偿模式转变为主动、全面的管理模式。

经过持续的数据积累，系统的底层数据库日益丰富，涉及有投保、业务、征信数据等各项前端数据。通过标识风险数据特征，形成风控模型；再利用数据分析挖掘技术，提炼出保险标的的风险影响要素，提出相应的风险预防措施等，为客户提供风险预测等主动管理服务。由降低风险损失的程度逐渐向减少风险发生的频率转变，由被动风险管理逐渐向主动风险管理靠拢。同时，在主动风险管理过程中，由于考虑到了客户的主体情况，所得到的数据将更为真实可靠，当反馈数据再次投入到数据库时，又进一步提高了系统分析模型的精准度。

⑤系统信息安全方面。公司新开发了安全管理项目，通过态势感知，机器学习和数据建模发现潜在的攻击威胁，解决因网络攻击导致企业数据泄露；通过云上的 WAF 防火墙，防御 SQL 注入等常见 Web 服务器插件漏洞，过滤海量恶意访问，避免网站资产数据泄露；通过安骑士，实时监控和批量修复漏洞、深度查杀网站后门、审计登录日志、拦截暴力破解行为和定期的安全基线巡检；通过先知服务，帮助公司建立私有应急响应中心的平台，即时发现漏洞，修复漏洞；通过高防服务，抵御 DDOS 攻击。

另外，随着新技术的应用，互联网后端的配套服务得以发展。通过微信理赔，以及与医院、公安部等线上的对接合作，构建了全面的互联网后端服务体系。在大数据环境下，风险特征的描述数据日渐丰富，通过不同渠道获取到更加全面的风险信息，运用这些数据来分析和主动掌握客户情况，从而可以完善审核规则，简化承保理赔手续，使得对客户服务的流程变得更加简便。在保险服务大力发展的同时，风险管理系统也配备着一套与之相适应的内控体系，一系列制度规则、控制措施、审核措施等指引着业务操作规范流程。

总体来说，公司系统覆盖全面，运行稳定，有强大的后台技术支持。未来将继续优化 ERP 整合内外部数据，有效利用数据的关联性分析挖掘，实现信息在各职能部门、业务单位之间的集成与共享，进一步推动公司层面的全面信息管理。

(6) 沟通与风险报告能力建设

在公司建设第一个五年阶段，公司对沟通、报告、风险报告体系（包括线路和责任等）进行了规划和建设。随着"偿二代"监管的实施，公司按照新时期监管要求以及行业发展的"风险报告格局和趋势"，重塑和持续优化了风险报告体系。例如，风险管理部与相关职能部门之间建立信息共享机制，广泛搜集、整理与风险管理相关的内外部信息，为风险评估奠定相应的信息基础。相关职能部门和分支机构按照各类制度及模板要求，及时和准确地提供相关数据、报告、报表，履行在全面风险管理框架下的信息报送责任。

主要外部报告：年度全面风险管理报告、偿付能力报告、年度合规管理报告、年中经营风险排查报告，以及监管临时要求的专项风险排查报告。

主要内部报告（各部门）：公司建立了保险风险、市场风险、信用风险、操作风险、战略风险、声誉风险和流动性风险的监测机制和报告模板。风险管理部根据各专项职能部门提供的信息，在识别、分析和监控专项风险基础上，每半年向高级管理层报送一次全面风险管理情况。与此同时，在日常监测中如发生风险事件，各专项职能部门须及时向风险管理部进行报告（以及同时向公司管理层报告）。

分支机构提交的报告：IRR（内部收益率）监测数据、损失事件监测表、非法集资监测表、分公司内控合规评级表、反洗钱宣传活动工作开展情况表等。

9.2.4 风险偏好、风险责任、风险沟通与风险文化

（1）风险偏好

按照 COSO-ERM:2017，企业的风险偏好最早源于公司使命、愿景和价值观这三点，最终随着公司战略的确定而确定，董事会批准风险偏好，经营层在执行经营目标时需要体现风险偏好（例如体现在针对风险指标/风险容忍度/风险限额的执行力）。为使得执行层理解和合规执行风险偏好，管理层必须明白"风险偏好沟通到位"的重要意义。显而易见，"明确风险偏好、沟通风险偏好以及执行风险偏好约束下的风控规则"这个过程构筑了企业风险管理文化的基础内涵。公司在设定风险偏好和沟通风险偏好等方面所采用的方法和所取得的成效十分显著并"卓有成效"。

（2）责任文化

不明白风险责任，就不明白风险管理的本质。公司实施企业全面风险管理机制建设面临的第一问题就是：谁来管理风险？第一道防线的任务/事项执行者就是"管理该事项风险的责任人"。为清晰界定和履行三道防线的风险管理框架，公司风险管理部门曾经花费一年时间，逐项梳理公司风险管理相关制度，从制度的"完整性、适用性、可执行性"三个要素着手，厘清第一道防线（业务部门）和第二道风险（风险管理部及风险管理委员会）职责，实现两道防线对公司业务政策制定、日常经营管理的参与和管控，确保了风险管理部实质经营管理参与度，也实现了对公司经营的风险评估和监测。

"风险管理/管理风险"责任理顺和确认方面，公司明确了"风险管理/管理风险"的责任：

一是明确总公司层面七大类风险管理职责。例如，资金管理部门管理市场风险、信用风险、操作风险，精算部门管理保险风险和操作风险，财务部门管理流动性风险和操作风险，业务部门管理销售风险、产品规划风险和操作风险，风控部门负责战略风险与合规风险等。

二是明确分公司层面的"管理风险与风险管理"职责。分公司主要承担操作风险和销售风险管理的责任，分公司就所承担的所有业务事项履行相应的"管理风

险"的责任。

三是明确每一个业务层面的"管理风险的责任"，业务部门的领导"担任业务风险责任人"。

四是明确每一个员工的风险责任，每一个业务事项的负责人最终需担当"管理风险"的风险责任人。

另外，作为公司第二道风险防线标志的"风险管理部"责任已经被镶嵌在诸多的公司制度之中。

例1：《公司风险偏好管理制度》清晰界定风险管理部门的具体职责：

- 风险管理部需将风险容忍度/限额执行情况季度性向首席风险官提交报告。
- 风险管理部需年末实施风险偏好体系运行情况回顾分析，编制风险偏好陈述书监控报告，检视风险偏好陈述书的合理性和时效性，并提出更新和改进建议；每年对风险偏好陈述书进行年度回顾与更新，编制运行报告及下一年度风险偏好陈述书议案，上报公司高级管理层审阅，并提交风险管理委员会进行审议、董事会进行审批。
- 风险管理部持续监测风险容忍度运行情况，一旦容忍度被突破，应第一时间向首席风险官口头或电话报告，并在10日内将突破的原因、潜在影响、整改建议以书面形式报首席风险官审批。
- 风险管理部于每年第四季度结束后，依据下一年度公司最新的战略规划、业务规划、资本规划来安排战略资产配置计划。
- 风险管理部负责公司的业务规划与全面预算的目标制定、编制与审批等核心环节。风险管理部通过过程参与、结果评估等方式，保证公司经营目标、具体预算等符合风险偏好和风险控制要求。在规划与预算的执行和实施环节，运用风险限额指标对经营风险进行监测，提供风险分析意见与预警提示。从而使风险偏好融入公司经营决策。

例2：《资产负债管理制度》明确风险管理部职责：

- 建立并维护资产负债管理工作框架，协助资产管理中心推动资产负债管理工作开展。
- 负责监督资产负债匹配管理机制的运行情况，对公司资产负债匹配管理机制的执行情况及效果进行独立风险评估，并对不完善或不健全的节点提出调整方案。
- 会同资产管理中心、产品精算部门设立维护资产负债匹配管理关键风险指标。
- 监测关键风险指标风险限额的突破情况，并将限额突破情况上报资产负债匹配管理委员会审议，确保资产和负债的互动在风险偏好约束下。
- 根据资产管理中心、精算部、财务部提供的信息，对公司资产负债管理情况进行风险评估,并就公司资产负债管理总体风险及整改建议撰写独立的债务管理评估报告。

·独立评估。风险管理部作为第二道防线部门会同产品精算部、资产管理中心财务会计等部门制定资产负债管理关键风险指标;资产管理中心、产品精算财务会计等部门应配合提供相应指标数据,反馈风险管理部;风险管理部结合其他各专项风险情况,对资产负债匹配状况进行独立评估并提出建议。

(3)"多维视角"风险沟通

公司经营管理层所引领的风险思维十分独特,由此筑成了公司风险文化的又一种特征,即"多维视角"的风险沟通。一是经营管理层在各类战略/经营决策方面,通常会充分考虑股东和相关利益方的风险偏好和价值最大化利益倾向。

二是经营管理层需要通过合规手法以及需要通过沟通方式等,向一线执行层充分分享公司的价值观、风险偏好、风险容忍底线等。

三是经营管理层积极推动"事先向客户充分披露/沟通产品风险"的实践(其实推进企业全面风险管理理念的公司十分强调这一点),此举体现了公司对外部客户所奉行的"诚实/透明"的风险文化思维,避免保险行业易出现的"骗保/隐瞒"等事件的出现。

四是与监管以及其他企业利益相关者保持良好的沟通。

(4)风险文化

公司在推动风险文化以及风险责任文化方面所展开的各项工作也十分引人注目。例如:

2013年开始,推行每周"风险主题晨会"制,让员工明白"风险就在我身边","风险管理天天讲、月月讲、每个人讲",将风险管理转化为共同的认识和自觉地行动。

发布"合规专刊",向员工解释风险管理的基本知识和推广优秀的实践。

采用"4+X+Y",令每个员工自己"自觉的、动态的、全面的"找到岗位事项所面临的各种风险以及应该采取的解决方案,将风险管理的意识和责任不仅落实到业务流程,还进一步细分到岗位事项,从而奠定了企业风险文化的基础。

按照战略发展、经营需求以及风险管理的要求不断培养人才。

总而言之,从公司描述企业文化的格言中就可直观发现,其企业文化其实就是一种风险文化,"信任于人,取信于人;勇于担当,责有攸归;精益求精,创新进取;创造价值,分享价值"。

9.2.5 履行合规责任与"偿二代"监管

公司虽成立的时间不算长,然而其起始研究和实施风险管理的时间不算短(相对于行业而言)。实践中,公司根据国内外监管模式发展趋势,在风险管理逻辑和能力设计方面(包括策略、技术、方法和系统等)已经尽可能与监管思维进行接轨。显然,针对那些监管具有明确定量化要求的事项/指标(第一支柱领域),公司必须按要求测算/报告/公示相关监管数据和管控状态;针对监管提出定性要求的风险管理领域(第二支柱领域),其实公司以往在企业全面风险管理框架下设计且已有效运转的各项风险管理工作已经成为"偿二代"第二支柱的工作基础。另外,"偿二代"要求保险公司必须做到的"资本/规模/风险"相匹配,这件事在 2015 年监管启动"偿二代"之前公司已经按照这类的套路基本上都完成了调整工作。回顾历史,公司在过往的发展道路上其实也一直是在奉行"资本/发展速度"相匹配的原则,并且在实践中也感悟到"监管与企业想达到的目的其实是一致的,也就是为保障企业健康和可持续发展"。

2016—2017 年,从公司对外披露的偿付能力报告来看,公司核心偿付能力充足率、综合偿付能力充足率和风险综合评级可满足监管要求,其中风险综合评级一直评分较高。总而言之,面对监管趋严的变动态势(例如"偿二代"二期发展态势),面对行业达标水平的"普遍超标"状况,一方面公司管理团队以最快的速度、最大的努力来推动发展/利润/风险/监管之间的良性平衡关系,以最大的资本/收益效率来推动商务的快速发展以及盈利水平的优化。如外界报道披露,2017 年公司管理团队取得了较好的财务业绩,从而也增强了公司实力。另一方面公司的股东层十余年来多次实施了"业务发展与资本匹配"的增资活动。例如,2017 年下半年数十亿元的股东增资正待监管审批,旨在进一步提升公司的偿付实力。

9.2.6 企业风险管理"整合战略与绩效"

COSO – ERM:2017 标准的全称是"企业风险管理—整合战略与绩效",直观表达了企业实施风险管理的初衷和使命,正是"绩效趋优化,价值扩大化"。这是企业趋利性本质所主导的实施风险管理的根本动因。

公司正确理解"吻合监管要求和吻合股东价值最大化要求"之间相互促进的辩证关系,视合规管理为常态,视全面风险管理为动态。在 COSO – ERM:2017 标准的指导下,进一步完善企业全面风险管理机制的建设。公司在持续优化企业全面风险管理管控模式方面,重点工作包括:

- 用 COSO – ERM:2017 标准框架校正和升级公司现有的企业全面风险管理框架,推动企业全面风险管理机制从以往"合规和弱势最小化管理导向"转向综合性的"战略/绩效/目标导向",推动企业全面风险管理框架从成本中心向利润中心转变。

- COSO – ERM:2017 标准在企业全面风险管理技术应用上特别强化了组合风险

评估能力及其在企业各类重大决策方面的技术应用,这对公司组合风险评估能力提升以及对组合风险评估技术常态化应用都提出了新要求,公司在此方面将继续努力。

• 在COSO-ERM:2017标准在"决策方法论"方面为企业指出了"基于组合风险评估"的新决策方法,即"风险绩效曲线"。这一方法将"目标设定、业绩定额、组合风险、风险偏好、风险容量(风险吸收能力)、业绩波动性"几个指标融为一体,用于管理企业的战略选择、目标设定、绩效设定等重大决策。公司坚信这一先进的决策方法论引用将对公司决策管理带来颠覆性的革命,正在积极尝试这种决策管理新实践。

• "绩效最优化,价值最大化"使命的驱动下,公司将采用CERM项目积极推荐的"目标/风险绩效一张表"新实践,用以优化公司在"目标管理和绩效管理"方面的方法论和工作习惯。也就是说,通过在目标生命周期过程中植入风险管理过程的方法,通过识别、跟踪、应对和校正目标实现过程偏差的方法,提升企业一线目标/绩效承诺者对实现目标/绩效的信心,将企业针对目标和绩效的管理变得更为主动和更为有效。

最后,补充几点有关于该案例的说明:

其一,案例的引入,旨在研究强资本监管行业中的企业如何平衡"监管约束/绩效"之间的关系。

其二,探讨和思考中国金融企业在吻合监管合规红线的基础上,如何推动COSO-ERM:2017落地,从而推动价值最大化目标实现。毋庸置疑,当中国金融企业(无论保险或银行)完成了"监管合规架构"的建设期以后,当合规(技术/方法/框架/实践)不再成为主要问题之后,当合规把"不缺确定性逐渐变为更确定性之后",中国金融业就像今天西方金融界一般,将步入COSO-ERM:2017时代。

其三,从"价值最大化"和"企业经营管理"角度来探讨公司的风险管理逻辑和实践,揭示公司经营管理团队所展示出的"主动性/前瞻性"风险管理逻辑和能力。

然而,有关其股东/资本/高端决策结构等方面的风险管理架构与策略并不在本文探讨范畴之内,或者说这个领域恰是行业监管(资本约束)高度关注的领域。总而言之,研究机构正在观察"保险界第一家互联网金融-公司"的未来发展及其带给业界更多的启示。

附录一
企业风险管理员思考题

第1章　企业风险管理基础
- 什么是风险和风险管理？
- 风险的特性有哪些？
- 什么是置信水平和置信区间？
- 什么是风险敞口？
- 什么是风险价值？
- 什么是风险等级？
- 什么是主管风险与客观风险？
- 什么是风险利益相关者？
- 如何理解风险管理框架与管理风险框架？
- 什么是风险管理政策？
- 如何理解风险偏好与风险容忍度？
- 什么是风险管理计划？
- 什么是风险责任人？
- 什么是风险管理过程？
- 什么是风险评估？
- 什么是风险准则？
- 什么是风险治理？
- 什么是风险控制？
- 风险应对策略有哪些？
- 什么是合规？
- 什么是风险指标、流程与制度？
- 什么是风险拨备与经济资本？
- 什么是风险管理哲学？
- 什么是风险沟通语言？
- 什么是固有风险与剩余风险？
- 什么是风险预测与风险预警？

- 什么是风险报告？
- 什么是危机？
- 什么是企业危机管理？
- 风险和企业风险的分类方法有哪些？
- CERM-风险分类模型包含的一级风险有哪些？
- ISO31000:2018 的风险管理过程框架中包含哪几个要素？
- 风险评估包括的主要环节是什么？
- 什么是风险识别？为什么要进行风险识别？
- 什么是风险分析？风险分析最重要的两个要素是什么？
- 什么是风险评价？
- 什么是风险的监测和评审？
- 风险管理过程分为几个阶段？
- 什么是企业全面风险管理？
- 如何理解企业"风险管理"与"管理风险"目标的不同？
- 企业风险管理原则有哪些？
- 企业风险管理的四大使命是什么？
- 企业全面风险管理的特点有哪些？
- 什么是企业战略目标？
- 什么是企业经营目标？
- 什么是企业运营目标？
- 什么是企业报告目标？
- 什么是企业合规目标？
- 目标管理过程分为哪四个阶段？
- 什么是企业绩效管理？分为哪四个阶段？
- 如何理解目标、绩效与风险？

第2章 企业风险管理框架与逻辑

- COSO-ERM：2017 框架中五要素是什么？
- ISO31000:2018 "管理风险框架"中的要素是什么？
- 企业主动研究和实施的风险管理的目的是什么？
- "企业风险管理-整合战略与绩效"的寓意体现有哪几点？
- COSO-ERM:2017 发布的"风险绩效曲线"适合于哪些决策管理环节？
- COSO-ERM:2017 标准五要素之一的"绩效实施"包含哪几个环节？
- 什么是企业风险管理的三道防线？
- "企业风险管理策略学"主要内容是什么？

- 什么是企业可控风险与不可控风险？
- 企业在实施风险评价环节的核心任务是什么？
- 企业针对重要专项风险实施管理的"核心策略与精髓"是哪四个环节？
- 如何理解风险报告与报告风险？
- COSO-ERM:2017 五要素的"风险治理与文化"内容包括哪些？
- ISO26000"社会责任指南"的核心内容是什么？
- 什么是风险管理的事先、事中与事后思维？
- 如何理解风险、问题与危机？
- 多数情况下企业依据什么概念来比较、评价和考核下属机构的风险管理能力的建设和维护水平？
- 建立共同的风险沟通语言包括哪两个方面？
- 什么是企业可持续性发展？
- 企业"管理风险，管理机遇，创造价值"的境界主要表现在哪些方面？
- 什么是内部控制与操作风险？
- 企业的风险管理能力与抗风险能力有何不同？
- 六类风险管理能力是什么？
- 企业风险管理策略大体上分哪三个层级？
- 什么是企业全面风险管理政策？
- 风险管理过程融入每一项企业经营活动过程之中指的是什么？
- 将"企业全面风险管理过程嵌入企业所有实践和过程的整合能力"思路、手段和方法有哪些？
- 第二道风险防线责任与匹配专业能力有哪些？
- 第一道风险防线责任与匹配能力有哪些？
- 通常企业设定的报告目标旨在实现什么？
- 外部与内部报告管理指导原则的核心内容主张什么？
- 什么是企业全面风险管理技术？
- 什么是企业全面风险管理方法？
- 企业全面风险管理数据管理所涉猎的领域包括哪些？
- 企业全面风险管理数据分析的结果用途有哪些？
- 企业设计数据管理能力的角度有哪些？
- 风险规避与风险减小有什么不同？
- 风险利用/追逐的模式有哪些？
- 风险分担包括哪几种细分策略？
- 对于保留下来的风险企业应分别采取什么应对措施？

- 关于设计和建设企业全面风险管理框架需要考虑的策略体系序列有哪些？

第3章 风险管理岗责与授权

- 企业中的人员风险关联岗位可分为哪几类？
- 企业所有岗位人员在企业全面风险管理中应承担的责任是什么？
- 企业首席风险官在企业风险管理中都有哪些职责？
- 风险经理的岗位职责是什么？
- 风险责任人的岗位职责是什么？
- CERM-标准的基础知识有哪些？
- 如何描述企业风险管理员在企业风险管理中的岗位职责和作用？
- 作为企业风险管理员应掌握哪些基本专业知识与技能？
- 企业风险管理员如何组织参加风险管理的相关任务与活动？
- 每一个企业都需要企业风险管理员吗？
- 企业风险管理员与企业传统的安全员、质检员和审核员等关系如何处理？
- 企业风险管理员应接受的专业训练与上述几种"员"的训练有何不同？
- 为什么企业的风险管理重要岗位非常强调相关工作经验？
- 企业风险管理员应掌握和管理哪些风险管理工具？
- 企业风险管理员应如何配合首席风险官、风险经理或风险责任人的工作？
- 企业风险管理员在具体工作中如何有效地进行沟通、协调、联络？
- 员工的合规义务和责任是什么？
- 企业授权机制可细分为哪几种情况？
- 企业风险管理人员应具备什么样的职业道德操守？
- 如何理解企业风险管理员遵纪守法的重要性？
- CERM项目提出的职业道德要求分为哪两大类？

第4章 企业经营风险管理思维与实践

- 企业主要的经营活动有哪些？
- 什么是目标管理？
- 如何理解企业风险管理与目标管理的关系？
- 企业营商风险包括哪些二级风险？
- 企业运营风险包括哪些二级风险？
- 企业决策信息风险包括哪些二级风险？
- 如何理解风险绩效图在企业决策中的应用意义？
- 风险绩效图的六个核心要素是什么？
- 企业财务风险包括哪些二级风险？
- 企业人力资源风险包括哪些二级风险？

- 企业法律合规风险包括哪些二级风险？
- 什么是法律风险？
- 什么是合规风险？
- 合规风险细分为多少种类别？
- 造假/欺诈是属于法律风险，还是属于道德风险？
- 社会责任的概念是什么？
- 劳动合同风险与法律风险的关系？
- 销售业务主要环节与风险控制目标是什么？
- 销售风险的关键风险点是什么？
- 销售业务存在"流程合规"要求吗？
- 如何提升针对销售业务的风险管控技能？

第5章 风险管理方法与技术

- 研究对象的计量尺度有哪些？
- 适合采用定性方法的场合有哪些？
- 如何理解风险量化技术在企业风险管理中的意义？
- 制作和实现风险坐标图的基本程序有哪些？
- 好的风险坐标图的特性有哪些？
- 风险管理问卷设计的原则有哪些？
- 什么是头脑风暴法？其应用的基本原则和程序是什么？
- 什么是访谈法？其实施步骤有哪些？
- 什么是影响和频率记分卡？
- 如何进行风险驱动因素分析？
- 什么是检查表法？其应用框架是什么？
- 什么是SWOT风险识别？
- 如何绘制流程图？

第6章 信息与风险信息管理

- 什么是风险管理信息系统？
- 信息系统在风险管理中有什么作用？
- 信息网络和信息系统存在哪些风险？
- 信息采集、信息处理和信息传递应掌握什么样的原则？
- 如何提高信息收集质量？
- 风险、信息和决策是什么关系？
- 风险、信息风险与风险信息的概念？
- 如何降低决策中的信息风险？

- IT战略规划是什么？IT战略规划与企业风险管理有什么关联？
- 企业风险管理员信息管理中的地位和作用？
- 风险管理信息系统的功用有哪些？
- 如何理解风险管理信息系统、企业全面风险管理信息系统、企业全面风险管理系统这三个概念之间的关系？

第7章 沟通与风险信息沟通
- 什么是风险沟通？
- 风险沟通的目标是什么？
- 沟通的意义和作用有哪些？
- 有效沟通的原则是什么？
- 沟通的障碍是什么？
- 如何制定沟通计划？
- 什么是内部沟通和外部沟通？
- 大数据时代，沟通的主要手段是什么？
- 如何提升风险管理员的沟通技能？
- 管理视角的风险沟通的影响因素包括哪些？
- 风险信息沟通的基本策略有哪些？
- 企业内部沟通常用的方法有哪些？

第8章 企业危机管理基本常识
- 企业危机管理的关键是什么？
- 危机预测和危机预防的重要意义是什么？
- 企业怎样进行危机预测和预防？如何建立风险（危机）预警体系？
- 如何识别企业危机预警讯号？
- 制定企业危机管理计划的关键要素是什么？
- 企业风险管理员在危机预防中需要具备何种能力？应有什么责任？
- 企业危机管理中常犯的错误是什么？
- 在企业危机事件管理中，企业风险管理员应发挥什么作用？
- 企业风险管理部门与危机管理部门有哪些共同的职责？
- 企业应该怎样开展危机沟通工作？
- 企业风险管理员应掌握哪些基本沟通技能？
- 企业如何进行有效的危机应对？
- 企业风险管理员在企业危机事件处理时需要具备何种能力？应有什么责任？
- 企业怎样开展危机善后处理？
- 企业风险管理员在企业危机善后处理时需要具备何种能力？应有什么责任？

第 9 章　企业风险管理实践（示例）

- GHRS 在不同发展时期针对 ERM 机制建设事关哪些议题？
- 如何理解 GHRS 的战略风控，以及主要包括哪些方面？
- GHRS 风险管理能力建设主要包括哪些方面？
- 如何理解 GHRS 将风险管理过程融入业务流程？
- 保险界的"偿二代"是有关于什么管理领域的规则？
- 保险公司能采用互联网风险管控模式吗？
- 传统保险销售与互联网保险销售存在着一种"商业模式变更"区别吗？
- 互联网保险销售模式对减少业务人员的道德风险能够起到作用吗？
- GHRS 三大操作风险管理工具是什么？
- GHRS 风险管理数据/系统能力建设主要包括哪些方面？
- 如何理解 GHRS 的公司风险偏好管理制度？
- GHRS 通过哪些活动推动风险文化建设？
- 如何透过 GHRS 的风险管理实践理解"企业风险管理–整合战略与绩效"？

附录二
亚洲风险与危机管理协会全球学术引领地位概述

亚洲风险与危机管理协会（AARCM），是全球第一个将WTO下企业全面风险管理定义为研究宗旨的社团组织，在全球首版推出了《企业风险管理人员职业标准》及其配套资格认证体系"注册企业风险管理师"（CERM），并在全球首版推出了《公共风险管理人员职业标准》。21世纪伊始，以《企业风险管理人员职业标准》（CERM标准）为标志，以《注册企业风险管理师考试大纲》为专业导航，以出版全球第一部ERM教科书《企业全面风险管理基础》为里程碑，AARCM在全球首次界定了有关企业全面风险管理（ERM）的知识和技能体系。2017年6月，当国际标准组织COSO公布其革命性新版本COSO-ERM：2017时，该标准与AARCM在2004年发布的CERM职业标准框架所持有的专业观点极为接近。此举验证了十几年岁月轮回中AARCM就ERM理论体系建设方面在全球的杰出地位，由此也更加夯实了AARCM"全球企业风险管理三大领军组织"的专业地位。

AARCM在全球以及在中国第一个实施了对企业首席风险官（CRO）的考核认证。AARCM建设有全球最大的ERM"风险管理智库"，其中包括由著名企业首席风险官们撰写的千篇具有国际水准的风险管理案例/论文。十几年来，CERM项目考试认证了万名主流来自于全球500强企业风险管理、内部控制与合规等部门的学员。2005年，CERM项目获得国家人社部注册批准引入中国（注册号劳引字〔2005〕002号），如今CERM学员遍布国内各大著名企业，例如包括航天科工（数百名学员）、中海油（数百名学员）、华为、中广核、中人保、中铁建、中国联通、中国四大银行、国际四大咨询公司等。2012年人社部相关部门调研报告显示，80%以上学员获得CERM证书后得到提拔！

2004年AARCM发布的《企业风险管理人员职业标准》及其配套教材，历经几次修订，更新至2017版本。其更新的主要原则：一是根据相关国际标准出台或某些标准版本的升级而实施相应更新（例如曾经历ISO31000:2009颁布，以及其后COSO-ERM:2017和ISO31000:2018版本更新），因为CERM学员有责任/义务学习或执行最新的和国际通行的专业标准；二是随着ERM专业发展和认知度的深化而实施更新。在历次实施的 CERM 标准和教材专业更新中，2017 年版本的更新是最为显著的。其原因有两大方面：

第一，COSO–ERM:2017 标准颁布推动了企业管理学学科实现了"世纪性的进步或巨变"。这一进步，主要表现在风险管理实践与战略/目标/绩效/决策这些"企业管理学"核心领域的整合性方面。这一巨变，迫使全球企业管理以及全球企业风险管理的理论和实践，不得不实施相应的调整或修正。例如 COSO–ERM:2017 标准对传统企业管理和企业风险管理领域所带来的巨变包括：

• 将基于"确定性假设"的传统企业管理学基调向着"不确定性假设"的企业管理学主基调方向调整，此举给企业管理学带来了某些颠覆性的变革。例如，此变革包括"基于不确定性的"决策管理时代的开始，以及"基于不确定性的"战略、目标、绩效管理时代的开始。

• COSO–ERM:2017 标准将 ERM 解读为"道法"。此标准的颁布代表了西方企业在"2008 金融危机后时代"对 ERM 理念和实践的新认识水平，一改自 20 世纪下半叶至 2008 金融危机爆发这一历史发展阶段，业界一度将 ERM 解读为"术法"的错觉。一定程度上体现这种错觉的代表性标准包括 COSO–ERM:2004 以及巴塞尔协议 II。

• COSO–ERM 从 2004 版本升华至 2017 版本，也是当今企业界对风险管理理论和实践在认识方面的升华。总体而言，COSO–ERM:2004 标准是站在企业二道风险防线、站在"术"的角度、站在风险监督的角度而编制的标准。相对比，COSO–ERM:2017 标准更倾向于站在企业一道风险防线的角度、站在"道"的角度、站在决策者/领导者/实施者"管理风险"的角度来编制。COSO–ERM:2004 标准的编制视角造成企业风险管理与企业管理多年来实质性分裂局面，这本身就有悖于 ERM 理念的初衷。与之相反的是，COSO–ERM:2017 标准的颁布则显著推进了企业管理与企业风险管理的无缝结合，直接推动了股东价值最大化的目标实现。

第二，考虑到 AARCM 组织积累了数年的各项专业研究成果，时至 2017 年更为成熟和系统。因此，借助 2017 年 CERM 教材体系更新之际，AARCM 组织将这些成果进行提炼和吸纳，并将其注入 CERM 教材体系。总之，2017 版本的 CERM 教材体系体现或传授了 AARCM 数十项企业管理和企业风险管理领域中的全球引领性学术成就，这些创新展示了"企业步入不确定管理思维新时代，其核心的操作/落地策略和方法"。

2017 版本 CERM 教材体系数十项全球创新中的 20 项内容给予概要性阐述如下：

1. 定义 ERM 知识体系，引领"战略/决策/治理/价值"导向的 ERM 方向。通过发布全球第一个《企业风险管理人员职业标准》（CERM 标准），以及发布全球第一本风险管理教科书《企业全面风险管理基础》，CERM 项目定义了 ERM 的知识体系框架。众所周知，COSO-ERM（2004 版本与2017 版本）"企业风险管理框架"与 ISO31000（2009 版本与 2018 版本）"风险管理原则与实施指南"试图从最广泛和最高管理级标准角度规范 ERM 理论体系框架，于 2017 年、2018 年更新的这两个标准基本做到了。然而，这两个标准的前版在描述 ERM 体系方式上还是显著使用了"风险管理技术语言"，特别是 COSO-ERM：2004 典型使用了内部控制基本语言。值得回顾的是：早在 2004 年，AARCM 以全球首版发布《企业风险管理人员职业标准》为方式，从 ERM 知识体系的角度，对 ERM 理论体系就已经给出了一种从"战略/决策/治理/价值"角度描述 ERM 框架的基调，这比 COSO-ERM：2017 与 ISO31000：2018 提早了十几年的时间。有专家提出质疑：谁才是"战略/决策/治理/绩效"导向 ERM 最早的引领者？结果则一目了然！

2. 提出 ERM 四大使命。早在 20 世纪 90 年代，亚洲风险与危机管理协会名誉会长詹姆斯·林，就首先在全球提出了 ERM 三大使命的说法，即"弱势最小化管理、不确定性管理、绩效最优化管理"。多年来 CERM 标准和教材体系始终倡导 ERM 这三大使命。随着时代的发展，考虑到某些行业必须持续履行"基于风险管理能力"支持的合规义务的现实需求，CERM：2017 版本标准及其配套教材体系将"合规"列为企业实施 ERM 的第四大使命。

3. 设定风险管理六大能力框架-CERM 能力模型。ERM 理论的早期实践者，安达信模式代表詹姆斯·德阿克曾经提出过风险管理六大能力的观点，CERM 项目在此基础上进行了补充和完善。广义而言，CERM 项目将企业风险管理能力细化为十几类；狭义而言（就基础能力而言），CERM 项目将企业风险管理能力设定为"互不交叉，互相依赖"的六大类，或者说 CERM 项目认为詹姆斯·德阿克曾经勾勒出的"风险管理六能力学说"仍然是较为科学与合理的。经 CERM 项目修订后的企业风险管理六大基础能力包括：策略与政策、人员与责任、过程与实践、报告与沟通、技术与方法、数据与系统。CERM 教材系列要求各个级别的 CERM 学员都了解企业风险管理能力的结构组成和基本内容。

4. 创建"企业风险管理策略学"。通过 CERM 教材体系，AARCM 在全球首次提出了"企业风险管理策略学"的概念，并且 2017 年版本的 CERM 教材体系独立设置了"企业风险管理策略学"学科和配套教材。事实上，数年来在 CERM 课程体系"企业全面风险管理纵论"中始终宣贯：企业风险管理是一门"综合策略学"而非一门"纯科学技术"，现代化的 ERM 机制的确需要先进的技术支持，但是技术最终替代不了"人的决策角色"。概括而言，ERM 最为得力的两大技术体系，其一是支持"提升决策信息确定性和充分性"的风险评估体系；其二是支持"控制风险科学性（包括高效控制、精准控制和自动控制等）"内部控制技术。这些 ERM 技术可以被视为 ERM 策略的组分，却远不是 ERM 框架的全部。就此议题，COSO-ERM：

2017 标准也鲜明指出：风险管理是一门"艺术+技术"的综合体。

5. 提出"CERM-风险分类模型"。长期而言，一个战略方向明确和稳定发展的企业应该建立起一套适于本企业的"XX 企业风险分类模型"。随着企业生命周期、战略方向和经营模式等发生改变，该模型也应相应调整。企业风险分类模型往往呈现出行业内的相似性，例如银行业已形成了一种在巴塞尔原则规范下的风险分类模型。多年来，全球各个组织或各种著书立说，纷纷给出有关 ERM 多种风险分类框架，CERM 项目也一直尊重这些百花齐放的框架的存在。然而，当 COSO-ERM：2017 标准出台之后，考虑到该标准对风险/决策关系的强化、对人力资源策略/文化的强化、对组合风险评估能力的强化，以及考虑到企业风险分类框架需要体现与时俱进的新思维，由于 CERM 项目拟借助某种模型来演示组合风险评估的相关方法论，因而，AARCM 发布了本组织推荐的"CERM-风险分类模型"。

6. 设定"企业风险思维框架"。众所周知，会计职业有会计思维，律师职业有律师思维，风险管理师职业就有风险管理的特殊思维。CERM 教材体系总结和提炼了自 ERM 理论创建以来的有关企业风险管理的各类重要理念和逻辑，从而形成了"通过 CERM 教材体系来表述的"代表企业风险管理从业人员专业思维基础的"CERM-企业风险思维框架"。特别是 2017 年版本的 CERM 教材体系，在继承 CERM 项目以往所总结的 ERM 思维基础上，在研究、总结和借鉴某些"行业性或专项性"风险管理等思维的基础上，在吸取了 ERM 最新发展成果的基础上，形成了 CERM：2017 版本的数十种"企业风险思维"。

7. CERM 项目补充和发展了"目标管理"学说。传统的目标管理其主流关注的是"目标设定、目标分解、目标完成程度的考核"。这些目标管理的方式和环节存在的缺陷是：其一，并没有将目标管理视为一个封闭过程进行管理；其二，对于如何管理其中的每一个要素，缺乏恰当的方法论（用全面预算进行目标分解等除外）。然而，按照 ERM 理论推荐的"将企业一切业务与活动融入风险管理过程的说法"，CERM 项目尝试将风险管理过程融入目标管理过程之中，从而形成包括了"输入/输出"四环节的目标管理闭环过程，形成"目标管理-CERM 模型"。模型中，一是"目标设定阶段"，此阶段体现着企业战略选择/战略目标设定的安排。在这个阶段中，所采用的方法论是"风险绩效曲线"；二是"目标分解阶段"，此阶段关联到从战略目标、具体化为年度经营目标、再进一步分解为业务目标的过程，这一阶段采用的是"全面预算管理"工具；三是"目标实现过程管理阶段"，此过程关系到如何通过识别和评估目标执行过程中的风险，保障绩效目标的实现，这一阶段使用"目标/风险一张表"工具；四是"目标/绩效效果评价与考核阶段"。

8. CERM 项目补充和发展了"绩效管理"学说。传统的绩效管理，主要包括战略绩效规划、绩效分解、绩效沟通、绩效测评。其中，绩效计划、绩效分解与绩效测评通常代表着企业绩效管理最为核心的工作。然而，正如企业实施目标管理实质是一种过程管理一样，企业实施绩效管理实质也是一种过程管理。客观而言，企业实施绩效管理的过程（从后向前推）与企业实施目标管理的过程（从前往后移）其实是应该完全重合的。这就是说，绩效管理过程也存在着"绩效设定、绩效分解、绩效实现过程管理、绩效考核"这四个绩效管理阶段。事实上，这四个阶段各个环节所采用的方法论与目标管理四阶段的方法论完全一致。特别提示的是：COSO – ERM:2017 特别将以往描述为"管理目标执行中的风险"这一风险管理框架要素的名称直接更改为"绩效实现管理"环节（其中的风险管理原则内容未变），这与近年来 CERM 教学体系广为宣贯的"以风险管理过程技术手段来保障绩效实现"的学术主张不谋而合。

9. CERM 项目提出了 ERM 框架设计思路，提出了"CERM – ERM 设计框架"。业界周知，COSO – ERM"企业风险管理框架"中提出了"企业风险管理框架"，而 ISO31000"风险管理指南"描绘了"风险管理框架（其中包括管理风险框架）"。与此同时，CERM 项目还注意到 2009 年之后，ISO 风险管理标准系列所描述的风险管理框架（整体框架或专项框架）基本上都包含执行者角度的"管理风险框架"子框架体系。另外，考虑到 CERM 项目提出的"ERM 四大使命"和"风险管理六大能力（其中包括企业风险管理策略学）"可以起到丰满 ERM 框架元素内容的价值，由此 CERM 项目教材体系推荐了为企业量身度造 ERM 框架时的设计思维："COSO – ERM + ISO31000 + CERM – 风险管理六大能力 + ERM 四大使命"。

10. CERM 项目提出了 ERM 框架子体系的建设思路。无论是 COSO – ERM 还是 ISO31000 标准，对 ERM 框架的描述大体上都是按要素或流程的总体轮廓而展开的。具体而言，前者更偏重于按照目标/绩效管理的"管理学逻辑"进行陈述，后者则强调"风险管理原则、框架和流程"一体化思维。也就是说，这两个标准对 ERM 框架建设所给出的实操指导基本上停留在总原则方面。CERM 项目在总结多年来企业实践的基础上，以建设 ERM 子体系的思维细化了 ERM 框架内容，在 CERM 教材体系的"企业风险管理策略学"以及其他相关书籍中描述了大约 20 个子体系的建设思维。

11. 揭示企业专项风险管理领域某些规律。ERM 理论和实践经过了数十年的发展，至今，无论在其框架方面（以 COSO – ERM 和 ISO31000 为代表），还是在其配套方法论方面（以控制论或风险评估技术为代表），或者是在其子系统"重大专项风险管理"方面（以各类重大风险管理标准系列为代表），都得到了显著的优化和完善。显然，数十年来，ERM 理论和应用支撑了 COSO – ERM:2017 标准的升级和优化。同样，数十年来，企业重大专项风险管理的研究和实践，已经奠定了从中"观察和提炼"专项风险管理领域某些共性规律的基础。事实上，针对这种"跨专项风险管理领域规律性的研究",多年来在学术界的主基调上似乎是一种空白。CERM 项目通过 CERM 教材体系的"企业关键/重大专项风险管理指南"阐述了 CERM-专项风险分类模型以及专项风险管理的统筹性管理思维或章法,例如包括分别阐述了可控与不可控专项风险的管理逻辑及其规律等。

12. 倡导以"目标/风险/绩效一张表"为基础的企业目标/风险管理例会制。COSO-ERM:2004 颁布后,西方企业兴起了一种以"目标/风险/绩效一张表"工具为支撑的企业目标/风险管理例会制。CERM 项目将这种例会制常用的"目标/风险/绩效一张表"工具总结和提炼出来,推荐给 CERM 学员及企业参考。所谓的"目标/风险/绩效一张表",其实是某个类别的"风险清单",这张风险清单记录了"围绕着已设定的某个(或某几个)战略/经营目标而实施周期性风险管理过程各环节的输出结果"。例如在操作中,首先把某个目标按照时间顺序分为几个/多个阶段,在每个阶段始端组织召开一次"目标/风险/绩效评议会"(即目标/风险管理例会),会议中心议题是"识别影响下一阶段目标实现的风险类别/特质,明确相应的风险责任人,明确拟实施的风险应对策略等",用"目标/风险/绩效一张表"记录会议的产出结果(包括对未来行动的指令),在接下来的目标实现活动中,通过实施/监督实施拟定的风险应对措施,保障该阶段分解目标的实现。显然,通过在目标实现各阶段中逐一/重复这一风险管理过程的实施,通过保障各个阶段目标实现的目标成果积累,确保"加总目标"的最终实现。总之,通过实施目标实现的"保障和偏差"管理,促使企业目标管理效能的升级;通过实施"例会制"与"一张表工具"有效结合,打破企业"传统例会制(例如周一例会)"的工作习惯,从而引入 ERM 时代"企业例会新机制"。

13. 提出基于岗位事项风险管控的人力资源考核原则。CERM 教材体系"企业风险管理绩效考核机制"中阐述和推荐了一种基于员工岗位事项风险管控而实施人力资源绩效管理的新思路。在这种思路下,企业人力资源部门需要按照企业必备且逐一的岗位管理事项,来明确相应的风险类别、风控指标、风险控制责任,进而在此基础上设定"绩效偿付机制"对应机制。通常企业针对员工的绩效考核,包括:其一,财务指标绩效考核事项(特别针对销售/市场岗位);其二,非财务指标考核事项(针对所有员工)。在 ERM 时代,CERM 项目推荐的针对员工非财务指标考核及其相匹配的员工激励制度的设定"应与员工承担事项数量成正比,应与员工承担事项的风控合规达标效果成正比,应与员工承担的特定事项风险责任/风险程度/责任压力的大小成正比"。显然,CERM 项目在全球首次提出的这一员工"激励/绩效考核新思维",将带来企业人力资源薪酬/绩效体系设计思维的瓶颈性突破,甚至可能引发一场人力资源管理领域的革命。

14. 提出与 COSO-ERM:2017 相配套的"大数据时代企业管理职能设置参考架

构-CERM 模型"。以市场经济为环境，数年来，企业设置管理职能架构通常是围绕着"价值链创造和支持"环节来布局的。传统上，体现这种架构逻辑的管理职能布局通常表现为水平布局设置的职能机构，主要包括：研发/技术、采购/供应、市场/销售、生产/经营、调度、信息/知识、质量/安全/社会责任、财务、人力、审计/纪检、法务等部门。近年来，随着企业和社会环境对"风险管理合规/控制"概念的强化，于是"风险管理/合规"部门就应时而生，而其间可能一度产生过的"内控部"则随着内控体系搭建期的完成而最终被并入"合规部"，司职于实施推动与常态维护。随着 COSO-ERM:2017 勾勒出的"企业风险管理与战略/绩效"关系，自此也启示：企业职能部门的设置也应该与时俱进地进行优化或调整，也就是按照"企业风险管理与战略/绩效"逻辑关系进行优化布局。在此背景下，CERM 项目提出了"与 COSO-ERM:2017 相配套的企业管理职能设置参考架构-CERM 模型"的概念。CERM 项目多年前其实就提出了这一概念，近来被新发布的 COSO-ERM:2017 标准和"中国五矿案例"所验证。因此，随着 COSO-ERM:2017 标准的发布，CERM 项目随之也发布了这个"大数据时代企业职能设置参考模型，即 CERM-模型"。

15. 充实和丰富了"合规管理体系"，此体系为落实 ERM 框架提供"底线性和秩序性"的基础。数年来，CERM 项目教学体系在企业合规管理体系建设方面形成了独成逻辑体系的企业"外规和内规"界定框架。例如，其中包括细化阐述了某些常见的外规和内规建设内容。2014 年，ISO 组织发布了 ISO19600:2014"合规管理体系指南"，为企业设计和实施合规管理指出了框架和方向。总体而言，该标准主要是根据西方组织在 21 世纪已有的合规水平与合规基础上提出来的建设框架，并且标准侧重于阐述针对企业外规管理体系的建设逻辑。相对照，在针对企业内规建设方面所给出的指导不足。基于这种情形，CERM 项目针对亚洲地区/中国地区企业合规建设水平提出了"企业内部合规体系建设逻辑和指南"，例如，主要包括风险偏好/风险指标体系、流程体系和制度/政策体系，有效补充和丰富了企业"合规管理体系"建设的逻辑和内容。

16. 充实和丰富了项目风险管理的逻辑和方法论。IEC62196:2001"项目风险管理"，是一类在 ISO/IEC 风险管理标准体系中出台比较早的标准。按照 ISO31000:2009 标准体系的要求，依据 ISO31000:2009 风格，2013 年，该标准实施了较大程度的修改，更新后 IEC62196:2013 名为"管理项目风险"。CERM 项目教学体系在吸收和融合了 IEC62196:2013 的基础上，进一步充实和丰富了项目风险管理的逻辑和方法论，例如提出了项目风险管理过程模板等工具。

17. 在 EVA 业绩评价模型基础上，提出风险转移修正的 EVA 概念。EVA 是经济增加值模型（Economic Value Added）的简称，是基于剩余收益思想发展起来的新型价值/业绩评价模型，EVA 度量的是"资本利润"。EVA 的基本理念是：资本获得的收益至少要能补偿投资者承担的风险。EVA 计算公式为：

EVA ＝税后营业净利润 － 资本总成本率
　　＝税后营业净利润 － 资本总额×加权平均资本成本

WACC(加权平均资本成本)＝债务成本×债务价值/(债务价值＋权益价值)＋权益成本×权益价值/(债务价值＋权益价值)

CERM 项目在 WACC 以及 TACC（即保险额校准 WACC 理念）基础上，提出 CERM－WACC 模型（风险转移修整的加权平均资本成本），即：

CERM－WACC(风险转移修整的加权平均资本成本)＝债务成本×(债务价值/公司价值)＋权益成本×(权益价值/公司价值)＋风险转移成本×(风险转移价值/公司价值)

其中，公司价值＝债务价值＋权益价值＋风险转移价值＝表内价值＋表外价值

风险转移修整的 EVA ＝税后营业净利润 － 资本总成本率
　　　　　　　　　　＝税后营业净利润 － 资本总额×风险转移修整的加权平均资本成本

18. CERM 教材体系提出了"危机事件快速评估报告"模板。近年来，企业已经理解且进一步实施了针对自身每一个重大风险制定"应对预案"的管控措施，并且一个完善的危机应对机制还应该按照危机的等级来分别制定相应的危机应对预案。然而，在企业识别危机，以及接下来开启正确的危机预案之前（或者在危机早期），往往需要实施一种快速的"XXXX 危机状况评估"，或者需要出具一个"XXXX 危机事件快速评估报告"。通常，对于什么是企业重大危机，不同行业企业所给出的定义可能会呈现不同。例如金融业与制造业定义重大危机的差异就较大，如果说资金安全或资本充足率不足常常被视为金融业重大危机隐患的话，而人身安全类的危机则往往被定义为制造业排位前列的危机。像某些爆炸事件，如果在危机爆发的前期能够存在"正确的人，快速出具一份正确的/切实的危机状况报告"，则就有可能存在"令局面转危为安的较大胜算概率"。CERM 教材体系为安全风险类危机的早期评估推荐了一种"XXXX 安全危机事件快速评估报告"模板，CERM 项目期望企业能用好此模板（或者用好经修改后的模板）。或者说在未来，此模板（或者此类模版）的正确使用将可能为企业和社会带来无法估量的价值。

19. AARCM 基于 ERM 时代保险行业"管理一线业务风险和为客户提供科学的保险解决方案"的需求，在全球首次提出了"基于风险管理流程策划保险方案"的新思维。这种思维以"针对客户风险识别/评估为切入点，根据风险评估结果，以及根据客户选择的风险准则，帮助客户策划风险应对策略和选择恰当的风险应对解决方案（即保险产品）"。预计，"基于风险管理流程策划保险方案"的提出和未来在实践中的应用，将引领全球保险行业（包括保险公司和保险经纪公司）从过去以

"理财"引领"保险产品和服务"的传统运行模式转向基于"风险应对专业策划、产品推荐和服务提供"的全新运行模式。

20. AARCM 起草和制定了全球首版《公共风险管理人员职业标准》。在全球，数千万人从事公共风险管理相关工作。各个相关组织，针对公共风险管理从业人员的知识和技能培训/考核项目也各式各样，难以计数，且多年来也似乎是无任何标准可以遵循。因此，早在 2005 年 AARCM 就尝试并初步起草了"公共风险管理人员职业标准框架（初稿）"，旨在指导针对相关人员的专业训练。随着服务于风险管理领域的科学技术进步，随着人类对公共风险管理认识的日益深入，随着 ISO31000：2009"风险管理原则与实施指南"的出台，AARCM 组织认为制定一种规范公共风险管理人员职业标准的时机已经成熟。与此同时，AARCM 组织还基于相关合作方面的委托，于 2015 年起草了全球首版《公共风险管理人员职业标准》。

总而言之，AARCM 在全球始终都具有本组织独立设定的 ERM 理论体系和知识体系框架，并且对其他组织的先进成果也具有吸纳性和包容性，例如通过"企业风险管理师－CERM 职业资格"项目，来指导 CERM 学员学习和执行 COSO－ERM 以及 ISO 等相关标准等。

众所周知，当今时代中华大地互联网/高科技已步入了国际领军地位。而在大中华地区，以 AARCM 为代表的专业学术团体经过十几年的努力，也一举跨越成为全球企业风险管理研究领域三大领军组织之一。事实上，AARCM 组织的研究不仅仅局限在 ERM 领域，还进一步从 ERM 领域迈进了整体的"企业管理学领域"。例如，多年来 AARCM 从 ERM 角度出发一直在研究和寻找 ERM 与企业管理学在理论体系和方法论方面的"无缝对接点"。时至 2017 年，弘扬"道术"的 COSO－ERM：2017 标准颁布，敦促 AARCM 将多年来的系列研究成果进行整合，最终提炼出 CERM 项目独有知识产权且在 CERM 教材体系体现的数十项创新成果，借此大踏步推进"基于不确定性假设"的全球/中国企业管理新思维和新时代的到来。

在大数据/人工智能时代，或者说在 COSO－ERM：2017 后时代，CERM 项目对当代企业管理学的重新解读是：企业在"利用风险，创造价值"理念的驱动下，通过采用风险绩效曲线工具（Risk Profile），来选择战略业务发展方向（选择机遇）、设定经营目标和绩效任务，通过在绩效实现过程中植入风险管理过程/流程或植入体现风险管理实践的恰当活动（例如采用一张表追踪活动，这种活动过程需要融入风险管理流程），从而实施对"目标实现/绩效执行"前瞻性的和主动的管理，旨在保障企业预期目标实现和提升企业价值。

前文提到"AARCM 已跃位至全球企业风险管理研究领域三强组织的地位"，那么何为这三强组织？各自又取得了何种令业界信服的专业建树呢？

其一是指 COSO 组织（Treadway 委员会）。该组织发布了以 COSO－ERM"企业风险管理框架"和 COSO "内部控制整合框架"为代表的有关 ERM/企业内部控制相关标准。这些标准"以研究组合风险管控/目标保障/绩效实现/价值最大化为导向，以透视企业整体和覆盖企业治理/控制高端为特色"。总之，从这些标准发布的历史以及所取得的较高全球认可度角度而言，足以彰显该组织所达到的全球专业造诣。

其二是指 ISO 组织。该组织在风险管理领域发布了以 ISO31000 "风险管理原则与实施指南"为统领的数十个"专项风险管理或风险管理方法论"等配套标准，或称为"ISO 风险管理族谱标准系列"，这些标准在客观上已成为当今企业"实施操作层面风险管理或实施针对负面风险管理"不可能不参照的标准（例如包括质量、安全、环境、社会责任、合规等 ISO 风险管理标准系列）。

其三是指亚洲风险与危机管理协会（AARCM）。AARCM 对风险管理领域的贡献：首先，AARCM 出台了全球首版《企业风险管理人员职业标准》以及全球首版《公共风险管理人员职业标准》，依此 AARCM 稳站设定全球风险管理专业人才标准的制高点。其次，2017 年颁布的 COSO – ERM 和新颁布的 ISO31000:2018 标准的理论导向，纷纷调向 2004 年 AARCM 颁布的 CERM 标准所倡导的"战略/决策/治理/控制/领导力 ERM 方向（十几年来 AARCM 始终奉行这一方向）"，由此引发业界质疑"谁才是 ERM 全球领跑者"？再则，AARCM 在推动 ERM 与企业管理学实现"无缝对接"进程中，已发布数十项方法论创新成果（上文介绍了其中 20 项创新），这些关于 ERM/不确定性管理领域庞大的和系统的创新成果已经深层次影响到了当今中外企业"在金融危机后时代（或称在大数据/智能时代），系统性实施管理升级的思维"，甚至足以引发一场"企业管理学方法论升级换代方面的革命"。总之，AARCM 代表了 21 世纪中华民族专业团队"凭借自行研发成果和融合中华民族五千年风险管理智慧底蕴"，从而向全球展现的专业实力！毋庸置疑，"中华强大，则中华风险管理必定强大"！

参 考 文 献

[1] 亚洲风险与危机管理协会：《企业风险管理人员职业标准》2017 版本。

[2] 亚洲风险与危机管理协会：《注册企业风险管理师考试大纲要点解析》2017 版本。

[3] Treadway 委员会发布，财政部会计司组织翻译：《内部控制－整合框架》，中国财政经济出版社 2014 年版。

[4] 中国保监会：《中国第二代偿付能力监管制度体系建设规划》2012 年版。

[5] 巴塞尔委员会：《巴塞尔协议 III》，2010 年版。

[6] 财政部、证监会、审计署、银监会、保监会五部委，《企业内部控制应用指引》，2010 年版。

[7] 财政部、证监会、审计署、银监会、保监会五部委，《企业内部控制基本规范》，2008 年版。

[8] 黄丽虹、黄长全、李素鹏编：《企业全面风险管理基础》，现代出版社 2007 年版。

[9] CERM 专家认证委员会：《企业风险管理员指南》，现代出版社 2007 年版。

[10] 詹姆斯·林（美），黄长全译：《企业全面风险管理－从激励到控制》，中国金融出版社 2006 年版。

[11] 詹姆斯·德阿克著（美），丁一兵译：《企业的泛风险管理》，吉林人民出版社 2001 年版。

[12] Treadway Commission（COSO）：Enterprise Risk Management—Integrating with Strategy and Performance, 2017.

[13] ISO31000：Risk Management—Guidelines, 2018.

[14] ISO19600：Compliance Management Systems—Guidelines, 2014.

[15] IEC62198：Managing Risk in Projects—Application Guidelines, 2013.

[16] ISO31010：Risk Management—Risk Assessment Techniques, 2009.

[17] ISO/IEC Guilde 73, Risk Management—Vocabulary, 2009.

[18] Treadway Commission（COSO）：Enterprise Risk Management—Application Techniques, 2004.